René Faber

Von Donnerbalken, Nachtvasen und Kunstfurzern

Eine vergnügliche
Kulturgeschichte

Eichborn.

Die Deutsche Bibliothek – CIP-Einheitsaufnahme

Faber, René:
Von Donnerbalken, Nachtvasen und Kunstfurzern: eine
vergnügliche Kulturgeschichte / René Faber. –
Frankfurt am Main: Eichborn, 1994
ISBN 3-8218-1182-X

Umschlaggestaltung: Rüdiger Morgenweck
Satz und Litho: Fuldaer Verlagsanstalt GmbH
Druck und Bindung: Werner Söderström GmbH, Finnland

ISBN 3-8218-1182-X

Verlagsverzeichnis schickt gern:
Eichborn Verlag, Kaiserstraße 66, D-60329 Frankfurt

Inhalt

Am Anfang war WC

Les petits ruisseaux font les grandes rivières – Aus kleinen Bächen werden große Flüsse. Ein Unbekannter schrieb diese Worte einem Nachttopf so um die Wende vom 19. zum 20. Jahrhundert auf den rundlichen Bauch. Die Sache mit den kleinen Ursachen und den großen Wirkungen – wenn man den Spruch frei übersetzt – ist nicht nur eine Schulweisheit. Es liegt darin auch die tiefe, bereits den Römern geläufige Einsicht, daß Kultur bei den Kloaken beginnt.

Tatsächlich ist der Kulturfortschritt daran meßbar, wie mit der Zivilisation, also dem Zusammenleben vieler Menschen auf relativ engem Raum, die zahlreichen Probleme der Beseitigung des Abfalls und des Unrats gelöst wurden. Es gibt heute nicht mehr sehr viele antike Beispiele von Anlagen zur Befriedigung solcherart Bedürfnisse. Sie lassen aber den Schluß zu, daß man im Altertum bereits über Mittel und Möglichkeiten der Hygiene verfügte, die heute selbstverständlich erscheinen. Allerdings gingen diese Erkenntnisse später für einen längeren Zeitraum wieder verloren.

Schon bei den ältesten Kulturvölkern des Alten Orients, über deren Alltagsleben man heute recht gut informiert ist, findet sich ein hochentwickelter Standard öffentlicher Hygiene. Bis etwa 5000 Jahre vor unserer Zeit läßt sich zurückverfolgen, daß die alten Sumerer, Babylonier, Assyrer und Ägypter, Inder und Israeliten der Körperpflege und der Reinhaltung der Wohnung und des Wohnumfeldes große Bedeutung beimaßen. Reines und klares Wasser, unverdorbene Nahrungsmittel und eine möglichst schadlose Beseitigung flüssiger und fester Abfälle aus dem Wohnbereich war bereits früh zu einer wichtigen Aufgabe der Gemeindeverwaltungen geworden. Die Probleme waren damals durchaus mit den heutigen vergleichbar, denn man weiß, daß es schon Großstädte mit Millionen Einwohnern gegeben hat. Rom zählte in seiner Blütezeit etwa anderthalb Millionen Einwohner.

Darstellung auf einer rotfigurigen attischen Schale

In Mesopotamien war der priesterliche Stadtfürst zugleich auch der »Wasserinspektor«, war also verantwortlich für den Zustand und den Ausbau der Anlagen zur Abfallbeseitigung wie der Stadtreinigung. In ihrer Hochzeit waren die frühen sumerischen Städte bereits mit allem ausgestattet, was es auch heute an modernen Errungenschaften der Hygiene gibt. Die Toiletten und Bäder vieler Wohnhäuser waren über ein Tonröhrensystem mit den Abwasserkanälen unter gepflasterten Straßen verbunden. Solche Abflußrohre gab es sowohl in den Metropolen wie auch in kleineren Städten Sumers. Bei den Ausgrabungen fand man in Babylon ein gut durchdachtes Kanalisationssystem. Wie in anderen Städten des Reiches auch, etwa in Nimrud, bestand es aus einem Haupt- und mehreren Seitenkanälen. Die Seitenkanäle führten bis unter die Häuser und nahmen die hier anfallenden Abwässer auf.

Ähnliches findet sich in Vorderindien am Indus. Hier entwickelte sich zwischen etwa 3000 und 1500 v. Chr. eine Hochkultur, die nach ihrem Hauptfundort heute meist als Harappakultur bezeichnet wird. Ausgrabungen im Mohendscho Daro brachten den Beweis, daß es auch hier ein hochentwickeltes Kanalsystem unter der Stadt gab. Mehrstöckige Wohnhäuser verfügten teilweise zudem über kaminartige Schächte, die als Müllschlucker dienten; sie mündeten im Erdgeschoß in Tonkrüge, die, so darf man annehmen, regelmäßig geleert wurden. Auf den Straßen und Plätzen standen Behältnisse für jeglichen Unrat. Nach Studien von Roy Palmer stand hier das erste Wasserklosett der Menschheitsgeschichte. Zwar sei nicht ganz klar, wie hier das Wasser zum Einsatz gekommen ist. Sicher jedoch scheine, daß die beiden dort gefundenen WC durch Abflüsse in den Außenwänden mit den Entwässerungskanälen der Straße verbunden waren. Die Einwurföffnungen seien mit Sitzen ausgestattet gewesen, die Abflußöffnungen zum Kanal hin geeignet für feste wie für flüssige Abfälle.

Technisch erstaunlich gut ausgebaut waren die Kanalisationsanlagen auch im alten Griechenland. Die älteste bisher entdeckte Anlage ist das äußerst sinnreich konstruierte Wasserklosett im Palast von Knossos an der Nordküste Kretas, wo um 2000 v. Chr. der sagenhafte König Minos residierte. Der Raum hat die auch heute noch üblichen Ausmaße von zwei Metern Länge und etwa einem Meter Breite. An der Wand fand man Spuren, die auf Befestigungen eines hölzernen Sitzes schließen lassen. Die Wände und der Fußboden sind mit Gips verputzt. Der Boden des ganzen Raumes schwebt über einem tieferliegenden schrägen Unterboden. Der war ständig mit Wasser überspült und schwemmte den Schmutz in einen Kanal. Ähnliche Anlagen finden sich in den Ruinen von Pergamon und Ephesus.

Zeichnung auf einer griechischen Schale, ca. 450 v. Chr., und Querschnitt der Rekonstruktion

Im allgemeinen gab es auch Toilettenrohre, die getrennt von den übrigen Abwasserleitungen gehalten wurden. Der Ort, von den Griechen »Aphedron« (Abtritt) genannt, befand sich meist in Küchennähe. Geruchsverschlüsse waren jedoch noch nicht bekannt. Toiletten bezeichnete man auch als »Aphodos«, »Anachaos«, »Anagchaia«, »Apopatos«, oder »Ommata«, wegen ihrer üblichen runden Fensteröffnung. Ob diese Abtritte an Ort und Stelle benutzt wurden oder ob dort lediglich die Fäkalien ausgeschüttet wurden, die man in den »Skaphia« (tragbare Vasen) gesammelt hatte, ist nicht bekannt. Badeeinrichtungen waren ebenfalls an die Kanalisation angeschlossen, wie man in Pergamon fand, das zudem bereits öffentliche Toiletten besaß. Kanalisationsanlagen gab es auch in Milet, Olympia, Samos und Alexandria. Häuser, die keine solchen Abzugskanäle hatten, leiteten ihre Schmutzwässer einschließlich der Fäkalien einfach durch Rinnen auf die Straße oder in den hinter dem Haus liegenden Garten.

Daß Stadtreinigung und Umweltschutz im alten Athen auch mit administrativen Mitteln durchgesetzt werden mußte, zeigt ein Beschluß, der unter dem Archontat des Neaichmos im Jahre 320 v. Chr. gefaßt wurde. Darin heißt es: »Diejenigen, welche Schutt auf die Straße geworfen haben, sollen angehalten werden, ihn wieder fortzuräumen, und damit alles in gutem Zustand bleibe, wird derjenige mit Strafe bedroht, der etwa Schutt und Ton auf Markt und Straßen werfen sollte.«

In Athen wachten fünf sogenannte Astynomen über die Sauberkeit der Stadt. Sie hatten die Aufsicht über die Wasserversorgung, die öffentliche Ordnung und Hygiene. Ihnen unterstanden die Koprologen. Dies waren die Straßenreiniger und Exkrementensammler, die allerdings nur in den Hauptstraßen tätig wurden. Die Abfälle mußten mindesten zehn Stadien, das sind 1920 Meter, außerhalb der Stadtmauer abgeladen werden. Der Schutzpatron der Koprologen war Herkules, der bekanntlich den Stall des Augias an einem Tage reinigte.

Teil einer öffentlichen griechischen Toilette in Milet

Eine der interessantesten Anlagen aus hellenistischer Zeit ist die große, recht gut erhaltene Latrine in der Hafenhalle zu Milet. »Längs den Wänden zogen sich die 0,44 m hohen Sitze aus Marmorplatten entlang, von denen an der Südseite einige Rest in situ gefunden worden sind. Die Sitzplatten von 7,8 cm Dicke waren ungleich lang und ruhten auf aufrecht stehenden Marmorplatten, die von einzelnen Brückensteinen über dem Ableitungskanal getragen wurden.« Aus der Rekonstruktion ergibt sich, daß die Anlage für etwa 44 Besucher Platz bot. »Alles entspricht in den Hauptzügen den bekannten Latrinen in Pompeji und Nordafrika, nur sind hier die Sitze weit enger zusammengedrängt, genau wie im zweiten milesischen Beispiel am Südmarkt«, heißt es 1899 im Ausgrabungsbericht.

Wenig bekannt ist über die Beseitigung des Unrats in altägyptischen Privathäusern. Einzelne Funde von Toilettenanlagen lassen den Schluß zu, daß sie nicht die Perfektion vergleichbarer mesopotamischer Anlagen besaßen. Im einzelnen sind die stillen Orte eines altägyptischen Wohnhauses aus den Ausgrabungen zu Tel el-Amarna (etwa 1360 v. Chr.) bekannt geworden. Die Aborte lagen, wie heute gleichfalls üblich, gleich neben den Bädern. Die Sitze aus Kalkstein, gemauert und verputzt, waren der Körperform angepaßt und bestanden aus zwei kleinen, gegeneinander geneigten Mauern. Unter den von ihnen gebildeten Schlitz stellte man ein entsprechendes Gefäß, das nach Bedarf zu leeren war. Vermutlich wurde diese Toilette mit Wasser gespült. Es kann aber angenommen werden, denn die vorbeiführende Straße besaß eine mit Steinen ausgelegte Abflußrinne. Neben den Toiletten, die sich sicherlich nur in den Häusern der Begüterten befanden, sammelten die alten Ägypter ihre Exkremente in Vasen. Wie sie ihre Abfälle beseitigten, ist allerdings kaum bekannt.

Aus der Zeit Echnatons (1364 bis 1346 v. Chr.) hat sich ein hölzerner Toilettenstuhl erhalten, der handwerklich wie funktionell geradezu modern anmutet. Man weiß aber nicht genau, ob er über einem Gefäß, einer Grube oder etwa einem Abflußkanal aufgestellt war.

Altägyptischer Toilettenstuhl aus dem Grabe Chas

Aus der gleichen Fundstätte sind Einrichtungen einfacherer Art bekannt. Sie bestehen aus zwei niedrigen Mauern, die nur ein Stein breit sind und bis in Sitzhöhe reichen. Zwischen den Mauern bleibt Platz für ein Sammelbehälter. Aus Tel el-Amarna kennt man auch Sitze, bei denen der Schlitz hinten gerundet ist. In ägyptischer Zeitdiente auch ein Kasten als Abortsitz, in den ein Gefäß gestellt wurde.

Nach diesen großartigen Vorbildern fiel es den Römern nicht schwer, technisch voll auf der Höhe der Zeit stehende Toilettenanlagen zu bauen. Eine ähnliche Anlage wie in Milet findet sich in Leptis Magna, dem Geburtsort von Septimius Severus im nordafrikanischen Tripolitanien. Übertroffen wird sie allerdings von dem öffentlichen Abort auf dem Marktplatz von Timgad (auch Timegad oder Thamugadi). Diese Stadt im alten Numidien, dem heutigen Algerien, war im Jahre 100 n. Chr. von den Römern gegründet worden. Die großzügige Toilettenanlage in der westlichen Ecke des Marktplatzes ist nicht nur zweckdienlich eingerichtet, sondern zudem noch geradezu fürstlich ausgestattet. Von zwei hintereinanderliegenden, mit großen Marmorplatten belegten Räumen hatte einer einen direkten Zugang zur Straße. In ihm befand sich ein Pissoir. Der andere, größere Raum hat die Abmessungen von acht mal fünfeinhalb Metern. Rings um den Raum waren Sitze von etwa 60 Zentimetern Höhe aus Stein angebracht, die voneinander durch Steinskulpturen (Delphine) getrennt waren. Unter jedem der 25 Marmorsitze, von denen nur einer erhalten blieb, befand sich ein steinernes Becken von etwa 20 Zentimetern Tiefe, das von unten durch eine Wasserleitung ständig freigespült wurde.

Weniger anspruchsvolle Anlagen befinden sich in Puteoli bei Neapel und in anderen römischen Städten. Besonders interessant ist die schon erwähnte Bedürfnisanstalt von Pompeji. Sie befindet sich an der Nordwestecke des Forums in einem, wie man heute sagen würde, multifunktionalen Gebäude. Der Eingang zu den Aborten ist so gelegt, daß man auch bei geöffneten Türen keinen Einblick erhielt. Der Kanal an drei Seiten des Raumes, die Steine, auf denen die hölzernen Sitze ruhten, die Zuleitung für die Wasserspülung und die Ableitung in eine Kloake sind noch vorhanden.

Nahezu vollständig waren die Toiletten erhalten geblieben, die man im Jahre 1773 im kaiserlichen Palast am Palatinischen Hügel in Rom ausgrub. Sie stammen aus der Zeit des Augustus, kurz vor unserer Zeitrechnung. In die Wand eines halbkreisförmig angelegten Raumes waren mehrere Nischen eingelassen, jede ausgestattet mit einem säulenverzierten Marmorsitz und einem Marmorfußboden, dessen Abflußloch die Gelegenheit bot, sich zu entleeren, wenn man sich nicht setzen brauchte. Der Fußboden wurde ständig von frischem Wasser überspült, das den Schmutz mit sich führte. Das Wasser wurde durch bleierne Rohre zugeleitet.

Die Villa des Kaisers Hadrian, der von 117 bis 138 über die Geschicke Roms waltete, verfügte über eine große Toilettenanlage, in der sieben oder acht Sitzlöcher halbkreisförmig längs der Wand angeordnet waren. Unter jedem Sitz führte ein Rohr in eine Grube, die mit den großen römischen Abzugskanälen verbunden war.

Probleme ganz besonderer Art wurden beim Bau des gigantischen »Amphitheatrum« gelöst, das Kaiser Vespasian dem Volk stiftete. Das ovale Colosseum, einst das größte Theater der Welt, faßte 80.000 Sitz- und 20.000 Stehplätze. Die Anwesenheit so vieler Menschen auf relativ engem Raum erforderte dringend die Anlage größerer Aborte. Meist waren sie zu etwa 25 Sitzen im Kreis angeordnet. »Die altrömische Latrine stellt unzweifelhaft eine sowohl konstruktiv wie auch hygienisch keinesfalls irgendwie minderwertige Ausführungsform der Massenaborte dar. Lediglich die Anlage einer unterirdischen Fäkalgrube ist im Laufe der Zeit als neu hinzugekommen, und zwar ist dies die einzige wesentliche Verbesserung auf diesem Gebiet in der Zeit von fast 2000 Jahren«, meinte der bekannte Technikhistoriker Feldhaus.

Die unterirdischen Kanäle, die Kloaken, erleichterten erheblich die Stadtreinigung. Dennoch waren die Straßen stets voll von Kot und Schmutz. Germanicus, der Neffe des Kaisers Tiberius, wird gegen Ende des 1. Jahrhunderts von Martial wegen seiner Fürsorge für die Sauberkeit der Stadt besungen:

Du, Germanicus, zwingst die schmalen Gassen zum Wachsen,
Und nicht mitten im Kot brauchet der Prätor zu gehn.

Die Cloaca maxima, die legendäre gewaltige sanitäre Anlage des alten Roms, war ursprünglich wohl ein Fluß, in den man den Schmutz ableitete und der dann überbaut wurde. Die Gewölbe erregen immer wieder Bewunderung. Die einzelnen Quadersteine sind 1 Meter breit, 2,5 Meter lang und 80 Zentimeter hoch. Auf dem Gebiete der Kanalisation handelt es sich bei der Cloaca maxima um eine Spitzenleistung, die weit über dem steht, was Jahrhunderte später im Mittelalter auf diesem Gebiet geleistet worden ist. Noch im Jahre 1842 reiste eigens eine königlich-britische Kommission, die sich um Möglichkeiten zur Verbesserung der Hygiene und Gesundheit zu kümmern hatte, nach Rom und nahm die römischen Kanalanlagen am Colosseum und am Amphitheater in ihren Bericht auf. Großbritannien, und damit damals die ganze zivilisierte Welt, hatte nichts Vergleichbares vorzuweisen.

Die Cloaca maxima hat auch heute noch unzerstörte Teile aus dem 3. Jahrhundert v. Chr. (ein Teil des ursprünglichen Mauerwerks ist durch Beton ergänzt worden). Genaue Vorschriften regelten die Instandhaltung der Kloaken. Es war zum Beispiel unter Androhung schwerer Strafen verboten, diejenigen zu belästigen, die öffentliche oder auch private Kloaken reparierten oder reinigten. Zur Reinigung der Cloaca maxima wurden Kriegsgefangene und Sträflinge eingesetzt. Verantwortlich für den Zustand der Kloaken waren die Censoren, hohe Beamte der römischen Republik. Livius berichtet, daß die Censoren M. Parcius Cato und L. Valerius sich im Jahre 184 v. Chr. »ad urbis nostrae salubritatem – zum Wohle unserer Stadt« für 1000 Talente um die Ausräumung der verstopften Kloaken bemüht hatten. Unter Augustus wurde die Aufsicht den Aedilen übertragen. Aedilen waren seit 491 v. Chr. Magistratsbeamte in Rom, sozusagen Vollzugsorgane der Volkstribunen. Zu ihren Funktionen gehörte die Polizeiaufsicht über Straßen, Tempel und Märkte, Getreideversorgung, Ausrichtung öffentlicher Spiele, Bewachung der Staatskasse sowie Bauaufsicht.

Die Kontrolle über die öffentliche Hygiene unterstand im römischen Kaiserreich den Tribunen »rerum nitentium«. Diese Beamten hatten auch für die Sauberkeit der Märkte, der Tempel, der Bäder und Latrinen zu sorgen. Die Straßen zu verunreinigen oder etwa Abfälle in den Tiber zu werfen war streng verboten. Wer dagegen verstieß, mußte den Schaden ersetzen und Strafe zahlen.

In der Kaiserzeit verlor das Amt der Aedilen an Bedeutung. Später, unter Hadrian, wurden neue Stellen unter der Bezeichnung »curatores cloacarum« geschaffen. Wegen des pestilenzartigen Gestankes, der aus der Kanalisation aufstieg, ließ der Aedil Agrippa im Jahre 32 v. Chr. die Cloaca maxima gründlich reinigen. Agrippa erhielt dafür vom römischen Staat ein Jahresgehalt von 1000 Talenten, das entspricht etwa 6 bis 10 Millionen Mark heutiger Währung. Damit mußte er jedoch seinen gesamten Etat selbst bestreiten.

Die Mehrzahl der Römer wird von der vorbildlichen Wasserversorgung und Kanalisation allerdings nicht allzuviel gehabt haben. Nutznießer waren vor allem die großen Thermen, öffentlichen Großtoiletten, die besseren Privathäuser, besonders frequentierte Straßen und Plätze, eventuell auch direkt über oder an den Kloaken gelegene Häuser. Die Mehrzahl der Häuser, vor allem die Zehntausenden Mietskasernen, waren an die Kanalisation nicht angeschlossen. Um die allgemeinen hygienischen Verhältnisse war es hier vielfach übel bestellt. Immer wieder finden sich in der Literatur Hinweise auf Nachtstühle (sellae pertusae), die neben dem Nachtgeschirr (lasanum, vas obscoenum, matula, matella) vorzugsweise in den Räumen benutzt wurden. Die Latrine (lavatrina) und der locus sordidus befanden sich häufig direkt neben oder gar in der Küche. Trotz der vorbildlichen Kanalisation litten die Menschen häufig unter dem durchdringenden Gestank der Fäkalien. Plinius spricht von einer cloaca foedissima in der römischen Kolonie Amastris – turpis et immundissima adspectu – pestilens est odore teterrimo. Ungeachtet dieser Mißstände verehrten die Römer eine Venus claocina: »Cloacina simulacrum in cloaca maxima repertum.«

Dem politischen Zerfall des römischen Reiches folgte der sittliche. Schon gegen Ende des ersten Jahrhunderts war es in Rom durchaus wieder üblich, die Nachtgeschirre aus dem Fenster zu schütten. Der Dichter Juvenalis spottete:

Blicke nun noch auf andere Gefahr und verschiedne der Nachtzeit.
Was bis zur Höhe des Dachs für ein Raum, von wo aus dir den Schädel
Scherben zerschlagen, so oft zerbrochene, lecke Geschirre
Dort aus den Fenstern man wirft; mit wie großer Wucht das aufs Pflaster
Stürzt und es zeichnet und sprengt. Du könntest nachlässig erscheinen,
Nicht auf plötzliche Fälle bedacht, wenn du testamentslos
Gehest zum Mahl; ja der Tode so viele droh'n, wie in der Nacht,
Welche vorüber dich führt, dort aufsteh'n wachende Fenster.

Da hat man nun bereits wieder Bilder vom »finsteren« Mittelalter vor Augen.

Immer an der Wand lang

Aus dem Erscheinungsbild edler Ritter und minniglicher Frauen in kostbaren Gewändern auf eine hohe Blüte des Mittelalters zu schließen ist irrig. Natürlich gab es prächtige Bogenfenster und kunstvolle Wandgemälde in Kirchen, Kaiserburgen und Versammlungshallen. Sie waren aber bei weitem nicht der Maßstab.

Man wandelte nämlich nicht in wohnlich eingerichteten Räumen mächtiger Burgen und trutziger Festen. Die Burgen wie auch die Bürgerhäuser waren eng und nur spärlich möbliert. Die Wände waren kalt und kahl, die Möbel roh und ungestalt, die Fenster klein und bei schlechtem Wetter und im Winter dicht verhangen, bestenfalls mit dünn geschabtem Horn oder geöltem Papier abgedichtet. Feuer im Kamin und auf der offenen Kohlenpfanne qualmten mächtig. Der Kienspan und die offene Rübenöllampe beizten die Luft.

Der Burgenforscher Otto Piper, der Vater des bekannten Münchner Verlegers Reinhard Piper, hat in seiner monumentalen *Burgenkunde* (6 Bände, 1912) so nebenbei ein Bild von den hygienischen Zuständen des Mittelalters erarbeitet, das ziemlich realistisch sein dürfte.

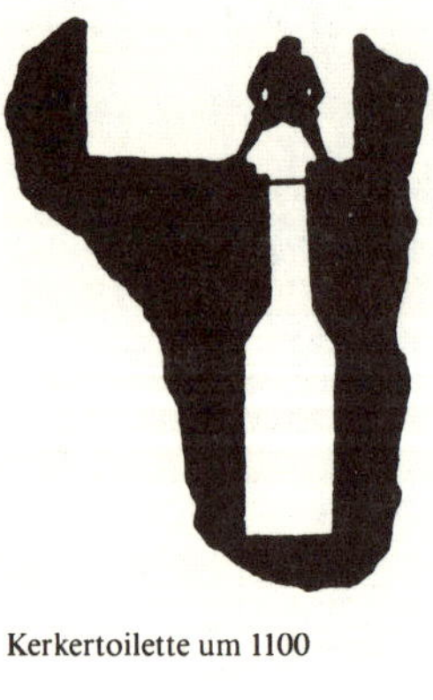

Kerkertoilette um 1100

Danach war die einfachste Form des Abtritts aus der Ritterzeit ein durch den Fußboden in die Tiefe gehendes Loch. Ein solches Loch findet man zum Beispiel auf der Burg Bergen, dem Stammschloß der Schelme von Bergen, unweit von Frankfurt am Main. Im Turm des Bergfrieds zu Steinberg in Baden kann man eine gemauerte Grube von etwa 60 Zentimetern Durchmesser sehen, die wohl bereits zu Beginn des 12. Jahrhunderts angelegt wurde. Sie erweiterte sich zu einer geräumigen Grube von drei Metern Tiefe und etwa 135 Zentimetern Durchmesser. Abgedeckt war sie wohl nur mit einfachen Brettern.

Piper entdeckte auch Schächte, die unten keine Öffnung hatten. Vielleicht ging man beim Bau von der Annahme aus, daß ein solcher Schacht wohl nie bis auf die Zinnen des Turmes gefüllt würde. Solche Schächte gibt es im Turm der Burg Schönburg in Thüringen (1137) und im Bergfried der Burg der Deutschritter zu Schwetz an der Weichsel (1338). Der Zugang zum Abtrittsschacht befindet sich gleich neben der Eingangstür in der Turmmauer.

Selten finden sich Kamin und Abtritt im obersten Turmgemach unter den Zinnen des Bergfrieds, wie zum Beispiel auf der Festung Hohlenfels im Nassauischen (1353). Eine eigenartige Anlage weist der Bergfried der Burg Strasburg des Deutschordens auf. Innerhalb der Mauer entdeckte man einen langen Schacht, der durch alle Stockwerke führt. Bei einem späteren Umbau wurde er oben zugemauert. Anzunehmen ist, daß dieser Schacht dem Turmwächter als Abtritt diente. Am Fuß des Turmes floß dann alles ins Freie. Eine ähnliche Vorrichtung besitzt die Burg Schachenstein in der Steiermark (1471).

Heute noch gibt es auf den Burgen Türöffnungen, die auf beliebiger Höhe unvermittelt ins Freie führen. Hier hingen einst die meist hölzernen Aborte wie Schwalbennester an der Mauer. An vielen heute noch erhaltenen und gut besuchten Burgen kann man zahlreiche solche Aborterker zählen, etwa 14 an der Burg Eltz an der Mosel, ebenfalls viele an den gewaltigen Außenflächen der Burg Karneid in Tirol oder an der Front des Palas zu Verres im Aostatal in Oberitalien. Aus leicht ersichtlichen Gründen sind die Aborterker so angeordnet, daß alles nebeneinander herunterfallen kann. Die Aborterker führten direkt zu den stark belebten Räumen der Burgen, ob Festsaal, Küche, Schlafzimmer oder gar zur Kapelle. Das, was die Natur gebot, war so selbstverständlich, daß man es am nächsten und bequemsten Ort verrichtete.

Selbst die erkerartigen Aborte an Wohnhäusern, beispielsweise in Straßburg, Nürnberg, Hamburg und Breslau, hingen direkt über vorbeifließendem Wasser. Häufig kleckerten aus diesen Erkern die Fakalien erst an den Mauern der Häuser entlang, sogar über Küchen- und Schlafzimmerfenster, um dann den Fluß oder den Bach zu erreichen. Niemand trug im Mittelalter Bedenken, daraus das Trinkwasser zu schöpfen und an den Ufern gleich nebenan die Wäsche zu waschen.

In einer Burganlage jüngeren Datums, dem »Hollenfeltz« in Luxem-

Wie Schwalbennester sind die Aborterker an der Schloßfront verteilt, 14. Jahrhundert

burg, ist ein überhängender Abtritt außerhalb der Turmmauer direkt neben einer Kapelle angelegt. Diese Anlage ist sicherlich einzigartig.

Beim Wiederaufbau der Wartburg hat man an den Festsaal einen zierlichen Balkon angesetzt. Hier befand sich ursprünglich ein merkwürdiger Abort, der über Jahrhunderte in Benutzung war: Die beiden nebeneinanderliegenden Sitze ließen sich »durch ihre eigentümlichen Ausschnitte« als für Frauen und Männer bestimmt unterscheiden. Einen anderen »Doppelsitzer« beherbergt der Wehrgang der Stadt Rothenburg ob der Tauber. Hier ist aber aus der Bestimmung eindeutig zu ersehen, daß er nur von Soldaten benutzt werden durfte.

In der Kaiserburg zu Eger, die Kaiser Barbarossa um 1180 errichten ließ, führen unmittelbar neben dem großen Saal zwei Zimmer zu je einem Abtritterker. So hatte man bei höfischen Festlichkeiten alles in schnell erreichbarer Nähe.

Des öfteren liegen Aborte unmittelbar neben den Wohnräumen. Der Abfall fiel direkt in einen darunter liegenden weiten Kellerraum, den man wohl nur gelegentlich reinigte. Anlagen dieser Art finden sich in Tirol auf der Burg Maretsch (1240) und dem Schloß Cles (16. Jahrhundert). Ein einfaches Loch im Fußboden sieht man im Bergfried zu Morstein in Württemberg (1240).

Auf der Burg Birkenfels im Wasgau wurde in einen der Turmräume der Abtritt direkt in die Mauer hineingebrochen. Die so entstandene Wandnische ist 1,7 Meter hoch und 1,35 Meter tief. Sehr oft machte man es sich einfach: Auf der 1144 erbauten Burg Landsberg rieselt der Schmutz durch einen schrägen Kanal langsam an der äußeren Wand des Turmes herunter.

Die Burg Liebenzell in Württemberg (um 1200) besitzt einen äußerst engen Aborterker. In der Mauer ist lediglich so viel Platz ausgespart, daß man sich in die Nische zwängen muß, um die Sitzöffnung zu erreichen.

Schnitt durch ein Nischenklo auf Burg Birkenfels, um 1250

Um im Verteidigungsfall heißes Wasser oder Pech auf die Angreifer schütten zu können, sind über den Toren oder Burgwegen sogenannte »Pechnasen« angebracht worden. Äußerlich ähneln sie verblüffend den Aborterkern. Doch noch nie hat man einen Aborterker über einem Tor oder Burgweg gefunden.

Die Baumeister mittelalterlicher Burgen und Schlösser hatten wohl doch einige Erfahrungen mit Aborten sammeln können. Jedenfalls hat der Erbauer des Schlosses Thomasberg in Niederösterreich entsprechende Vorsichtsmaßnahmen eingeleitet. Bei ihm führen innerhalb des gewaltigen Mauerwerks zwei schmale, steile Treppen aus mehreren Stockwerken zum Abtrittserker. Die langen Treppengänge verhinderten die Ausbreitung des Geruches in den Wohnräumen. Eine ähnliche Anlage entdeckte Piper auf der 1186 entstandenen Starhemburg, die in der gleichen Gegend liegt.

Mittelalterlicher Abort in Form einer Pechnase (Querschnitt)

Irgendwann wurde die Geruchsbelästigung wohl doch zu unangenehm. Im Kerker der Burg Gutenfels am Rhein (1253) ist der Abtritt bereits in einem kleinen Seitengang angelegt, der in die starke Befestigungsmauer hineinführt. Ebenfalls an einem kleinen Gang innerhalb der Mauern liegt der Abtritt auf der Spesburg im Wasgau (1246). Dieser Abtritt aber besteht nur aus einem Loch im Fußboden von 24 Zentimetern Durchmesser und etwa 30 Zentimetern Tiefe, in der offenbar bereits ein Kübel eingesetzt wurde.

Von den Burgen, die ständig mit einer großen Anzahl von Rittern belegt waren, haben besonders die deutschen Ordensburgen etwas Besonderes aufzuweisen. Deren Abortsitze hingen meist über fließenden Gewässern. Ein überdeckter Gang, reich gelüftet, führte zu einem entfernt liegenden Turm, wo sich die Kammern befanden. Nach dem »großen Danziger«, dem bedeutendsten Bauwerk dieser Art im Schloß der Deutschherren zu Marienwerder (1343), wird eine derartige Anlage »Danziger« oder auch »Danzke« genannt. Unter einem »Danzke« verstand man einen Abtritt in Form eines Turmes, wie er auch in Klosterbauten innerhalb ummauerter Städte durchaus üblich war. Einen solchen, der Hygiene förderlichen langen Gang, findet man schon im Grundriß des Klosters von St. Gallen.

Von den insgesamt etwa 17 »Danzigern« auf Deutschordensburgen gab es zu Zeiten des Burgenforschers Otto Piper nur noch rare drei Stück. Auf der Deutschordensburg in Thorn bildete der über einem kleinen Bach stehende Turm fast bis zur Höhe des in ihn mündenden, vom Schlosse kommenden Ganges eine nach drei Seiten offene, von einem Kreuzgewölbe getragene Halle.

Je mehr Menschen auf engem Raum zusammenlebten, desto mehr und großzügiger mußten die »necessarien« eingerichtet werden. Die Abtei St. Gallen – das um 820 durch den Abt Gozpert instandgesetzte, bereits etwa 200 Jahre alte Kloster des irischen Glaubensboten Gall – zählt zu den schönsten im ganzen Frankenreiche. Zur gewaltigen, umfriedeten klösterlichen Anlage mit großer Kirche, Bibliothek, Wohnungen und Gasthäusern, mit Krankenhaus, Werkstätten, Lagern und Ställen gehörten auch entsprechende sanitäre Einrichtungen. So finden sich in der Klosterschule im Zimmer des Magisters und im Krankenhaus je ein Abort. Vom Schulhaus führen kleine Flure zu freiliegenden Häuschen mit je zwei bis sechs voneinander durch Wände getrennten Sitzen. Einrichtungen gleicher Art befinden sich am Aderlaßhaus und an den Wohnräumen des Abtes. Besonders großzügig sind diese als »exitus necessarius, requisitum naturae, necessaria, sedilia« bezeichneten Anlagen an der etwas außerhalb gelegenen Schule. Hier zählt man 16 und in der Fremdenherberge für vornehmere Besucher sogar 18 solcher Kämmerchen.

Die Stadttrommel gibt das Zeichen

Das während der Nacht und des Tages in den »heimlichen« Gefäßen Angesammelte wurde im Schutz der Dunkelheit auf die Straßen und Plätze und auch in die Flüsse geschüttet. Der Schmutz versickerte irgendwohin, ohne daß sich jemand weiter Gedanken darum machte: Zur Hölle damit. Tatsächlich scheint das Bild der Hölle mit dieser Alltagspraxis zu tun zu haben, denn nach der Lehre der Kirchenväter war die Hölle ein in sich geschlossener Raum in den Tiefen der Erde. Um das Jahr 200 n. Chr. schrieb der heilige Tertullian: Die Hölle ist eine tiefe, finstere Gestankgrube, in der stets der Unrat der ganzen Welt zusammenfließt.

Diese Vorstellung hatte durchaus weltliche Zustände vor Augen, denn Sauberkeit und Hygiene der mittelalterlichen Städte kamen höllischen Dimensionen nahe. Nur wenige Beispiele genügen, um das zu verdeutlichen.

Nach der erst 1899 veröffentlichten *Erfurter Peterschronik* war König Heinrich (der spätere Kaiser Heinrich VI.) am 26. Juli 1184 mit zahlreich erschienenen Fürsten und Herren in einem Saal der erzbischöflichen Burg zu Erfurt versammelt. Unter der Last der Landeshäupter brachen die schwachen und angefaulten Balken des Sitzungssaales zusammen. Das Schicksal wollte es, daß gerade unter diesem Saal eine seit vielen Jahren nicht geräumte Kloake lag. In ihr fanden drei Fürsten, fünf Grafen, viele Edle und mehr als hundert Ritter einen elenden Tod. Der Kaiser selbst konnte sich durch einen Sprung aus dem Fenster retten, bemerkenswerterweise verunglückte auch keiner der anwesenden Kirchenfürsten.

Im Sommer des gleichen Jahres stand König Philipp II. von Frankreich am offenen Fenster seines Pariser Schlosses. Unten fuhren einige schwere Fuhrwerke vorbei, die den Kot und Schmutz der Straße aufwühlten. Ein entsetzlicher Gestank stieg auf, der König brach ohnmächtig zusammen. Da erging der Befehl, die wichtigsten Straßen von Paris mit Steinen zu belegen. Das soll der Beginn der Straßenpflasterung gewesen sein.

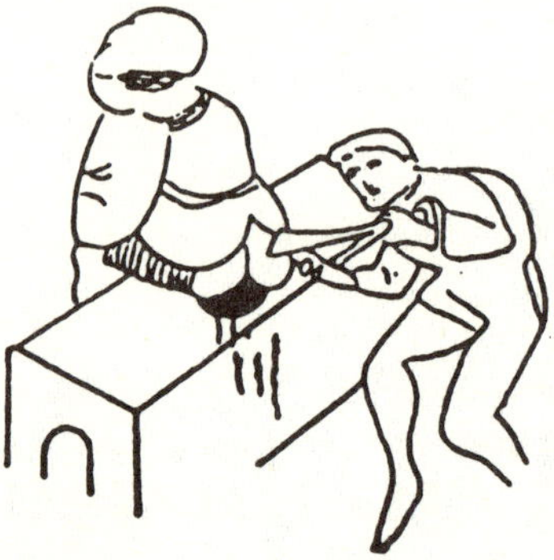

Illustration aus einer handschriftlichen Bibel von 1464

In der Freien Reichsstadt Reutlingen im Schwarzwald wäre Kaiser Friedrich III. am 28. August 1485 um ein Haar samt Pferd im Straßenschmutz versunken. Auch als er das Schwarzwaldstädtchen Tuttlingen besuchen wollte, scheiterte das daran, weil die Stadt im Dreck erstickte.

Noch Jahrhunderte später hatte sich am Zustand der Städte nicht viel geändert. Edward Burst erzählt über seine Reisen durch Schottland (*Briefe über Schottland.* Hannover 1776): »Wir ... waren recht lustig, bis die Uhr zehn schlug. Dies ist die Stunde, da jedermann die Freyheit hat, auf ein durch die Stadttrommel gegebenes Zeichen, seinen Unflath aus dem Fenster zu werfen ... Wie ich auf meinem Wege nach Hause, durch einen langen engen Gang, welcher hier Wynde heißt, gehen mußte; so ward mir ein Wegweiser mitgegeben, welcher, um ein Unglück, das mir hätte begegnen können, abzuwenden, beständig mit lauter Stimme schrie: Hud your Haunde, d. i. Haltet ein! Ich zitterte, wenn ein Fenster geöffnet ward, da immer nicht weit von mir der erschreckliche Guß, von hinten und vorne, herunter stürzete.

Jedoch entgieng ich aller Gefahr glücklich, und kam nicht allein wohlbehalten und gesund, sondern auch wohlriechend und rein in meinem neuen Quartiere an. Allein, wie ich im Bette lag, mußte ich meinen Kopf zwischen den Laken verstecken. Denn der Geruch des Unflathes, welchen die Nachbarn an der Hinterseite des Hauses ausgeworfen hatten, drang dergestalt in das Zimmer, daß ich vor Gestanke fast hätte ersticken mögen.«

Um 1450 berichtet der englische Reisende William Smith über Nürnberg, daß es hier nicht erlaubt war, vor zehn Uhr abends den Urin aus dem Fenster zu schütten. Schon im Paris des 14. Jahrhunderts war es nicht anders. Allerdings herrschte hier die Freiheit, daß jeder zu jedem Zeitpunkt aus dem Fenster ausgießen oder werfen durfte, was er wollte.

Londoner Straßenszene. Kupferstich von William Hogarth, 1746

Pflicht war es aber, zuvor drei Mal »gardez l'eau!« (Achtung Wasser) zu rufen – Nachttöpfe enthalten meist jedoch kein Wasser. Erst im Jahre 1372 wurde das energisch verboten. Man vergaß das dann wohl wieder, und im Jahre 1495 mußte das Verbot verschärft werden. Noch heute sagt der Franzose, wenn er »Kopf weg!« meint: »Gardez l'eau!«. In Schottland und England rief man um die Mitte des 15. Jahrhunderts »Gardee-loo!«

Weitgehend war es damals aber unter Strafe gestellt, die Nachttöpfe auf die Straße zu entleeren. In München erging schon 1370 ein strenges Verbot. In London zahlte man im Jahre 1372 für einen aus dem Fenster entleerten Topf mit Fäkalien vier Shilling, für einen Topf mit Urin oder Wasser zwei Shilling Strafe. Etwa um diesen Zeitraum herum hieß es in Krakau: »Wer ymandes begewst aws eyme hawse bey nacht addir tag, der sal eyn schok zu busse geben.« Ein Schock Groschen entsprach immerhin einer Turmhaft von einem Monat. Auch den Bürgern von Paris war es im Jahre 1539 verboten, »bei Tage oder Nacht Gegenstände aus dem Fenster zu werfen, seien es Wasser, Urin oder Fäkalien oder andere Abfälle«.

Bereits im Jahre 1285 befahl König Philipp der Schöne den Parisern, daß sie die Reinigung der Gasse vor ihren Häusern gefälligst selbst zu besorgen hätten. Wer der Pflicht nicht nachkam, wurde mit Strafe bedroht. Aber diese Weisung wurde kaum beachtet, und die Stadt versank nach wie vor im Schmutz. Drei Jahre später wurde das Strafmaß erhöht, was lediglich dazu führte, daß die Pariser Bürger ihre Abfälle nachts heimlich auf den öffentlichen Plätzen abkippten. Adel, Höflinge und auch die Geistlichkeit entzogen sich der Pflicht mit fadenscheinigen Begründungen: »Es sei ihrer unwürdig, sich mit Dreck abzugeben.« Erst 1399 beendete der Königshof den Streit über diese Fragen mit einer neuerlichen Verfügung. Ausdrücklich wurde nun festgelegt, daß die Pflicht zur Unratbeseitigung für alle Bürger ohne Unterschied des Standes Gültigkeit habe. Selbst, nachdem »heimliche Gemächer«, die nur ab und zu geleert werden brauchten, Einzug in die Häuser hielten, blieben die alten Sitten erhalten. Das demonstriert unter anderem ein Holzschnitt aus einem Betrachtungsbuch aus der Zeit etwa um 1480. Er zeigt, wie die Tür zu einem solchem »heimlichen Gemach« einladend offensteht. Der junge Mann jedoch zieht offenbar die freie Natur vor. Der Technikhistoriker Franz Maria Feldhaus interpretiert die Darstellung als den vergeblichen Kampf des Neuen gegen das Alte.

Tatsächlich blieb alles noch lange beim alten. Der Zustand der öffentlichen Hygiene wandelte sich nur sehr langsam. Noch im Jahre 1780 mußte die Pariser Polizei wieder einmal die Entleerung von Nachttöpfen und ähnlichem aus den Fenstern verbieten – auch das wieder unter erheblichen Protesten der Bewohner. Das Aroma der Straßen linderte sich nur geringfügig, denn nach wie vor blieb es üblich, die dringenden Bedürfnisse auf den Straßen zu verrichten. Selbst noch im 19. Jahrhundert machten ahnungslose Passanten Bekanntschaft mit dem Inhalt von Nachttöpfen.

Das verachtete Kämmerlein. Holzschnitt um 1480

Überhaupt Paris und Frankreich. Vieles galt hier den Nachbarstaaten als vorbildlich und nachahmenswert. Ein Blick in die Stadtverordnungen, soweit erhalten, zeigt, wie sehr man um Besserungen bemüht war. Aber so richtig griffen die Innovationen wohl doch nicht. Zwar steht bereits seit dem Jahre 1513 in den Pariser Gesetzen, daß jedes Haus einen eigenen Abtritt haben muß. Zwanzig Jahre später mußte diese Anordnung unter Androhung schwerer Strafen erneut ins Bewußtsein gebracht werden. Im Jahre 1538 schwärmten städtische Polizeibediente aus und kontrollierten alle Häuser, um die Einhaltung der Verordnung zu prüfen. Doch das alles scheint nicht viel genützt zu haben, denn auch 1697 und 1700 wird in der Polizeiverordnung wiederholt: »Zureichende Latrinen in den Häusern anzulegen und diejenigen instand zu setzen, die vorhanden sind, und zwar binnen eines Monats; andernfalls die Häuser so lange zu schließen, bis alles in gutem Zustand sei.« Immer wieder kam es vor, daß schlecht angelegte Abtrittgruben sich in benachbarte Brunnen leerten. Schließlich wurde wieder auf eine Regelung zurückgegriffen, die vom 12. Jahrhundert bis zum Regierungsantritt von König Franz I. (1515) wirksam war. Damals wurden die Fäkalien gemeinsam mit den festen Abfällen auf öffentliche Lagerplätze gebracht. Doch nachdem die Anlieger über den bestialischen Gestank klagten, erging 1533 die Anordnung des Pariser Magistrats, jedes Haus mit einer Sammelgrube für Fäkalien auszustatten. Deren Entleerung und der Transport nach außerhalb der Stadt gelegenen Depots durch bestimmte Arbeiter, den Gadouards, durfte in der Regel nur nachts und gegen eine entsprechende Taxe vorgenommen werden.

Der Ingenieur Salomon de Caus, vor allem bekannt für seine Wasserspiele, geheimnisvollen Nischen und beweglichen Figuren im Heidelberger Schloßgarten, zog sich nach Paris zurück, als sein Herr, der Kurfürst von der Pfalz, bereits nach kurzer Amtszeit vom böhmischen Thron flüchten mußte. Aus einem Aktenstück der städtischen Behörden von Paris geht hervor, daß de Caus der Stadt im Jahre 1629 Vorschläge unterbreitete, wie die Abtritte zu einem einheitlichen Reinigungsystem zusammenzuschließen wären.

Wie es tatsächlich bestellt blieb, verdeutlicht eine Bestandsaufnahme, die der Chirurg Tenon im Jahre 1788 im Hospital Hôtel Dieu in Paris auf Befehl des Königs machen mußte. In seinem Rapport findet sich auch diese Passage: Der Inhalt der Nachtstühle wurde täglich noch im Krankenzimmer in größere Gefäße übergeschüttet. Allein dadurch sowie durch das Herabfallen der Fäkalien auf den Fußboden war die Luft in den Räumen zum Ersticken. Die Strohsäcke der Patienten, die Urin und Exkremente nicht halten können, wurden um vier Uhr morgens geöffnet und auf dem Fußboden ausgebreitet. Gleichzeitig wurden die Strohfüllungen der anderen Betten geleert. Statt den beschmutzten Inhalt an Ort und Stelle zu verbrennen, brachte man das Stroh auf Karren ins Hospital Saint-Louis. Die Mauern waren bedeckt mit Auswurf, der Fußboden mit Fäkalien, die aus den Strohsäcken rannen oder beim Leeren der Nachtstühle verschüttet wurden. Entsprechend verpestet war auch die Luft in den Sälen.

In den anderen Krankenhäusern der Stadt sah es nicht besser aus. Unentwegt hatte man achtzehn Jahre lang die Senkgrube des großen Pariser Krankenhauses »Maison de sante« benutzt, als sie im Jahre 1825 zum ersten Mal geleert wurde.

Am 10. März 1800 wurde verfügt, daß jeder häusliche Abtritt in Paris einen völlig undurchlässigen Sammelbehälter, jede Grube zudem eine Entlüftungsmöglichkeit haben müsse. Aber die Durchführung dieser wohl dringend notwendigen Verordnung scheiterte an den hohen Kosten, mußten die Hausbesitzer doch für den Umbau bis zu sechstausend Francs bezahlen. Für die Grubenentleerung wurden Unternehmer unter Vertrag genommen. Jahrhundertelang wurden die Ablagerungen nach Montfaucon vor Paris gebracht. Mountfaucon war lange Zeit das einzige Fäkaldepot von Paris, das Anfang des 18. Jahrhunderts bereits mehr als eine halbe Million Einwohner hatte. Als die wachsende Stadt eine derart große

Menge an Fäkalien abstieß, daß die Bassins nicht mehr ausreichten, verband man diese im Jahre 1826 einfach mit einem Kanal, der unterhalb von Paris bei St. Denis in die Seine mündete. Täglich gelangten so um das Jahr 1835 300 bis 350 Kubikmeter flüssige Fäkalien in den Fluß.

Die beweglichen und geruchlosen Abtritte der Firma Cazeneuve & Co., für die 1818 in Paris große Reklame gemacht wurde, hatten wesentlich bessere Chancen. Sie bestanden aber aus nichts anderem als aus zwei hölzernen Fässern. Eines für die festen, das andere für die flüssigen Bestandteile. Von der französischen Beschreibung erschien 1819 eine deutsche Übersetzung, die zudem noch einige Merkwürdigkeiten des Pariser Lebens mitteilt, zum Beispiel, daß alle Versuche, die Pariser stillen Örtchen zu modernisieren, bislang an der Gleichgültigkeit der Baumeister und Hausbesitzer gescheitert seien. Man habe seit 1771 auch systematisch die soziale Lage der Kloakenreiniger gebessert und auf diese Weise wesentlich ihre Zuverlässigkeit bestärkt. Paris verfügte damals über 70.000 Abtritte, die etwa alle drei bis vier Jahre geleert wurden. Vor allem in den öffentlichen Gebäuden habe sich das Tonnensystem von Cazeneuve & Co. bewährt.

Etwa um 1900 schildert der Schriftsteller Francisque Sarcey die immer noch barbarischen Zustände der Weltstadt Paris: »Unsere Vorfahren legten unterhalb des Hauses eine Abtrittsgrube an. Dort wurde ein Haufen infektiösen Unrats, ein Herd der fürchterlichsten Pestgerüche, sorgfältig aufbewahrt. Nicht eher wurde die Grube entleert, als bis sie voll war und sogar übertrat. Dieses abscheuliche Verfahren ist in letzter Zeit nicht erheblich verbessert worden.

Drei Viertel der Pariser Häuser stehen auf solch einer Grube. Die weiten Rohre, welche bis zum Giebel des Gebäudes hinaufragen, sollen die Gase und üblen Gerüche nach außen hin abführen; sie gleichen also einer Million aufgesperrter Rachen, durch welche Paris Tag und Nacht einen bösen Atem aushaucht, der über der Stadt lagert und sie verpestet, sobald ihn der Wind auf unsere Straße fegt.

Aber wir Pariser wissen nur zu gut, daß nicht alle Gerüche, welche diesen Pesthöhlen entsteigen, den ihnen gebahnten Weg einschlagen. Nicht alle entweichen in die freie Luft durch das in die Grube eingetauchte Abzugsrohr. Manche bleiben zurück, weiß der Himmel! Wie oft habe ich gehört, daß eine Hausfrau den Hauswirt verwünschte, der doch wahrlich nichts dafür konnte.

Bei dem Einen riecht es bei Ostwind, beim Andern, wenn es regnet, wie bei Andern, wenn die Sonne zu sehr scheint. Besonders vom Schlcksal Geschlagene sind die, bei denen es mit merkwürdiger Gleichmäßigkeit bei jeder möglichen und unmöglichen Witterung riecht.

Nun wird das Haus beim Gesundheitsamt angezeigt. Es werden Berichte geschrieben und Ingenieure geschickt, die wieder Berichte abfassen. Aber ungeachtet aller Berichte riecht es immer weiter.

Aus einem sehr einfachen Grund: Wenn man nämlich Rosen unter ein Bett streut, so atmet man Rosenduft, wenn man schläft. Und riecht es nun eben nicht nach Rosen.

Und dabei spreche ich hier noch von den gut oder leidlich gehaltenen Abtritten.

Nun muß man erst in die Arbeiterhäuser gehen, wo für einen ganzen Flur, manchmal sogar für zwei Stockwerke, nur ein schwarzes Loch vorgesehen ist, dessen Fenster auf die Treppe geht. Mein Vater hat einst in einem solchen Haus gewohnt. Das war schrecklich, und der Portier verbot noch dazu, daß man Wasser nachgoß, um die Grube nicht zu schnell zu füllen.

Übrigens goß man schon von selbst kein Wasser nach. Damals mußte man sparsam damit umgehen, denn die Tracht Wasser kostete zwei Sous. Heutzutage ist es reichlicher vorhanden, aber es muß erst herangeholt werden, denn meistens sind nicht in allen Stockwerken Wasserhähne. Nicht um dem Portier zu gehorchen, sondern aus Faulheit geht man also noch immer sparsam mit dem Wasser um; noch heute ist das Wasser in Paris ein Luxusartikel.

Nur mit Entsetzen denke ich noch an jene Stätten! Und nun erst ausdenken, daß es deren noch Hunderte, ja Tausende in Paris gibt.

Noch schlimmer wurde es, wenn die besagte Grube ausgeleert werden sollte. Aber laßt mich erst noch einmal Luft schöpfen: ich fürchte zu ersticken, wenn ich von alledem spreche.

Wie oft, wenn man des Nachts den Schlaf der Gerechten schläft, erwacht man gegen halb ein Uhr durch das eintönige Ticken regelmäßiger, dumpfer Hammerschläge. Man öffnet erschreckt die Augen.

Was giebt's? Was ist los?

Was los ist, das wirst du gleich sehen. Hole nur Atem, dann bist du gleich orientiert. Die Luft, die uns umgibt, ist mit Unreinlichkeiten geschwängert, vor denen wir uns nicht schützen können. Sie dringen durch Türspalten und Fensterritzen, wir und das ganze Haus sind in üble und ekelhafte Düfte getaucht.

Bis zum Morgen dauert das. Die Diener der Nacht haben bei uns gearbeitet oder in der Nachbarschaft oder am Ende der Straße. Ihre Fässer stehen erwartungsvoll in schönster Ordnung unter unseren Fenstern.

Und wenn sie gefüllt sind, fahren sie mit kräftigen Pferden durch das Stadtviertel und hinterlassen eine lange Spur in Form übler Gerüche.

So geht es nun in Paris zu, in der Hauptstadt der Welt! Und wir dulden es schweigend, noch mehr, wir achten nicht darauf! Wir sind daran gewöhnt; dies Wort sagt alles.

Allerdings hat man an einigen Orten an Stelle der hier beschriebenen, seit undenklichen Zeiten bestehenden Abtrittsgrube etwas anderes gesetzt, was die ›bewegliche Grube‹ (fosse mobile) heißt, im Gegensatz zu jener, die man ›feste Grube‹ (fosse fixe) nannte. Die ›bewegliche Grube‹ besteht je nach Bedarf des Hauses aus einer oder mehreren Tonnen, die in regelmäßigen Zwischenräumen fortgeschafft werden, sobald sie ungefähr gefüllt sind. Die Männer, welche diese Arbeit verrichten, brauchen nur die Tonne zu schließen, sie auf den am Thore wartenden Wagen zu laden und fortzufahren.

Sehen wir uns diese bewegliche Grube einmal näher an! Ich kenne das System nur zu genau, denn ich habe es selbst im Hause.

Erstens ist es merkwürdig, wie der Geruch sich gleichbleibt, ob beweglich oder fest. Es gibt Leute, welche es an den Hühneraugen merken, wenn das Wetter umschlägt; ich merke den Witterungswechsel an meiner beweglichen Grube, genau so, als ob sie fest wäre. Nichts für ungut, aber die feste Grube mit der beweglichen zu vertauschen heißt an Stelle eines blinden Pferdes ein anderes wählen, welches das Augenlicht verloren hat.

Die bewegliche Grube hat alle Nachteile der festen und außerdem noch ihre besonderen. Die Herren, welche die Tonnen abfahren, fragen nicht, wann es mir paßt. Sie kommen, wann sie können, je nach der Gegend, in der sie zu thun haben, und nach der Arbeitsmenge.

Ich will gerade mit meinen Freunden frühstücken, als ein seltsamer Geruch ins Speisezimmer strömt.

›Na! Emil, was ist denn das?‹

Emil blinzelt mir zu. ›Der Herr wissen schon.‹

Ich weiß es wirklich und sage daher nichts mehr. Auch meine Gäste sagen nichts, aber darum riechen sie es doch. Das Frühstück wird unterbrochen, denn der Diener muß doch die lieblichen Arbeiter beaufsichtigen. Es ist ja ganz klar, daß die Gesellschaft, bei der sie angestellt sind, zu dieser zweifelhaften Beschäftigung weder M. de Talleyrand noch den heiligen Vincentius engagieren konnten. Darum kann man sie also nicht ganz allein im Hause herumlaufen lassen, das sie mit ihrem Duft erfüllen. Ist der Diener beschäftigt, so muß man die appetitliche Arbeit selbst überwachen. Allerdings bringt dieselbe dem Hause unaussprechliche Erleichterung, aber vor allem ist man selbst höllisch erleichtert, wenn sie vorüber ist.

Am schlimmsten aber ist, daß man zwar den Besuch dieser schwarzen Reinigungsvögel scheut, aber ihn noch weit mehr ersehnt. Wie oft tönen mir wie ein Totenglöckchen die schrecklichen Worte ins Ohr:

›Gnädiger Herr! Die Röhren sind verstopft.‹

›Die Röhren!‹ sagt mein Diener, wie Mme. Prudhomme von ihren Salons spricht. Sie hat nur einen Salon und ich nur ein Rohr. Aber oft sind es mehrere, die dieses eine Rohr benutzen müssen, denn die Gastfreundschaft ist ja die Haupttugend der Franzosen. ›Die Röhren sind verstopft! Laufen Sie schnell zur Gesellschaft! Sie hat sich wieder verspätet.‹

Und wollt Ihrs glauben, wenn die Engel in der Lederschürze vor der Thür halten, betrachte ich sie mit Thränen der Dankbarkeit, fast habe ich Lust, ihnen die Hand zu schütteln. Aber ich beherrsche mich!«

Der Stall des Augias

Und wie sah es in Deutschland aus? Bei Konrad von Würzburg heißt es um 1440 in dem Schwank *Halbe Bir* (Halbe Birne):

Da kam eine Jungfrau fein
recht wie ein Turteltäubelein
geschlichen vor das Palasttor
und wollte gerne davor
das Wasser sich erlassen

Es unterschied sich also in nichts von dem, was man anderswo nicht auch so erleben konnte. Von den Göttingern wird berichtet, daß es in ihren Statuten aus dem Jahre 1342 hieße, es sei ausdrücklich verboten, im Ratskeller während des Essens und Trinkens selbst die gröbste Notdurft zu verrichten. Das ist, laut Feldhaus, nichts als üble Nachrede. In den Göttinger Statuten sei davon nichts enthalten. Aber aus Kämmerer-Rechnungen ließe sich nachweisen, daß die Ratsherren damals im Rathaus sowohl einen Abtritt als auch einen Raum für kleinere Bedürfnisse hatten.

Im Jahre 1370 verordnete der Rat der Stadt München: »Wer Unflat vor seine Tür oder auf die Straße wirft oder schüttet, also nicht in den Bach trägt, gleichgültig, ob es bei Tag oder Nacht geschieht, der zahlt in jedem einzelnen Übertretungsfall dem Richter 24 Pfennig, der Stadt 1 Pfund und dem Schergen 8 Pfennig... Wer in der inneren Stadt den vor seine Tür oder auf die Straße geschütteten Mist oder Kehrricht nicht noch an demselben Tage abfährt, muß der Stadt 36, dem Richter 7, dem Schergen 12 Pfennig Strafe bezahlen.« In den Randgebieten der Stadt betrug die Frist für die Abfuhr drei Tage, wurde sie versäumt, waren die gleichen Strafen zu zahlen.

Wer »haimlich gemäch« neu errichten lassen will, darf die dazugehörigen Gruben nicht durch den Lehm graben lassen, damit die benachbarten Brunnen nicht verdorben werden. Diese für die öffentliche Hygiene wichtige Vorschrift erging zum ersten Mal in der Bau- und Kundschaftsordnung der Stadt München um das Jahr 1500.

Recht gut Bescheid weiß man über die hygienischen Verhältnisse in der Freien Reichsstadt Nürnberg. Im Stadtarchiv gibt es aus den Jahren 1464 bis 1475 eine Reihe Anweisungen des Stadtbaumeisters Endres Tucher. Mehrfach finden sich unter ihnen auch Richtlinien für »heimliche Gemächer«, vor allem, was bei ihrer Instandhaltung in irgendeinem Teil der Stadt im öffentlichen Interesse zu beachten sei. Tucher sagt, daß niemand in die Nürnberger Stadtgräben ein »privet« ableiten dürfe. Wer es dennoch tat, mußte mit einer Geldstrafe rechnen. Es wurde zum Gesetz erhoben, daß die Bewohner des Hinterhauses ein eigenes Privé zu beanspruchen hatten. »Und niemand soll kein unflat in hefen oder in andern dingen an die straß werfen.« Widerhandlungen wurden mit 60 Heller Strafe geahndet. Der Hauseigentümer hatte für alle Hausbewohner und Mieter geradezustehen. Der Inhalt der Abtrittsgruben durfte nicht in den Fischbach vor der Stadt geschüttet werden.

Für die Reinigung der Gruben war ein städtischer »Nachtmeister« zuständig. Tucher verlangte, daß der Stadtbaumeister auf die Redlichkeit der Nachtmeister zu achten habe. Einmal jährlich war »das heimlich gemach im loch«, also im Gefängnis, zu leeren. Das sollte vorwiegend in der kälteren Jahreszeit geschehen und auch dann, wenn möglichst wenige Gefangene im »Loch« seien.

Als im Jahre 1471 der Kaiser mit seinem Heer nach Nürnberg rückte, waren durch den Stadtbaumeister zahlreiche Vorbereitungen zu treffen. Neben den kaiserlichen Kammern wurde »ein heimlich gemach mit eim stuhl« eingerichtet, das regelmäßig gereinigt werden mußte. Man muß also annehmen, daß hier ein fest eingebauter Sitz zu verstehen ist, also nicht lediglich ein beweglicher Nachtstuhl.

Neben diesen Angelegenheiten, für die die Verantwortung der Stadt zufiel, gibt ein sorgsam geführtes Verrechnungsbuch des Nürnberger Kaufmanns Anton Tucher Auskunft über seinen Privathaushalt. Hier äußert er sich zwischen 1508 und 1517 verschiedentlich auch zu den Kosten der »haimlichen gemächer«. Im Jahre 1508 ließ Tucher das »haimlich gemach« im Hinterhaus durch zwei Arbeiter reinigen. Das war zuletzt im Jahre 1499 gemacht worden. Die Grube war neun Fuß lang, acht Fuß breit und dreizehn Fuß tief. Die Arbeiter, die man damals in Nürnberg als »Nachtmeister« bezeichnete, hatten zehn Stunden damit zu tun, die Grube zu leeren. Außer dem Lohn erhielten sie für die schmutzige Arbeit zwei Maß Wein, sechs Maß Bier, zwei Laib Brot und zwei Käse. Im Jahre 1515 war die Grube wieder voll; es hatte nicht solange gedauert wie beim vorigen Mal, da der Haushalt personenreicher geworden war. Die Reinigung nahm nun elf Stunden in Anspruch. Es wurden 23 Karren Schmutz weggebracht.

Im Oktober 1517 ließ Tucher aus einer Abortgrube des Vorderhauses 28 Karren Schmutz forträumen. Vierzig Jahre zuvor, also im Jahre 1477, war das zum letzten Male gemacht worden. Diese Grube hatte folgende Maße: neun Fuß Länge, sieben Fuß Breite und zwölf Fuß Tiefe. Tucher vermerkt, daß man zur Entleerung die Kellerräume des Hauses in Anspruch nehmen mußte.

In einem anderen Haus, das Tucher gehörte, wurde 1513 eine Grube entleert, die 46 Karren Schmutz enthielt. Zwei ganze Nächte wurde daran gearbeitet; warum das nächtens geschah, geht aus der Abrechnung nicht hervor. Aber verschiedene Stadtordnungen gestatteten diese Arbeiten nur nachts und schrieben zudem bestimmte Wege durch die Stadt vor. Im gleichen Jahr mußten die Abfallrohre des »haimlichen gemachs« ausgebessert werden. Waren es gemauerte, hölzerne oder tönerne Röhren?

Im Jahre 1510 gab Tucher verschiedene zerbrochene Zinngeschirre zum Tausch gegen »2 new ozine prunczscherben«. Also waren zinnerne Brunz-Scherben in Gebrauch.

Nicht nur die großen Städte hatten mit den Problemen des täglichen Unrats alle Hände voll zu tun. Auch die kleine Donaustadt Lauingen legte in der *Zucht- und Policei-Ordnung* vom Jahre 1555 Maßnahmen gegen den »hochbeschwerlichen Gestank« in der Stadt fest. Alle Bürger, denen Häuser gehören, so will es sein ehrbarer Rat, sollen »ihre Heimlichkeiten, so auf die Gassen laufen, bis zu Weihnachten bei Vermeidung ernstli-

Etagenlatrine zwischen den Häusern hängend, Illustration zu einer Episode aus der französischen Übersetzung des *Decamerone*, 15. Jahrhundert licher Strafe untergraben», indem der Unrat nicht mehr über die offene Straße, sondern in überdeckten Rinnen oder unterirdisch abgeleitet wird. Diese Rinnen sollen in »gebührlicher« Zeit gereinigt werden. Auch soll niemand mehr den Kehrricht oder anderen Unrat so einfach aus dem Hause werfen dürfen. Er soll auf einen wöchentlich durch die Stadt fahrenden Karren geschüttet werden. Ziel dieser Verordnung war, die von »Priuet vnnd heimlichen gemachen« stammende Geruchsbelästigung einzudämmen.

Sah es im vorwiegend protestantischen Norddeutschland sauberer aus? Wohl kaum, denn während der großen Pest des Jahres 1602, die vor allem im Norden schreckliche Folgen hatte, verordnete der Rat der Stadt Danzig, daß ab sofort kein Schwein mehr durch die Straßen laufen dürfe, weil dadurch »nicht allein die unreinigkeit geheuffet, sondern auch die unlust und was von den krancken und vergiffteten ausgeworffen, umbgewuhlet und mehr schädlich böser stanck geursachet wird«. Werde aber ein Schwein auf der Straße ergriffen, dann sei es der Stadt verfallen und werde dem Hospital der armen Leute zum Schlachten übergeben.

Aber auch in dem doch als fortschrittlich geltenden Berlin müssen zu Anfang des 17. Jahrhunderts äußerst unhygienische Verhältnisse geherrscht haben. Als der Kurfürst von Brandenburg 1624 dem Rat die Order gab, diese Unsauberkeit endlich abzustellen, antwortete der, die Bürger seien unabkömmlich mit Feldarbeit beschäftigt. Neben der Petrikirche hatte sich ein derart großer Schmutzhaufen angesammelt, daß man nicht mehr passieren konnte. Erst nach mehrmaligem und immer schärferem Befehl des Kurfürsten wurde der Unrat weggeschafft.

Auch auf dem Neuen Markt bildeten Abfall und Unrat große Haufen. Um die unerträgliche Situation zu beseitigen, erging der Befehl, jeder Bauer, der zum Markt käme, habe eine Fuhre von diesem Kot aus der Stadt herauszuführen.

Die Berliner Müller führten ständig Klage darüber, daß ihre Wasserrinnen verstopften, weil die Berliner es nicht unterlassen konnten, den Schmutz von der Langen Brücke in die Spree zu schütten. Ein Unbekannter schrieb 1784 in der Zeitschrift *Teutscher Merkur*: »Ich rathe niemand sich Abends nach 10 Uhr an der Spree aufzuhalten. Diese ist die erste Grube, in welche der Dünger von ganz Berlin um diese Zeit geschaft wird. Alte Weiber verrichten dieses Geschäft, und stürzen ihren Vorrath von der nächsten Brücke herunter, mit einem Geräusche, worüber einem Hören und Sehen vergeht. Seitdem ich Augenzeuge von dieser eckelhaften Operation gewesen bin, will mir das Essen in Berlin nicht mehr schmecken. Ich kann mich des Gedankens nicht erwehren, daß unsre Köchin aus der Spree gekocht haben möchte.«

»Die Berliner laden allen ihren Unrat vor den Toren ab«, klagten Reisende noch um 1800. Die Besucher der Königsstadt, damals als eine der schönsten Europas gerühmt, dürften nicht gerade selten auf den Einfallsstraßen nach Berlin von einem pestilenzartigen Gestank verfolgt worden sein. Vor allem im Sommer war es in Richtung Frankfurt an der Oder kaum auszuhalten, weil hier überdies ein Schinder sein ruchbares Handwerk betrieb.

In der Berliner Bauordnung vom 30. November 1641 heißt es unter Paragraph vier: »Es unterstehen sich auch viele Bürger, daß sie auf den freyen Straßen und oft unter den Stubenfenstern, Säu- und Schweineställe machen, welches E.E. Rath durchaus nicht leiden und haben will.« Und in Paragraph siebzehn wird verboten, daß die Kleine Gasse am Molkenmarkt nicht mehr mit Schweineställen verbaut werden darf.

Eine denkwürdige Kabinettsordre erließ der preußische König Friedrich Wilhelm I. am 27. März 1735; dieses Jahr wird von der Berliner Stadtreinigung als Geburtsjahr in Anspruch genommen: »Mein lieber Generalfeldmarschall von Nazmer! Ich befehle hierdurch, daß Ihr in den Quartieren, wo das Regiment Gensdarmes lieget, die Bürger und Besitzer der Häuser dazu anhalten lassen sollt, daß solche vor ihren Häusern die Gassen fegen und den Dreck auf einen Haufen bringen lassen, auf daß solcher durch die Karren weiter herausgefahren werde. In den Gassen, wo noch nicht gepflastert worden ist, soll wegen des Fegens noch nichts geschehen, die anderen Straßen aber müssen sämmtlich beständig reine und propre sein, ohne einige Excuse. Es sollen auch die Bürger dazu angehalten werden, daß es vor ihren Häusern allemal gepflastert sei, daher diejenigen, so vor ihren Häusern noch kein Pflaster lassen machen, solches noch thun müssen. – Ihr sollt auch in den Quartieren Eueres Regiments Acht haben lassen, daß kein Pferdemist, Koth, Unfläthereien noch andere Unreinigkeiten auf die Straße hinausgeworfen, sondern alles dergleichen vor das Thor hinausgeschafft werde. Es haben die Leute auch zwischen dem Potsdamschen Thore oder Friedrichstadt eine Kute gemacht, worinnen sie den Schweinemist und andere Unfläthereien werfen, welches einen solchen Stank verursachet, daß die Stadt davon inficirt werden möchte: dies soll nicht mehr sein, sondern es soll dergleichen vor die Mauer ganz weit abgebracht werden, damit der Gestank vor die Stadt hinaus komme, welches sowohl für die Gesundheit sein, als zur Proprete gereichen wird. Damit es auch an nichts fehle, die Stadt beständig reine zu halten, so habe ich bereits Ordre gestellt, daß 28 Dreckkarren gemacht und unterhalten werden sollen, davon auf der Friedrichstadt 8 Karren, auf der Dorotheenstadt 4, in Cölln und auf dem Friedrichswerder 8 und in Berlin und Neu-Cölln 8 beständig bleiben, auch für jede von gedachten Städten ein Straßenmeister, so auf die Karren mit Acht hat, gehalten werden soll. Es werden diese Karren nächstens fertig und Alles dazu angeschafft sein. Inzwischen und bis dahin müssen die Straßen doch eben auch gefegt und Alles reinlich gehalten werden.«

Toilette auf dem Misthaufen

Im Jahre 1740 waren in Berlin etwa 28 Pferdekarren für die Abfuhr des Unrats in Betrieb. »Unflath« oder auch »Schutt«, was immer man auch darunter verstand, mußte gesondert abtransportiert werden. Viele Berliner Bürger kippten aus Bequemlichkeit ihre Nachtstühle einfach auf die Straßen und Plätze. Der Magistrat stellte gegen Wochenlohn extra Frauen an, um diese Zustände ein wenig zu mildern. Für das Ausgießen der Fäkalien waren bestimmte Orte vorgesehen: beim Bauhof an der Spree und in Kölln waren die Ausmündungen der Fischer-, Ross-, Grün- und Lappstraße dafür bestimmt. Im Bereich der Spree um das königliche Schloß war die Entleerung von Nachtstühlen bei sechs Groschen Strafe verboten, ebenso in den Schleusenkanal oder von den Brücken aus. Falls erlaubt, durfte dies auch nur nachts geschehen. Die Verunreinigung des Spreeufers war generell verboten.

Aber auch zu Zeiten Friedrichs des Großen wurde es mit dem Schmutz und Unrat auf den Straßen Berlins nicht besser. Am 13. Mai 1771 mußte das Königlich Preußische Polizeidirektorium drakonische Strafen androhen, in der Order heißt es unter anderem: »Da denen bisherigen Verordnungen zuwider sich viele Leute unterstehen, die Strassen durch Ausgiessung derer Nachteymer und Hinwerfung des Mülles zu verunreinigen; So machet das Policeydirectorium zu jedermanns Achtung und Warnung hierdurch bekannt, daß dergleichen Personen künftig statt 2 Rthlr. mit 5

Rthlr. oder proportionirlicher Leibesstrafe belegt, überdem aber ohne Ansehen der Person an den Ort, wo sie betroffen werden, öffentlich mit einem Zettel vor der Brust ausgestellt werden sollen.«

Eines Tages stellte sich ein unternehmungslustiger Mann aus Straßburg vor. Dieser Mann namens Tobias Faudel erbot sich, das Problem endgültig zu lösen. Die Reinigung der Stadt sollte generalstabsmäßig erfolgen und der königlichen Kasse obendrein noch fünftausend Taler jährlich ersparen. Die bereits vorhandenen Karren sollten ihm für diesen Zweck kostenlos überlassen werden. Getragen werden sollte das Unterfangen durch angemessene Beiträge der Hausbesitzer und durch ein sogenanntes Straßenreinigungsgeld, das jedem Fahrzeug, das nach Berlin einfuhr, auferlegt werden sollte. Dafür sollten dann der Straßenschmutz täglich fortgeschafft und die Rinnsteine zweimal wöchentlich gesäubert werden. Der Plan scheiterte, weil die Belastungen für die Hausbesitzer zu groß waren. Nach Faudel versuchte es ein Kaufmann Dietrich. Der behauptete, er habe ein Geheimmittel, mit dem sich die Straßen großartig reinigen ließen. Für die Offenbarung dieses Geheimnisses forderte er fünfzigtausend Taler. Doch die Stadt machte sich an diesem Geschäft nicht die Finger schmutzig.

Dann wurde dennoch mit Faudel ein Vertrag abgeschlossen. Trotzdem änderte sich nicht viel. Alsbald beschwerten sich in verschiedenen Straßenzügen die Bewohner, daß sie seit vielen Wochen keinen Kehrbesen gesehen hätten. Faudels Nachfolger machte es auch nicht besser. Damals mußte das Generaldirektorium feststellen, »daß die Fußgänger in Gegenden, wo starke Passage ist, fast gar nicht mehr fortkommen könnten«. Da erschien in den Berliner Zeitungen die jammervolle *Bittschrift eines Dreckhaufens an die Polizey, eingereicht am Sonnabend*:

Ich armes Häuflein Dreck
Lieg hier, wie du's befohlen,
Seit Montag wie auf Kohlen
Und niemand holt mich weg!
O, Mutter Polizey!
Sey flehentlich gebeten,
Laß mich nicht ganz zertreten,
Ich fließe schon wie Brey!
Kaum bin ich noch ein Hauf'
Soll ich auf deinen Karren
Hier noch acht Tage harren,
Löst sich mein Wesen auf!

Aufgrund dieses, unter literarischen Gesichtspunkten eher schwächlichen Gedichts ordnete man zwei Polizeimeister zur Beaufsichtigung des Gassenreinigungswesens ab. Es wurde fortan streng darauf geachtet, daß jeder Bauer, der nach Berlin kam, eine Fuhre Straßenmist aus der Stadt mit nach Hause nahm.

Ein kritischer Zeitgenosse zog zu Anfang des 19. Jahrhunderts eine Bilanz aus dem Vergleich der Verhältnisse zwischen Berlin und Wien. Friedrich von Cölln schrieb: »Das Pflaster ist in Wien aus Quadersteinen ausgeführt und man findet hier keine stinkenden und unreinen Rinnsteine wie in Berlin, da diese dort sämtlich verdeckt sind.

Es ist schändlich, wie wenig in diesem Punkte in Berlin von der Polizei geschieht.

In die Rinnsteine leert man die Nachtstühle und allen Unrath der Küche aus und wirft krepirte Hausthiere hinein, die einen unleidlichen Gestank verbreiten. In Wien sind die Straßen so rein, wie die Gänge eines weitläufigen Hauses.

Unaufhörlich fahren Wagen umher, die allen Unrath aufladen, auf denen sich große Wasserfässer befinden, um die Straße zu besprützen und allen Staub zu löschen. Dagegen watet man in Berlin stets im Koth oder im Staube.

Wien hat durchaus unterirdische Kanäle, die sich in die Donau ergießen; dahin kommt aller Unrath.

In die verschiedenen Gassen sind Tagelöhner verteilt, welche den Unrath zusammenkehren; hinter ihnen fährt ein Wasserbehälter, mit dessen Hilfe der Unrath in die nächste Kanalöffnung gebracht wird. In Berlin kannst du unaufhörlich Deine Nase im Schnupftuch tragen, denn gegen Morgen duften noch die Ausbeuten der erst in die Rinnsteine ausgeleerten Nachtstühle Dir entgegen, oder ladet erst ein Dorfbewohner den gesammelten Mist eines Hauses auf, so ist die Luft der ganzen Stadt verpestet.

Wenig sieht man darauf, todte Hunde und Katzen zu entfernen und ich habe oft einen halben Tag todte Pferde in sehr lebhaften Straßen liegen sehen. Es giebt auch einige Oerter, die man zum öffentlichen Abtritt gemacht hat, und wehe dem Fußgänger, der im Finstern sich hierher verirrt.

Hat es geregnet, so werden die Kothaufen in den Straßen zusammengeworfen und da diese oft Tag und Nacht auf den Abholer warten müssen, so kann man es im Finstern sehr leicht versehen, hinein zu gerathen und bis an die Knie verunreinigt zu werden.«

Illustration zu Thomas Murners *Narrenbeschwörung* (1512)

French courtesy

Einen recht guten Eindruck, wie es in Europa zu Beginn der Neuzeit insgesamt um Sauberkeit und Hygiene bestellt war, gibt der berühmte französische Essayist und Moralist Michel de Montaigne (1533 bis 1592), der in den Jahren 1580 und 1581 durch Frankreich, Deutschland und Italien reiste. Bei seiner Durchquerung der Schweiz machte er folgende Beobachtung: »Die mehrsten Leute haben nur hölzerne Teller, Töpfe und Gefäße, worein sie pissen, die aber rein und blank, wie nur immer möglich, ausehen.«

In Augsburg fiel ihm die Reinlichkeit der Bürger besonders auf. Alles ist sauber gescheuert: »Wo die Betten stehen, haben sie die Wände behängt, damit sie nicht vollgespuckt werden.«

Aus Venedig berichtet er, daß es im Sitzungssaal der Nobili außerordentlich stinke, »weil niemand, der darin ist, ehe die Sitzung vorbei ist, heraus kann. Also hier viel lassen muß, was er sonst gern in die freie Luft ließe. Ehe man in den Saal kommt, ist noch eine Art Vorsaal, wo man zu pissen pflegt, welches denn den Gestank noch gar sehr vermehrt.«

In dem italienischen Badeort Bataglia fand Montaigne für die Gäste allerlei Erleichterungen, darunter »kleine Behälter, die zum Baden der Lenden, Arme, Arschbacken und anderer Glieder des Körpers gebraucht werden«, wohl eine Art Vorläufer des Bidets.

Zurück nach Augsburg. Hier erlebte Montaigne im Jahre 1580 eine neckische Wasserbelustigung, die sich zwischen Bassins befand, in denen Fische gehalten wurden. »Zwischen den beiden Behältern liegt ein zehn Schritt breiter, mit Dielen belegter Raum, und durch die Dielen dringen zahlreiche kleine, unsichtbare Bronzespitzen. Wenn die Damen sich damit ergötzen, dem Spiel der Fische zuzusehen, wird irgendeine Hemmung frei, und all die Spitzen sprudeln dünne, flinke Strahlen bis zu Manneshöhe und netzen die Unterröcke und die Schenkel der Damen.«

Solche Scherze gehörten zur damaligen Gartenbaukunst. Ähnliches erlebte Montaigne im Lustschloß des Herzogs von Florenz: »Als wir im Garten herumgingen ... und gerade an einer bestimmten Stelle einige Mauerbilder ansahen, ließ der Gärtner ... unter unseren Füßen und zwischen unsern Beinen aus unendlich kleinen Löchern fast unsichtbar feine Wasserstrahlen hervorspritzen.«

In den vielgelesenen *Essais* erzählt Montaigne: »Ein französischer Edelmann pflegte sich mit der Hand zu schneuzen, eine unserem Herkommen sehr widersprechende Art. Dieser Herr, der seiner guten Einfälle wegen bekannt war, legte mir zu seiner Verteidigung die Frage vor, welcher Vorzug denn diesem schmutzigen Auswurf gebühre, daß wir uns bemüßigt fänden, ein so feines Leinen bereit zu haben, um ihn aufzufangen. Und was mehr sagen wollte, den Schmutz dann einzupacken und an uns zu drücken? Das hieße doch mehr Ekel bereiten, als wenn man ihn irgendwo hin fortwürfe, wie wir es mit unserem sonstigen Unrat täten? Ich konnte mich nicht überzeugen, daß der Mann so ganz Unrecht hätte. Nur die Gewohnheit hatte mir die Aufmerksamkeit auf diese seltsame Seite der Sache geraubt, die wir doch so ekelerregend finden, wenn sie uns von anderen Ländern erzählt wird.«

Auch die verschiedenen »Hofordnungen« geben detaillierte Informationen über den Stand und die Fortschritte der Hygiene. In der Hofordnung des katholischen Markgrafen Philipp II. von Baden-Baden aus dem Jahr 1575 wird das Wort »Unzucht« für »Verrichtung« gebraucht. Da heißt es zum Beispiel: »Khein Unzucht so die Natur in Niechterkeit nothalber erfordert, solle anderer Enden dann an denen orthen, da es sich gebürt und die darzu verordnet, verricht und dargegen die schandtliche und ergerliche unhöflichkeiten und schanden, so anderweerts biß anhero bößlich und schändlich in vil weg fürgangen, gewißlich vermiden bleiben, bey gefengknus und unserer ungnad unnachläßlicher gefahr.« Es müssen also ziemlich schändliche Dinge vorgekommen sein, daß derart drakonische Maßnahmen angedroht werden. Ähnlich scharf geht auch Herzog Johann Friedrich von Württemberg in seiner Hofordnung von 1614 gegen Verstöße gegen die öffentliche Hygiene vor. In der Kammerordnung des Herzogs Wilhelm V. von Bayern heißt es im Jahre 1589, daß der Kammerknecht »Unsern Leibstuel und harngleser sauber zu halten« habe und »auch alle Tag fegen und seubern« soll.

 »Selten wird eine freymüthigere und mehr authentische Schilderung

Pinkelndes Mädchen. Französisches Schabblatt, 18. Jahrhundert

eines Hofs aufgefunden werden können. Um die Wahrheit ohne Hülle zu sehen, werden die Leser von selbst einige Blößen entschuldigen.« Das schrieb Schiller nach der Lektüre einiger Briefe der urwüchsigen Elisabeth Charlotte von der Pfalz (1652 bis 1722), die als Herzogin von Orleans in die Geschichte einging. Hier einige Kostproben: Um 1680 hatte die Gemahlin Ludwigs XIV. »ein groß Maul voller fauler Zähne, so brav stunken, daß man sie eine Kammerlang riechen konnte«. Der Sohn des Königs hatte sich »ein häßlich stinkend Mensch genommen ...« Von der Gemahlin des zweiten Kronprinzen von Frankreich, die von 1697 bis 1712 am Hof war, erzählt Liselotte: »Sie war abscheulich schmutzig, sie hat sich etliche Mal in des Königs Kabinet, wo viel Leute waren, hinter einen kleinen Schirm gestellt, vor das Feuer, und sich da lassend stehend ein Klistir geben, ließ die Frau, so es ihr gab, auf Händen und Füßen kriechen und auf den Knien das Klistir geben, das sollte gar was artiges seyn.«

Über den Enkel des Königs schrieb sie diese vielzitierte Stelle: »Ich kann nicht leiden, daß man mich an den Hintern rührt, denn es macht mich so toll, daß ich nicht mehr weiß, was ich thue; hätte Mr. le Dauphin schier brav eine Maulschelle gegeben, denn er hatte die schlimme Gewohnheit, aus Possen, wenn man sich setzte, einen die Faust mit ausgestrecktem Daumen unter den Hintern zu stellen.«

Im Jahre 1716 erzählt sie von einer Madame de Gordon: »Sie war gar ein wunderlich Mensch ... Wenn sie im Bett spielte, warf sie die Würfel auf die Erde und spie ins Bett. Sie spie einmal der ersten Kammerfrau, so eben jähnte, in den Mund; ich glaube, wenn ich nicht gewehrt hätte, meine erste Kammerfrau hätte sie geschlagen, so bös war sie ... Einstmals hatte sie mit einem Capitain des Gardes ... zu reden, so ein großer Mensch war; ... sie hatte die Gewohnheit, wenn sie mit einem Manne sprach, so spielte sie allezeit mit den Knöpfen an der Weste, diese aber war so lang, daß sie nur an seine Hose gelangen konnte, und knöpfte ihm also die Hose auf. Er erschrak, sprang zurück und sagte: que me voulez-vous? Dieses gab ein großes Gelächter ...« Auch ihre Tante, die Prinzessin Elisabeth, Äbtissin von Hervord, kommt in den Briefen der Liselotte mit einer deftigen Anekdote weg: »Sie hat einmal eine Maske antun wollen, anstatt ihrer Maske forderte sie einen Kammertopf, wie sie denn alle Zeit sehr zerstreut war. Man brachte ihr den Kammertopf; sie meinte, es wäre die Maske, suchte den Band, um es anzustecken, nahm die Handhebe, zog daran, sagte aber ganz ernstlich: 'Mein Gott, wie stinkt die Maske!' Wie sie es besahe, war es der silberne Kammertopf. Ein ander Mal wollte sie sich auf den Nachstuhl sezzen, sie sezte sich ins Kamin und verbrannte sich den Hintern brav.«

Berühmt wurde auch dieser Brief Liselottes vom 9. Oktober 1694 aus Fontainebleau: »Sie sind in der glücklichen Lage, scheissen gehen zu können, wann Sie wollen, scheissen Sie also nach Belieben. Wir sind hier nicht in derselben Lage, hier bin ich verpflichtet, meinen Kackhaufen bis zum Abend aufzuheben; es gibt nämlich keinen Leibstuhl in den Häusern an der Waldseite. Ich habe das Pech, eines davon zu bewohnen und darum den Kummer, hinausgehen zu müssen, wenn ich scheissen will, das ärgert mich, weil ich bequem scheissen möchte, und ich scheisse nicht bequem, wenn sich mein Arsch nicht hinsetzen kann. Dazu wäre noch zu bemerken, dass uns jeder beim Scheissen sieht; Da laufen Männer, Frauen, Mädchen und Jungen vorbei, Pfarrer und Schweizergarden können einander zusehen; nun, kein Vergnügen ohne Mühe und wenn man überhaupt nicht scheissen müsste, dann fühlte ich mich in Fontainebleau wie der Fisch im Wasser.

James Gillray *Nationale Gebräuche:* Holland – Der See

Es ist äusserst betrüblich, dass meine Freuden von Scheisshaufen behindert werden; ich wünschte, dass der, der das Scheissen erfunden hat, er und seine ganze Sippschaft, nur durch eine Tracht Prügel scheissen könnte! Wie war das am Dienstag? Man müsste leben können, ohne zu scheissen. Setzen Sie sich zu Tisch mit der besten Gesellschaft der Welt, wenn Sie scheissen müssen, müssen Sie scheissen oder verrecken. Ach, die verdammte Scheisserei! Ich weiss nichts Ekligeres als das Scheissen. Sie sehen eine hübsche Person, niedlich, reinlich, Sie rufen aus: ach wie reizend wäre das, wenn sie nicht schisse! Den Lastenträgern, Gardesoldaten, Sänftenträgern, dem Volk dieses Kalibers billige ich es zu. Aber: die Kaiser scheissen, die Kaiserinnen scheissen, die Könige scheissen, die Königinnen scheissen, der Papst scheisst, die Kardinale scheissen, die Fursten scheissen und die Erzbischöfe und Bischöfe scheissen, die Pfarrer und Vicare scheissen. Geben Sie zu, die Welt ist voll von ekelhaften Leuten! Denn schliesslich scheisst man in der Luft, man scheisst auf die Er-

James Gillray *Nationale Gebräuche:* Schottland – Der Trog

de, man scheisst ins Meer, das Weltall ist angefüllt mit Scheissern und die Strassen von Fontainebleau mit Scheisse vor allem mit Schweizerscheisse...
Wenn Sie glauben, einen hübschen kleinen Mund zu küssen, mit ganz weissen Zähnen – Sie küssen eine Scheissmühle: alle Köstlichkeiten, die Biscuits, die Pasteten, Torten, Füllungen, Schinken, Rebhühner und Fasanen usw. das Ganze existirt nur um daraus gemahlene Scheisse zu machen...«

Am 15. Mai 1716 schreibt die Herzogin über den Herzog von Bourgogne, einen Sohn Ludwigs XIV.: »Er hat gern, daß man ihm auf dem Kackstuhl entretenierte, aber es ging gar moedeste; denn man sprach mit ihm und wandte ihm den Rücken zu; ich habe ihn oft so entreteniert in seiner Gemahlin Kabinett, die lachte von Herzen darüber, schickte mich allein hin, ihren Herrn zu entretenieren.«

Diese Sitte, von den Engländern als »french courtesy« bezeichnet, scheint damals gar nicht einmal so ungewöhnlich gewesen zu sein. Auch der Herzog von Orleans gewährte, umgeben von seiner Dienerschaft, dem Herzog von Nailles solcherart Audienz. Selbst Jean-Jacques Rousseau hielt sich im Jahre 1770 stundenlang auf seinem Nachtstuhl auf.

Die geheimen Gemächer wurden zu Zeiten Ludwigs XIV. oft mit großem Luxus ausgestattet. Chalieu berichtet in den *Lettres inédites* von einem Schlosse des Marquis de Bethune: »Jedes Schlafzimmer hat seinen Nachtstuhl mit Samt überzogen und mit Fransen geziert, mit Porzellanbecken und einem Leuchtertische zum Lesen. Der Marquis von Bethune hat einen Nachtstuhl neben den meinigen bringen lassen, und wir verbringen die Tage an diesem Ort der Freude. Ich weiß außer Montaigne niemanden, der das Kapitel vom Nachtstuhl mit solcher Gründlichkeit behandelt hätte.«

Von dem Schotten John Law, dem mächtigsten Finanzmann Frankreichs, der in den Jahren zwischen 1718 und 1720 der Gott von Paris war, heißt es bei Liselotte von der Pfalz: »Wenn Mr. Law wollte, würden ihm die französischen Damen wohl mit Verlaub den Hintern küssen; zu sehen, wie wenig scrupuleux sie seyn, ihn pissen zu sehen; er wollte Damen keine Audienz geben, weil ihm gar noth zu pissen war, wie er es den Damen endlich sagte, antworteten sie: das macht nichts, pissen Sie und hören Sie uns an, also blieben sie so lange bei ihm.« Allerdings brach wenig später das Finanzwesen Frankreichs durch die Spekulationen des Schotten zusammen. Law floh nach Brüssel.

James Gillray *Nationale Gebräuche:* England – Das Wasser-Closett

Die Verletzung von Schamgefühlen war in der Zeit des Absolutismus zu einer Form der Machtdemonstration geworden. Diese Sitte der Erniedrigung setzte allerdings voraus, daß es äußerst beschämend war, jemanden auf der Toilette zu überraschen. Voller Empörung verließ zum Beispiel während des spanisches Erbfolgekrieges (1701 bis 1714) der als Unterhändler geschickte Bischof von Parma Frankreich, nachdem ihm der Herzog von Vendôme auf dem Klosettstuhl sitzend Audienz gewährte und sich vor ihm reinigen ließ. Als neuer Bote wurde nun der Sekretär des Bischofs entsandt, der spätere Kardinal und Minister der spanischen Krone Giulio Alberoni (1664 bis 1752). Wieder saß der Herzog auf dem Kackstuhl. Doch als er sich erhob, stürzte der Sekretär voller Entzücken vor und küßte dessen Gesäß: »Welch ein Engelgesäß!« Die Verhandlungen konnten zufriedenstellend abgeschlossen werden. Im 15. Jahrhun-

James Gillray *Nationale Gebräuche:* Frankreich – Die Bequemlichkeit

dert hat Ludwig XI. seinen Klosettstuhl mit einem Vorhang umgeben lassen. Er wollte von niemandem gesehen werden, der zufällig ins Zimmer kam. Zudem ließ der König Rainfarn auslegen, um die peinlichen Gerüche zu dämpfen. Im allgemeinen galt es als äußerst prekär, auf einem Klosettstuhl angetroffen zu werden. Als der Goldschmied Benvenuto Cellini in Florenz im Palast der Medici herumirrte, überraschte er die Herzogin auf ihrem tragbaren Leibstuhl. Sie fuhr ihn so harsch und empört an, daß ihn das Entsetzen packte.

Daß das Schamgefühl innerhalb der Standesgrenzen verblieb, ist durch eine kurze Anekdote eines Majors Masson belegt. In dem Buch *Geheime Nachrichten über Rußland unter der Regierung Katharinens II. und Pauls I. Ein Gemälde der Sitten des Petersburger Hofes gegen das Ende des 18. Jahrhunderts* (Paris 1800) liest man: »Eine russische Dame ging mit einer Französin spazieren, und zwei große Bedienten folgten ihnen nach. Auf einmal rief ihnen die Dame, ließ sich von ihnen unter den Armen fassen und entfernte sich ein wenig vom Wege. Hier ließ sie sich hinter einem Gesträuch durch ihre zwei Pagen die Röcke aufheben und verrichtete, von ihnen gehalten, ein dringendes Bedürfnis. Die Französin konnte es nicht unterlassen, ihr ihre Verwunderung und Mißbilligung zu erkennen zu geben, daß sie sich nicht schämte, ein solches Geschäft zwischen zwei Männern zu verrichten. Wie? antwortete die russische Dame, es sind ja meine Sklaven, sie sind mit mir erzogen worden, sie sollten sich nur einmal den Gedanken einfallen lassen, daß ich noch etwas anderes habe als einen Rock, oder sich gar einbilden, daß ich für sie Frau und sie für mich Männer sind!«

Plutarch erzählt in den *Kaiserbiographien* eine Geschichte, die leicht zu unangenehmen politischen Folgen für Cäsar, den römischen Imperator, hätte führen können: »Bald darauf wurden Cäsar im Senate wieder einige übertriebene Ehrenbezeigungen zuerkannt, und er saß eben auf der Rednerbühne, als die Konsuln und Prätoren in Begleitung des ganzen Senats vor ihm erschienen, um ihm die erlassene Verordnung anzukündigen. Cäsar aber stand nicht vor ihnen auf, sondern fertigte sie, als wenn er mit den gemeinsten Bürgern zu tun hätte, mit der Antwort ab: Die Ehrenbezeigungen bedürfen eher einer Einschränkung als einer Vermehrung. Dies kränkte nicht nur den Senat, sondern auch das Volk, weil in dem Senate der ganze Staat beschimpft zu sein schien. Auch gingen alle, die eben nicht da zu bleiben brauchten, traurig und niedergeschlagen weg.« In einer Fußnote wird dazu erklärt: »Dio Cassius, der diesen Vorfall Bd. 44, Kap. 7 erwähnt, erzählt, Cäsar habe in der Vorhalle des Venustempels gesessen und sich nachher damit entschuldigt, daß er Durchfall gehabt und die Herren nicht gern durch den widrigen Geruch habe beleidigen wollen.«

Die Tempel der Cloacina

Der als Künstler wie Ingenieur gleichermaßen begabte Leonardo da Vinci hinterließ Tausende von technischen Skizzen. Unter ihnen befindet sich der Entwurf von Straßenzügen einer Stadt, der sich auf das Jahr 1488 datieren läßt. Die Oberstraße soll nach da Vincis Ausführungen nur den Vornehmen offenstehen, hier dürften auch keine Fahrzeuge fahren. Diese Oberstraße muß eine Neigung haben, damit »das Regenwasser in die Grube ablaufe ...« Und weiter: »Die Lastwagen und Lasten für den Bedarf und die Gemächlichkeit der Bewohner gehen durch eine der niedrigen Straßen. Ein Haus muß dem anderen seinen Rücken zudrehen, die niedrige Straße zwischen sich lassend.« Unter dieses Netz von niedrigen Straßen will Leonardo noch »unterirdische« Straßen haben, die von Gewölben verdeckt sind. »Durch die unterirdischen Straßen soll man die Latrinen, die Ställe und ähnliche übelriechende Dinge entleeren, von einer Arkade zur anderen.«

Da Vincis entwarf auch einen wohlüberlegten Toilettensitz: »Der Sitz der Latrine muß sich drehen wie das Fensterchen in den Klöstern, in dem er durch ein Gegengewicht in seine erste Stellung zurückkehrt. Und der Deckel über ihm sei ganz durchlöchert, damit er ausdünsten kann.« Sowohl die Skizze wie der knappe Text Leonardos sind nicht ganz eindeutig. Da Vinci bezieht sich auf »Fensterchen« in den Klöstern. Das waren in die Klostermauer eingelassene Öffnungen, die durch eine in der senkrechten Achse drehbare Klappe verschließbar waren. Durch sie gaben die Klöster Almosen an Bettler heraus, ohne mit ihnen in Berührung zu kommen. Niemals konnte man durch die Fenster durchsehen oder durchgreifen. Leonardo wollte den Latrinensitz so bauen, daß er sich sofort nach der Benutzung durch ein Gewicht wieder in die Wand zurückdrehte.

Während der Nichtbenutzung steht die Öffnung der Latrine mit einem

Abzugskanal in Verbindung, so daß durch den durchlöcherten Deckel die Gerüche entweichen können.

Bereits um das Jahr 1464 hatte der berühmte Architekt Antonio di Pietro Averlino Filarete (1400 bis 1469), dem die prachtvolle Bronzetür des Petersdoms in Rom zu danken ist, in dem Mailänder Ospidale Maggiore vorbildliche Krankentoiletten angelegt. Jeweils zwischen zwei Betten führte eine kleine Tür in einen gewölbten Gang. »Dort finden die Kranken ihre Sitzgelegenheit mit den Öffnungen, durch die der Unrat hinunter in den Kanal geht, und kein Geruch kann sich verbreiten, weil diese Abtritte zunächst die vorzügliche Einrichtung haben, daß sie immer verschlossen, dazu vom Wasser gespült und gesäubert sind. Und weil ferner alle zehn Ellen voneinander je zwei Luftschächte angebracht sind, die durch gewisse Strebepfeiler oder Pilaster hindurch in die Höhe führen. Sollten die Abtritte je einmal übel riechen, so lüften sie sich durch diese Schächte, die bis auf die Dächer führen. Diese Schächte fangen das Regenwasser von den Dächern auf; denn ich habe vorgesehen, daß dieses in eine Rinne auf der Höhe und innerhalb der Dicke der Mauern anlangt. Durch diese Rinnen gelangt das Wasser überall hin und wird geführt, daß es durch jene Schächte seinen Weg nimmt, die ohnehin schon das Riechen der unteren Gewölbe verhindert. Nun kommt noch das Regenwasser von den Dächern hinzu, das allein genügen würde, die Abtritte rein und sauber zu halten. So können sie also niemals schädliche Dünste in dem Krankensaal verbreiten.«

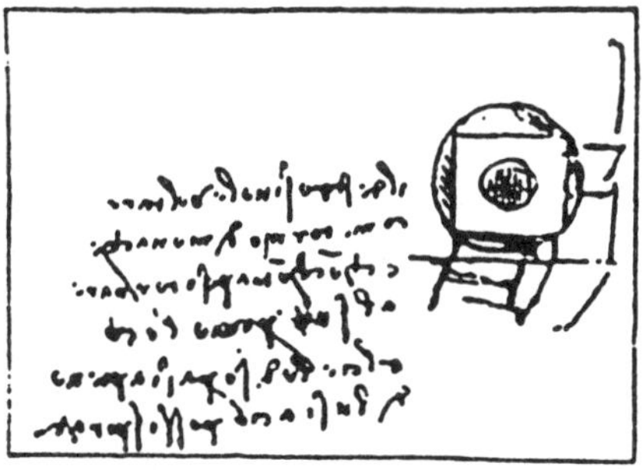

Geruchloser Sitz.
Entwurf von Leonardo da Vinci, ca. 1480 bis 1497

Filarete und da Vinci waren mit ihren Entwürfen ihrer Zeit im hygienischen Denken weit voraus. Noch Jahrhunderte später war selbst in den Krankenhäusern Europas an solche Erleichterungen nicht im entferntesten zu denken, geschweige denn im privaten Bereich, wo für anderen Luxus reichliche Mittel flossen.

In den weitgehend ländlichen Gebieten Europas war es lange Jahrhunderte üblich, eigentlich noch bis vor einigen Jahrzehnten, seine Notdurft im Freien zu verrichten. Waren sie zu Hause, gingen die Bauern in der Regel auf den Misthaufen, obwohl ihnen der Gebrauch von Aborten nicht unbekannt war. Zuweilen gab es auf dem Lande seltsame Verschläge. Die verdeckten nur das Gesicht, unten waren sie offen. Bauernabtritte waren aber stets zugige Orte, an denen, wie einige Zeugen versichern, »benutztes Zeitungspapier durch die Brille von unten emporwirbelt, wo tief unten die Schweine fressen, was von oben herabfällt, oder die Ladung in die Jauche plumpst und Spritzer nach oben emporschickt«.

Toilettenanlagen findet man dagegen in den frühen Stadttopographien und städtischen Bauordnungen ziemlich häufig erwähnt. Sie heißen hier auch heymliche Kammern, Heymlichkeit, prevaet, profeye, cloaca, camera secreta, privata, locus privatus, privatorium oder auch necessarium. Meist wurden sie in den Hintergebäuden angelegt, in einem Schuppen oder in einem Stall. Rund ummauert, hießen sie Turm. Gelegentlich verlegte man den heimlichen Ort auch in den Keller oder in ein noch tiefer gelegenes Gewölbe. Aber auch in oberen Geschossen wurde er eingerichtet. Die Ableitung erfolgte durch Röhren, »Pfeifen«, die vielfach in eine von mehreren Grundstücken gemeinsam benutzte Grube (fovea, kuyle) führten. Die Berechtigungen und der Anteil an der Reinigungspflicht waren exakt festgelegt. Spätere Bauordnungen zum Beispiel der Stadt Köln schrieben vor, daß ein »Profat« wenigstens drei Fuß vom Nachbargrundstück entfernt liegen müsse. Die Entleerung wurde hier durch sogenannte Goldgräber vorgenommen, und für die Abfuhr waren nur bestimmte Stadttore zugelassen. Am 2. März 1474 wurde die Höhe der Gebühren festgesetzt für das nächtliche Öffnen der Stadttore, wenn es mal wieder nötig war, die Aborte zu reinigen. Da heißt es: »van den portzen zo noitturft der pryvaiten ond heymlicher gemacht zo offenen.« Die Stadt Köln hatte schon 1402 eine »Ordnung der Straßenmeister«, die Verfügungen über das Reinhalten der Straßen und das Abfahren von Unrat enthielt. Im Paragraphen 7 wird beispielsweise mit fünf Mark Buße belegt, wer seinem Nachbarn den Unrat vor die Tür trug. In einem Bericht vom 8. März 1565 heißt es aus Köln: »Auch das heimliche Gemach habe ich reinigen lassen, denn es war voll; der Salpetermacher kam mir hierbei zu Hilfe. Es hätte mich wohl 8 Taler gekostet, aber weil in 15 Jahren niemand in dem Haus gewohnte hatte, war der Wust trocken geworden, und die Salpetermacher fuhren ihn ab, um Salpeter davon zu machen, ohne daß ich ihnen einen Heller dafür gab. Obendrauf habe ich eine neue Brille mit schweren Kasten machen lassen und unten eine Entlüftung angebracht, denn es pflegte sehr übel zu riechen.«

In einem dicken Wälzer, einem Ratgeber für Haus und Garten, der 1750 in Frankfurt am Main von einem Autor namens Florinus unter dem

Titel *Haus-Vatter* vorgelegt wurde, geht er naturgemäß auch auf die stillen Örtchen ein: »Die Stank-Gemächer müssen nechst an der Schlaf-Kammer oder unfern davon gerichtet werden. Man macht sie auch wol als Verschläge, aber nicht am füglichsten, in denselben.« An anderer Stelle heißt es weiter: »Der Stankgemächer Sauberkeit muß unter der Erden fortgeschafft werden, damit die Luft durch den heßlichen Gestank nicht so offt, als geschieht, verfälscht werden möge. Dazu dienet ein Gewölb 7. oder 8. Schuh hoch, 3 1/2. oder 4. Schuh breit, damit die daran bessernde sich umwenden und durchgehen mögen können. Der Boden halte einen sich neigenden Hang, damit der Unflat abflösse. In solches Gewölb können ein und andere benachbarte Rinnen mit dem Regenwasser sich ergießen, es wären auch die anlauffende Bäche von der Straßen nach Notdurfft dahin zu leiden. Im Fall aber Quell-Wasser vorhanden, ist es um so viel bequemer solchen Wust wegzuspühlen. Dazu aber gehören ferner Möhrungen, d. i. steinerne Röhren oder von guten Zeug gemauerte Canalen welche überdecket, durch die solcher Unflat fortgeschaffet wird. Wo man das Wasser in die Höhe durch gewisses Pomp-Werck in einen Kuchegrand treibet, ists um ein leichtes zu thun, solches zusammt dem Aus-Guß auch ins Privet auslauffen zu lassen.«

Wesentlich besser klingt bereits die Beschreibung von »Klappengemächern«, die Ende des 18. Jahrhunderts angeboten wurden: »Das Gefäß für diese Gemächer besteht aus einem einzigen Stein, dessen innere Welt Hohlkehlen bilden, und welcher sehr glatt, und selbst polirt ist, damit sich nichts anhänge. Ein kleines Wasserbehältniß, welches in dem Nebenzimmer, oder darüber angebracht ist, liefert Wasser nach Belieben, um das Gefäß jedes Mahl zu reinigen, wenn man sich hin begibt. Ein Zapfen, oder eine Masse von Blei, verschließt die kleine Oeffnung des Leibstuhls, welche sich unten und am Ende des Gefäßes befindet; und dieses wird vollkommen gut durch einen Deckel verschlossen, welcher in ausgehöhlte Fugen gleitet.

Die Klappengemächer werden gewöhnlich in kleinen Kabinetten angebracht, welche mit Gemählden, Bildhauerarbeit, Spiegeln, und Vergoldungen geschmückt sind; und dieser Luxus ist, wenn er in den Grenzen bleibt, keineswegs lächerlich; denn diese Kabinette werden von allen denen besucht, welche im Hause wohnen, oder welche zur Gesellschaft hinkommen; und es wäre unanständig und widerlich, wenn man vornehme und gut gekleidete Personen, aber vorzüglich Damen, und besonders wenn sie in großem Staat sind, an Orte führen wollte, wohin man einen Lakai zu fuhren errothen wurde. In diesen Kabinetten wird man, außer dem Rauchwerk, welches man von Zeit zu Zeit darin verbrennt – außer den wohlriechenden Pflanzen, z. B. Lavendel, welche man beständig darin unterhält – nebst einer freien Luft, welche man von außen hinein führt, Schränke anzubringen nicht vergessen, um die wohlriechenden Wasser, die Wäsche, und die übrigen zum Gebrauch dieses Kabinetts nöthigen Dinge, aufzubewahren, wozu besonders auch ein Marmortisch nebst einem Gefäß gehört, um sich die Hände waschen zu können ...«

Doch selbst bei bestem Willen und steten Verbesserungsvorschlägen blieb alles immer wieder beim alten. In den Ratsprotokollen der Städte finden sich zahllose Seufzer über die vor Dreck starrenden Straßen und Gassen. Kot und Unflat, Kehricht und Abfall jeglicher Art lagen vermischt mit Kadavern verendeter Tiere überall umher – Herde für die verheerenden Seuchen des Mittelalters. Wiederholt gab es strenge Vorschriften, die wenigstens etwas Ordnung und Sauberkeit bringen sollten. Doch diese Überlegungen blieben lange nur auf dem Papier. Die Reformation der Straßenreinigung ließ noch auf sich warten. »Wenn man im strengen Verstande nicht sagen kann, daß die Reinlichkeit der Städte zu ihrer Zierde gereichet; so wird doch dadurch ein sehr großer Übelstand vermieden, und die Bequemlichkeit der Einwohner wird dadurch unstreitig gefördert. Es ist weder für die Einwohner und Fremden bequem, noch ein angenehmer Anblick, wenn der Kot und alle Unreinigkeiten halben Fuß hoch auf den Straßen liegen.« Das meinte der preußische Geheimrat von Justi im Jahre 1777.

Im gleichen Jahr legte der preußische Kriegs- und Domänenrat Gustav August Heinrich von Lamotte *Vorschläge zur Abfuhr der Unreinigkeiten von den Straßen und Gassen in einer großen und volkreichen Stadt* (Göttingen 1777). Natürlich gab es auch zuvor bereits Anstrengungen, die Städte einigermaßen sauber und rein zu halten. In Frankfurt am Main nannte man im Jahre 1475 die Straßenreiniger »gassenfeger, gassenkerer oder gassenfurer«. Zwei Jahre später berichtet die *Frankfurter Chronik*, daß man beim Reinigen eines »Profait« oder »Profeyen«, also einem »Privet«, von den Maßen neun Fuß Länge, sechs Fuß Breite und sechs Fuß Tiefe 992 Eimer Unrat habe fortbringen müssen.

Lamottes Vorschläge sollten vor allem windigen Projektemachern das Handwerk legen, denen die Verantwortung für die Stadtreinigung übertragen worden war. Denn sie hatten den Landesregierungen stets große Kosten bereitet, doch der Unrat blieb immer noch liegen. Lamotte empfiehlt daher, daß ein Unternehmer teils von der Regierung, teils von den Bürgern für die Abfuhr zu bezahlen sei. Da ein großer Teil des Straßenschmutzes von den Pferden herrühre, müßten deren Besitzer Gespanne und Knechte dafür kostenlos zur Verfügung stellen. Erst allmählich setzte es sich durch, daß die Abfuhr aus dem Stadtsäckel zu bezahlen war. In Köln beispielsweise wurden diese Leistungen ab dem Jahre 1796 entlohnt.

Schon frühzeitig wurde überlegt, wie diese unangenehme Arbeit erleichtert werden konnte. Der Engländer Edmond Heming ließ sich am 20. Juni des Jahres 1699 unter Nr. 364 das erste Patent der Welt auf eine, im übrigen nicht näher beschriebene Maschine zum Reinigen der Straßen von London erteilen. Zwar hatte sich schon 1674 Thomas Toogood ein Patent auf das »Reinigen von Straßen und die Wegschaffung von Schmutz« erteilen lassen. Aber erstens waren damals die Patentgesetze noch nicht so streng gehandhabt wie heute und zum anderen sagte er in seiner umständlichen und langatmigen Patentschrift nichts darüber, wie er das anstellen wollte.

Maschinen, die mit einer großen, walzenförmigen Bürste den Straßenschmutz auffegen, gibt es seit dem Jahre 1856. Als Berlin in den siebziger Jahren aufblühte, mußte die Stadt sich diverse solcher Maschinen anschaffen. Die zahlreichen Pferde konnten sich einfach nicht an den Kulturfortschritt gewöhnen, ihre Hinterlassenschaften bereiteten viele Sorgen und Mühen.

Gerade um die Wende des 18. zum 19. Jahrhundert gab es die verschiedensten Überlegungen zur Reinhaltung der Städte. Der Göttinger Hofrat Johannes Beckmann, Begründer der technologischen Wissenschaft in Deutschland, war 1788 zum Beispiel der Auffassung, die »heimlichen Gemächer« mit ihren gemauerten oder hölzernen Schlünden sollten ganz aus den Städten verbannt werden. Statt dessen wäre jedes Haus mit transportablen Stühlen auszustatten, »welche von den zu dieser Arbeit verwiesenen sonst unnützen Menschen oft abgeholt und gereinigt wieder gebracht würden«. Beckmann verweist darauf, daß sich dieses Prinzip damals in Stockholm gut bewährt habe.

Im Jahre 1823 erhielt der Grätzer Baumeister Withalm ein Patent auf einen neuartigen Abtritt. Die neue Errungenschaft bestand aber lediglich in einigen dünnen Abzugsröhren, mit denen der »üble Geruch« abgeleitet werden sollte. Zwei Jahre später war man in Wien noch nicht viel weiter. Durch den Einbau von Bleiröhren sollte ein neues österreichisches Patent für »verbesserte« Luft sorgen. Zur gleichen Zeit meldete ein Gutsbesitzer Huber in der Schweiz ein Patent auf ein Tonnensystem an.

Der Bayerische Staatsrat von Hazzi machte 1824 in seinem Buch *Über den Dünger* die »beweglichen geruchlosen Abtritte« als den »größten Vortheil der Landwirtschaft und die größte Wohlthat der Menschheit« in München bekannt: »Zu den größten und empfindlichsten Mängeln unserer bisherigen Wohnhäuser gehört unstreitig die seit Jahrhunderten eingeführte und in der Hauptsache um nichts verbesserte Bauart der Abtritte, dieser unangenehmsten, aber auch unentbehrlichsten Vorkehrungen in allen von Menschen bewohnten Gebäuden. Die eckelhaften, höchst ungesunden Dünste, und der unerträgliche Gestank, welche von diesen geheimen Tempeln der Göttin Cloakina, besonders bei plötzlichen Veränderungen in der Witterung, und bei dem von Zeit zu Zeit nöthigen Räumen der Senkgruben, durch alle Gänge und Gemächer eines Hauses sich verbreiten, oft eine ganze Nachbarschaft verpesten, der nachtheilige Einfluß, welchen diese Gruben auf das umgebende Mauerwerk und auf die in der Nähe befindlichen Brunnen äußern, sind allgemein bekannte und gefühlte Übel, über welche man überall klagen hört, und welchen man bisher noch auf keine gründliche und befriedigende Art abzuhelfen im Stande war.«

Schon im Sommer 1821 hatte von Hazzi auf einer landwirtschaftlichen Versammlung auf das neue System hingewiesen. Er übernahm das Tonnensystem des Münchner Hofbauintendanten Ritter von Klenze. Klenze hatte es in Paris im Palast des Herzogs von Leuchtenberg kennengelernt, »den ganzen Apparat im Original« angekauft und nach München bringen lassen. Im Lustschloß Tegernsee wurde die neue, geruchlose Einrichtung umgehend installiert.

Wie mußte es da zuvor ausgesehen haben, wenn die nun auch nicht gerade übermäßig hygienischen und bei weitem nicht geruchlosen Tonnen als »die größte Wohlthat der Menschheit« in einem Lustschloß eingebaut wurde? Carl Vogt, der bekannte Achtundvierziger, schildert in seinen Erinnerungen (*Aus meinem Leben.* Stuttgart 1896) die baulichen Verhältnisse häuslicher Aborte in seiner Vaterstadt Gießen in den dreißiger Jahren des vorigen Jahrhunderts: »Eine nicht geringe Eigentümlichkeit der Vaterstadt, die nicht gerade zum Wohlgeruche beitrug, waren die sogenannten ›Winkel‹, schmale Zwischenräume zwischen den Häusern, die sich nach oben hin verengten und in welche, Schwalbennestern gleich, von beiden Seiten her einfache Holzkäfige vorragten, auf denen man sich des irdischen Dranges entledigte. Der Winkel war gegen die Straße hin durch ein kniehohes Mäuerchen geschlossen, über dem eine Plankentür angebracht war, hoch genug, um die Unterseite der in der Luft schwebenden Sitze den Blicken der auf der Straße gehenden Personen zu entziehen. – Von Zeit zu Zeit wurden die Hauseigentümer angehalten, ihre Winkel zu entleeren.« Dies taten sie allerdings sehr nachlässig: »Wenn dann im Sommer heftige Gewitterregen niederstürmten, so geschah es nicht selten, daß der Inhalt der Winkel über die niedrigen Mauern überquoll. Im Winter drohten andere Kalamitäten. Dann fror der Inhalt der Winkel zusammen und es bildeten sich, den in der Luft schwebenden Sitzen entsprechend, zapfenartige Erhöhungen, die in strengen Wintern zu schlanken Säulen anwuchsen. Ich erinnere mich, daß in dem furchtbaren Winter 1829/30, wo die Kälte so intensiv war und so lange anhielt, zuerst der Abtritt im unteren, dann aber auch der im oberen Stockwerke unseres Hauses unbrauchbar wurde, weil die in mannigfachen Schattierungen marmorierten Eissäulen bis zur Höhe der Sitzbretter anwuchsen. Da der Holzhacker mit seinem Beile nicht gut ankommen konnte, so geriet die Mutter auf die Idee, die Säule durch heißes Wasser zu schmelzen, mußte aber zu ihrem Schrecken gewahren, daß dieselbe nur anwuchs, statt sich zu vermindern.«

Selbst Ende der achtziger Jahre des vorigen Jahrhunderts sah es in der Hansestadt Bremen mit den häuslichen Toilettenverhältnissen nicht gera-

Unterirdische öffentliche Bedürfnisanstalt in einem Londoner Vorort, 19. Jahrhundert de fortschrittlich aus. Eine städtische Kanalisation war noch nicht vorhanden. Es gab auch keine Abortgruben, die gelegentlich geleert wurden. In Bremen benutzte man Bütten, die mit Torf ausgepolstert waren. »Dann wiederholte sich allnächtlich der grauenhafte Vorgang, daß die offenen übervollen Bütten aus den Häusern geschleppt und auf offenen Karren verladen wurden. Daß bei dieser Arbeit mancher Spritzer danebenging, liegt auf der Hand. Der Gestank war nicht auszudenken; er ließ manchen nächtlichen Wanderer der Ohnmacht nahekommen.« (Collofino)

»Bremen zur Mittagszeit. Nach einem von dort eingesandten Daguerretyp«, heißt es unter der Karikatur im *Kladderadatsch* aus dem Jahre 1852. Sah es so in einer deutschen Großstadt mit internationalem Verkehr aus? Die Kübel voller Unrat, die morgens früh vor jedes Haus gestellt werden, wurden oft erst gegen Mittag, in der größten Tageshitze abgeholt, »woraus zu ersehen ist, daß der Senat doch noch für den Fortschritt und das Fortkommen der Bürger sorgt«. Den Fortschritt erkenne man an den wegeilenden Bürgern, lautet der Kommentar.

Der Fortschritt kam diesmal aber nicht aus Frankreich, sondern verbreitete sich von England aus über den Kontinent. Ende der sechziger Jahre des vorigen Jahrhunderts wurde in verschiedenen nördlichen Städten von England eine Erhebung über die Zahl und die Einrichtung der häuslichen Toiletten durchgeführt. Solche Erhebungen waren durch die mit der Industrialisierung verbundene Ballung von Menschen dringlich geworden. In Manchester, der bedeutendsten Fabrikstadt Englands, dem Mittelpunkt der englischen Baumwollindustrie, zählte man in den besser ausgestatteten Häusern insgesamt schon etwa zehntausend Wasserklosetts. In 38.000 Häusern ging man schlichtweg auf den Misthaufen, und in 22.000 Häusern war überhaupt nichts dafür vorgesehen, sondern man benutzte hier einfach den nachbarlichen Dunghaufen. Bei behördlich angeordneten Neubauten bevorzugte man in Manchester nun eine Kombination von Abtritt- und Aschgrube. Man konnte den Sitz anheben, um Asche und Hausabfälle auszuschütten. Die Klosetts zweier nebeneinander liegenden Häuser wurden meist direkt an die Aufwaschküche angebaut. In der Regel hatten zwei Häuser eine Grube. Die Steinkohlenasche der Heizungen desinfizierte den Unrat wirksam.

In Salford, ebenfalls Ort einer bedeutenden Textilindustrie, zählte man damals in 25.555 Häusern der Stadt 1500 Wasserklosetts und 21.642 einfache Aborte.

Mit rücksichtsloser Schärfe ging der erste Gesundheitsbeamte von Liverpool seit etwa 1866 gegen die vorschriftswidrigen Aborte vor. Er erreichte, daß in den 86.000 Häusern Liverpools, die von einer halben Million Menschen bewohnt waren, über 31.000 Wasserklosetts angelegt wurden. 20.000 Klosetts hatten die Steinkohlenaschegruben, und mehr als 2000 waren nach dem Tonnensystem versorgt. Die Stadt trug zum Umbau 40.000 Pfund Sterling bei.

Aus *Kladderadatsch* 1852, Seite 112

Andere englische Städte, etwa Birmingham und Edinburgh, konnten erst wenige Wasserklosetts und Abtritte vorweisen.

Das englische Parlament ließ 1869 ein Gutachten über die Toilettenanlagen erstellen. Medizinalrat Bockendahl aus Kiel machte zwei Jahre später diese englischen Erfahrungen in Deutschland bekannt. Auch hier waren die Zustände in den rasch wuchernden Städten inzwischen unhaltbar geworden. Bockendahl empfahl die Erdklosetts des Predigers Moule aus dem Jahre 1864 als »billig und geruchslos«. Zudem soll sich dieses System transportabler Tonnen vor allem bei Fieberepidemien und in überfüllten Gefängnissen bewährt haben. Die englischen Truppen in Indien hatten diese Art Anlagen ebenfalls eingerichtet.

Die Durchsetzung des unterirdischen Abwasserkanalsystems in Deutschland ist dem Frankfurter Arzt Georg Varrentrapp (1809 bis 1886) zu danken. Er war ein entschiedener Befürworter des Wasserclosets. Für sein Engagement wurde er von seinen Kollegen scherzhaft der »Luther der Hygiene« genannt. In seiner Schrift *Über die Entwässerung der Städte* (1868) hat er die wesentlichen Überlegungen zur Kanalisierung der Städte dargelegt. Einige Dutzend Seiten seines Buches widmet er dem gewichtigsten Argument der WC-Gegner, dem Verlust menschlicher Exkremente als Dung für die Landwirtschaft. Das beginnt mit einer akribischen volkswirtschaftlichen Rechnung über die anfallenden Güter (»Die festen Kothmassen, welche ein Mann im Alter von 20-40 Jahren täglich im Durchschnitt liefert, betragen nach den meisten Autoren 1/4 Pfd., der Urin etwa 3 Pfd.«) und endet mit der Schlußfolgerung, »das Hinwegspülen der Exkremente mittelst Closet und Kanal« und ihr Recycling in der Landwirtschaft – über große, außerhalb der Städte angelegte Rieselfelder – sei insgesamt gesehen billiger als das noch weithin übliche System der stationären Abtrittgrubenleerung.

Klosett im Southwell-Palast

Varrentrapp hatte natürlich nicht über mangelnde Gegnerschaft zu klagen. Geharnischte Proteste erhielt er von Seiten der Agrarier, die in Frankreich zur gleichen Zeit gegen das Schwemmsystem kämpften: die Abschwemmung der Fäkalstoffe bedeutete für sie eine nicht vertretbare Vergeudung wertvollen – und billigen – Düngers.

Clochemerle ist überall

Öffentliche, daß heißt dem Staat oder der Stadt gehörende Toiletten gab es in Rom schon sehr früh und in großer Zahl. Das Latrinenwesen war gut ausgebaut. Um 300 n. Chr. verfügte Rom über 144 öffentliche Bedürfnisanstalten (latrinae publicae) mit fließendem Wasser, sie sollen geradezu luxuriös ausgestattet gewesen sein. In allen größeren Städten des römischen Imperiums dürften sich mehr oder weniger üppig ausgestattete öffentliche Toilettenanlagen befunden haben, auch die Theater und Thermen waren entsprechend versorgt. »Zustände wie im alten Rom!« – dieser Ausspruch bezieht sich für die Kaiserzeit jedenfalls nicht auf die hygienischen Verhältnisse. Auch nicht für spätere Zeiten, wie aus einer Notiz Ludwig Friedländers hervorgeht, der feststellt, daß »die von Kaiser Honorius im Jahre 403 restaurierte aurelianische Mauer nach der Beschreibung des Mönchs von Einsiedeln einhundertsechzehn Abtritte (necessariae CXVI) aufwies«. Diese Pinkelstände hatte Kaiser Vespasian errichten lassen. In Frankreich heißen diese kopf- und fußlosen Stände heute noch vespasiennes.

Die Bezeichnung Latrine für Abtritt und Kloake (von lavatrina, Waschraum) findet sich übrigens zuerst bei Plautus (um 180 v. Chr.), später beim Kaiserbiographen Sueton (um 120 n. Chr.). Üblich war für den Abtritt die Bezeichnung sterquilinium (von stercam, Kot), oder für Abort abitorium (ab-ire, abtreten).

In Rom gab es sogar einen speziellen Privatlatrinenservice. Gegen ein entsprechendes Entgelt standen überall bequeme Abtritte und Toiletten bereit. Die Latrinenbetreiber machten ihr doppeltes Geschäft. Sie nahmen nicht nur die Benutzungsgebühren ein, sondern erzielten auch aus dem Verkauf der Fäkalien an die Gärtnereien am Stadtrand erhebliche Gewinne. Diese benötigten die Exkremente als Dünger für Blumen- und

Gemüseanbau, zum Teil bereits in der Mistbeetkultur. Aber auch die Pächter öffentlicher Toiletten warben mit dem Slogan: »Cacator cave malum! Aut si contempseris, habeas Jovem iratum! – Hüte Dich, auf die Straße zu kacken! Sonst wird Dich Jupiters Zorn treffen!«

Nicht nur in technischer Hinsicht waren die öffentlichen Toiletten vorbildlich. Auch organisatorisch klappte hier praktisch alles: Es gab nicht nur Kassenräume, sondern bereits auch Toilettenfrauen. Bei Tertullian (160 bis ca. 220 n. Chr.) heißt im 4. Kapitel von *De pallio* : »Et quum latrinarum antistes sericum ventilat et immundiorem loco cervicem monilibus consolatur – und wenn die Toilettenfrau den Seidenvorhang zum Lüften hin- und herbewegt und ihren Hals, der schmutziger ist als ihr Abtritt, zu ihrem Troste mit Schmuck behängt.«

In jeder öffentlichen Latrine Roms stand ein mit Salzwasser gefüllter Eimer und ein Stock mit einem Schwamm. Ein spezielles Toilettenpapier war damals noch unbekannt. Der Benutzer reinigte sich mit Schwamm und Salzwasser und steckte den Stock dann wieder in den Eimer. Der Spötter Martial hatte einen solchen Stock im Sinn, als er um das Jahr 90 der neuen Zählung des guten und reichlichen Essens gedenkt. »Doch nichts sein wird es morgen bereits ... was der leidige Schwamm des gewünschten Stabes gestehen wird.« Vielleicht werde auch ein Hund oder irgendein öffentlicher Abtritt schon in Kürze bezeugen können, daß das eben genossene köstliche Mahl ein Nichts sei. Das beste Essen, so Martial, »endet auf *die* Art«. Im Rom zur Zeit Kaiser Neros erregte es großes Aufsehen, als sich ein germanischer Sklave ausgerechnet mit diesem Instrument den Freitod gab. Er stieß es sich in den Schlund und erstickte daran. Seneca, Philosoph und Erzieher des Kaisers Nero, beschäftigt sich ausführlicher mit dem Fall und berichtet im siebzigsten seiner *Episteln* etwa um 50 n. Chr. darüber.

In der Wüste bei Assuan, dreißiger Jahre des 20. Jahrhunderts

Die Benutzung der öffentlichen Toiletten Roms war je nach den politischen Verhältnissen nicht immer ungefährlich. Unter Kaiser Tiberius galt es als Majestätsbeleidigung, eine Latrine mit einem Fingerring zu betreten, in dessen Stein das Bild des beliebten Monarchen eingraviert war. Wer dabei erwischt wurde, mußte mit schwerer Bestrafung rechnen. Ja, es war, wie Sueton berichtet, nicht einmal gestattet, eine Münze mit dem Bildnis des Kaisers Augustus in eine solche öffentliche Anstalt mitzunehmen. Darauf stand die Todesstrafe. Glaubt man den Geschichtsschreibern, dann ist sie in einigen Fällen auch vollstreckt worden. Sueton berichtet noch über einen anderen, ganz merkwürdigen Fall (*Suetoni Vita Lucani* im Anhang zu dessen *Belli Cevilis libri decem*). Lucanus sei zuerst ein Freund Neros gewesen, dann aber in Ungnade gefallen und habe seinen Unmut darüber in Wort und Tat verkündet. Dabei sei er soweit gegangen, daß er, »auf einem öffentlichen Abort sitzend, einen ziemlich lauten Furz ließ und dabei einen Halbvers Neros rezitierte: ›Du könntest meinen, unterirdischer Donner habe gegrollt‹, was eine große Flucht der Mitsitzer hervorrief«. Lucanus wurde schließlich als Teilnehmer der Pisonischen Verschwörung zum Tode verurteilt.

Die Rotunden des alten Rom wurden genauso mit Sprüchen und Zeichnungen beschmiert wie heutzutage. Als während der Regierung des grausamen Nero um 65 n. Chr. in einer öffentlichen Latrine eine obszöne Schmähung gegen den Kaiser auftauchte, wagte kein vornehmer Römer mehr, diesen Ort zu betreten, weil er fürchten mußte, wegen Majestätsbeleidigung angeklagt zu werden. Der größenwahnsinnige Nero gab denn eines Tages auch die Order, sämtliche Statuen der großen Sieger der römischen Geschichte in die Kloaken der Stadt werfen zu lassen. Ihr Ruhm, so meinte er, stelle den seinen in den Schatten.

Selbstverständlich gab es öffentliche Toiletten auch in der Zeit des Mittelalters in dieser oder jener Form, sie waren einfach eine dringende Notwendigkeit. Jedenfalls besaß auch schon Byzanz, Hauptstadt des neuen oströmischen Kaisertums, das dann den Namen Konstantinopel erhielt, öffentliche Bedürfnisanstalten. Der berühmte Häretiker Arius verstarb im Jahre 336 in einer solchen an Mastdarmvorfall und Verblutung. Ein Zeugnis über einen ähnlichen Vorfall gibt auch der heilige Gregor von Tours (538/39 bis 594). In seiner *Historia Francorum* (Teil II, Kapitel 23) berichtet er von einem Priester, der im Jahre 473 in der Stadt Arvern »auf dem Sitze im geheimen Gemach« starb.

Deutschland kann für sich in Anspruch nehmen, die erste Toilettenfrau der Neuzeit gehabt zu haben. Im *Konfeßbuch* der Stadt Frankfurt am Main wird im Jahre 1330 eine Frau Hilla als »schizhusfegern« genannt. Ein Statut vom Jahre 1437 benennt jene Leute, die in Frankfurt die Gruben reinigten, »huselfeger« oder »heymlichkeitsfeger«. Sie hatten die

Aufgabe, den Schmutz der Straße von der Mainbrücke in den Fluß zu schütten. Sollte man sie bei dieser Arbeit an einem anderen Ort erwischen, erwartete sie eine deftige Strafe. Unter »Heimlichkeit« verstand man damals soviel wie »Abort«. »Heimliche frauwen« dagegen waren die Prostituierten. Da die Rechnungen der Stadt Bern im Jahre 1382 eine Lohnauszahlung für die Anlage eines Abortes aufweisen (». . . lon umde den privaten ze machene«), nimmt man an, daß es auch hier öffentliche Bedürfnisanstalten gab. In London wurden im Jahre 1358 vier öffentliche Toiletten gezählt. Zwischen 1464 und 1475 hatte Nürnberg bereits mehrere öffentliche Bedürfnisanstalten. Der Stadtbaumeister Endres Tucher ordnete an, daß der Nachtmeister alljährlich auch die »gemeinen heimlichen gemach, die auf der Pegnitz sein do die mann und frawen auf geen«, zu säubern habe. Männer und Frauen konnten also getrennt ihre Geschäfte in die Pegnitz ableiten. Eines dieser »heuslein« stand hinter dem Wildbad, eines am Schießgraben, eines beim Mangelhaus, ein anderes bei der Barfüßerbrücke, weitere beim Schweinemarkt, an der steinernen Brücke und am Irhertürlein.

Während es in Deutschland bereits sehr frühzeitig öffentliche Toiletten gab, konnte dagegen Paris noch um das Jahr 1782 solche nicht vorzeigen. Louis Sébastien Mercier (1740 bis 1814), der die Stadt wie seine Westentasche kannte und in einem Buch die Alltagskultur der Metropole beschrieb (*Tableau de Paris*. 1782), kommentierte: »Dieweil es in Paris keine öffentlichen Latrinen gibt, werden die Quais und Promenaden dazu gemacht; einst war selbst der Garten der Tuilerien, unseres Königsschlosses, ein solcher allgemeiner Treffpunkt. Sollten Tabakhändler und Parfümfabrikanten der Grund dafür sein, daß die Polizei gegen derlei Ungeschicklichkeit noch nicht vorgegangen ist? Jene Leute, die so oft gegen den einen oder anderen Mißstand wettern, sollten sie nicht einmal ihren Eifer auf die Anstößigkeit wenden, die darin liegt, daß ein Mann mitten auf der Straße oder an einem Eckstein seine Hosen herunterläßt? Es scheint, sie warten, bis die Frauen sich die gleiche Freiheit nehmen; dann werden sie *zwei Fliegen mit einer Klappe schlagen*.«

Auch nach der Revolution klagt der französische Publizist wieder einmal über die miserablen Zustände in Paris: »Sie fehlen in der Stadt und man wird in den belebten Straßen in arge Verlegenheit versetzt, wenn man von einem Bedürfnis bedrängt wird; man ist genötigt, aufs Geradewohl einen Abtritt in einem fremden Hause zu suchen. Man probiert an den Türen wie ein Einschleicher, obwohl man nicht die Absicht hat, etwas wegzutragen. Früher war der Tuileriengarten, der Palast der Könige, ein allgemeiner Rendezvousplatz. Die Sch . . . .r gruppierten sich unter einer Taxushecke und verrichteten dort ihr Bedürfnis. Es gibt Leute, denen es ein Hochgenuß bedeutet, diese Sekretion im Freien zu absolvieren: es war unmöglich, die Terrassen der Tuilerien zu betreten, eine so verpestete Luft entströmte ihnen. Der Graf d'Angerviller ließ die Taxushecken ausreißen und hat somit die Sch . . . r heimatlos gemacht, welche zu dem bestimmten Zwecke von weitem herbeigeeilt kamen. Man hat öffentliche Bedürfnisanstalten errichtet, in denen jedes Individuum seine Notdurft für zwei Pfennige verrichten kann. Aber findet man Zeit, den Unternehmer aufzusuchen, wenn man sich im Faubourg St. Germain befindet und die Gedärme von Schwäche befallen fühlt? Der eine stürzt sich in eine dunkle Allee und ergreift nachher die Flucht; ein anderer ist genötigt, an einem Brunnenrand die öffentliche Sittlichkeit zu verletzen; mancher wieder bedient sich eines Fiakers oder einer Droschke, indem er den Wagensitz für seine Zwecke umwandelt; diejenigen, welche noch Kraft genug in sich fühlen, laufen in gebückter Haltung an das Ufer des Flusses.

Die Kaianlagen, welche als Zierde der Stadt gedacht sind, beleidigen heutzutage in gleicher Weise das Auge und den Geruchsinn; dies wäre der richtige Spaziergang für einen Arzt; es wäre für ihn das beste Thermometer der grassierenden Krankheiten; er könnte sich von allen Magenverstimmungen der Stadt überzeugen und die öffentliche Verunreinigung würde in den Dienst der beobachtenden Wissenschaft treten. Aber die Ärzte sind hochmütig geworden; sie schenken dem Stuhl keine Aufmerksamkeit mehr; sie machen sich sogar über Urinuntersuchungen lustig und übersehen geringschätzig die neue Wissenschaft, welche sich ausführlich und in großen Lettern in den Kaianlagen der Hauptstadt aufgezeichnet findet. Dort spiegelt sich unverhüllt der Zustand aller aktiven und passiven Bäuche; und die Ärzte studieren in den verstaubten Folianten der Bibliotheken, während sie vor den Augen die praktische Vorführung der Epidemien haben, welche durch die

Karikatur auf die Einführung der Pissoirs in Berlin.
Kladderadatsch 1855, Seite 88

Natur der Nahrungsmittel oder die Unbill der Witterung hervorgerufen werden.

Woher kommt diese Geringschätzung? Früher waren sie genötigt zu sehen.

Ja, man verlangte noch mehr von ihnen. Hier die wörtliche Anführung einer von Heinrich II. verfaßten Verordnung: ›Über Klage‹, sagt der König, ›der Erben der durch Schuld der Ärzte verstorbenen Personen wird man darüber Untersuchung einleiten und Gerechtigkeit walten lassen wie bei jedem anderen Mord, und es werden diese Ärzte angehalten werden, die Exkremente ihrer Patienten zu kosten und ihnen jede Sorgfalt angedeihen zu lassen; anderenfalls werden sie als schuldtragend an Todeskrankheit und Hinscheiden angesehen.‹

Wir verweisen die Ärzte nicht auf die Verordnung Heinrichs II., wir sagen nur, daß sie in der Hauptstadt die detailliertesten, weitgehendsten und zusammenhängendsten Beobachtungen machen könnten, das heißt, daß sie diese toten Physiognomien, welche trotzdem eine beredte Sprache führen, studieren könnten. Wenn man eines Tages öffentliche Bedürfnisanstalten errichten wird, werden sie vielleicht die verschwundene Experimentalwissenschaft vermissen, welche sich ihnen einst darbot, um sie zu belehren. Wenn man im Journal de Paris die Wasserhöhe der Seine, den Stand des Himmels, der Wolken, des Windes, der Barometergrade verzeichnet, warum diesen meteorologischen Studien nicht auch den Stand der Kais hinzufügen?

Die Orte, die die Aufschrift tragen: ›Es ist bei Körperstrafe verboten, hier seine Bedürfnisse zu verrichten‹, sind gerade die, in denen sich die meistbeschäftigten Leute zusammenfinden. Es bedarf nur eines Beispiels, um dreißig Nachahmer zu finden.

Das ist das Resultat einer so ungeheuren Bevölkerung. Jede Sitzung bei Tisch erfordert eine am Abtritt; wenn es öffentliche Herbergen gibt, warum gibt es nicht ebensolche Bedürfnisanstalten?

Die penibelsten, zartfühlendsten Personen, die nichts mit den ihre Naturbedürfnisse so unmanierlich verrichtenden Personen gemein haben wollen, und sie streng aus ihrer Gesellschaft verbannen, sind nichtsdestoweniger gezwungen, durch ihre Blicke mit dem in Berührung zu kommen, was gemeine Naturen im freien nach sich gelassen haben. Die Exkremente des Volkes in ihren verschiedenen Formen sind beständig vor den Augen der Herzoginnen, Marquisen und Prinzessinen. Welche moralischen Betrachtungen ließen sich nicht darüber anstellen! Aber wie schade! Man liest nicht mehr Rabelais.«

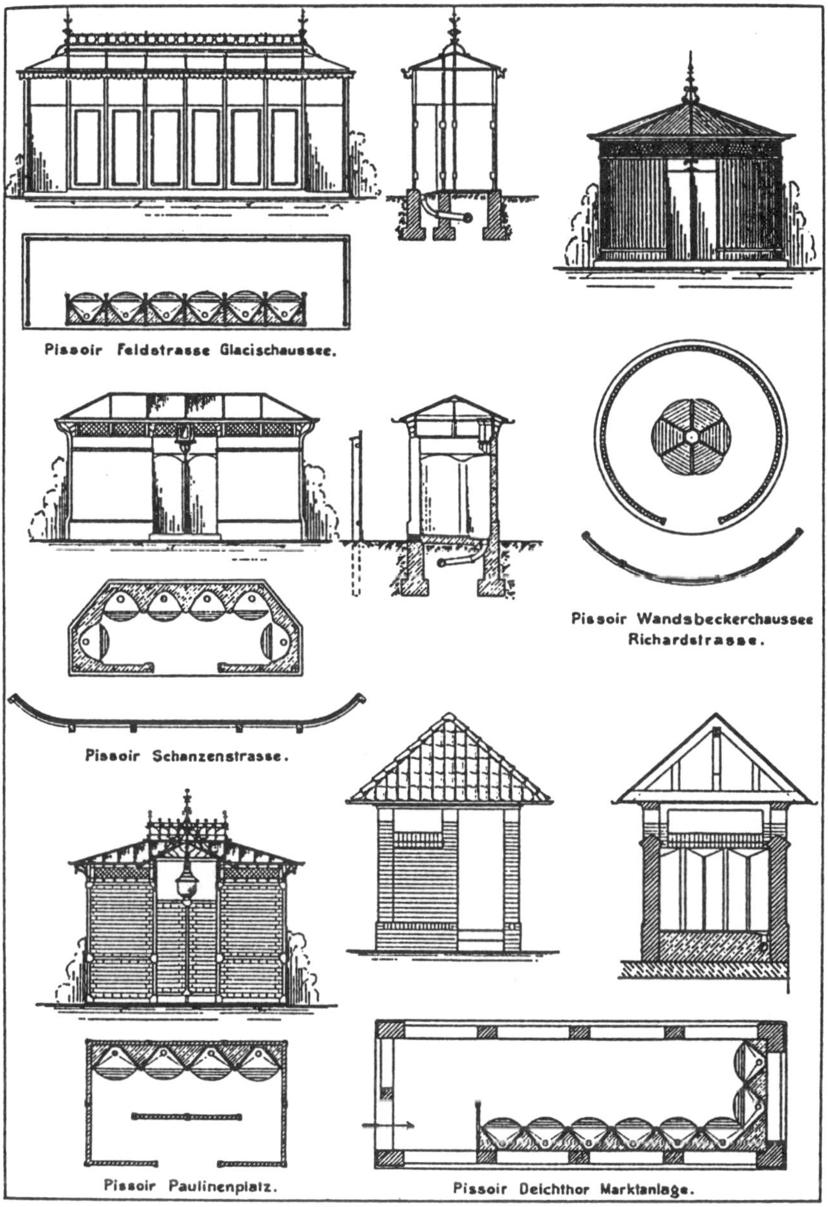

Verschiedene Pissoirformen in Hamburg 1893

In England sah es um die Mitte des 18. Jahrhunderts auch nicht viel anders aus. Giacomo Casanova, der 1763 in London war, weiß in seinen Memoiren zu berichten: »Wir setzten unseren Spaziergang fort, ohne ein bestimmtes Ziel zu haben, und sprachen von Literatur und allerlei Gebräuchen. Plötzlich bemerkte ich in der Nähe von Buckingham-House zu meiner Linken im Gebüsch fünf oder sechs Personen, die ein dringendes Bedürfnis verrichteten und dabei den Vorübergehenden den Hintern zukehrten. Diese Stellung erschien mir empörend unanständig, und ich sprach Martinelli gegenüber meinen Abscheu aus, indem ich besonders bemerkte, diese schamlosen Menschen müßten doch zum mindesten den Vorübergehenden ihr Gesicht zukehren. ›Keineswegs!‹ rief er; ›denn dann würde man sie vielleicht erkennen, und ganz sicherlich würde man sie ansehen, während sie durchaus keine Gefahr laufen, erkannt zu werden, wenn sie nur ihren Hintern den Blicken preisgeben; außerdem nötigen sie dadurch jeden einigermaßen zartfühlenden Menschen, seine Blicke von ihnen abzuwenden.‹

›Ich erkenne Ihre Gründe als richtig an, mein lieber Freund, aber Sie werden es natürlich finden, daß so etwas einen Ausländer empört.‹

›Natürlich; in allen Ländern wurzeln die besonderen Gebräuche sich ebenso fest ein wie die Vorurteile. Sie haben wohl schon bemerkt, daß ein Engländer, der auf der Straße seine Schleusen öffnen muß, nicht wie bei uns in einen Gang tritt oder sich an eine Tür stellt oder einen Prellstein als Deckung benutzt?‹

›Ja, ich habe gesehen, daß Leute sich nach der Mitte der Straße wandten; aber wenn sie auf diese Weise vermeiden, von den Leuten gesehen zu werden, die auf den Bürgersteigen oder in den Läden sind, so werden sie dafür von denen gesehen, die vorüberfahren, und das ist doch auch nicht richtig.‹

›Wer zwingt denn die Herrschaften, die bequem im Wagen fahren, hinzusehen?‹

›Das ist allerdings auch wieder wahr.‹«

Die einstigen Königsresidenzen wuchsen innerhalb weniger Jahrzehnte zu volkreichen Großstädten von europäischem Rang empor. Mit den steigenden Einwohnerzahlen, dem zunehmenden Fremdenverkehr wuchs auch das Bedürfnis nach öffentlichen Toiletten. Feldhaus hält es für auffallend, daß es nicht das fortschrittliche England war, das hier den Anfang machte. Zwar war London vorbildlich, was Straßenbeleuchtung, Straßenreinigung und Straßenpflasterung betraf, doch es waren erst die

Karikatur auf die Pariser Pissoirs, Ende des 19. Jahrhunderts

freisinnigen Männer der Französischen Revolution, die gegen Ende des 18. Jahrhunderts auf den Plätzen von Paris Toiletten anlegen ließen. Diese Neuerung zog natürlich den Spott der Karikaturisten auf sich.

1826 erschien in Paris eine Verordnung zur Verbesserung der öffentlichen Toiletten (*Instruction des Gesundheitsconseils zu Paris.* Lemgo 1826). Aus den beigegebenen Tafeln ist zu ersehen, daß man damals die Abtritte direkt auf die Wölbungen der Gruben gesetzt hat. Die entstehenden Gase mußten also durch die ungeschützten Trichter nach oben abziehen. Die einzige Verbesserung bestand in einem Ofen für den Winter.

Der Fortschritt ließ noch viele Jahrzehnte auf sich warten. Auch die gelegentlich schon im 18. Jahrhundert in der Öffentlichkeit herumgetragenen Kackstühle waren wohl mehr oder weniger eine regionale Errungenschaft. In Edinburgh trugen Männer große, an einem Joch hängende Eimer durch die Stadt und riefen: »Who wants me for a bawbee?« (Bawbee war ein Copper oder Halfpenny). Wer einen solchen Eimer zu benutzen wünschte, wurde dabei unter einer weiten Pelerine versteckt. So konnte man zum Beispiel auch in Hamburg noch in der ersten Hälfte des 19. Jahrhunderts eine Frau mit weitem blauen Mantel mit einem großen zylindrischen Blechgefäß durch die Straßen gehen sehen und von Zeit zu Zeit mit einer Glocke läuten hören. Dann öffnete sich hie und da eine Haustür, und es kam jemand mit Papier in der Hand herbei. Da wurde die große Büchse geöffnet und der Erleichterung Suchende nahm darauf Platz. Die Frau aber hüllte ihn wie eine Madonna misericordia in ihren blauen Mantel. Wie der aus Gotha stammende Johann Christoph Sachse (gest. 1822) in seinen Erinnerungen (*Der deutsche Gil Blas, eingeführt von Goethe, Oder Leben, Wanderungen und Schicksale Johann Christoph Sachses, eines Thüringers.* Stuttgart und Tübingen 1822) schreibt, wurde er in einer Gasse in Hamburg plötzlich von einer Frau angerufen: »Will gi wat maken?« Ahnungslos ging Sachse auf sie zu. »Eh ich mich's versah schlug sie ihren Mantel um mich, unter welchem sie einen Eimer verborgen hatte, dessen Duft mir seine Anwendung verrieth«, worauf Sachse unter dem Gelächter der Umstehenden die Flucht ergriff.

Ein Reisender, der kurz nach 1800 Wien aufsuchte, weiß zu berichten: »Einige Philanthropen haben es erreicht, daß bei größeren Plätzen, öffentlichen Gebäuden, bei Kreuzungen von Straßen usw. Butten aufgestellt werden. Diese Butten sind mit hölzernen Querbrettern oben verschlossen, die aber wieder ein großes kreisrundes Loch aufweisen. Männer mit großen Mänteln halten bei diesen Butten Wache. kommt ein Bedürftiger, so nimmt er zuerst den weiten Mantel um, entledigt sich zunächst seiner Oberkleider, setzt sich dann auf das Querbrett der Butte und entledigt sich seiner peinlichen Last. Es ist daher möglich, sich seinen intimen Bedürfnissen hinzugeben, ohne gesehen zu werden. Die Taxe für dies beträgt 2 Kreuzer.« Noch um 1850 heißt es aus Wien: »Die Worte: K.K.privilegirte Retirade auf einer kleinen hölzernen Butte in irgendeinem Winkel der Stadt besagen nicht mehr und nicht weniger, daß die Polizei ein unternehmendes altes Weib autorisirt hat, ein intimes Kabinett zu errichten, wo natürliche Bedürfnisse verrichtet werden können.«

Ein Wandel in diesen Gepflogenheiten, die sich weitgehend in aller Öffentlichkeit vollzogen, brachten in Deutschland erst die um die Mitte des vorigen Jahrhunderts eingerichteten und sich langsam und allgemein durchsetzenden öffentlichen Bedürfnisanstalten. In Berlin wurde die erste öffentliche Bedürfnisanstalt im Jahre 1824 in Nähe der Nicolaikirche errichtet. Sie war eine »einständige« Stehanstalt. Im Jahre 1863 gab es davon bereits 30. Diese waren zunächst nur Pissoirs, denn die 1855 von dem Berliner Buchdruckereibesitzer Ernst Litfaß eingeführten Anschlagsäulen, bald als Litfaß-Säule bekannt, boten einfach nicht mehr Raum.

Im Berliner *Tages-Telegraph* vom 14. Dezember 1854 und kurz darauf in allen größeren Tageszeitungen Deutschlands erschien folgende Ankündigung: »Dem Herausgeber des Tages-Telegraph ist vom Königlichen Generaldirektor der Polizei, Herrn von Hinckeldey, eine Konzession zur Errichtung von Anschlagsäulen und Pissoirs (Vespasiennes) in den Straßen Berlins auf fünfzehn Jahre erteilt worden. Wie durch die letzteren einem allseitig als dringend erkannten Bedürfnisse in der Residenz abgeholfen wird, so werden die Anschlagsäulen zugleich als Brunnengehäuse dienen, die jetzt so widerwärtige Verunzierung der Häuser und Bäume durch die daran angeklebten Plakate beseitigen, da in Zukunft Plakate ausschließlich nur an die in Rede stehenden Säulen geschlagen werden dürfen ... Bis zum 1. Juli k. J. werden sämtliche Säulen errichtet sein. Die Vespasiennes werden innen mit Gas erleuchtet sein und durch Wasserleitungsrohre stets rein erhalten werden. Die der Residenz durch dieses Unternehmen gewährte Verschönerung sowie der so lange peinlich vermißte öffentliche Komfort verpflichtet das Publikum zu neuem Dank für den alles Gute fördernden Herrn General-Polizei-Direktor von Hinckeldey.«

Anfangs wurden 56 dieser gußeisernen, sechs-, später auch achteckigen Stehanstalten aufgestellt – »Café Achteck« nannten die Berliner ihre Rotunden. 1874 gab es in Berlin das erste Pissoir für Frauen im Berliner Rathaus. 1882 verfügte die Reichshauptstadt zwar über 85 öffentliche Bedürfnisanstalten, doch immer nur noch eine einzige für Frauen. Der zahlenmäßig höchste Stand

Ende des Jahres 1854 tauchten in Berlin die ersten Pissoirs in Litfaßsäulen auf

wurde 1928 erreicht: Es gab in Groß-Berlin 240 Voll- und 380 Stehanstalten, aber das Mißverhältnis bei der Berücksichtigung der Geschlechter blieb bestehen. Im *Vorwärts* stand am 1. Januar 1900: »Am Sonntag Abend 8 3/4 Uhr betrat ich mit einem Bekannten die Retirade für Männer am Lausitzerplatze gegenüber der Emmauskirche. Wir bemerkten zu unserem nicht geringen Erstaunen, wie eine junge, vornehm gekleidete Dame in der nur für zwei Personen eingerichteten Anstalt in Gegenwart eines Soldaten und zweier anderer junger Männer ein Bedürfnis verrichtete und sich dann eilig entfernte.«

Im viktorianischen England machte zu dieser Zeit ein Mr. George Jennings Vorschläge zur Einrichtung öffentlicher Pissoirs. Die Londoner Behörden lehnten diese als unsittliche Zumutung ab, offensichtlich weil sie verhindern wollten, daß durch die Errichtung von Bedürfnisanstalten das Urinieren öffentlich thematisiert wird. Vergessen hatten die Briten, daß einer ihrer größten Dichter, Jonathan Swift, mehr als anderthalb Jahrhunderte zuvor mit einem Zwölf-Punkte-Plan die gewünschte Erleichterung verschafft hätte. Fünfhundert »Secreter« in den Städten London und Westminster sollten von einer Aktiengesellschaft betrieben werden. Bei einem Eintrittspreis von 2 Stüber rechnete Swift bei den 1,2 Millionen Einwohnern mit einem jährlichen Gewinn von knapp 1,5 Millionen Pfund Sterling. Dafür bekamen die Besucher »zwey Stück sauber, weiches und weisses Papier«, jedes acht Zoll lang und sechs Zoll breit. Der Aufenthalt in den bestens ausgestatteten Räumen sollte auf eine halbe Stunde beschränkt werden. Der Vorschlag von 1730 wurde nie wieder aufgegriffen.

Letztlich wurden aber doch Litfaßsäulen aus Preußen nach England importiert, von dort allerdings nach Bayern weiterverkauft. Das ergibt sich aus einer kleinen Anekdote, die kurz nach 1900 in der *Heimat* stand, dem Beiblatt der *Münchner Neuesten Nachrichten*: »Als vor einer Reihe von Jahrzehnten der Münchner Stadtmagistrat erstmals eine öffentliche Bedürfnisanstalt in Gestalt einer Litfaß-Säule aufstellen ließ, standen darin auf englisch die Worte zu lesen: ›Please adjust your dress before leaving.‹ Der Magistrat hatte eine Säule als Muster aus England kommen lassen, und der Münchner Schildermaler hatte gewissenhaft die Buchstaben nachgemalt und auf Befragen erklärt, er habe gemeint, das sei ein Ornament.«

 Die Einrichtung öffentlicher Bedürfnisanstalten war häufig von harten

Auseinandersetzungen zwischen »alter« und »neuer« Schule begleitet. Dabei ging es wohl gar nicht vorrangig um pekuniäre Fragen. Der französische Schriftsteller Gabriel Chevallier schildert einen solchen Konflikt im ersten Band seiner launigen *Clochemerle*-Trilogie. Der Bürgermeister Barthélemy Piéchut vertraut Ernest Tafardel, dem Lehrer des Ortes, an, er möchte auf Gemeindekosten ein Gebäude errichten lassen. Der ist erstaunt, denn er schätzt den Bürgermeister als einen Mann von Verstand, als vorsichtig und sehr geschickt dazu. Ein Gebäude, fährt der Bürgermeister fort, das sowohl in hygienischer wie in moralischer Beziehung von Nutzen ist. Und als Tafardel erfährt, daß es sich um eine Bedürfnisanstalt handelt, ist er erstmal sprachlos. Dann meinte er: »Eine kapitale Idee, Bürgermeister! Eine wahrhaft republikanische Idee. Durchaus und in jedem Fall im Geiste der Partei. Eine im besten Sinne demokratische Idee und, wie Sie richtig sagen, gleichzeitig hygienisch. Wenn ich mir vorstelle, daß unter Ludwig XIV. die großen Herren die Trennhäuser der Schlösser vollschifften! Eine Schweinewirtschaft unter diesen Königen! Eine Bedürfnisanstalt leistet mehr für das Wohl der Bevölkerung als eine Prozession von Ponosse.« – »Und wie kleinlaut werden Girodot, Lamolire, Maniguant und die ganze Clique dasitzen!« triumphiert bereits der Bürgermeister von Clochemerle über seine Gegner. »Das ist einmal sicher, Herr Piéchut, daß Ihr Einfall denen in der öffentlichen Meinung schwer Abbruch tun wird.« – »Und Saint-Choul? Und die Baronin Courtebiche?« – »Diese Gestrigen könnte es den letzten Rest ihres Prestiges kosten. Und es wäre ein schöner Sieg der Demokratie, eine neue Bestätigung unserer unsterblichen Grundsätze.« Der Streit um die Errichtung eines Pissoirs für Clochemerle eskaliert schließlich zu einem Bürgerkrieg, der internationale Dimensionen anzunehmen droht.

Um 1900 nahm ein Journalist die gespreizten Aufschriften in den öffentlichen Verkehrsmitteln aufs Korn. An der Tür zum stillen Ort des Eisenbahnwaggons stand »Ausguß«. Tausendfach war auf den deutschen Bahnhöfen zu lesen, daß die Reisenden »zur Förderung der öffentlichen Gesundheitspflege« nicht auf den Boden spucken sollen. An entsprechendem Ort wurde ersucht, »die Kleidung in der Anstalt zu ordnen«. Gottseidank ging es nicht überall so affektiert zu. Im alten und berühmten *Thüringer Hof* in Leipzig führten deutliche Wegweiser zum »Pinkelwinkel«; dort stand auch: »Hosen zu!« Als Zumutung dagegen wurde empfunden: »Man bittet den Ort so zu verlassen, wie man ihn anzutreffen wünscht.«

Ist die Sitte der Verhaltensanweisungen auf die Einführung der öffentlichen Toiletten im Dienste der Stadt zurückzuführen, so läßt sich die Unsitte, die Wände der Klosetts zu bemalen und zu beschreiben, bis in die Antike zurückverfolgen, wie schon Martial erwähnt. Die tieferen Gründe, die die Menschen zum Ausdruck drängen, hat Friedrich Erich Schnabel treffend beschrieben: »Die Inschriften, die man vorfindet, sind teils skatologisch, teils erotisch. Das Zustandekommen der ersteren dürfte sich so erklären, daß bei dem Besucher eine ergiebige Entleerung ein gewisses Lustgefühl hervorruft. Das Zustandekommen der erotischen hingegen, glaube ich, auf verschiedene andere Beweggründe zurückführen zu müssen. Einesteils mag bei dem Besucher durch eine beschwerliche Entleerung eine erotische Stimmung ausgelöst werden, indem der gefüllte Darm auf Teile des Genitalapparates drückt und so eine Erektion verursacht. Andernteils wird durch den Alkoholgenuß die Sinnlichkeit gesteigert oder auch durch Anhören und Erzählen von Liebesabenteuern usw. eine erotische Stimmung hervorgerufen, wobei dann derartige poetische Ergüsse zustande kommen, die ja im Grunde genommen oft nichts anderes sind als Stoßseufzer nach Befriedigung des Geschlechtstriebes.« (*Anthrophyteia*, Band 8, 1911). Hugo E. Luedecke führt noch zwei weitere Gründe an (*Anthropophyteia*, Band 4, 1907): »Langeweile und damit skatologische Neigungen treten natürlich dort auf, wo als Papier keine Zeitungen hingelegt sind! Auf irgendeine Weise muß man der tödlichen Langeweile entrinnen, die leeren Wände laden unwillkürlich zum Beschreiben ein und – das Geistesexkrement steht da.«

Hunderte solcher Sprüche lassen sich überall auflesen. Auch sie unterliegen dem Wandel der Zeiten, wie man in der skatologischen Literatur und Fachliteratur nachlesen kann. Das beginnt mit der bewährten Latrinen-Lyrik, etwa »Fut und Beidl sind Geschwister, und der Arsch ist Kriegsminister« oder »In diesen Hallen wohnt ein Geist, der jedem in die Eier beißt«, und reicht bis zu Graffiti, die Männer und Frauen auf ihre Geschlechtsmerkmale reduzieren. Klo-Sprüche sind ein heimliches Ventil fürs Volksempfinden. Schließlich hat Sigmund Freud bereits 1910 behauptet, Klo-Kritzeleien gäben Auskunft darüber, welche »Partialtriebe des Sexualtriebs« bei den entsprechenden Menschen »besonders tauglich zur Lustgewinnung« sind. Für den Soziologen kann das nur heißen: »Wozu Meinungsumfragen – lest Klowände!«

Der Klo-Spruch: »Auch ein Hippie muß mal Pipi!« stammt sicherlich nicht aus der Antike. Archaischen Ursprungs ist aber sicher dieser:

Wie auf den Stuhl der Götter
setz dich auf dies Geschirr
und laß den Sturm,
das Donnerwetter,
laut krachen unter dir!

Im Kneipenklo um die Ecke begnügt man sich mit geradliniger Lyrik: »Liebe Köchin, lieber Koch, hier fällt eure Kunst ins Loch.« Während eine Pissoir-Inschrift in politisch unruhigen Zeiten so lautet: »Deutschlands Zukunft liegt in deiner Hand.« Eine Toiletten-Inschrift von 1993 in der Universität Tübingen: »Schneller pinkeln, Deine Studienzeit wird verkürzt« kann nur mit einer Studienreform in Verbindung stehen. Und dieser spricht ein völkerverbindendes Problem an: »Tritt näher, Fremder, er ist kürzer, als du denkst!«

Über den wissenschaftlichen Wert solcher Ergüsse hegt man heute kaum noch einen Zweifel, wie erst jüngst eine Studie des Wiener Psychologen Norbert Siegl (*Kommunikation am Klo.* Wien 1993) belegt. Gefördert mit Geldern des österreichischen Bundesministeriums für Wissenschaft und Forschung sowie der Abteilung Kultur des Wiener Magistrats konnte Siegl vermelden: »Bei der Erforschung von Klo-Inschriften kann Österreich bedeutende Arbeiten vorweisen.« Und er konstatiert: Der »Kulturraum Klo« animiere beide Geschlechter gleichermaßen zu »eingehender Beschäftigung« mit dem »primären Grund für den Aufenthalt an diesem Ort«, was »lustvoll betrachtet und abgehandelt« werde. Unter Akademikern kann das nur heißen: »Veni, Vidi, Pipi.«

Doch schon die Erfindung des Wellblechs hat den Pipi-Poeten das Werk nachhaltig erschwert. Kratzfeste und abwaschbare Fliesen und Kunststoffe haben heute Klo-Sprüche und Graffiti zu einer kurzlebigen Kunst gemacht – mit einem Wisch sind sie wieder weg.

Ein besonderes Kapitel sind die Latrinen für die Soldaten im Felde. Sie waren einst die größte Sorge und der bleiche Schrecken eines jeden Kommandeurs. Ein geordneter und sauberer Betrieb war ein Ding der Unmöglichkeit. Um der Ansteckungsgefahr der erschreckenden Ansammlung faulender Kotmassen vorzubeugen, mußten die Sitzstangen mehrmals täglich mit Desinfektionsmittel bestrichen werden. Zusätzlich gab man ständig Chlorkalk in die Fäkalgrube.

Die Feldlatrine war so eingerichtet, daß eine große Anzahl von Mannschaften bequem nebeneinander sitzen konnten. Trennungswände waren

Ortsärztliche Vorschriften

Zur Vermeidung von Krankheiten sind folgende Vorschriften genau zu beachten.

Der Müll ist in die Müllkiste, welche genügend groß und mit Deckel versehen sein muß, zu schütten. Die Müllkiste ist regelmäßig morgens vor das Haus zu stellen, um entleert zu werden. (Konservenbüchsen, Flaschen, Tollsachen sind besonders zu sammeln.)

Auf dem Hof und hinter den Häusern darf kein Mist- oder Müllhaufen angelegt werden.

Wasserlöcher und Sumpfstellen auf dem Hof oder in der Nähe der Quartiere sind einzuebnen. Die Kellerwände und Decken sind in der Zeit vom 1.-15. April zweimal mit offener Flamme abzuglühen, um Stechmückenbrut zu vernichten. Dies hat unter Aufsicht des Quartierältesten zu geschehen.

Die Umgebung der Brunnen muß völlig rein gehalten werden. Der Wasserabfluß muß geregelt sein. Es ist strengstens untersagt, in die Brunnen irgend einen Gegenstand (Müll, Steine u. a.) hineinzuwerfen. Die Schöpfeimer sind ganz sauber zu halten, sie dürfen nicht entfernt werden. Die Brunnendeckel sind nach Gebrauch zu schließen, die Eimer sind auf die Brunnendeckel zu stellen.

Die Latrine muß stets sauber gehalten, der Latrinendeckel nach Gebrauch geschlossen werden. Die Entleerung ist mit Erde zuzuwerfen. Einmal täglich ist in die Latrine und auf die Trittbretter Chlorkalk zu streuen.

Die Latrine ist in der abgebildeten „Hockreitstellung" zu benutzen.

den 1.4.16.

Prof. Dr. [illegible]

Stabsarzt d. Res.

Ortsarzt

 Feldlatrinenordnung an der Westfront 1916

nicht vorhanden. Auf diesen Feldlatrinen fand ein reger, anregender und lebhafter Gedankenaustausch statt. Alles, was in der Luft schwebte, wurde hier erörtert. Bestimmte und unbestimmte Gerüchte, auch Geheimnachrichten gingen hier von Mund zu Mund. Irgendeine Nachricht, die meist nicht begründet war, wurde daher während des ersten Weltkrieges als »Latrine« oder »Latrinenparole« bezeichnet.

Die Offiziere hatten gesonderte Latrinen mit der Aufschrift: »Für die Herren Offiziere«. Das veranlaßte die Mannschaften, ihre eigenen Latrinen mit der Bezeichnung zu versehen: »Für die anderen Arschlöcher.« In ruhigeren Frontstellungen gab es zuweilen abgedeckte Latrinen mit zwei Plätzen für Offiziere – »Doppeldecker«, für die Mannschaften – »Fünfdecker«.

Ode an den Leibstuhl

Im hundertsten Band von Krünitz' gewaltiger *Oekonomisch-technologischer Enzyklopädie* aus dem Jahre 1805 steht unter dem Stichwort »Nachtstuhl«: »Ein beweglicher Abtritt in Gestalt eines Stuhles, eine Bequemlichkeit, den Leib auf dem Zimmer, besonders zur Nachtzeit zu erleichtern; in der anständigeren Sprechart der Leibstuhl.« Die Nachtstühle seien zu einer Notwendigkeit geworden, da die in der Regel weit von den Häusern entfernt liegenden Abtritte sich nicht mehr mit der »Zierlichkeit der neueren Baukunst« vereinbaren ließen. »Die im Hause angelegten sind nicht selten äußerst lästig durch den üblen Geruch, den sie im Hause verbreiten, und das um so mehr, je versteckter und also dumpfiger der Abtritt selbst ist.« Man müsse daher, so Krünitz, »den Gebrauch der Nachtstühle zu den nothwendigen Übeln rechnen, die sich nicht gut von dem Hauswesen entfernen lassen«.

Nachtstuhl ist der gebräuchliche Name. In Deutschland hat er zwar nie seine Zweckbestimmung, doch vielfach seine Bezeichnung geändert. So hieß er u. a. Kammerstuhl, Leibstuhl, Kackstuhl, Scheißstuhl, Notdurftstuhl. Er ist heute in der Regel nur noch in Krankenhäusern anzutreffen. Nach diesen Stühlen wird die darauf vorwiegend ausgeübte Tätigkeit bezeichnet: Stuhlgang haben, zu Stuhle gehen oder auch stuhlen. Bei den Franzosen heißt er Chaise d'affair, chaire percée, chayère de retrait, secret, commodite, chaise nécessaire oder ce meuble odorant. Auch sie gaben sich große Mühe, seine Funktion hinter dem Namen zu verbergen.

Der Leib- oder Nachtstuhl ist ein uraltes Möbel. Die Griechen, Ägypter und Römer kannten ihn. Aristophanes (*Die Weibervolksversammlung*) erwähnt ihn im 5. Jahrhundert v. Chr. Er war wohl in den Klöstern, die unter lateinischem Einfluß standen, dann auch nördlich der Alpen in Gebrauch.

Ein Kuriosum ist die Nachricht über den päpstlichen Leibstuhl: Zwischen Papst Leo IV., der im Jahre 855 gestorben ist, und Benedikt III. habe eine »Weibes-Person nahmens Gilberta, insgemein Pabst Agnese genannt, unter dem Nahmen Pabst Johann des Achten den Stuhl Petri würcklich besessen und verunehret«. Der Schwindel sei aufgeflogen, als die Päpstin während einer Prozession auf öffentlicher Straße vor dem versammelten römischen Volk von einem Jungen entband. Und damit man den Heiligen Stuhl nicht noch einmal entweihe, sei man von da ab bei den Papstwahlen vorsichtiger geworden. Des neuerwählten Papstes wahres Geschlecht habe man erst auf einem durchlöcherten Stuhl geprüft. Der war wie ein Nachtstuhl gebaut und wurde »sella« oder »sella stercoralis s. stercoraria« genannt, weil während der öffentlichen Zeremonie ein Chor den 113. Psalm sang: »... der Herr richtet den Geringen auf aus dem Staub und erhöhet den Armen aus dem Kot ...« Dieser Stuhl, auf den sich der Papst setzen mußte, habe am Eingang der lateranischen Kirche gestanden. Der jüngste Diakon prüfte dann, ob er das vorzuweisen hatte, was der Päpstin fehlte. Das günstige Resultat machte er mit dem dreifachen Ruf »Habet! Habet! Habet!« bekannt, worauf die erleichterte Klerisei und das frohlockende Volk mit »De gratias« antworteten.

Die Existenz des durchlöcherten Stuhls sowie seine Zweckbestimmung sind von Kirchenhistorikern nicht bezweifelt worden. Er soll allerdings ein aus einem alten römischen Bad übriggebliebener Stuhl gewesen sein. Die peinliche Zeremonie wurde erst im 16. Jahrhundert abgeschafft.

Über ein merkwürdiges Ritual berichtet auch eine äußerst selten gewordene Schrift aus dem Jahre 1700. In dem kleinen Bändchen unter dem Titel *Historische Relation Von der Liebe des Kaysers Von Marocco Vor die Durchleuchtigste Verwittibte Prinzessin Von Conty, ...* wird berichtet, wie ein Edelmann aus der Normandie, Monsieur de Pierreville, an den Hof des Sultans kommt. Nachdem der Sultan »nun an den Herrn Pierreville einige Fragen / so von keiner besonderen Wichtigkeit gewesen / getan und in der Meinung auch war / daß dieser neue Sklave müße von einem vornehmen Geschlechte seyn / hat er ihn vor seinen Nachtstuhl Sorge zu tragen / bestellet / welche Charge dann vor einer Stunde durch den Todt des vorigen Verwalters ware ledig geworden / und so viel Vertrauen hat / als nimmermehr dieselbe / so der Lord in Engelland hat / und Gromm of the Stoul heißet. Bey dieser honorablen Verrichtung ... erkundigte sich der Kayser wegen des Ansehens und Magnificens des frantzösischen Hoffes ... nur eine Sache / welche das größte Kennzei-

76 Päpstlicher »Kotstuhl«

chen ist der Hoheit und einigen Persohn des Kaysers von Marocco / befunde er / daß ihm mangels der Hoheit des Königes von Frankreich / nehmlich daß er nicht öffentlich unter gewissen Ceremonien zu Stuhle ginge... Wenn der Kayser von Marocco will zu Stuhle gehen / wird solches auff einem hohen Turm kundgemachet / da dann zwölf Trompeter / zwölf Paucker / und zwölf Schalmeyer-Pfeiffer unter einer gantz offenen und auff allen Seiten übergüldenen Ballistraden umbgebenen Loge sich verfügen / und träget derjenige / so über den Nachtstuhl bestellet ist / solchen auff seynem Haupte und gehet also zuerst voran / indem ein ander ihm zur Linken Seite den Nachtstuhl mit eyner Parisol bedekket, hernach folgen vier der größten Herrn vom hofe / gantz weiß gekleidet / und endlich folget der Kayser. In diese Loge nun darff über vorerwähnten Persohnen mit dem Kayser kein Mensch gehen: wann sie nun an den Ort gekommen / und der Nachtstuhl zurechte gesetzt worden / setzet sich der Kayser darauf / und thun ihm die vier Minister den Rock ab / und reiben ihm über die Achseln von oben bis unten an: der Kayser bleibet allezeit in einer solchen Positur eine gute halbe Stunde sitzen / während der Zeit lassen sich die Trompeter / Tambours und Schallmey-Pfeiffer tapfer hören / und darf kein Unterthan einige Arbeit verrichten / und sobald man auff einer Stangen eine Serviette / welche das Waschen wohl verdienet hat / in die Höhe richtet / so hören die Trompeter / Paucker und Schallmeyen-Pfeiffer auf / und ruffet das Volk zu dreyen mahlen / Alla Mohamet / worauf der Kayser gantz alleine zurückgehet / und muß derjenige / so über den Nachtstuhl zum Aufstellen bestellet ist / solchen wieder auff seinem Kopffe zurücktragen in Begleitung der anderen / umb den Nachtstuhl wieder reine zu machen...«

Der aus Nürnberg stammende Mechaniker Balthasar Hacker baute im Jahre 1588 für den Kurfürsten von Sachsen einen Rollstuhl mit Zimmerklosett. Von diesem kuriosen Stück ist lediglich die Beschreibung erhalten geblieben. Darin heißt es, daß dieser Stuhl überall einsetzbar war, im Fürstenzimmer, auf dem Land oder im Feldlager. Der Stuhl steht auf Rollen, hat ein Tischchen, verschiedene kleine Schubladen mit Schreibgeräten und mit einer kleinen Apotheke sowie eine völlig neuartige Vorrichtung zum Verstellen. Man kann die Füße hoch oder niedrig auflegen und die Rückenlehne verstellen. Ist alles waagerecht eingestellt, dient der Stuhl auch als Bett. »Es ist auch im stuel ein loch gemacht, das man kan sitzen oder liegen ohne alle verenderung seine nottwendigkeit verbringen.« Dafür stellte man unter das Loch ein verschließbares »instrument«. Das Loch selbst kann mit einem Kissen abgedeckt werden. Der

Stuhl verfügte auch über einen kleinen Ofen, auf dem man Tücher erwärmte, um Leibschmerzen zu mildern, oder man ließ darauf »ein krüglein zum räuchern unnd wohlriechenden wasser« wärmen.

Einen ähnlichen Stuhl soll im Jahre 1640 der Nürnberger Handwerker Hans Hautsch gefertigt haben.

Der Wiener Spengler Ottacher hat sich im Jahre 1825 ebcnfalls cin fahrbares WC patentieren lassen. Der Nachtstuhl hatte die Gestalt eines gewöhnlichen Schlafsessels. An der Rückenlehne befand sich ein Wasserbecken. Durch den Druck auf eine der Lehnen öffnete sich ein Ventil, auf daß ein Wasserstrahl »die Schüssel nach dem Gebrauche reiniget«. Dieser Sessel wurde ausdrücklich als »geruchlos« vorgestellt.

Graf Heinrich von Brühl (1700 bis 1763), der sächsische Premierminister, besaß mehr als tausend Perücken, die ständig gepudert werden mußten – »viel für einen Mann ohne Kopf«, spottete Friedrich der Große. Sicherlich aber wäre der Preuße vor Neid erblaßt, wenn er einen Leibstuhl wie der Graf besessen hätte. Der war nämlich von ganz ausgeklügelter Raffinesse. »Es ist keine Comödie recht gut, wenn nicht eine kleine lustige Intermezzo mit vorkommt«, heißt es in dem 1760 in Leipzig erschienenen Buch *Leben und Charakter des Grafen von Brühl in vertraulichen Briefen entworfen.* »Ich war im Jahre 1741 schon in dem Brühlischen Hause; beyde Exzellenzien wollten auch ihre Excremente mit Pomp und Pracht in die Welt schicken. Es wurde dahero, ich glaube in Augsburg, von einem berühmten Mathematico ein Nachtstuhl erfunden, in welchen gewisse Stahlfedern die darauf gesteckten Schwämme in wohlriechende Wasser tauchen, und wenn solche zum zweytenmahl gedrucket werden, solcher die hohen Oeffnungen auf eine sanfte Art wieder ausspülete. Des Grafen von Brühl sein General-Adjudant, nämlich der jetzige General-Lieutenant von Gösnitz, wurde nach Augsburg commandiret, um diese Nachtstühle abzuhohlen. Ein schönes Ehren-Commando!«

Von einem ganz eigenartigen Nachtstuhl berichtet auch Adam Theobald Pruzum in seinem Buch *Über die Posteriora* (Buslar 1794). »In dem Lustschlosse der regierenden Frau Herzogin von Braunschweig, Richmond, liegen in einem Zimmer zwey Folianten auf einem Sessel. Auf dem Rücken steht: Soulagement de la vie – Erleichterung des Lebens! Ich wollte sie aufschlagen, sie sind von Holz und nichts mehr und nichts weniger als der Deckel eines Nachtstuhles.« Ein ähnliches Instrument hatte der Philosoph Leibniz, das ihn vor allem auf seinen Reisen begleitete; es ist heute in Hannover zu besichtigen. Von einem ganz gleichartigen Stück, etwa um 1800, das im Schloßmuseum Aschaffenburg aufbewahrt wird, ließ sich einst Kaiser Napoleon eine Kopie anfertigen.

Nachtstuhl, um 1800

Der Tischler Krupnik aus Wien erhielt 1835 ein österreichisches Patent auf »englische Retiraden« in Form eines Sessels oder eines Wäschekorbes. Die Einrichtung bestand aus zwei übereinander angeordneten Blechgefäßen. Nach der Benutzung des oberen Gefäßes öffnete man eine Klappe, und alles verschwand im unteren Kasten, wodurch die »Geruchlosigkeit« des Apparates erreicht werden sollte. Ein anderer Wiener Handwerker, der Spengler Morsch, holte sich nur wenige Tage darauf ebenfalls ein österreichisches Patent auf »geruchlose Retiraden in Sekretärs, Kommoden, Garderob- und Nachtkästchen«. Diese Retiraden funktionierten wie eben beschrieben. Bereits Krünitz meinte, der Anblick eines Nachtstuhles sei in der gewöhnlich bekannten Form nicht gerade angenehm. Daher seien vor allem Kommoden beliebt, »die von außen zwar so, wie andere Commoden mit Schiebladen beschlagen, inwendig aber zu dem besondern Zwecke eingerichtet« seien. Da gab es auch als Bücherstapel getarnte Klosettstühle. Die Bücherrücken trugen Titel wie »Voyage au Pays Bas« oder »Mystères de Paris«. Die markgräfliche Hofgesellschaft zu Schwedt hatte ihren Kackstuhl als ein riesiges Buch verkleidet. Aus dem Jahre 1632 wird von dem kurfürstlichen Kammerrat Fritz in Berlin berichtet, er benutze einen schwarzen Stuhl, der den An-

Toilettenstuhl, Frankreich,
Ende des 17. Jahrhunderts

schein erwecke, es handele sich um eine Reiselade. Dem eingekerkerten Freiherrn von Trenck diente der »Leibstuhl« gleichzeitig als Sitz.

Das 18. Jahrhundert war die Glanzzeit des Nachtstuhls. Aloys Blumauer preist ihn in seiner *Ode an den Leibstuhl* mit wohltönenden Versen:

Du kleiner Sitz, von dessen eignem Namen
Man mit Respekt nur spricht,
Den täglich doch die eckelste der Damen
Besieht und fühlt und riecht.

Du bist der größte aller Opferherde,
Auf deinem Altar nur
Zollt täglich der galant're Theil der Erde
Sein Opfer der Natur.

Du bist der Götze, der selbst Majestäten
Ihr Hinterhaupt entblößt,
Der Freund, vor dem sogar sich ohn' Erröthen
Die Nonne sehen läßt.

Erhaben setzt, wie auf den Sitz der Götter,
Der Weise sich auf dich,
Sieht stolz herab, und läßt das Donnerwetter
Laut krachen unter sich.

Du bist das wahre Ebenbild der Thronen
Auf diesem Erdrevier;
Denn immer sitzt von vielen Millionen
Ein Einziger auf dir.

Du bist's allein, den Prunk und Etikette
Selbst mehr als Thronen ziert,
Denn sag', bei welchem Throne wird so zur Wette,
Als wie bei dir hofirt?

Worin jedoch aus allen Sorgenstühlen
Kein einziger dir gleicht,
Ist dies: auf Thronen sitzt man oft sich Schwülen,
Auf dir sitzt man sich leicht.

Du beutst als Freund den Menschen hier auf Erden
Gefällig deinen Schoos,

Und machest von den drückendsten Beschwerden
Der Menschlichkeit sie los.

Du bist der Heilthumstuhl, an dem der Kranke
Nie fruchtlos Opfer zollt,
Weil er gewiß mit regem Danke
Sich die Genesung holt.

Der Richterstuhl, wo über die Gehirne
Man streng Gerichte hält,
Der Schlund, worein, gebrandmarkt an der Stirne,
Wo manches Wischchen fällt.

D'rum, daß du mich dereinst nicht auch als Richter
Verschlingst mit Haut und Haar,
So bring' ich dir, du Erbfeind aller Dichter,
Dies Lied zum Opfer dar.

In diesen Tenor stimmt eine Schnurre ein, die im *Vademekum für lustige Leute* von 1774 (I. Teil, Nr. 237) zu finden ist: »Ein Mann wollte in einer großen Stadt zu einem gehen, der sehr weit wohnete. Unterwegs kam ihm die Nothdurft dermaßen an, daß er sich kaum halten konnte. Da er keinen bequemen Ort sofort fand und eben vor einem Tapezierer vorbeiging, so trat er zu ihm herein und fragte, ob er überzogene Nachtstühle fertig habe? Der Mann zeigte ihm einen; da er aber gefragt wurde, ob er keine reichern habe? antwortete er, daß er welche von Sammet von allerlei Farben habe. Nun, holen Sie einige her, sagte der erstere. Der Tapezierer lief weg, um sie zu holen. Unterdessen zog jener die Hosen ab und entledigte sich in den Stuhl, der ihm zuerst gewiesen worden. Als der Tapezierer wiederkam und ihn in dieser Positur fand, rief er: Was machen Sie da? mein Herr. Ich probiere ihn, antwortete er, er stehet mir aber nicht an.«

Toilettenstuhl Elisabeths I., Ende 16. Jahrhundert

Potschamberl, Pißpott & Co.

Bereits aus der ersten Dynastie Ägyptens (ca. 2900 v. Chr.) ist überliefert, daß bei den Mahlzeiten der Könige zahlreiche Diener mit goldenen und silbernen Vasen herumgingen, in die die Gäste ihr Wasser abschlugen und selbst ihre größeren Bedürfnisse verrichteten. Gleiches wird vom römischen Kaiser Elagabal (204 bis 222) berichtet. Doch scheinen sich nicht nur die Kaiser diesen Luxus geleistet zu haben. Auch der Feldherr und Staatsmann Antonius hatte einen goldenen Nachttopf. Martial sagt: »Während du schamlos Gold mit der Last des Leibes befleckest, Bassus, trinkst du aus Glas: teurer denn leerst du dich aus.« Zwanglos ließen sich die Römer die Nachtgeschirre herantragen und bedienten sich ihrer während der Gastmahle coram publico: ein Fingerschnippen genügte, schon war der Römertopf zur Stelle.

Die Sitte, zu den Trinkgelagen die eigenen Nachtgeschirre mitzubringen, war auch bereits bei den Griechen üblich gewesen. Die Begründer dieses in Griechenland weit verbreiteten Brauchs waren nach Mitteilung von Athenaios die Sybariten.

Bei dem griechischen Arzt Hippokrates, der etwa von 430 bis 370 v. Chr. lebte, hießen die Nachtgeschirre »Chernibion, Chernibs, Chernion soviel als Matula, ein Nacht-Scherbel, darein der Harn aufgefangen ward«. Darunter verstand man damals aber auch ein Gefäß, in dem man sich die Hände wusch. Sie hießen auch vasa obscoena, dolium, lasanum, matula oder matella; es beginnt mit schlichten irdenen Gefäßen und endet mit verbrämten silbernen und goldenen, in die kostbare Steine eingelegt sind.

Juvenals Spöttereien über die Unsitte der Römer, nachts bzw. bei Einbruch der Dunkelheit die Nachtgeschirre auf die Straße zu entleeren, sind vom Ende des ersten Jahrhunderts datiert:

»Blicke nun noch auf andre Gefahr und verschiedne der Nachtzeit,
Was bis zur Höhe des Dachs für ein Raum, von wo aus dir den Schädel
Scherben zerschlagen, so oft zerbrochen, lecke Geschirre
Dort aus den Fenstern man wirft; mit wie großer Wucht das aufs Pflaster
Stürzt und es zeichnet und sprengt. Du könntest nachlässig erscheinen,

Nicht auf plötzliche Fälle bedacht, wenn du testamentlos
Gehest zum Mahl; ja der Tode so viele drohn, wie in der Nacht,
Welche vorüber dich führt, dort aufstehn wachende Fenster.«

Juvenal und auch Martial verdanken wir die Mitteilung, daß die römischen Damen das scaphium benutzten, ein nachenförmiges Nachtgeschirr. Überhaupt scheint der Nachttopf in der Unterhaltung der römischen Gesellschaft eine größere Rolle gespielt zu haben. Bei Plautus (*Persa*) heißt es: »Nunquam ego te tam esse matulam credidi – Ich hätte nicht gedacht, was für ein Nachttopf du bist!« Und jemand, der sich nicht zu helfen wußte, wurde nach Petronius (*Datyren*) »mus in matella – eine Maus im Nachttopf« genannt. Plutarch erzählt auch in *Über Isis und Osiris*: »Daher sagte der alte Antigonus /Antigonus I., der Vater von Demetrius Poliorketes/, als ihn ein gewisser Hermodotus in seinen Gedichten einen Gott und Sohn der Sonne nannte: Davon weiß der nichts, der mir den Nachttopf bringt.«

Nach dem Untergang Roms weist die Geschichte des Nachttopfs eine mehrere Jahrhunderte klaffende Lücke auf. Erst in der Zeit des ausgehenden Mittelalters begegnet man dem Nachttopf wieder öfter in den historisch relevanten Quellen. Als bemerkenswert empfand man es bereits damals, als Anna von Bretagne anläßlich eines Einzuges »aus Vorsorge für die Damen und andere Frauenzimmer des königlichen Gefolges kleine Haufen von zehn bis zwölf Personen mit Nachttöpfen in allen Strassen placirt hatte, welche den Zug passirten«. Man weiß beispielsweise von einem mexikanischen Edelmann, der um das Jahr 1520 Cortez, dem Eroberer der Neuen Welt, seine Aufwartung machte. In seiner Begleitung fällt eine Sklavin auf, die ihm einen Nachttopf nachträgt.

Mit der höfischen Etikette hatte es in puncto Nachttopf seine Besonderheiten. In dem anonym erschienenen Memoirenbuch *Denkwürdigkeiten aus dem Leben der Königin Marie-Antoinette, Königin von Frankreich* (Leipzig 1837) findet sich folgende bezeichnende Anekdote: »Als Marie-Antoinette zum ersten Male am französischen Hofe übernachtete, fühlte sie Verlangen nach Befriedigung eines kleinen Bedürfnisses. Sie beugte sich unter das Bett und zog das Geschirr herbei und besorgte ihre Sache.

Die Kammerfrau bemerkte dies und war außer sich vor Verwunderung. Und die Oberzeremonienmeisterin gar konnte sich nicht enthalten, der Prinzessin den Vorwurf zu machen, daß sie die französische Etikette in gröblichster und leichtfertigster Weise verletzt hätte: Die Gemahlin des Thronfolgers darf eher das Bett vollmachen als sich den Nachttopf halten.«

Schenkt man den noch grobschlächtigen Holzschnitten aus der Reformationszeit Glauben, dann fehlte er in keinem Schlaf- und fast nie in den Krankenzimmern. Der in der Regel noch tönerne Nachttopf steht meist am oder unter dem Bett, also in Griffnähe, oder in der Nähe der Schlafkammer. Zuweilen hatte er bereits einen oder zwei Griffe und einen Deckel, »die in gewissen Fällen ihren Nutzen haben«.

In den vielen Holzschnitten zur Darstellung der gesellschaftlichen Berufe und Stände seiner Zeit hat Jost Amman auch eine Zinngießerwerkstätte gezeigt. Man sieht von der Straße durch ein großes Fenster in die beiden Räume der Werkstatt. Im Fenster der »Gewerbslaube« sind die Produkte zum Verkauf ausgestellt. Hinter zahlreichen Kannen und Krügen lugt rechts verschämt ein »heimlicher Topf« hervor. Er zählt zu den aus Zinn gefertigten »sonst ins Hauß fast nütze ding«, wie im es Vers des Hans Sachs heißt. Diese und andere runde Gefäße werden vom Kandelgießermeister auf einer Drehbank gefertigt; ein Geselle hält das große Schwungrad in Bewegung. Im Hofraum sitzt ein anderer Geselle, der die Zinngefäße gießt.

Meist aber waren die Nachttöpfe jedoch noch aus einfachem Tonzeug, aus Fayence, später dann aus feinstem Porzellan. In Rußland gebrauchte man noch Anfang dieses Jahrhunderts gläserne Nachttöpfe. In China gab es solche in Form eines Kürbis, eine Art Bettflasche. Thomas Morus führte in seinem Phantasieland Utopia sogar goldene und silberne ein, um die Wertlosigkeit der Metalle zu demonstrieren: »Denn da sie aus zwar sehr zierlichen, aber billigen tönernen und irdenen Gefäßen essen und trinken, so verfertigen sie aus Gold und Silber Nachtgeschirre und andere zu niedrigstem Gebrauch bestimmte Gefäße.«

Egal aus welchem Material sie waren, egal auch, welche Arten eingesetzt wurden, man hat sie, wie Krünitz im hundertsten Band seiner *Oekonomisch-technologischen Enzyklopädie* aus dem Jahre 1805 unter dem Stichwort »Nachtstuhl« so nebenbei abhandelt, auch als Nachtbecken bezeichnet, als Nachttopf, Nachtgeschirr, Kammertopf, Kammerbecken, und in oberdeutscher Mundart sagte man einfach Scherben oder Nachtscherben dazu, woanders Potschamberl oder schlichtweg Pißpott.

Der Kandelgiesser.

Das Zin mach ich im Feuwer fließn/
Thu darnach in die Mödel gießn/
Kandel/Flaschen/groß vnd auch klein/
Darauß zu trincken Bier vnd Wein/
Schüssel/Blatten/Täller/der maß/
Schenck Kandel/Saltzfaß vnd Gießfaß/
Ohlbüchßn/Leuchter vnd Schüsselring/
Vnd sonst ins Hauß fast nütze ding.

Der Kannegießer. Holzschnitt aus dem *Ständebuch* von Jost Amman, 1568

Im 18. Jahrhundert hört man zum ersten Mal davon, daß die Nachttöpfe mit Sprüchen versehen wurden. In einem Nachschlagewerk aus dem Jahre 1805 ist zu lesen: »In Irland hatte man vor etlichen und 30 Jahren Nachtgeschirre, die man Twiß nannte. Diesen Nahmen erhielten sie durch folgende Veranlassung. Herr Twiß hatte sich durch einige Stellen in seiner Reise durch Irland den Unwillen der Irländer zugezogen, besonders hat es sie verdrossen, daß er von den dortigen Frauenzimmern

sagte, sie hätten dicke Beine. Um sich an ihm zu rächen, machte man im Jahre 1779 Nachtgeschirre, auf deren Boden ein Mannskopf mit offenem Maule und einer unanständigen Devise gemahlt war. Man nannte ein solches Geschirr nach seinem Nahmen Twiß, und es gehörte zum guten Ton der dortigen Damen, sich eines solchen Twiß zu bedienen.« Die »unanständige« Devise lautete: »Come, let us piss on Mr. Twiss.« Der Reisebericht, in dem Twiß so viel Verächtliches über die irländische Nation erzählte, war 1776 erschienen. Als Antwort darauf wurde in Dublin eine Subskription auf tausend solcher Nachttöpfe aus Steingut ausgeschrieben. Die Subskription war in acht Tagen zusammengebracht.
Nur wenige Jahre darauf wurde es auch in Deutschland Mode, die »Nachtbecken« mit Sprüchen und Malereien zu verzieren. In einem Be-

 Docteur Diaforus: Die Wahrsagung, undatiert

richt heißt es: »Bey uns fehlt es auch nicht an besondern Devisen, Mahlereyen und anderen Verzierungen, die man diesem Geschirre gibt. Sie sind gemeinhin aber zu zweydeutig, als daß man sie füglich mittheilen könnte. Vor mehreren Jahren waren die porzellanenen Nachtgeschirre mit einem Spiegel auf dem Boden bey den Leuten, die den Scherz lieben, sehr bekannt.« Die eingelegten Spiegel dienten der wundersamen Reflexion oder dem erotischen Kitzel. Seinerzeit waren deutsche und englische Nachtgeschirre vielfach mit vaterländischen Versen und den Porträts berühmter, aber gehaßter Männer versehen. Der politische Kampf ging bis auf den Grund der Nachttöpfe. So mußte selbst der große Napoleon diese Lästerung hinnehmen. Johann Conrad Friedrich, ein preußischer Soldat in Napoleons Diensten, hat den Vorfall vom Anfang des 19. Jahrhunderts in seinen Erinnerungen (*Vierzig Jahre aus dem Leben eines Toten. Tübingen 1848/49 und öfter*)festgehalten: »Die Douaniers an der Küste von Kalabrien hatten eine von Sizilien kommende Barke mit Nachtgeschirren, lauter englische Ware, gekapert ... Es waren dies nämlich keine gewöhnlichen, sondern bemalte Nachtgeschirre, in deren Grund Napoleons Porträt mit weit aufgesperrtem Mund sich befand, gleichsam zum Empfang dessen, was in das Geschirr gegossen wurde. Dergleichen Geschirre bedienten sich schon länger in England die eingefleischten Feinde des französischen Kaisers und hatten sie auch nach Spanien und Sizilien versendet ... Als die Sache vor Murat kam, befahl er, die Geschirre sämtlich zu zerschlagen und die Trümmer ins Meer zu werfen, die Schiffer aber, die sie gebracht, sollten vor ein Kriegsgericht gestellt und erschossen werden. Glücklicherweise aber waren sie entwischt. Bald aber kam die Polizei der Tatsache auf die Spur, daß schon mehrere solcher Geschirre im Reiche eingeschmuggelt worden seien und es selbst in Neapel Personen gebe, die sich solcher bedienten ... auch versicherte man, daß sich die alte Königin von Neapel sowie der ganze Hof in Sizilien ihrer bediene. Als aber die Sache auf dem Festlande ruchbar wurde, fanden die Besitzer der Geschirre für geraten, dieses gefährliche Eigentum zu zertrümmern.«

Als man in Deutschland während des Burenkrieges mit den Aufständischen sympathisierte und die Engländer beschimpfte, wurden in Berlin Nachttöpfe verkauft, auf deren Boden das Porträt des englischen Premierministers Chamberlain zu sehen war. Patriotisches hatte lange Zeit eine seltsame Konjunktur: In einem Pensionat für adlige Mädchen in Heiligengrabe hatten die Schülerinnen während des Ersten Weltkrieges das Schlagwort »Gott strafe England« auf dem Boden der Nachttöpfe

Nachttopf mit Auge

eingebrannt. In den Niederlanden waren noch im 18. Jahrhundert ziemlich häufig Pots de chambre im Gebrauch, auf deren Boden das Auge Gottes in einem gleichschenkligen Dreieck aufgcmalt war, umgeben von dem Spruch:

»God ziet U. U mag hier niet vloeken.« (Gott sieht dich. Hier darf man nicht fluchen). Nach Fischart gab es bereits im Mittelalter »Seichkacheln mit rotem Carmesin Sammat«. Auf dem Konzil zu Trient sollen die Kardinäle »sammate Scheiszstühl und bespiegelte Seichkacheln« benutzt haben. In Berlin konnte man um 1900 Nachtgeschirre erwerben, auf deren Boden ein offenes Auge gemalt war. Drumherum stand geschrieben: »Das Auge sieht den Himmel offen . . . «

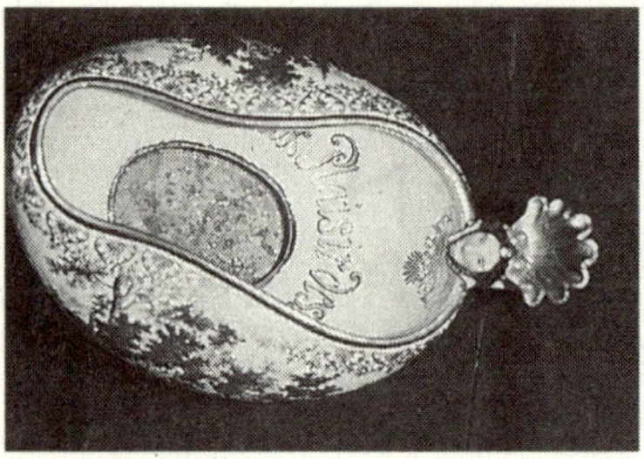

Ein Bourdaloue

Nachttöpfe gab es für jeden Geschmack, für jeden Anlaß und für jeden Stand. Während die Chinesen Schüsseln mit reich verzierten Deckeln bevorzugten, konnte man im Deutschland zur Kaiserzeit »Reservistentöpfe« mit Fahnen und militärischen Ehrenabzeichen kaufen. Da gab es »Hochzeitstöpfe« für sie und ihn, Töpfe in Form von Zylinderhüten oder selbst Töpfchen für die Puppenstube.

Dann gab es auch Schüsseln, die aussehen wie eine Saucière. Mit ihnen hat es eine besondere Bewandnis. Sie wurden von den Anhängerinnen des berühmten Jesuitenpaters Louis Bourdaloue (1632 bis 1704), Hofprediger Ludwigs XIV., mit in die Messe genommen. Die ehrwürdigen Damen wollten kein Wort verpassen: Lieber griffen sie würdelos unter den Umhang, als die Kirche zu verlassen. Seither heißt dieses Gefäß »Bourdaloue«. Der Pater selbst wird wohl nichts davon erfahren haben. Entweder sind seitdem die Predigten nicht mehr so spannend, oder sie dauern nicht mehr so lange. Die letzten Exemplare dieser Gattung findet man noch in den Waschtischen von Schlafwagenabteilen des noblen »Orient-Expreß« von Zürich nach Istanbul.

 Der Verkauf von Nachttöpfen war, solange es in den Städten keine Kanalisation und in den Häusern kein fließendes Wasser gab, ein selbständiger und florierender Handelszweig, denn die Krüge gingen nur so lange zu Wasser, bis sie brachen. In den Jahren von 1806 bis 1808 erschien in Hamburg eine Folge von kolorierten Kupferstichen, auf denen je ein Hamburgischer Straßenausrufer abgebildet ist. Auf Blatt 46 ist ein Jude dargestellt, der »Schöne englische Pischpitt« ausruft. Seine Haltung gleicht dem Siegesboten von Marathon: Zwei Nachtgeschirre schwingt er in der linken hoch in der Luft. Das Blatt stammt von Professor Christoffer Suhr. Im Buch steht dazu, daß der Jude vormals »englisch Schtehntüg un Tassen« zu rufen pflegte. »Aber entweder, um der Abwechslung willen oder auch, weil von dem Geschirr, welches er in der Hand trägt, ein größerer Vorrath angekommen ist, ruft er dieses vorzugsweise mit einer gellenden Stimme aus.«

Erotischer Kupfer,
Frankreich, 18. Jahrhundert

Einen ähnlichen Stich gibt es aus Frankreich bereits aus dem Jahrhundert zuvor. Der Zeichner Bouchardon zeigt in seiner Blattfolge *Cris de Paris* (Paris 1746) ein allerdings über seinen tönernen Töpfen erschöpft eingeschlafenes Mädchen. Wesentlich robuster ist Zilles Marktweib, das die echten unzerbrechlichen Bunzlauer anpreist.

Für sich genommen waren Nachttöpfe ziemlich einsame Gegenstände, obwohl sie doch stets einen Dreh- und Angelpunkt im Leben darstellten. Sie lugten mehr oder weniger verschämt unter dem Bett hervor

Ein Jude preist »Pischpitt« in Hamburg an.
Radierung von Christoffer Suhr aus dem Zyklus
Der Ausruf in Hamburg, 1808

oder wurden ins Dunkel staubiger Bettkästen verbannt, bis die Innenarchitekten des Empire ans Werk kamen. Bis etwa um 1800 verstand man unter einem Nachttisch einfach einen Tisch oder einen kleinen Schrank, auf dem man die Sachen ablegen konnte. Aus Frankreich, und was kam damals nicht aus Frankreich, wurde das Vorbild eines »vollständigen Wasch- und Nacht-Tisches für ein Schlafzimmer« in Deutschland übernommen, vertrieben wurde er vom Meublen-Magazin des Herrn Hoffmann in Leipzig. In der exklusiven Monatszeitschrift *Journal des Luxus und der Moden* wurde dieser Nachttisch 1795 angepriesen: »Die Einrichtung eines geschmackvollen Schlafzimmers erfordert, daß man bey der äussersten Reinlichkeit zugleich alle Bequemlichkeit für die nöthigen Bedürfnisse darinnen habe; und daß das Auge auf keinen unsauberen und dasselbe beleidigenden Gegenstand falle. Kein Meuble erfüllt, unseres Erachtens, diese Forderung besser und vollkommner, als der vollständige Wasch- und Nacht-Tisch, den wir auf Taf. 28 hierbey liefern. Fig. 1. welche sein Aeußeres von vorne, und Fig. 2. die ihn von der Seite darstellt, zeigt ihn als einen von Mahagony oder einem andern feinen Holze sauber gearbeiteten, und mit Bronze verzierten Schrank, mit zwey Thüren die sich öffnen, und dessen obere Platte sich mit zwey Klappen öffnet und aus einander legt, wenn aufgeschlossen ist. Fig. 3. zeigt nun das ganze Meuble geöffnet, und dessen Gebrauch. Wenn der obere Theil aufgeschlossen ist, und die beyden Klappen aufgelegt sind, zeigt sich der etwas vertiefte Wasch-Tisch, worinn Waschbecken, Seifen-Hand-Pommade- und Zahnpulver Büchsen, Augenbäder und dergl. kleine Bedürfnisse eingelassen sind. Hinten zieht sich ein Rahmen herauf, und stellt sich durch eine Feder fest, in welchem ein Spiegel auf zwey horizontalen Zapfen hängt, so daß man ihm alle Stellungen geben, und ein Mann sich davor rasieren kann. Wenn die beyden Thüren geöffnet sind,

Heinrich Zille: »Nun, junge Frau, suchen Sie was? Hier die vortrefflichen, unzerbrechlichen echten Bunzlauer!«

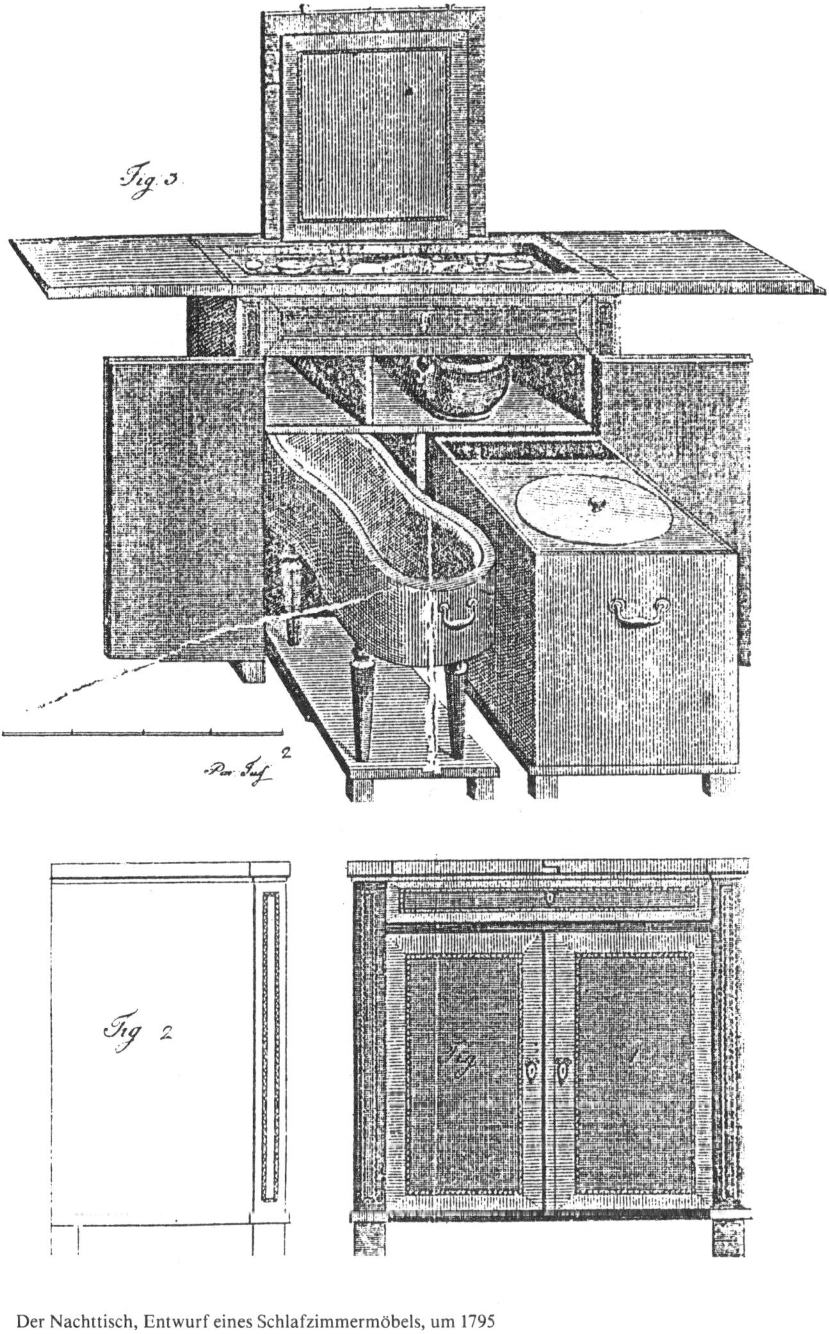

Der Nachttisch, Entwurf eines Schlafzimmermöbels, um 1795

so zieht sich unten ein Nachtstuhl und daneben ein Bidet, so auf Rollen gehen, heraus, und oben drüber sind zwey hohle Fächer, eins zum Nachtgeschirre und das andere zu Rasir-Zeuge, oder andern Bedürfnissen.«

Nach einem unbekannten Dichter des Barock gehörten früher unbedingt zur Aussteuer:

Zwei gefüllte Federbett
Und zwei gläsierte Kammerpött,
Des Nachts drein zu pissen.

Doch zwei armselige »gläsierte Kammerpött« sind nichts gegen die Batterie von Pots de chambre, die im Königlichen Schauspielhaus in Berlin aufgereiht waren. August Bebel berichtet aus dem Jahre 1867, dem Beginn seiner parlamentarischen Tätigkeit, darüber in seiner Autobiographie *Aus meinem Leben* (1910): »Mit den hygienischen Zuständen in Berlin war es übel bestellt. Eine Kanalisation war noch nicht vorhanden. In den Rinnsteinen, die längs der Bürgersteige hinliefen, sammelten sich die Abwässer der Häuser und verbreiteten an warmen Tagen mephitische Gerüche. Bedürfnisanstalten auf den Straßen oder Plätzen gab es nicht. Fremde und namentlich Frauen gerieten in Verzweiflung, bedurften sie einer solchen. In den Häusern selbst waren diese Einrichtungen meist unglaublich primitiv. Eines Abends besuchte ich mit meiner Frau das Königliche Schauspielhaus. Ich war entsetzt, als ich in einem Zwischenakt in den Raum trat, der für die Befriedigung kleiner Bedürfnisse der Männer bestimmt war. Mitten in dem Raum stand ein Riesenbottich, längs den Wänden standen einige Dutzend Pots de chambre, von denen man den benutzten höchst eigenhändig in den großen Kommunebottich zu entleeren hatte. Es war recht gemütlich und ganz demokratisch. Berlin als Großstadt ist wirklich erst nach dem Jahre 1870 aus dem Zustand der Barbarei in den der Zivilisation getreten.«

Die Franzosen sollen die Erfinder neckischer nachttöpflicher Scherze gewesen sein: Sie bauten automatische Spieluhren, die nach vollbrachter Tat unaufgefordert erklangen. Kurz nach der Jahrhundertwende tauchten in Deutschland die ersten Nachttöpfe mit Spieldosen auf, die beim Aufstehen eine Melodie erklingen ließen. Nach der *Erfinderfibel* von Paul Otto (Stuttgart, Berlin 1920) gibt es darauf gleich mehrere Patente. Eines der bemerkenswertesten dieser Art ist der »Hilfssitz für Kindernachttöpfchen mit Musikauslösung«, der am 12. September 1926 einem Otto Leiber in Königsfeld in Baden patentiert wurde (DR-Pat. 453091). In der Patentschrift heißt es:

»Erfahrungsgemäß besteht bei kleinen Kindern ein Widerstreben gegen die Benutzung der Nachtgeschirre überhaupt, und wenn eine solche erzwungen wird, so hindert die Unaufmerksamkeit und die abirrende Beschäftigung mit anderen Gegenständen die Kinder häufig lange Zeit an der Verrichtung. Diesen, auch vom gesundheitlichen Standpunkt nicht erwünschten Übelständen abzuhelfen, ist Aufgabe der Erfindung, deren Wesen darin besteht, daß der Hilfssitz mit einer nachgiebigen Aufhängevorrichtung für das Nachtgeschirr versehen ist, die bei eintretender Belastung des Geschirrs das Musikwerk in Gang setzt. Da das Kind durch die Erfahrung weiß, daß im Falle der Verrichtung die ihm angenehme Folge eintritt, so hat es das Bestreben, die Wirkung möglichst bald herbeizuführen.« In der Zeichnung ist mit *a* der Hilfssitz bezeichnet, auf den sich das Kind setzt und in dem sich das Nachtgeschirr *b* befindet. Dieses ist an nachgiebigen Bändern *c* aufgehängt und drückt bei Belastung auf die Platte *d*, die sich um das Gelenk *e* drehen kann. Durch das Niederdrücken der Platte *d* wird der Hebel *f* gehoben und löst mit seinem freien Ende eine Sperrung aus, die ihrerseits ein Musikwerk *g* in Gang setzt, – Patentanspruch: Hilfssitz für Nachtgeschirre mit Musikwerksauslösung, dadurch gekennzeichnet, daß er mit einer nachgiebigen Aufhängevorrichtung (*c*) für das Nachtgeschirr (*b*) versehen ist, die bei eintretender Belastung des Geschirrs das Musikwerk (*g*) in Gang setzt.

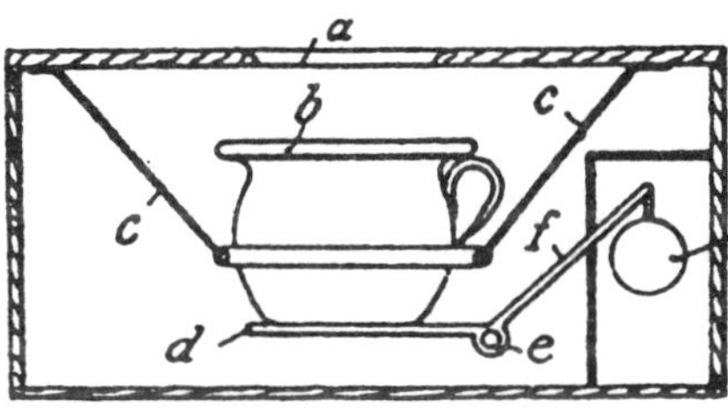

Hilfssitz für Kindernachttöpfchen mit Musikauslösung

Von einem geradezu überwältigenden musikalischen Erlebnis berichtet Collofino: »In einem alten Palazzo in Venedig hatte man einige Zimmer gemietet. Abends angekommen, empfand die junge Frau ein menschliches Rühren. Die Wirtin zeigt ihr die Tür und gibt ihr eine Laterne mit. Es war ein großer, ziemlich hochgewölbter Raum, in dem schwachen Schein der Ölfunzel schwer zu ergründen. Etwa in der Mitte stand ein Nachtstuhl. Während der Sitzung plötzlich – o Schreck! – erbraust Orgelklang: Pergolese: Salve regina! – Kein Nachtstuhl mit Spieluhr – nein, eine wirkliche Orgel. Als das Geschäft beendet, untersucht sie den Raum mit der Laterne. Ihr Forscherdrang findet an einer Balustrade sein Ende. Aus der Tiefe schimmert eine Ewige Lampe herauf. O Italia felix!«

Noch im September 1963 meldeten die Agenturen: »Klosettsitze mit eingebautem Glockenspiel zur musikalischen Untermalung des Spülgeräusches bietet eine New Yorker Firma in fünf Standardtypen an. Bei zwei Typen erklingen Volkslieder, bei zwei anderern Jazzrhythmen. Der fünfte Typ läßt eine Arie von Donizetti erschallen.«

Hierher gehört unbedingt noch eine Biertischerfindung, wenn sie auch nur einseitig zur Benutzung für mehr oder weniger Alkoholisierte gedacht ist. Laut Collofino ist bei diesem Exemplar der Henkel im Innern auf dem Boden angebracht, »wodurch dem Betrunkenen die Balancierung des Geschirrs bedeutend erleichtert wird. Die Benetzung der Hand, zumal bei aufeinanderfolgendem mehrfachem Gebrauch, muß der Benutzer in Kauf nehmen, was aber in Anbetracht seines Zustandes unwesentlich erscheint.« Das ist auch die Stimmung, in der man zu vorgerückter Stunde in eben diesen Nachtgeschirren dampfende Würstchen zum Verzehr anbietet . . .

Mit dem Einzug des WC in die Wohnungen ist die große Zeit des Nachttopfes vorbei. Im wesentlichen fand diese Epoche der Menschheitsgeschichte nach dem Zweiten Weltkrieg ihren Abschluß. Die Produktion der Nachttöpfe kam nahezu zum Erliegen. Natürlich werden Kleinkinder auf einem Stück ihres jungen Lebens heute immer noch von ihnen begleitet. Doch das ist lediglich eine temporäre Erscheinung und wird zudem in profanem Plastikgeschirr erledigt.

Zu neuen Ehren gelangt das Töpfchen in den Zeiten verstopfter Autobahnen. Wer stundenlang Stoßstange in drei Reihen stehen muß und das in Gegenden ohne Baum, Strauch oder Senke, kann neuerdings wieder Hoffnung schöpfen. Aus Hongkong stammt das sogenannte Stautöpfchen. Man sollte es bei sich haben wie ein Abschleppseil und ein Warndreieck, um es im Notfall zur Hand zu haben. Verschiedene Aufsätze ermöglichen es Autofahrern jeglichen Geschlechts, dasselbe Töpfchen zu benutzen.

Nun ist auf der Welt nichts so nichtig, daß der Mensch ihm nicht ein wenig Poesie abgewinnen und ein Museum einrichten könnte. Extraordinäre Stücke – wie der goldene Nachttopf Augusts des Starken, des Kurfürsten von Sachsen, im Grünen Gewölbe zu Dresden, ein goldenes Exemplar im Serail von Stambul und das silberne Nachtgeschirr Napoleons I. einschließlich eines ledernen Etuis im Schloßmuseum Donaueschingen – waren schon allein ihres Materialwertes sammelnswert. Zwar erzählt schon der Göttinger Satiriker Georg Christoph Lichtenberg von »einer großen Sammlung von porzellanenen Kammertöpfen«, doch das Nachttopfmuseum in der Westenrieder Straße im Münchner Zentrum ist, soweit man in Erfahrung bringen kann, weltweit das erste und einzige seiner Art. Der Jurist Manfred Klauda hat hier über 700 Exemplare der als Brunzkacheln, Scherben, Mitternachtsvasen, Thron, Hafen oder Bourdalou bezeichneten Gefäße zusammengetragen. Ein wahres Panoptikum der Notdurft! Noch kurioser wird es, wenn er nachweisen kann, daß das eine oder andere Stück gar nicht so anonym ist. Dingfest machen kann er das Töpfchen der Kaiserin Sissi, eine Hinterlassenschaft von Kaiser Franz Joseph aus dem Palais der Geliebten. Dann gibt es da einen Leibstuhl, auf dem Friedrich Schiller auch gedichtet haben soll . . .

Wenn der Mond über den Wassern leuchtet

Als man noch allein zu Pferde reiste oder, wie so zahlreiche Handwerksburschen und Gesellen, wandernd durch die Lande zog, fanden sich immer ein Busch oder ein Baum, hinter denen man verschwinden konnte, oder eine Senke, in der man unsichtbar blieb. Etwas peinlicher wurde es vor allem für Frauen, als man in Gruppen mit der Pferdekutsche reiste. Hier gab es, wenn jemand das dringende Bedürfnis nach einem Halt hatte, je nach landschaftlichen Gegebenheiten immer Beobachter.

Der menschliche Erfindungsreichtum hat auch hier ein dankbares Betätigungsfeld gefunden. Der Technikhistoriker Franz Maria Feldhaus erzählt: »Als ich vor einigen Jahren im Kunstgewerbemuseum zu Hannover das Leibniz-Zimmer besuchte, fiel mir ein starkes Buch auf, das an den Sterbesessel des großen Philosophen gelehnt stand. Ich besah es mir von allen Seiten und bemerkte, daß es zwar einen schönen Einband, aber keine Blätter enthalte. Also rief ich den Diener herbei und fragte ihn, was dieses sonderbare Buch gerade in diesem Zimmer zu bedeuten habe. Da ich in Gesellschaft einer Dame war, machte der Diener ein verlegenes Gesicht und meinte, ob er offen reden dürfe. Als wir ihm das gestatteten, nahm er den Folianten und ging damit in die Mitte des Raumes. Dort klappte er die schweren Metallschließen des Großfoliobandes auf und stellte die beiden hölzernen Einbanddecken so auf die Erde, daß sie einen rechten Winkel zueinander bildeten. Aus dem einen Deckel klappte er dann eine Bretterwand heraus. Jetzt bildeten die Einbanddecken mit der Bretterwand diese Figur:

Erstaunt sahen wir zu. Aus dem andern Deckel klappte der Alte ein kürzeres Brett mit einem großen Loch heraus und legte es so, daß es die drei Wände oben bedeckte. Ich sah sogleich an der Form des Brettausschnittes, was hier aufgebaut worden war. Aber ich konnte mir den Zweck dieses Gegenstandes doch noch nicht erklären. Da sagte der Alte so leise, daß meine Begleiterin es noch eben hören konnte: Dieses Buch nahm Leibniz auf allen Reisen in seiner Kutsche mit. Und wenn er denn einmal durch einen Wald kam, baute er sich den Sitz im Grünen so auf. Das war für den alten Herrn bequem.«

Ein sächsischer König ließ an seine Karosse einen Wagen mit einem königlichen Nachtstuhl anhängen. Viel Zeit sparten im 19. Jahrhundert portugiesische Equipagenbesitzer. Kaiser Max, der bei seinem mexikanischen Abenteuer scheiterte, notierte, »daß alle Wagen Lissabons gewisse zweideutige Löcher unter dem Sitzpolster hatten... Ein gemütlicher Zug des portugiesischen Charakters, der wenigstens in der damaligen Zeit das Wort Peinlichkeit nicht kannte«. Selbst die Prachtkarossen des Hofes verfügten über solche Öffnungen. Auch der Papst hatte seinen Leibstuhl, der ihn auf allen seinen Reisen begleitete. Man sah im Zuge einen Offizier zu Pferde, der am Sattelbogen zu jeder Seite ein mit blauem Tuch überzogenes Möbelstück befestigt hatte. Diese beiden Stücke waren die Leibstühle des Papstes.

Wenn König Ferdinand IV. von Neapel ins Theater ging, brachte ein von einem Offizier geführtes Détachement der Garde seinen bequemen Leibstuhl nach der Loge, damit sich die Majestäten desselben nach Wohlgefallen bedienen konnten. Und die Fremden, die zur Zeit dieses Fürsten Neapel besuchten, konnten das wundervolle Schauspiel erleben, daß allabendlich ein prunkvoller militärischer Zug bei Fackelbeleuchtung vom Palast zum Theater und zurück wanderte und in seiner Mitte einen Leibstuhl mit sich führte. Und die Offiziere entblößten vor diesem Leibstuhl den Säbel, und die Soldaten präsentierten das Gewehr. (*Neapel, wie es ist.* Leipzig 1828)

Als die Postkutsche durch die Eisenbahn abgelöst wurde, entstand ziemlich bald die drängende Frage, wie die Fahrgäste ihre Bedürfnisse verrichten konnten; denn nun man konnte nicht mehr für jeden Fahrgast an der Waldesecke anhalten. Um das Jahr 1860 baute man ein »Cabinet« in den Gepäckwagen ein. 1863 wird berichtet, daß die »Benutzung der Cabinets in den Gepäckwagen vollständig an dem richtigen Gefühle der Passagiere gescheitert« war. Man empfahl damals bereits Wagen mit Seitengang, damit jeder zu den »Cabinets« gelangen könne. 1866 kamen in

Frankreich die ersten Wagen dieser Art mit Aborten an beiden Enden der Waggons auf. Die Engländer sträubten sich mit Erfolg dagegen, sie hatten daher diese Einrichtungen im Jahre 1871 noch nicht. In Deutschland wurden sie allerdings sogar noch später eingeführt.

Die Zeitschrift *Die Gartenlaube*, damals noch progressiv und kämpferisch, beklagte die Zustände: »Es giebt sehr viele Leute, welche das Reisen nicht gewöhnt sind, und sobald solche fremde Luft athmen oder andere Nahrung genießen, erleiden ihre natürlichen Functionen gewisse Veränderungen, welche sich aber gerade auf der Reise in unangenehmster und störendster Weise fühlbar machen. Solche Leute sind dann oft den größten Gefahren in Bezug auf ihre Gesundheit beim Reisen ausgesetzt und unterlassen dasselbe, wenn möglich, gänzlich, solange nicht ein neues Eisenbahnsystem oder doch irgend eine Vorrichtung eingeführt worden ist, welche dem beregten Übelstande (das Fehlen der Water-Closets in den deutschen Wagen) gründlich abhilft. Wie schlimm sind doch die Damen in dieser Beziehung auf der Reise dran. Leidende Personen wissen sich in Schnellzügen oftmals gar nicht zu helfen, denn wenn nach einigen Stunden der Zug nur wenige Minuten an der Station verweilt, so ist diese Zeit viel zu kurz, um sich zu waschen, restaurieren und andere Bedürfnisse befriedigen zu können. Daraus erklärt sich auch zum Theil jene nervöse Aufregung des reisenden Publicums, die sich besonders bei Damen so bemerklich macht und während des kurzen Aufenthalts an der Station oft zu den widrigsten und anstößigsten Scenen Veranlassung giebt.«

Noch im 20. Jahrhundert waren die öffentlichen Bahnhofstoiletten im tiefsten Spanien nichts weiter als ein Mast, an dem links und rechts in Sitzhöhe zwei schmale Sitzbretter angebracht waren. Links für Herren, rechts für Damen, wie die Tafeln an der entsprechenden Mastseite auswiesen. Nur: Hier war alles offen, keinerlei Verkleidung umhüllte die Sitzgelegenheiten. Doch machen sich die Reisenden von heute auch nichts vor: Die hygienischen Verhältnisse in den Bahnhofstoiletten gelten als das letzte ...

Heinrich Zille: »Klein – aber mein!«

Die Schienenwege dieser Welt sind ausgesprochene Kotwege, denn nach wie vor fallen Kot und Urin direkt auf die Gleise. Berechnet man die Masse der Fäkalien von rund einer Million Reisenden täglich (allein die Bundesbahn befördert im Jahre 1989 1.618.000.000 Reisende), so ergeben sich schwindelerregende Resultate. Wenn nur ein geringer Prozentsatz dieser Reisenden, nehmen wir an 100.000 Personen, die Zugaborte benutzen und laut statistischem Durchschnitt nur je ein achtel Kilogramm Kot und ein halbes Kilogramm Urin abstoßen, so ergibt das 12.500 + 50.000 = 62.500 Kilo für den Tag. Das sind hochgerechnet allein für diese 100.000 Reisenden 22.812.500 Kilogramm im Jahr. Was für eine ungeheure Menge, die auf die Schienenstränge allein in Deutschland verstreut wird! Aber auch, welche Gefahren für die Hygiene, unter Umständen die Verbreitung von Seuchen und Krankheiten, darin steckt! Doch das ist weitaus weniger schlimm, als es rein quantitativ aussieht. Das Wetter tut sein bestes; und außerdem gehen Bakterien rasch zugrunde, wenn sie dem Licht ausgesetzt sind.

Angesichts dieser erschreckenden Zahlen gab es den Vorschlag, die Transportklausel »Benutzung des Abortes während des Aufenthaltes auf Bahnhöfen ist verboten« ins Gegenteil zu verkehren. Man glaubte nämlich eine Zeitlang, dem Übel könne abgeholfen werden, wenn es die Möglichkeit gäbe, alle Ausscheidungen konzentriert auf den Bahnhöfen sachgemäß zu sammeln und gewinnbringend zu verwerten. Aber die Schwierigkeiten erwiesen sich schon bald als zu groß: Denn was war beispielsweise zu machen, wenn es auf den Bahnhöfen plötzlich einen großen Andrang gab? Erstens müßten weitaus mehr Zugaborte eingerichtet werden, und zweitens würde sich rein rechnerisch die Aufenthaltszeit auf den Stationen verlängern, was zu unkalkulierbaren Verzögerungen im gesamten Verkehr hätte führen können.

Im Intercity, im Interregio und auch im moderneren Eurocity gibt es bereits Vakuumtoiletten, wie man sie aus den Flugzeugen kennt. Sie lassen die Benutzung selbst auf Bahnhöfen und bei Höchstgeschwindigkeit zu. Bei allen anderen Zügen fällt der Unrat irgendwann gen Boden. Oder von Eisenbrücken herab in Gärten und Wohnsiedlungen! Einem Hausbesitzer, der seit vielen Jahren unter der Eisenbahnhochbrücke über dem Nord-Ostsee-Kanal wohnt, wurde es eines Tages zu viel. Irgendein Tropfen des ständigen Fäkalienregens brachte das Faß zum Überlaufen. Immerhin fahren auf dieser Hauptreisestrecke der Deutschen Bundesbahn von Hamburg nach Westerland auf Sylt im Winter rund 40, im Sommer bis zu 80 Züge pro Tag hinweg.

Hoftoilette

Versuche des Grundstücksbesitzers, die Angelegenheit mit der Bundesbahn einvernehmlich zu regeln, scheiterten. Im Juli 1991 reichte er Klage beim Landgericht in Itzehoe ein, erst im Mai 1992 rang sich das Gericht durch, die Klage zuzulassen. Im Urteil der 2. Zivilkammer heißt es: »Die Beklagte wird verurteilt, durch geeignete Maßnahmen zu verhindern, daß durch die Benutzung der Zugtoiletten während der Überfahrt über die Eisenbahnbrücke dem Grundstück des Klägers Fäkalien, Kleinstpartikel und Toilettenpapier zugeführt werden.« Das Gericht sah in diesem Vorgang eine erhebliche Beeinträchtigung für den Eigentümer, der sein Grundstück nicht nutzen und auch keinen Gartenbau betreiben könne. Zudem sei der Freizeitwert erheblich eingeschränkt. Das Gericht folgte nicht dem Einwand der Bundesbahn, daß sie bei Verzicht auf die herkömmlichen Toiletten 13.000 eingesetzte Waggons umrüsten müsse. Schließlich ginge es nur um jene Waggons, die auf dieser Strecke eingesetzt werden. Die Bahn meinte kleinlaut, dann koste die Umrüstung pro Zug auch immer noch 200.000 DM.

Die *Süddeutsche Zeitung* kommentierte den Vorfall: »Der Fall geht, wie anrüchig die *Corpora delicti* auch sein mögen, ins Grundsätzliche, da ein Gewohnheitsrecht der Bahn berührt ist; aus Sicht der Beklagten steht möglicherweise sogar ein kleines Stück Kulturgeschichte zur Disposition.« Es kam zu einem Vergleich.

Daß die Verteilung von Exkrementen auf den Schienen aber auch positive Seiten haben kann, erzählt Josef Ponten in seinem Buch *Siebenquellen* (Stuttgart 1927): Ein Selbstmörder will sich von einem Zug überfahren lassen. Als er sich auf die Schienen legt, greift er in einen Haufen. Angewidert geht er davon.

Und wie war es auf den Schiffen? Im Mittelalter hing zu jeder Seite des Hecks ein Korb, in den man hineinstieg. Auf den Galeeren verrichteten die Sträflinge ihre Bedürfnisse dort, wo man sie angekettet hatte. Zur

Zeit des Barock brachte man kleine Ausbauten zu beiden Seiten des Hecks an, die zur Nelson-Zeit als »Taschen« bezeichnet wurden. Nur auf den holländischen Schiffen herrschte die größte Sauberkeit; ihre Kapitäne hatten auf ihren weiten Fahrten genügend Erfahrungen sammeln können. Bei ihnen lag unter dem Bugspriet die »Pißback«. Auf kleineren Schiffen läßt der Seemann einfach »den Mond über dem Wasser leuchten«. So »einfach« war das nun auch wieder nicht, wie Graf Felix von Luckner berichtet (*Seeteufel, Abenteuer aus meinem Leben.* Leipzig 1921): »Das Klosett bestand allerdings aus dem Vordersteven, der bei den Stampfbewegungen des Schiffes häufig untertauchte, eine Wasserspülung eingreifendster Art, die aber oft verfrüht kam; man muß sich dabei an einem dünnen Stag halten, der beim Rollen des Schiffes den Körper hin und her pendeln ließ.«

In den U-Booten hat man die in den Aborts gefüllten Behälter durch die Torpedoschleusen direkt ins Wasser eingebracht, dabei immer der biologischen Reinigungskraft der Weltmeere vertrauend.

Mit der Entwicklung der Luftfahrt galt es auch in dieser Hinsicht noch so manches Problem zu lösen. Relativ einfach kann man es sich noch bei den Ballonfahrern vorstellen: Hier war es nicht anders als auf den Schiffen zu Wasser.

Das Jahr 1908 war das Jahr der Luftschiffahrt. Neuartige Flugmaschinen und Luftschiffe brachten viele Überraschungen. Die Anfrage eines Berliner Stammtisches an den Grafen Zeppelin, ob denn bei längeren Reisen auch an die unentbehrliche Vorrichtung gedacht sei, beantwortete der berühmte Graf: Man könne ganz ruhig sein, es sei alles da.

Franz Maria Feldhaus war neugieriger. Er schrieb an die Zeppelinwerft und bat um Einzelheiten über den Bau der luftigen Kämmerlein. Er erhielt umfangreiche Konstruktionsunterlagen über die Lage der Zuggriffe, Rohrleitungen und Klappdeckel. »Bis zu Zeppelins Glücks- und Unglücksfahrt im August 1908«, berichtet Feldhaus, »hatte man den Gebrauch von Flaschen, Gummisäcken, wasserdichten Papierbechern und Eimern mit Torfmull versucht. Nichts hatte sich bewährt. Am 5. August 1908 war Zeppelins Luftschiff, das ihn kurz vorher über die Schweiz und durch die Rheinlande in unbeschreiblichem Siegeszug geführt hatte, bei Echterdingen gescheitert. Am gleichen Abend waren dem Grafen aus allen Teilen Deutschlands Gelder zu einem Neubau telegraphisch in Höhe von einer Million und dreihunderttausend Mark zugesagt worden. Nach kurzer Zeit kamen über sechs Millionen zusammen. Jetzt konnte man alle Teile der Luftfahrzeuge sorgsam durchbilden. In die Maschinengondeln des nächsten Luftschiffes baute man Trichter mit Ablaufrohr ein, und man nahm Stoffsäcke zum Abwerfen mit. Die Schalen in den Maschinengondeln behielt man bei. Seit 1914 versah man sie mit Wasserspülung. In den Passagier-Luftschiffen wurden bis 1914 Behälter verwendet, die durch eine Klappe möglichst dicht verschlossen waren. Sobald die Körperlast den Sitz berührte, wurde die Klappe selbsttätig geöffnet. Später kam eine selbsttätige Wasserspülung hinzu.« Dann spülte man mit dem Wasser aus dem Waschbecken. Meist lagen zwei Toiletten neben dem Laufgang und neben der Küche. Sie waren mit Spiegel und Waschbecken ausgestattet und glichen ganz den modernen Einrichtungen von heute. Die Sitze befanden sich über einem Sammelbehälter, der unter dem Fußboden lag. Nach dem Flug konnte er durch ein spezielles Ventil geleert werden.

Auch für die entsprechende Einrichtung in Flugzeugen interessierte sich Feldhaus. Er hatte in Erfahrung gebracht, daß man vor dem ersten Weltkrieg nur auf die kleinen Bedürfnisse der Passagiere und Piloten

Heinrich Zille:
Alles kleine Geschäfte

Rücksicht nahm. In den größeren Flugzeugtypen benutzte man bei Fernflügen einen speziellen Trichter, dessen Abflußrohr ins Freie führte. Und im Krieg wurde das für Maschinengewehre vorgesehene Loch im Rumpf der Maschine benutzt.

Im September 1926 berichtete Ernst Fuhrmann unter der Überschrift »Einführung der Homöopathie? Anfrage bei der obersten Medizinalbehörde« in der Zeitschrift *Zweifel*: »Gegenwärtig finden außerordentlich seltsame Versuche statt. Es wird täglich und regelmäßig – zur Hauptsache von Berlin als Zentrum ausgehend – eine ziemliche Menge von Exkrementen und Urin aus einiger Höhe abgeworfen, um dann in feiner Verteilung von den übrigen Lebewesen, auch den Menschen, eingeatmet zu werden. Diese Streuungen finden in regelmäßigen Linien in der Richtung auf andere große Städte hin statt, und man kann daher erwarten, daß das Ergebnis an den Wirkungen genau abzulesen ist. Handelt es sich hier um die Einführung der Methoden der Eingeborenen in der Verwendung von Exkrementen und Urin zur Menschenbehandlung in homöopathischen Mengen? Die Flugzeuge, täglich etwa 35 Starts von Berlin-Tempelhof ausgehend, haben das W.C. der Eisenbahn einfach übernommen. Klappt man den Deckel zu, so fällt der Dreck in die Luft, verteilt sich dort und steht für Inhalationszwecke zur Verfügung.«

Ergänzend schrieb der Verfasser im Monat darauf in der gleichen Zeitschrift: »Zu diesem Thema wolle man immerhin beachten, daß vielleicht täglich 40 Flugzeuge mit je 12 Passagieren und mindestens zwei Führern allein in Berlin ankommen und gehen, und daß man nur ein viertel Kilo Losung von jeder Person zu rechnen braucht, um zu finden, daß im Jahr etwa 50.000 Kilo Losung und auch zahlreiche Mengen Urin über ein Land ausgestreut werden. Ist das aber noch Homöopathie? Diese Stoffe werden sich ziemlich lange in der Luft halten und nicht wenig wird davon durch die Lungen der

Besetzt

Menschen und Tiere eingeatmet. Wenn man aber gern wissen will, was für Wirkungen sich daraus ergeben, dann kann man einmal mit Einatmungen von Skatol und Indol in Luftverdünnung Versuche machen. Man kann mit einiger Sicherheit schon heute sagen, welche Epidemie hiervon ihren Ausgangspunkt genommen hat. Doch wollen wir heute davon sprechen? Es könnte ja sein, daß die verantwortlichen Stellen dann mit einer großen Zahl von Schadensansprüchen zu tun bekämen. Die ›Lufthansa‹ teilte uns mit, daß die Luftdosierung durch die Flugzeuge abgestellt wird, wenn die älteren Flugzeuge außer Dienst kommen. Nun – es sind, wie wir glauben, nur die Furunkulose-Erkrankungen, die auf diese Fäkal-Dosierung zurückzuführen sind. Aber vielleicht will Allah, daß wir uns an diese Medizin gewöhnen.«

Heinrich Zille:
Sozialer Unterschied auch beim Sitzen

Mit der raschen Zunahme des Flugverkehrs konnte der Abfall nicht mehr so einfach von Bord geworfen werden. Der durch die Geschwindigkeit und die große Höhe notwendige Luftdruckausgleich macht dies heute praktisch unmöglich. Alles wird in Vakuumbehältern aus Stahl gesammelt, die auf den Flughäfen ausgewechselt, geleert und gereinigt werden.

England siegt!

Das heute übliche Wasserspülklosett mit Trichter wurde im Jahre 1775 dem Londoner Uhrmacher Alexander Cummings patentiert (Engl. Pat. Nr. 1105). Die Konstruktionszeichnung zeigt einen hölzernen Fußboden, auf dem senkrechte Streben den (hier nicht abgebildeten durchlöcherten) Sitzrahmen tragen. Über einen Hebel kann man gleichzeitig die Öffnung einer Versenkklappe wie auch die Wasserspülung in Gang setzen. Bedeutsam an der Cummingschen Erfindung ist das doppeltgekrümmte Abfallrohr, das heute Siphon genannt wird. Das Prinzip, daß in zwei unten miteinander verbundenen Röhren das Wasser stets gleich hoch stehen muß, ist im Jahre 230 v. Chr. erstmals von dem Physiker Philon aus Byzanz beschrieben worden. Cumming erreichte, daß das Abflußrohr ständig vom Spülwasser verschlossen gehalten wird. Heute kennt man in allen Kulturstaaten der Welt diesen Geruchsverschluß zur Kanalisation. Das s-förmig gebogene Abflußrohr ist später ab und an neuerfunden worden.

Toiletten mit Wasserspülung, allerdings ohne Geruchsverschluß in heutigem Sinne, waren bereits bei den Hochkulturen des Alten Orient bekannt. Ihre Erkenntnisse gingen mit dem Untergang des Römischen Imperiums für einen längeren Zeitraum verloren. Erst kurz vor 1300 wurden sie wieder erwähnt, als berichtet wurde, daß die Mauren in der Alhambra zu

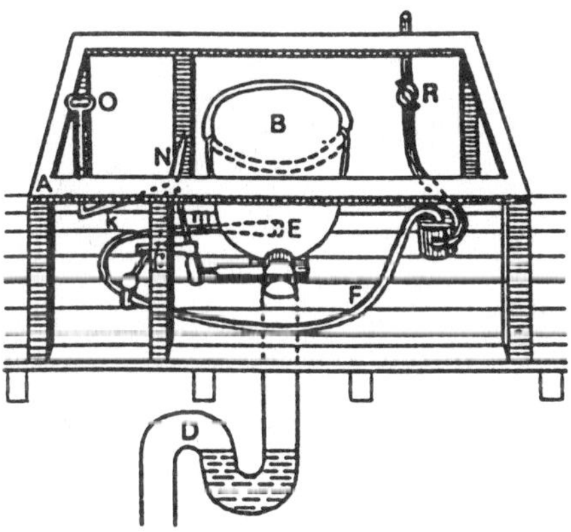

Schemaskizze des Cummingschen Spülklosetts

Granada Toiletten aus glasiertem Ton benutzten. Die Erfindung und die Erprobung des praktischen Einsatzes von Wasserclosets, datiert auf das Jahr 1589, wird dem Engländer Sir John Harrington (geb. 1561 in Stepney) zugeschrieben, einem Verwandten der Königin Elisabeth I. Es handelte sich um ein Klappenklosett mit Wasserspülung, die von Hand zu betätigen war. Der Spülkasten mußtc jcdcsmal ncu mit Wasscr aufgefüllt werden. Harington ließ dieses Klosett in sein Haus in Kelston einbauen, wo er es 1592 Königin Elisabeth I. vorführte, die sich, tief beeindruckt, kurz darauf ein ähnliches WC in Schloß Richmond einbauen ließ. Um das Jahr 1596 schreibt John Harrington seine »Verwandlung des Ajax« mit entsprechender Gebrauchsanweisung zum Bau eines WC nach dem Muster des in Schloß Richmond errichteten Klos. »Wenn es gut ausgeführt ist und ordentlich gepflegt wird, wird selbst Ihr unvollkommenes Clo noch genau so gut sein wie Ihr freundlichstes Zimmer.«

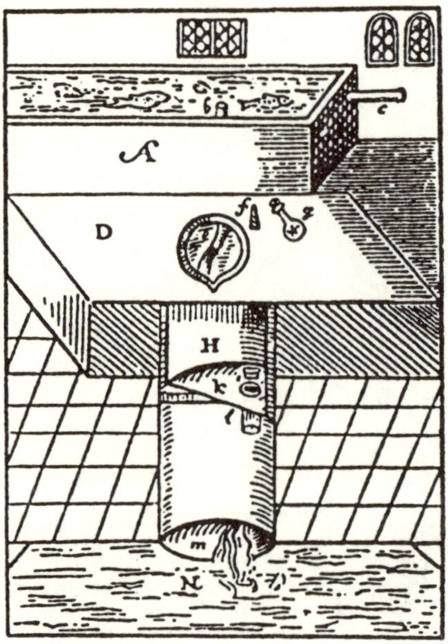

Das erste WC, England 1596

Um 1670 soll es in der Tintern-Abtei in Monmoothshire eine Toilette »mit Gezeitenspülung« gegeben haben. Im 18. Jahrhundert nimmt das WC seinen Siegeszug durch Europa. Um 1740 gibt es vereinzelt schon einfache WCs auf den englischen Landgütern des Adels. 1770 werden mehrere WCs auf Schloß Claremont bei Surrey installiert. Nachrichten von Wasserklosetts der englischen Art gibt es um 1660 aus Frankreich.

Eine ausführliche und anschauliche Beschreibung des ersten englischen Wasserklosetts, das er in Paris sah, verdanken wir Leopold Mozart, dem Vater von Wolfgang Amadeus Mozart. In einem Brief vom 4. März 1764 an Frau Hagenauer schreibt er unter anderem: »... Haben Sie schon einmal etwas von einem englischen s. v. Abtritte gehört? Das findet man hier fast in allen Hotels. Auf beiden Seiten sind Wasserpipen, die man nach der Exekution umdrehen kann; eine macht das Wasser abwärts, die andre das Wasser (das auch warm sein kann) aufwärts spritzen. Ich weiß nicht, wie ich es Ihnen mit höflichen und anständigen Worten mehr erklären kann. Das übrige müssen Sie sich einbilden oder mich seinerzeit fragen. Diese Kabinette sind übrigens die allerschönsten, die man sich vorstellen kann. Gemeiniglich sind die Wände und auch der Fußboden von Majolika. An einigen dazu errichteten Stellen, die entweder lackiert oder von weißem Marmor oder gar von Alabaster sind, stehen die Pots de chambre aus schönst gemaltem und am Rande vergoldeten Porzellan; auf andern solchen Stellen einige Gläser mit wohlriechenden Wässern, dann auch große porzellänerne Töpfe mit wohlriechenden Kräutern gefüllt. Dabei findet man gemeiniglich ein hübsches Kanapee, ich glaube, für eine jähe Ohnmacht.«

Als Ludwig XVI. 1774 in der Kathedrale von Reims gekrönt wurde, richtete man der Königin ein Appartement ein, das man mit einem Klosett »à l'anglaise« austattete, also mit einer Art Wasserspülung.

Dann ging es Schlag auf Schlag: 1775 wurde dem erwähnten Alexander Cumming ein Patent auf ein Spülabort mit Geruchsverschluß erteilt, zwei Jahre darauf erhielt ein Samuel Prosser ebenfalls ein Patent auf ein WC, 1796 verbesserte William Law in England das unhygienische alte Pfannenklosett. Um 1825 werden Klappenklosetts mit Wasserspülung bereits katalogmäßig in Kelly's *Price Book* offeriert. Die ersten praktisch brauchbaren Konstruktionen eines Wasserklosetts sollen in England bereits um 1810 auf dem Markt gewesen sein. Ein Architekturfachbuch von 1835 erwähnt bereits WCs in Mietshäusern. Noch stockte die Einführung, aber schon 1848 verpflichtete die erste *Public Health Act* die Londoner Bauherren zur Errichtung von Toiletten in allen Neu- und Umbauten. Diesem Gesundheitsgesetz voraus ging der berühmte *Chadwick-Report* von 1842 über die gesundheitliche Lage der arbeitenden Klasse in England. Er gab den Anstoß, 1845 in Clerkenwell einige Modellhäuser mit WCs als Vorbild für moderne Arbeitersiedlungen zu bauen.

Die *Public Health Act* von 1848 gab Impulse für zahlreiche Neuentwicklungen. Etwa zu dieser Zeit besaß in Edinburgh schon fast jedes Haus ein WC; noch hundert Jahre zuvor wurde hier aller Unrat einfach aus dem Fenster geschüttet! Um 1870 tauchen die ersten Pläne für ein Absaugklosett auf, erfunden von John Randall Mann, und 1885 wird das erste freistehende und unverkleidete keramische WC-Becken »Unitas« von Twyford angeboten. Um 1892 sind reihenförmige Mehrsitzer vor allem in Fabriken und Heimen ein großer Renner, sie kommen über drei Jahrzehnte lang in England zum Einsatz.

Um 1900 ist das WC sogar zum Statussymbol des englischen Haushaltes geworden. Sogar auf der Yacht des Herzogs von Bedford sind WCs installiert. Für die Dienstboten, das Hotelpersonal und Arbeiterhaushalte wurden neue und preiswerte Modelle eingeführt.

Die zunehmende Einrichtung von Wasserklosetts hatte unbestreitbar erhebliche hygienische Vorteile, andererseits wurden bereits 1847 Geldbußen wegen zu hohen Wasserverbrauchs eingeführt. 1773 berichteten einige Engländer von ihrer Reise nach Neuseeland, sie hätten bei den Menschenfressern Abtritte gefunden, die »ganz auf europäische Weise« eingerichtet gewesen seien. Dagegen war das Residenzschloß des Königs von Spanien mit dergleichen noch längst nicht ausgestattet. Große Trakte der Münchner Residenz hatten noch im Jahre 1900 keine Toiletten. Wie Max Kemmerich in seinen *Kulturkuriosa* (1909) mitteilt, bedienten sich die Herrschaften ausschließlich des Nachtstuhls. Anfang dieses Jahrhunderts besaß auch das norwegische Königsschloß noch keine Aborte. Alle Bewohner und Gäste mußten sich auf offenem Flur hinter eine spanische Wand begeben, die keineswegs alles verhüllte.

Im Schloß Ehrenburg in Coburg richtete man erst im Jahre 1860 ein WC ein, als der Besuch der englischen Königin Viktoria bevorstand – ein stolzes Möbel aus Kirschbaumholz. Den Spüldruck des Wassers konnte man mit einem Pumphebel selbst bestimmen.

Als der amerikanische Dichter Henry Wadsworth Longfellow 1840 in seinem Haus ein WC einbauen ließ, erregte er ungeheures Aufsehen und gab damit den Anstoß dafür, daß sich das Wasserklosett in den USA rasch verbreitete.

Hamburg war vermutlich die erste deutsche Stadt, die das Wasserklosett, verbunden mit einem Schwemmsystem, einführte. Es dauerte noch Jahrzehnte, bis sich in Deutschland die Wasserklosetts allmählich durchsetzten. Da waren nicht nur die Kosten der Einrichtung selbst – die wichtigsten Voraussetzungen lagen in der Verantwortung der Stadt, nämlich die zentrale Wasserversorgung und die Kanalisation. Beides war aufwendig und kostspielig, so daß beispielsweise in Berlin noch im Jahre 1871 nur 11,6 Prozent der Vorderhäuser und lediglich 3,1 Prozent der Hinterhäuser ein WC besaßen. Doch dort, wo man die Probleme der Beseitigung des Unrats nicht rechtzeitig in Angriff nahm, schleppt man sie zum Teil noch heute mit sich. So im Berliner Stadtbezirk Prenzlauer Berg. In den zwanziger Jahren war hier die am dichtesten besiedelte Zone der Welt. Durchschnittlich lebten dreißigtausend Einwohner auf einem Quadratkilometer. Die häusliche Ausstattung in diesem Arbeiterviertel war schon immer schlechter als in anderen Wohngegenden. Eine Zählung im Jahre 1981 ergab, daß knapp 16.000 Wohnungen nur über sogenannte Außenklos verfügen, d. h. über Gemeinschaftstoiletten, die über Hausflure und Treppen zu erreichen sind, manchmal sogar über den Hof.

Erst nach 1900 machte in vielen Städten Deutschlands die Baupolizei den Hausbesitzern die Klosettspülung zur Pflicht. Um 1900 hatten aber selbst große Trakte der Münchener Residenz noch keinerlei Aborte. Bis zur allgemeinen Einführung des WC hatte man in Deutschland vielerorts mit großen Schwierigkeiten zu kämpfen, denn besonders in den Großstädten fielen ganz erhebliche Mengen an Fäkalien an. So suchte man nach Zwischenlösungen.

Als »eine in geschlossenen Räumen befindliche Sitzeinrichtung zur Defäkation« wird das »Klosett« 1894 in einem Handbuch der Hygiene definiert. Die zu dieser Zeit noch allgemein gebräuchlichen Klosettsysteme beruhten darauf, »daß schon im Klosett Einrichtungen getroffen sind, die entweder eine Desinfektion oder Desodorierung der Exkremente bezwecken, ehe dieselben in die Grube oder Tonne gelangen, oder die entleerten Exkremente sofort aus dem Klosett oder der Wohnung entfernen bzw. durch Feuer eintrocknen oder zerstören«. Es waren Trockenklosetts unterschiedlichster Konstruktionen in Gebrauch.

Bombastisches WC aus viktorianischer Zeit, 1897

Da gab es welche, die die Trennung von festen und flüssigen Exkrementen vorsahen. Desodorierende oder desinfizierende Mittel kamen dabei nicht zum Einsatz. Diese Klosetts beruhen auf der Möglichkeit, durch die Trennung von Kot und Urin eine Einschränkung der Geruchsbelästigung zu erreichen, »weil die festen Exkremente nach der Abkühlung trocknen und ihren Geruch fast ganz verlieren, der Urin aber erst nach einiger Zeit zu faulen beginnt«. Als »Schwedisches Luftklosett« kam dieses Patent kurz nach der Mitte des vorigen Jahrhunderts zu einiger Bedeutung. Angeboten wurde es zuerst 1855 von der Stockholmer Firma Marino und Co. Seit 1858 fand es in Kopenhagen und Anfang der sechziger Jahre auch in Deutschland größere Resonanz. Unter dem Sitzbrett war ein flacher Trichter angebracht, der den Urin durch eine Röhre zum Fuß des Nachtstuhls ableitete. Die festen Bestandteile fielen in einen dahinter stehenden eisernen Behälter. Ein Abzugsrohr, das von der Rückwand zum Schornstein führte, sorgte für eine gewisse Ventilation.

Trichterklosett, das »WC des kleinen Mannes«

Ein anderes Patent sah ebenfalls die Trennung von festen und flüssigen Bestandteilen vor, setzte jedoch geruchsmindernde und desinfizierende Mittel, hauptsächlich Ätzkalk, hinzu. Verschiedene Konstruktionen fanden mehr oder weniger Verbreitung, nachdem sie 1867 auf der Weltausstellung in Paris erstmals der Öffentlichkeit vorgestellt worden waren.

Vor der allgemeinen Durchsetzung des Wasserklosetts war die Zusetzung von Substanzen verschiedenster Art allgemein üblich. Zum Beispiel haben bestimmte Erden, Torfmull und Asche ein

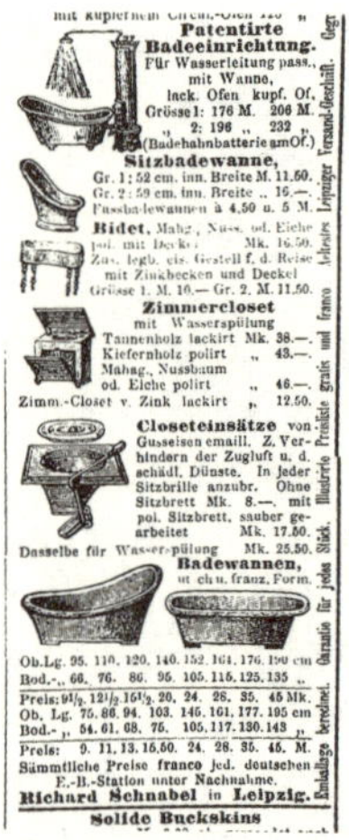

Verschiedene Anzeigen aus Zeitungen der achtziger Jahre des 19. Jahrhunderts

ein starkes Absorbtionsvermögen. Ein guter und trockner Torfmull kann bis zum Sechsfachen des Eigengewichts an Harn aufnehmen. Hinzu kommt, daß er stark geruchsbindend ist und seine saure Reaktion fäulnishemmend wirkt. Shanghai beispielsweise war bis zum Jahre 1915 vollständig mit solchen Torfmullaborten ausgestattet.

In verschiedensten Variationen kamen auch die sogenannten Streuaborte in Gebrauch. Bei ihnen befand sich im Sitzdeckel eine Art Streubüchse. Wurde der Deckel geschlossen, fiel eine bestimmte Menge eines Desinfektionsmittels auf die Exkremente. Das dafür in Deutschland gebräuchliche »Reichsdesinfektionspulver« setzte sich aus Karbolsäure, Tonerdehydrat, Eisenoxydhydrat, Kalk und Wasser zusammen.

Zum Einsatz gelangten auch komplizierte Feuerklosetts. Sie sind wohl kaum zu größerem Einsatz gekommen und daher als Kuriositäten zu betrachten. (Siehe auch das Kapitel Non olet, Seite 136 ff)

Schließlich durchgesetzt hat sich das Wasserklosett, bei dem »die entleerten Exkremente sofort in einer gewissen Quantität Wasser aufgenommen und dann durch Wasserspülung in die Kanäle fortgeschwemmt werden«. England hatte auf breiter Front gesiegt! Unter den zahlreichen Zeichnungen, auf denen Hans Kley alle möglichen technischen Apparate und Gegenstände zu lebenden Gestalten werden ließ, gibt es ein Blatt, das »England siegt« betitelt ist. Das englische WC siegt über den altehrwürdigen, doch primitiven deutschen Vorgänger. Der alte Sitz liegt zertrümmert, daneben die Wasserkanne, der Papierkasten und die übelriechende Bürste. Das WC erhebt sich in pathetischer Siegerpose über die Trümmer der Vergangenheit. In der rechten Hand schwingt es den Halter für das Rollenpapier, die linke reckt den Wasserkasten mit der Zugkette in die Höhe. Die Verarbeitung der einzelnen Toilettenteile – Deckel, Gummiknöpfe, Rohre – läßt Heinrich Kley fast zu einem Arcimboldo der Technik werden.

Heinrich Kley: England siegt! (aus dem *Skizzenbuch* 1911)

Italienische Schlösser

Das achtzehnte Jahrhundert ist voll von skurrilen Ideen. Da schrieb gleich nach der Entdeckung der Elektrizität der Turiner Gelehrte Giovanni Battista Bianchi (Saggi di experienze. Venedig 1749), mit ihrer Hilfe könne man Gerüche an Leitungen aus Metall entlangführen: »Dieser Versuch war die Transmission des Geruchs längs einer Kette oder einer elektrisierten Stange. Einer von uns richtete ein mit peruvianischem Balsam überstrichenes Stückchen Leinwand zu, und befestigte es an die eiserne Stange, welche die Elektrizität von der Kugel empfing. Wir befestigten an diesen Stab das Ende einer eisernen Kette, welche durch die Mitteilung elektrisch gemacht wurde: und wir erwarteten, daß der Geruch von dem Balsam durch das andere Ende der Kette, woran eine metallene Kugel hing, geführt werden sollte.« Der berühmte Pariser Physiker Nollet hat das Experiment nachgemacht, Bianchi stand daneben, und doch konnte am anderen Ende der Stange niemand etwas riechen.

Das hätte allerdings eine Revolutionierung für die Geruchsbeseitigung bedeutet. Noch aber mußte man sich mit den einfachen Dingen des Lebens herumschlagen. Erst nach der Französischen Revolution gab es nach englischem Vorbild ein Patentgesetz auch in Frankreich. Das führte zu einer Flut von Patenten. Im Jahre 1823 ließ sich eine Madame Benoŝt ein Patent auf »einen nicht riechenden Sitz« erteilen (Franz. Patent Nr. 1335 vom 19. Juni 1823). Madame Benoŝt ist übrigens eine der ersten französischen Erfinderinnen.

Praktischer und hilfreicher, wenn auch nicht gerade angenehm, ist eine Erfindung, die Ambroise Paré (um 1510 bis 1590), einem der bedeutendsten Ärzte Frankreichs, zu danken ist. Bei Kranken, so stellte er fest, mit »Harnwinden behafftet... laufft der Harn auch wider ihren Willen

Tropffenweise herauß«. Für sie erdachte er ein Gefäß aus Blech als Tropfenfänger. Das konnte der Kranke unter der Hose tragen, um den Harn aufzufangen.

Unter der Kleidung zu tragen waren auch die sogenannten Keuschheitsgürtel – eine mehr als fragwürdige Errungenschaft der Kreuzzüge, die man gelegentlich noch in Museen und Sammlungen findet. Man erzählt, die europäischen Ritter hätten diese Gurte im heidnischen Orient kennengelernt und nun für ihre daheimgebliebenen Frauen mitgebracht. Wie alt die einzelnen erhalten gebliebenen Gürtel sind, woher sie stammen, ja, ob sie alle überhaupt echt sind, weiß niemand genau. Diese Leibgurte sind aus Metall geschmiedet, an die ein oder zwei Bügel so angebracht sind, daß sie von hinten nach vorn durch die Beine hindurchgehen. Gurt und Bügel sind gepolstert und mit einem Schloß versehen. Die Bügel haben an den entsprechenden Stellen hinten und vorne je eine größere und eine kleinere Öffnung.

Von Franz Maria Feldhaus stammt die vage Nachricht, daß der verrufene Francesco Carrara, der letzte Tyrann von Padua, den man 1406 ermordete, diese Gurte etwa um das Jahr 1395 erfunden haben soll. Die Florentiner Handwerker müssen solche Gurte damals angefertigt haben, denn der deutsche Ingenieur Konrad Kyeser erwähnt einen solchen Gürtel im Jahre 1405. In dem Kyeser-Kodex, den heute die Universitätsbibliothek Göttingen aufbewahrt, heißt es: »Dies ist ein harteiserner Gürtel florentinischer Frauen, der vorn so geschlossen wird.« In den vielen Abschriften und Bearbeitungen der Schrift von Kyeser findet sich auch immer wieder dieser Gurt. Aus der bildlichen Darstellung ist ersichtlich, daß der Gürtel vorn ein senkrecht sitzendes Schloß trägt. Der Schlüssel ist an einer Schnur danebenhängend gezeichnet. Unter dem Schloß sitzt ein breites Blech. Bei der Herstellung kommt es darauf an, daß sich gerade dieses Blech nicht verschieben kann. Damit soll es der Frau unmöglich gemacht werden, ihren Mann zu betrügen. Aber eine siebartige Durchlöcherung oder einen feinen Schlitz mußte man dem Blech schon geben. Unten wird das Blech von zwei nach hinten aufsteigenden Bügeln gehalten. Von allen Systemen dieser Gurte, die Feldhaus studieren konnte, ist diese Art noch die reinlichste.

Hans Baldung zeichnete um 1520 ein Blatt, das eine unbekleidete Frau zwischen zwei Männern stehend zeigt. Dem älteren Mann nimmt sie das Geld aus der Tasche, um es dem jüngeren zu geben. Der junge Mann hat einen Schlüssel in der Hand, der zu dem Schloß am Gurt der Frau zu passen scheint. Auf Bändern stehen Sprüche, aus denen die Situation

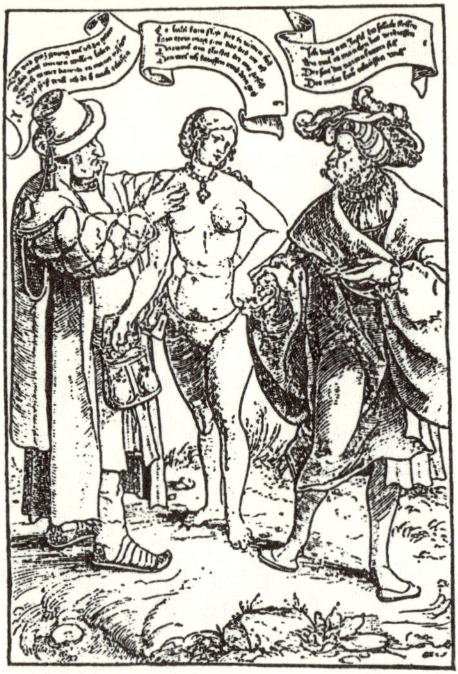

Keuschheitsgurt nach Hans Baldung, um 1520

eindeutig zu erklären ist. Die Frau sagt: »Es hilft kain sloss für frauwen list...« Dem jungen Mann wird in den Mund gelegt: »Ich drag ain slüssel zu sollichen slossen...«

In der gedruckten Literatur hört man ziemlich selten von solchen Gurten. Feldhaus schließt daraus, daß es sich dabei um Kuriositäten handelt, die scherzeshalber im Freundeskreis gezeigt wurden. Aber Pierre Brantôme erwähnt den Keuschheitsgürtel 1590 in seinen Memoires (*La vie des dames galantes.* Leiden 1616/17).

Gelegentlich findet sich eine bildliche Darstellung auch in Wappenbildern. Man kennt von Melchior Schedel ein Blatt von etwa 1550 mit der Aufschrift »Es Mag Passiern«. Eine der Schildhalterinnen hält einen Schlüssel in der Hand. Sie trägt einen verschlossenen Gurt, dessen Hängeschloß an ihrer linken Seite zu erkennen ist.

Blainville erzählt in seiner Reise durch Holland, Oberdeutschland und die Schweiz, besonders aber Italien (Lemgo 1764/67) von einem Besuch bei dem Grafen Moscardo, einem Domherrn zu Verona, im Jahre 1707, und erwähnt, daß dieser Priester unter anderen Raritäten auch einen Gurt »zur Verwahrung der Keuschheit des Frauenzimmers« besaß. Der Gurt wurde Blainville als »Leckerbissen« präsentiert: »Ich nahm mir die Freiheit zu sagen, daß nur ein unbesonnener eifersüchtiger Tor eine solche Maschine zu erfinden imstande wäre, durch welche er selbst zehn für einmal zum Narren würde, weil die Frauen zu listig wären, als daß sie sich von ihren Männern auf diese Weise sollten hintergehen lassen, zumal wenn sie allzu strenge eingeschlossen würden. Er antwortete mir hierauf, daß ich zwar recht hätte, daß aber dieses eine Art von Beruhigung wäre, die sich die Ehemänner in Italien verschafften, weil sie insgeheim glaubten, daß diese kleine Vorsicht ein vortreffliches Verwahrungsmittel gegen das Wachstum der Hörner wäre. Verdienen diese Leute kein Mitleiden, die in einen solchen Irrtum versinken? Die Unruhe, welche die Eifersucht verursacht, ist bloß ein Übel der Einbildung, und ist es möglich, daß die Schlösser und die Wachen, mit welchen sie ihre Weiber umgeben, allein diese Krankheit heilen können? Nein, diese Wächter sind so scharfsinnig nicht, daß ihnen nicht einige Liebesstreiche entwischen sollten, die sie entweder nicht sehen wollen oder nicht können; denn die Untreue dieser Schildwachen macht diejenigen, welche sie hüten sollen, nicht selten erst ungetreu.«

Der Frankfurter Patrizier Zacharias Conrad von Uffenbach sah auf seiner Reise in den Jahren 1709/10 in Kassel und Oxford solche Gurte, die er in seinem Buch Merkwürdige Reisen durch Niedersachsen, Holland und Engelland (Frankfurt und Leipzig 1753) als »italienische Schlösser« bezeichnet. 1781 brachte ein Gelehrter diese Gurte in seinem Buch über die Mittel gegen den Kindermord in Vorschlag.

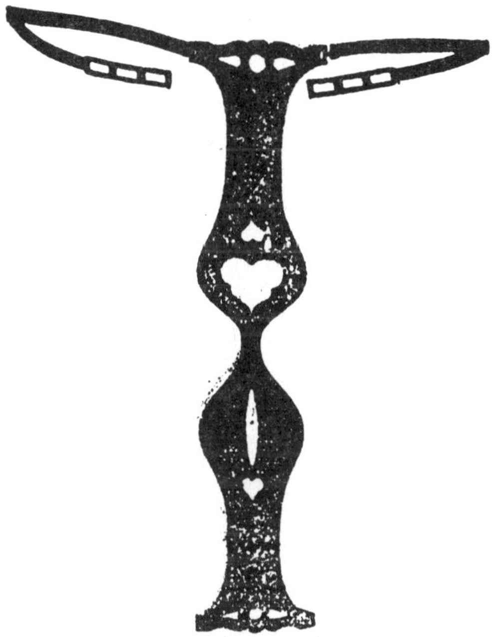

Keuschheitsgurt aus Metall, geöffnet

Die Stücke, die sich erhalten haben, sind, wenn sie tatsächlich Anwendung gefunden haben, nicht gerade Zeugnisse einer bedeutenden Körperhygiene. Feldhaus konnte an einigen Gurten noch Reste von Polsterungen aus Seide, Leder und Samt erkennen. Bereits nach wenigen Tagen muß der Zustand unerträglich geworden sein. Und die Ehemänner blieben doch oft jahrelang weg . . .

Zu den wirklich bedeutenden Erfindungen, an denen gerade das 18. Jahrhundert so reich ist, gehört dagegen unzweifelhaft die berühmte mechanische Ente des französischen Mechanikers Jacques de Vaucanson.

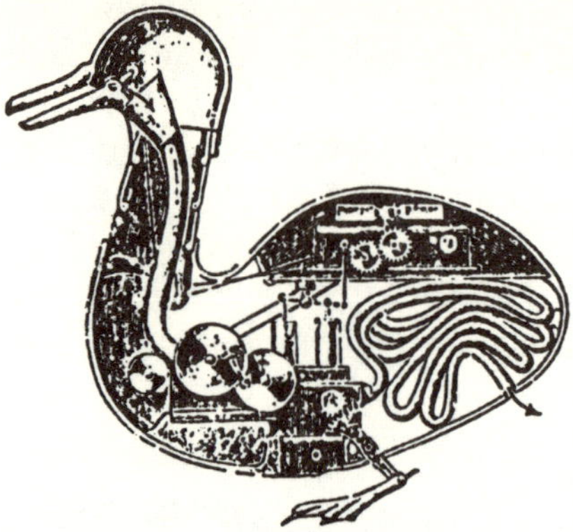

Die verdauende und ausscheidende mechanische Ente des Jacques de Vaucanson, 1738

In seiner Flugschrift von 1738, die die zahllosen Ausstellungen dieses Stückes durch ganz Europa begleitete, schreibt Vaucanson, daß er den Verdauungsvorgang der Natur nachgeahmt habe. Die Ente nahm mit ihrem Schnabel die Körner aus der Hand oder aus einem Behältnis auf, verschluckte sie »und in ihrer Gurgel wird die Geschwindigkeit verdoppelt, damit es zerkaut in den Magen kommt. Die Speise wird, wie bei lebenden Tieren durch die Dissolution, nicht aber Trituration, wie viele Mediziner behaupten wollen, verdaut. Die in dem Magen verdaute Materie wird durch Röhren, wie bei einem Tiere durch dessen Gedärme, in den Hintern abgeführt, wo eine Öffnung ist, durch die das Verdaute seinen Ausgang findet.« Das Phänomen der künstlichen »Verdauung« war nach dieser Beschreibung nicht zu klären. Der pingelige Berliner Aufklärer Friedrich Nicolai beschuldigte daraufhin den Konstrukteur der Windbeutelei. Nach seiner Meinung war am unteren Teil des Entenkörpers ein Blasebalg angebracht, dessen Luftsauger durch eine Röhre bis in den Hals der Ente gehe und hier die Körner in den Schnabel ziehe, während im Hinterteil eine vorbereitete Masse liege. Im Jahre 1844 wird von einem späteren Besitzer geschrieben, daß die Ausscheidung vorbereitet gewesen sei: Eine Art Brei aus grüngefärbter Brotkrume wurde von einer Pumpe ausgestoßen und »sorgfältig auf einem Silberplateau aufgefangen als Produkt der Verdauung«. Und 1860, also wenige Jahre bevor die Ente in Rußland verscholl, schrieb ein Beobachter: »Gegenwärtig wird vermittelst einer Lampe eine Wachsmischung geschmolzen, welche rechtzeitig zum Vorschein kommt.«

Der britische Chemiker Humphry Davy (1778 bis 1829) demonstrierte im Jahre 1802 in einer öffentlichen Sitzung der Royal Scientific Society vor erlauchtem Publikum und den einflußreichen Förderern der englischen Wissenschaft seine neue Erfindung: das Lachgas. Es sollte seine Wirkung auf den Kopf ausüben, zur Belebung des Geistes. Baronet Hippesley fand sich bereit, es an sich auszuprobieren. Aber das Lachgas entfaltete eine unaufhebbare entgegensetzte Kraft: Der Höfling hatte noch nicht das erforderliche Quantum eingeatmet, da geschah vor aller Augen das Unglück: »Und die Dämpf' im tummelnden Schwarm, wo sich der Ausgang öffnet, stürzen hervor und durchwehen die Hosen mit Wirbeln.« Die Wirkung war fürchterlich. Sie ging nicht nur in die Hose, sondern auch noch in die Annalen der Chemie ein. James Gillray hat das in einer treffenden Karikatur festgehalten: »Scientific Researches! – New Discoveries in PNEUMATICKS! – or – an Experimental Lecture on the Powers of Air.« So wurde neben dem Lachgas auch das Knallgas entdeckt.

James Gillray: Karikatur auf das Lachgas, 1802

Das Mello-Dram

Es gibt verschiedene Hinweise drauf, daß die Ägypter Klistiere bereits mit einem Trichter erteilten. Im *Papyrus Ebers*, dem berühmten medizinischen Sammelwerk der Altägypter aus dem Jahre um 1550 v. Chr., das der Forscher und Romanschriftsteller Ebers in Ägypten entdeckte, wird im Zusammenhang mit Klistierrezepten vom »Eingießen« gesprochen. Da heißt es unter anderem: »wenn du eine Person ... untersuchst und du findest ..., daß sie krank ist ... ihr Leib ist aufgetrieben, wenn sie Brot zu sich nimmt, ihr Magen fühlt sich beschwert, wenn Nahrung hinein kommt, so ist es die bedetu-Krankheit. Kämpfe du gegen sie mit Linderungsmitteln, nachdem der Kranke einen Umschlag von Weizenwasser erhalten hat ... hernach brauche du bei ihm vier Morgen ein Klistier. Sein Eindringen verwundet.«

Miniatur aus Notre Dame in Villefranche-de-Rouerge

Die Geschichte des Klistierens selbst reicht nach den antiken Schriftstellern bis in die graue Vorzeit zurück. Der Sage nach lernten die Menschen diese Praktik vom heiligen Ibis, dem ägyptischen Vogel der Weisheit, von dem berichtet wird, daß er sich selbst klistiere.

Im Lehrbuch des Hippokrates heißt es: »... Man nehme einen Schmiedeblasebalg und treibe in den Leib Luft hinein, damit man den Leib und die Eingeweideverengung erweitere; hierauf nehme man den Blasebalg wieder heraus und gebe sofort ein Klistier.« Die Anwendung solcher Luftklistiere ist im 4. Jahrhundert v. Chr. in Griechenland gebräuchlich gewesen.

Auch Celsus, der erste römische Schriftsteller der Heilkunde, empfahl um 20 n. Chr. das Klistier: »Gemeiniglich müssen Darmentleerungen durch Klistiere herbeigeführt werden.« Bereits hundert Jahre zuvor habe Asklepiades ihren Einsatz beschränkt, zu Celsus Zeiten seien sie gar nicht mehr angewendet worden. Celsus empfahl dagegen Nährklistiere, indem er lindernde oder reizende Stoffe, etwa Gerstenschleim und Speltzgraupen oder Salz, zusetzte. Sie spritzte man als letztes Mittel ein, wenn ein Kranker gänzlich erschöpft ist.

Im Jahre 1507 machte der Ritter Luigi de Barthema (auch Varthema oder Vartomans) eine Reise in den Orient. Die Beschreibung seiner Er-

Das Klistier. Initial aus Versals *Anatomie*

lebnisse wurde in Deutschland 1515 unter dem Titel *Die Ritterlich vnd Lobwürdige Rayß* bekannt. Darin beschreibt er ausführlich die Verabreichung eines Klistiers mit Hilfe eines Trichters und fügt eine Abbildung bei.

»Es begab sich auff eine Zeit / das ein reicher Heydnischer Kauffmann / zu Calicut kranck ward / vnd nicht stulgäng in derselben seiner kranckheit gehaben mocht / derselb schickt zu meinem mitgesellen / der denn sein fast guter Freund war / vnnd ließ jm klagen sein Kranckheit / vn forschen / ob er oder jemand sein wißt / der jm seiner Kranckheit helffen möchte. Also giengen wir beyde mit einander / in des Krancken hauß / vnd fragten jn seiner Kranckheit / da sprach er / alle meine kranckheit (befinde ich) liget mir im Magen vnnd die brust bin ich hardt beschwerdt.«

Dann erzählt Barthema, daß sein Vater »ein groß bewerter Artzt wer«, von dem er »viel seiner Practick« gesehen habe. Da der Kranke über Kopfschmerzen klagte und seit drei Tagen keinen Stuhlgang hatte, dachte Barthema, »diesem Mann ist not zu raumen«. Er bereitete eine Arznei »aus Eyern von Zucker vnd Saltz / mit etlichen Kreutern / der eigenschaft ich gar nit weiß«. Als dies nach fünf Trünken nicht half, nahm er »ein büschlin von Porachie / da raus macht ich bey einer halben Maß Safft / thet da zu souiel öl / ein theil Zucker / das rüret ich durch einander / machet daraus ein Clystier«. Der Kranke wurde jetzt mit einem Strick an beiden Füßen hochgezogen »auff das er mit den Henden vnd dem Kopff auff der Erde stundt«. Nach erfolgtem Einlauf ließ Barthema den Kranken noch eine Viertelstunde schreiend hängen, »bis dz ich sah / dz im der todt wolt nahen«. Als der Kranke dann aufgerichtet wurde, »wirckt die Artzney . . . / das es von jm schoß oben vnd vnden / als ob eim Vaß beid böden außgeschlage were / schier ein halber kübel voll«.

Trichterklistier. Holzschnitt 1556

Was hier drastisch geschildert ist, fand damals wohl allgemeine Anwendung. Denn eine lateinische Galenos-Handschrift aus der einst Königlichen Bibliothek zu Dresden vom Ende des 14. Jahrhunderts geht gleich zwei Mal darauf ein. Auf einer Miniatur wird dargestellt, wie Galenos, berühmter Arzt der Antike, seinen Schülern das

Klistieren eines Mannes demonstriert, eine andere Miniatur zeigt dieselbe Prozedur bei einer Frau.

Die Klistierspritze verdanken die Mediziner dem bekannten arabischen Arzt Avicenna (gestorben 1037). Eine der ersten Beschreibungen findet sich bei Gatenaria, einem Professor aus Pavia. Die Miniatur aus einer Handschrift der einst Herzoglichen Bibliothek Wolfenbüttel stellt die Verabreichung eines Klistiers dar. »Unter weitestgehender Schonung des weiblichen Schamgefühls« wird das Klistier mit Hilfe einer beinernen Kanüle und einer Schweineblase eingegeben. Unter der Bank steht die »Brunzkachel« griffbereit, der Harnkorb hängt an der Wand.

Die Drastik des sechzehnten und siebzehnten Jahrhunderts ist in einer ganzen Anzahl amüsanter wie aggressiver Flugblätter bewahrt. Allerdings sind nicht alle so derb wie jenes, das zeigt, wie ein Weib mit großer Brille beim Schein einer Stallaterne einen Einlauf vorbereitet.

Die Vorbereitung für eine Einlauf. Deftige Szene auf einem alten deutschen Holzschnitt, um 1500

Das Tabakklistier wandten die Amerikaner als erste an. »Wenn diese mit Kolik und mit Darm-Reißen befallen sind, blasen sie Tobacks-Rauch in den Hintern des Patienten. Sie nehmen zwey gefüllte Tobacks-Pfeifen, und zünden sie an; die eine stecken sie in den After, die andere nehmen sie in den Mund; halten die zwey Köpfe übereinander, und blasen auf diese Weise den Rauch in den Leib. Die Engländer haben es den Amerikanern gar bald nachgemacht, nur daß sie die Art, den Tobacks-Rauch zu appliciren, mit einem bequemern Instrument zu verbessern gesucht haben.«

Dem Prediger Johann Gottlieb Schäffer sind nicht nur erste ernsthafte Versuche zur Herstellung von Holzpapier zu danken, von ihm stammt auch ein Buch über die Trockenklistiere mit Tabakrauch (*Der Gebrauch und Nutzen des Tabackrauchclystiers.* Regensburg 1757, 3. Auflage). In 24 detailliert geschilderten Fällen aus den Jahren 1752 bis 1771 macht er mit den Vorteilen des Tabakrauchklistiers vertraut. Allen Fällen gemeinsam ist diese Erfahrung: Nachdem der Tabakrauch zwei- bis dreimal mit einer Spritze eingeblasen wurde, trieb es den Patienten »eilfertig auf den Stuhl, allwo er häuffigen verhärteten Unrath mit vielen Winden ausleerete«.

Schäffer beanspruchte die Erfindung eines speziellen Blasebalges für diese Art der Klistiere. Er erzählt unter anderem folgende Geschichte: »Es geschahe im Jahre 1754, daß ich auf Ersuchen eines meiner werthesten Herren Collegen und auf Bitten eines Patienten meine Tabackmaschine zum Gebrauche aus dem Hauße gab. Diese Gelegenheit machte sich ein hiesiger Bader, unerlaubter Weise, zu Nutze, und ließ sich so gleich nicht nur eine nach der meinigen verfertigen; sondern war auch gegen einen seiner Mitmeister so willfährig, daß er ihm seine abgesehene Maschine, nachzumachen mittheilte. Beyde hatten nun von einem Blassebalge gehöret, den ich zuweilen statt der Mundstückröhre, gebrauchete. Diesen Blassebalg hatte ich eben damahlen nicht mit, sondern nur erstgedachte Mundröhre, geschicket. Sie glaubten daher nach ihrer tieffen Einsicht, es seye nur ein gemeiner Blassebalg, dergleichen sie auch bey einem hiesigen Schuster machen liessen. Als nun nach einiger Zeit bey einer Patientin, die an einer Hernia incarcerate laborirte, einer von diesen beyden Badern mit seiner nachgeäfften Maschine und einfältigem Blassebalge das Tabackclystier beybringen wollte: so empfand die Patientin nicht das geringste von einem Rauche, der in den Leib hinein kommen sollte; und es war ganz natürlich, daß auch nicht die geringste Wirkung darauf erfolgen konnte. Ganz anders gieng es her, als ich meine Maschine holen ließ. Die Patientin verspürte nicht nur augenblicklich die Wärme des Tabackrauches, sondern es nöthigte sie auch so gleich zu Stuhle. Es erfolgte eine starcke Oeffnung des Leibes, und giengen viele Winde ab. Mein Herr Collega, als Medic. ordinar. wunderte sich darüber und der gute Bader stand in seiner Blöße da. Er konnte dadurch sinnlich überzeuget werden, daß nachgepfuschte Sachen nicht allzeit gerathen, am wenigsten gute Wirckung thun, noch Ehre bringen.«

Vor rund zweihundert Jahren gehörten Experimente mit der Luftpumpe zu den erlesenen Unterhaltungen der vornehmen Gesellschaft. Es gehörte durchaus zum guten Ton, sich reich verzierte Luftpumpen zuzulegen. Von Johann Gottlob Stegmann stammt der Vorschlag (*Die Luftpumpe.*

Das Klistier, erotischer Kupfer, 18. Jahrhundert

Kassel 1773), einen Patienten, der an Verstopfungen leidet, mit der Luftpumpe zu behandeln. Mit ihrer Hilfe sollte ihm ein Tabakklistier verabreicht werden.

Die Klistierblase, bereits im Mittelalter angewendet, eroberte später vom angloamerikanischen Raum aus erneut das Abendland: »Sie verdienen den Vorzug vor den gewöhnlichen Blasen. Bey Setzung eines Klystiers mit einer solchen elastischen Blase, treibt man vorher durch Zusammendrücken die Luft heraus und steckt das Röhrchen in die zum Klystier bestimmte Flüssigkeit, welche sogleich eingesogen wird.«

Während in Deutschland die Klistierblase im 19. Jahrhundert weitgehend in Gebrauch blieb, wurden in Frankreich, den Niederlanden und einigen anderen Ländern zinnerne Spritzen eingesetzt: »Diese hat den Vorteil, daß sie das Klistier stärker und weiter in die Gedärme treibt, folglich auch von mehrerer Wirkung ist.«

Selbst in der Tiermedizin fanden Klistiere des öfteren Anwendung. Im Jahre 1718 gab der französische Prediger Noí Chomel im *Großen vollständigen ökonomischen und physikalischen Lexikon* (deutsch: Leipzig 1750 und öfter) gegen die gefährliche Kolik der Pferde das Rezept:

»Nimm 3 Pfeifen voll guten Tabaks, zünde die erste an. Wenn sie gut brennt, führe sie in das Pferd hinein. Du wirst es wie einen Menschen rauchen sehen. Wenn die Pfeife zu Ende sein wird, mache mit den beiden andern dasselbe. Dein Pferd wird gleich geheilt sein.«

Daß man selbst Weihwasserklistiere an Mensch und Tier verabreichte, wie in einer nicht zu datierenden französischen Schrift behauptet wird (*Feuillet de Couches, Causeries d'un Curieux*), ist bei dem weitverbreiteten Hexenwahn und Teufelsglauben nicht weiter verwunderlich.

Am 20. September 1920 konnten die Leser der *Neuen Berliner Zeitung* diese überraschende Anzeige zur Kenntnis nehmen:

»Der Mello macht jeden gesünder durch Vervollkommnung des Stoffwechsels. Entfernt restlos, unhörbar und geruchlos Darmgase. In vielen Dankschreiben wird immer wieder berichtet, daß bei so gründlicher Entgasung des Darmes, wie sie der Mello unter Wahrung von Sitte und Rücksicht bewirkt, nicht nur Unterleibsbeschwerden, sondern auch hartnäckigste und von Ärzten als unheilbar aufgegebene Leiden mannigfacher Art ganz oder wenigstens zum größten Teil meist sehr schnell, und zwar für immer vergehen. Dies bestätigt, daß die häufige Zurückhaltung der Gase viele sehr üble und allgemein verbreitete Darmgifte erzeugt und dadurch die meisten Krankheiten verursacht und vorhandene verschlimmert. Mit dem Mello entfernt man sie schon im Entstehen. Der Abgang erfolgt von anderen nie bemerkbar, stets in winzigen Mengen und überraschend oft auch bei denen, die nur selten welche fühlen. Heilt dadurch ohne Arznei und ohne Abführmittel, die alle schaden, Verstopfung und Darmschwäche. Weil er vollkommenere Darmtätigkeit und damit bessere Ernährung sämtlicher Organe herstellt, gibt es keinen Gesundheits- und Krankheitszustand, der durch ihn nicht bedeutend gebessert wird; z.B. schlechte Verdauung, Appetitlosigkeit, Erschöpfung, Blutandrang, Schlaflosigkeit und Nervosität, Blutarmut und Bleichsucht, unreiner Teint und Haarausfall, Gicht und Rheuma, Fettsucht, Asthma, Herz-, Lungen-, Nieren, Leber- und Gallenleiden, übelriechender Schweiß und Atem, Jucken, kalte Hände und Füße, Zuckerkrankheit, vorzeitiges Altern, Adernverkalkung und alle anderen Stoffwechselleiden. Hilft Damen gegen alle schmerzhaften Regelzustände, Hysterie, Migräne und jede Art Frauenleiden. Von größtem Wert ist er allen werdenden Müttern. Er hilft gegen alle Beschwerden, erleichtert die Geburt, schützt das Kind gegen Schwangerschaftsgifte und gegen alle daraus entstehenden Kinderkrankheiten, fördert die vorgeburtliche Ernährung und Entwicklung,

Das Klistier, erotischer Kupfer, 18. Jahrhundert

steigert Menge und Güte der Muttermilch. Der Mello ist ein kleines, überaus geistvoll erdachtes Röhrchen. Erfüllt die meisten Aufgaben der Gesundheits- und Krankenpflege in denkbar einfachster Art und bringt Wohlbefinden und Frohsinn, wie durch viele Dankschreiben bekundet wird, auch Verzweifelten zurück. Man trage ihn, auch im Sitzen unfühlbar, absolut unschädlich und unzerbrechlich im After. Wurde nach sechsmonatlichem ärztlichem Tragen als Wohltat ersten Ranges erklärt. Wirklich angenehmenes Tragen. Nur einmalige Anschaffung. Viele Tausende im Gebrauch. Schlaft nie ohne Mello; er bringt erquickenden Schlaf. Hilft auch sicher gegen Hämorrhoiden. Spazier in Gesellschaft niemals ohne Mello!«

Die Firma gab einen illustrierten Prospekt heraus, in dem das wichtige Gerät ausführlich vorgestellt wird. Mello ist ein »sinnreich geformtes Röhrchen, wiegt nur 6 Gramm, entspricht der Krümmung des Darmes und kann mit Parfüm gefüllt werden«. Es wird Tag und Nacht getragen. Dank ihm gibt es keine geräuschvollen Überraschungen mehr, auch keine atmosphärischen Trübungen. Es sorgt für lautloses Austreten kleiner Gasmengen, die durch das im Mello aufbewahrte hochkonzentrierte Parfüm aufs angenehmste präpariert werden. »Jeder Mello-Träger ist als Nachbar erwünscht!« Freilich mahnt der Prospekt, den Mello nie ohne Deckel zu tragen.

Basierend auf dem am 13. August 1918 unter der Nummer 328108 vom Deutschen Reichspatentamt erteilten Patent tritt der Stuttgarter Kaufmann Richard Kirchoff in der trefflichen Broschüre über *Blähungen und ihre Bedeutung für die Gesundheit* für eine unbedingte Darmfreiheit, vor allem für absolute Entgasungsfreiheit ein. Dieses natürliche Menschenrecht widerstrebt aber dem Gesellschaftsgesetz der Schicklichkeit – und so entstand der Mello.

In einem zweiten Prospekt wird eine Fülle von Anerkennungsschreiben vorgelegt.

Ein Kommerzienrat G. in O. telegraphiert: »Mello verloren. Erbitte sofort Ersatz!«

Frau S. in D. schreibt: »Tag und Nacht litt ich unter Angstgefühlen. Durch den Mello ist es besser geworden.«

Frau F. C. in J. schreibt: »Wir sind außerordentlich zufrieden mit der Wirkung, meine Mutter und ich.«

Prinzessin N. N. schreibt: »Ich höre Gutes von Ihrem ›Mello‹ und ersuche um Zusendung.«

Frau Rektor B. in A. schreibt: »Mein Mann ist nicht mehr verstimmt.«

Reallehrer Dr. E. in P. schreibt: »Ich mag den Mello nicht mehr entbehren, weder im Unterricht noch daheim. Ich halte ihn für Lehrer wirklich unentbehrlich.«

Frau Dr. R. in H. gibt folgendes Gutachten ab: »Der Mello ist eine Erlösung für Schamhafte. Für die Familiensitte ist er geradezu unentbehrlich.«

Den Höhepunkt stellt jedoch das Werbeschreiben dar, das von der Propagandaabteilung des Mello-Werkes herausgegeben wurde:

Leipzig, Datum des Poststempels

MELLO VERTRIEBSGESELLSCHAFT

Sehr geehrter Herr!
Im Nachstehenden machen wir Sie auf unserem zum D.R.P. angemeldeten Apparat Mello aufmerksam.
Mello ist ein Apparat zum Einsetzen in den After. Er macht Blähungen geräuschlos, und vermöge seiner besonderen Einrichtungen verleiht er übelriechenden Blähungen Wohlgeruch, je nach Wunsch: Rosen-, Narzissen- oder Maiglöckchenduft.
Wie wir aus Kreisen Ihrer Freunde hören, leiden Sie seit Jahren an übelriechenden Blähungen, die nicht nur Ihnen, sondern vor allem Ihrer Umgebung lästig fallen.
Wir empfehlen deshalb, einmal einen Versuch zu machen mit unserem Mello-Apparat. Sie können sich mit demselben ausblähen, wann, wie und wo Sie wollen, ohne sich unbeliebt zu machen, und Sie brauchen nicht erst den Versuch zu machen, die Blähungen zu unterdrücken, was Ihnen nur in den seltensten Fällen gelingen dürfte und je gelungen ist.
Der Preis des Mello-Apparates beträgt .... 25.– Mark
Mit Wohlgeruchseinrichtung .... 50.– Mark
Bei Einsetzung eines Glockenspieles erhöht sich der Preis um 25%. Bei Abnahme von mindestens 6 Stück (vielleicht haben Sie unter Ihren Bekannten Bedarf) gewähren wir Ihnen 20 % Rabatt.

Lieferung erfolgt sofort ab Lager München. Zwischenverkauf vorbehalten. Bei Nichterfolg zahlen wir das Geld zurück.
In Erwartung Ihres gefl. Auftrages empfehlen wir uns

hochachtungsvoll
MELLO G.M.B.H.

Vorführung zur Messe im Mess-Palast.
NS. Vielleicht können Sie die Vertretung für Bayern übernehmen.

Anzeige für Mello

Mello war nicht nur triftiger Anlaß für entsprechende Biertischgespräche. Mynona, das ist der Schriftsteller Salomo Friedländer (1871 bis 1946), schrieb die Groteske *Die neue Mellosine*. Da heißt es unter anderem: »Was war das . . . ? Irgendwer hatte dumpf geseufzt, und zwei Sekunden später rümpften sich sämtliche Nasen, nur die des Fürsten nicht, er hatte, wie jener berühmte Medici, keinen Geruchssinn. Einige Damen waren der Ohnmacht nahe. Der Professor konnte, weil er mit einem Erstickungsanfall kämpfte, nicht weiterreden, und die Fürstin winkte der Kammersängerin Huldine Fernkäs, die dann notgedrungen mit Auferbietung aller ihr möglichen Atemtechnik ›Die linden Lüfte sind erwacht, sie säuseln und sie wehen . . . ‹ ertönen ließ. Kaum war das Lied verklungen oder besser verduftet, als der Fürst die schöne Künstlerin in eine Fensternische nahm; sie war seine erklärte Mätresse: ›Sag' mal‹, fragte er sie, ›was war denn das wieder mal?‹ ›Stinkbombe‹, antwortete sie lakonisch, ›deine Hochgeborne verdaut übel . . . ‹ Dem fürstlichen Auge entglitt das Monokel. ›Lieber Benno, du hast mich verstanden. Ich verabschiede mich jetzt, sei lieb und folge mir unter irgendeinem Vorwande! Ich gebe dir ein probates Heilmittel.‹ Sie machte vor der ihre Züge eisern beherrschenden Fürstin ihre Reverenz und eilte davon. Wenige Momente später empfing sie den Fürsten bei sich.

›Schon seit einiger Zeit‹, begann Huldine, ›ist deine Gemahlin, lieber Benno, aus diesem Grunde, den man wohl Hintergrund nennen dürfte, gezwungen, ihren beliebten schöngeistigen Cercle kaum noch abzuhalten. Wie du siehst, mißlang auch dieser letzte Afternoon. Sie tut mir schon um deinetwillen leid. Gewiß, bei Niemandem ist die Verdauung ohne allen Anstoß, aber bei der Durchlauchtigen kommt es dir zu Evaporationen, die den Aufenthalt in ihrer Nähe, zumal bei tiefen Bücklingen, lebensgefährlich machen. Es ist was faul im Staate Schleim-Greim; beim Auto würde man von argem Auspuff reden ... Kurzum, es muß etwas geschehen, und glücklicherweise kann ich abhelfen. Um es möglichst ruchlos auszudrücken, war einst auch ich ein solcher ... ballon d'essai. Damals tragierte ich eines Abends auf dem K.K.Stuhlweißenburger Theater Schillers Maria und verlor beinah mein Engagement, als Mortimer in der berühmten Szene sehr ungelegen starb, d.h. sein Bewußtsein verlor; denn, mir zu Füßen sinkend, hatte er nicht sowohl meines Geistes als vielmehr meines Leibes einen Hauch verspürt ... ‹ Hier sprang der Fürst auf, näselte verächtlich und klemmte sein Monokel fester. Sie zog ihn schmeichelerisch zu sich nieder:

›So höre doch, wie ich mich rettete und rette dein armes Weib genau so! Ratibor war in der Loge gewesen und setzte dem Intendanten die Hölle zu. Ich aber –‹, sie erhob sich, rollte die Jalousie ihres blanken Biedermeiersekretärs hoch und entnahm einer gebauchten Schublade ein zierliches Etui, ›voilà!‹ Der Deckel sprang auf. In Seide gebettet, zeigte sich ein Stöpselchen oder Zäpchen, das wie eine winzige Wurst aussah.

›Gott schütze mich‹, rief der verwunderte Benno, ›was soll das!‹ ›Reg' dich ab, Benno!‹ Huldine umschlang ihn dringend und weihte ihn ein: ›Nach meiner schlechten Aufführung erschien im Morgenblatt ein an mich gerichtetes Sonett, das mir mein Leben wiedergab. Ich ließ den Dichter kommen, da das Sonett mir ein Rezept verhieß. Er war Agent einer Entgasungsanstalt und telegraphierte auf meine Bitte direkt an Melloversand (Stuttgart 10a). Sofort erhielt ich diesen entzückenden Mello. Instruktiv hieß es im Prospekt: 'Mello ist D.R.P., nur der Mello hilft. Er ist äußerst einfach und versagt nie, öffnet auch bei geringstem Gasdruck, schließt gleich wieder und entfernt immer in winzigen Mengen und überraschend oft viele Gase, auch bei denen, die sie fast nie fühlen, und wo

DEUTSCHES REICH

REICHSPATENTAMT

PATENTSCHRIFT

№ 328108

KLASSE 30d GRUPPE 17

Richard Kirchhoff in Stuttgart.

Afterröhrchen.

Patentiert im Deutschen Reiche vom 13. August 1918 ab.

Die Erfindung bezieht sich auf ein in den After einführbares Röhrchen mit je einer das Hineinrutschen oder Herausfallen verhindernden Erweiterung an beiden Enden und besteht darin, daß eine oder mehrere Öffnungen sowohl an der äußeren als auch an der inneren Erweiterung des Röhrchens vorgesehen sind. In das Innere des Afterröhrchens sind zur Beseitigung des üblen Geruches der Darmgase Stoffe mittels einer in das Röhrchen einzulagernden, mit Fasern bürstenartig besetzten Drahtschnur eingebracht.

Auf der Zeichnung ist ein Ausführungsbeispiel des Erfindungsgegenstandes dargestellt, und zwar zeigt:

Fig. 1 eine Vorderansicht,

Fig. 2 eine Seitenansicht.

In der Hohlkugel *a* befinden sich die zum Eintritt der Gase bestimmten Öffnungen *b* und *c*. Die Gase gehen durch die Röhre *d* und treten durch die Öffnungen *f* des erweiterten Außenendes *e* wieder aus. Das ganze Afterröhrchen ist von solcher Länge, daß, wenn die untere Kugel *e* an den Gesäßbacken anliegt, die obere Kugel *a* mit ihrer Unterseite sich so dicht über dem Schließmuskel auflegt, daß dieser das Röhrchen stets in den After hineinzudrücken sucht, die untere Kugel *e* also immer dicht an die Gesäßbacken angedrückt hält.

Das Röhrchen *d* ist mit etwa 6 mm Durchmesser so dünn, daß es beim Tragen nur kurze Zeit nach dem Einführen in den After empfunden wird. Es ist dem Längsschnitt des Darmes entsprechend gekrümmt, so daß es stets in derselben Lage angedrückt bleibt.

Um den Gasen den üblen Geruch zu nehmen, ragt durch die Öffnung *g* in das Außenende des Röhrchens eine Drahtschnur, die mit aufsaugefähigen Fasern bürstenartig besetzt ist, ähnlich wie bei den Wischern für Lampenzylinder. Diese Fasern dienen zur Aufnahme von Stoffen, welche die Gase beeinflussen, so daß sie von anderen Personen kaum bemerkt werden. Ist das Afterröhrchen nicht mit solchen Stoffen versehen, so kann man die Gase durch Aneinanderpressen der Gesäßbacken zurückhalten, so daß diese die Austrittsöffnungen *f* nicht freigeben.

Man kann neben den Eintrittsöffnungen *b* und *c* an der oberen Kugel auch solche am Röhrchen selbst anbringen, und zwar möglichst dicht an der oberen Kugel *e*. Bei dieser Anordnung ist eine Verstopfung der Eintrittsöffnungen fast ganz ausgeschlossen, und zur Verhinderung des Austritts von Gasen genügt es, den Schließmuskel fest zusammenzuziehen, der dann die Eintrittsöffnungen verschlossen hält.

Zur Reinigung des Pessars genügt ein tägliches Durchspülen in Wasser.

Patent-Ansprüche:

1. In den After einführbares Röhrchen mit je einer das Hineinrutschen oder Herausfallen verhindernden Erweiterung an beiden Enden, dadurch gekennzeichnet, daß eine oder mehrere Öffnungen sowohl an der äußeren als auch an der inneren Erweiterung des Röhrchens vorgesehen sind.

2. Afterröhrchen nach Anspruch 1 mit Stoffen zur Beseitigung des üblen Geruches der Darmgase, dadurch gekennzeichnet, daß diese Stoffe in das Röhrchen mittels einer in dasselbe einzulagernden, mit Fasern bürstenartig besetzten Drahtschnur eingebracht sind.

Hierzu 1 Blatt Zeichnungen.

Das Mello-Patent

sie sonst ins Blut gehen. Wir senden sofort 25.– M. zurück, wenn er unangenehm empfunden oder der Gasabgang von andern bemerkt, und wenn der Stoffwechsel nicht dauernd besser wird.‹

Flugs begab sich Benno zur Fürstin. Es gab eine große Szene. Aber kurze Zeit später war die Hohe Frau physikalisch gasfrei, bekam Sitz und Haltung. Allerdings sprach es sich doch herum, und im Volke hieß sie nur noch Mellosine, die Hofdamen Mellonen. Jedenfalls stellten sich die Schöngeister wieder ein und flöteten ihre ›Mellodien‹ desto lieber, als es der Hofparfumeur verstanden hatte, dem Apparat ein gewisses changierendes Odeur zu verleihen. Wie dankbar war Benno der Fernkäs! Und nun lag er ihr immerfort an, ihm jenes Sonett-Rezept vorzusingen. Sie überwand schließlich ihre Schämigkeit, und der Fürst lauschte, den Wohlklang ihres Organs mit wollüstigen Ohre trinkend:

An unsere unvergleichliche Mellopopomente!
Von einem vor Liebe Stotternden

Hör' flehen mich auf meines Herzens Cello
Zu deiner Augen sammetgoldnem Niello:
Vielleicht bin ich kein graziöser Bello –
Allein ich biete Rettung dir – das Mello!
Dann hauchst du Duft wie Heinsens Ardinghello,
Zu seiner Muse wählt dich Pirandello,
Und du beglückst mich leid'gen Poverello . . .

Der Fürst lächelte säuerlich-eifersüchtig: ›Ähämhäm‹, hüstelte er und schwenkte das Monokel wie peitschend gegen seine Geliebte, ›weißt du, wie ich dich von jetzt an nennen werde? . . . Durchschlaucht!‹«

Die technischen Wunder der Neuzeit kennen eben keinen Halt. Zu ihnen gehören auch die Sanitärzellen, die man nicht nur fix und fertig in den Häusern der Hauptära sozialistischer Bauweise findet, sondern gleichfalls häufig in den hochalpinen Ortschaften Italiens und Österreichs. Sie werden in kleineren Pensio-

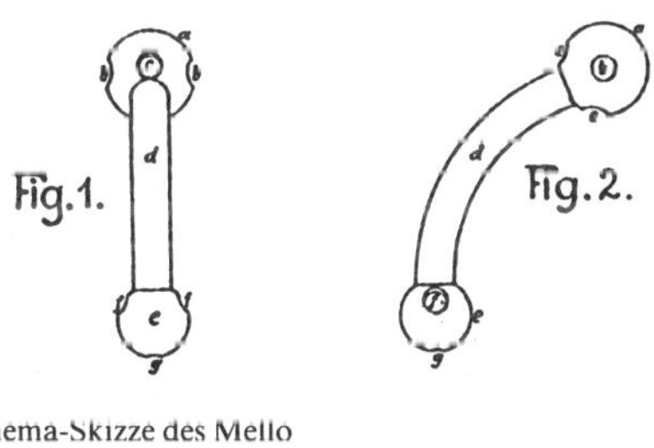

Schema-Skizze des Mello

nen meist älterer Bauart eingebaut, die nur über äußerst spärliche Kanalisation verfügen. Die Toiletten sind mit folgendem Warnschild ausgestattet: »Achtung! Bei dieser Toilette ist das Zerkleinerungsgerät ›Sanibroy‹ angebracht. Wir ersuchen Sie deshalb, keine festen Gegenstände, Binden, Watte usw. hinunter zu werfen. Bei Stromausfall ist das Etagen-WC zu benützen. Sollten Störungen am Gerät auftreten, weil obengenannte Vorschriften nicht befolgt wurden, werden Sie dafür haftbar gemacht.« Jenes nicht gerade geräuscharme »Sanibroy« wird von der Saniflex OHG-SNC aus Prad am Stilfarjoch eingebaut und hat sicherlich schon so manchen Urlauber nächtens aufgeschreckt.

In verschiedenen europäischen Großstädten begegnet man neuerdings merkwürdigen Fahrzeugen. In Paris und Madrid sind bereits seit einigen Jahren Reinigungsmotorräder, sogenannte »Caninettes«, unterwegs, die die Hinterlassenschaften der Hunde mit einem Saugrüssel, ähnlich einem Staubsauger, beseitigen. Für Grünflächen und Kinderspielplätze sind sie bislang allerdings kaum geeignet. Doch haben sich die Kosten für diese Citycleaner nicht über die Hundesteuer ausgleichen lassen. Nach der Versuchsphase würde der Einsatz des Häuferl-Sammlers die Stadt München 2,7 Millionen Mark jährlich kosten. Zudem sei die psychologische Wirkung negativ, weil alle Appelle an die Hundebesitzer, sich selbst um die Hinterlassenschaften ihrer Hunde zu kümmern, sinnlos werden. In London oder New York, so lautet der berechtigte Einwand, hätten es die Stadtverwaltungen schließlich auch geschafft, daß sich die Hundebesitzer um ihren eigenen Dreck kümmerten.

Die Computertechnik macht selbst vor den stillen Orten keinen Halt mehr. Auf der Toilette der Zukunft, so meldete am 24. Oktober 1989 die Nachrichtenagentur Reuter, soll der Benutzer auch seine Gesundheit überprüfen können, in dem sie nicht nur den Urin testet, sondern auch Blutdruck und Puls mißt. Die Daten sollen dann noch für 130 Tage gespeichert werden. So jedenfalls plant es die japanische Firma Toto, die Anfang der neunziger Jahre mit diesem Zukunfts-WC auf den Markt kommen will. Die Daten sollen per Telefon Krankenhäusern zugänglich gemacht werden. Den Preis für das »intelligente WC« schätzt die Firma auf mindestens eine Million Yen, etwa 13.000 Mark. Nun, auch geheizte WC-Sitze gehören in Japan längst schon zum Alltag. Für einen kleinen Aufpreis erhält man eine automatische Geruchsfilteranlage mitgeliefert, oder auch eine selbsttätige Reinigung ...

Eine Toilette, die in kurzer Zeit Diabetes, Leberschäden und innere Blutungen diagnostizieren kann, will laut *Japan Times* vom August 1993 ein japanischer Hersteller auf den Markt bringen. Einen Prototyp des Wunderklos soll es bereits geben. In der üblichen Benutzungsdauer von ein bis zwei Minuten will es feststellen, ob die entsprechende Person bestimmte Stoffwechselleiden oder Blutungen hat. Inbegriffen ist ein Schwangerschaftstest – ungeklärt aber ist, wie das Gerät das Geschlecht des Benutzers feststellt. Das medizinische WC ist sicherlich für alte Menschen und vor allem für Krankenhäuser gedacht. Die Entwicklung hat rund fünf Millionen Dollar gekostet.

Diese Summe aber ist nichts im Vergleich zum Weltraumklo, das seit seiner Premiere im Januar 1993 mit der Raumfähre Endavour um die Erde kreist. Die Lieblingsfrage aller Kinder: »Was macht der Astronaut, wenn er mal muß . . . ?« ist eigentlich nie genau beantwortet worden. Nur der amerikanische Rechnungshof kennt die Lösung. Das neue Klo, das zweite überhaupt in der amerikanischen Raumfahrtsgeschichte (!), funktioniert nach dem bewährten Prinzip seines Vorgängers: Wegen der Schwerelosigkeit sind die auf der Toilette sitzenden Astronauten an Füßen und Hüften mit besonderen Halterungen befestigt. Da Flüssigkeit in schwerelosem Zustand als nahezu unberechenbar gilt, befördert hoher Luftdruck aus mindesten einem Dutzend Düsen unter dem Sitz sie in ein spezielles Gefäß. Mit einer speziellen Methode können die festen Bestandteile des Toilettenganges in einem Zylinder in gepreßter Fornm bis zur Rückkehr auf die Erde aufbewahrt werden. Bisher hatte die Notdurft der Astronauten ein Flug des Space Shuttle auf 14 Tage beschränkt. Die in der Toilette verwendete Luft, im Weltraum ein überaus kostbares Gut, wird umweltfreundlich »recycelt«: Nach der Reinigung der Luft von allen Gasen, Gerüchen und Bakterien in einem Filtersystem wird sie für die Atmung der Astronauten wieder in die Kabine zurückgepumpt.

Langfristig gibt es aber diese Pläne: In den Toiletten der ständigen Raumstationen soll nicht nur die Luft, sondern auch der Urin wiederverwendet werden – als Trink- oder als Duschwasser. Über die genauen Entwicklungskosten aber wird sich ausgeschwiegen. Bislang haben diese Toiletten-Tests etwa 23,4 Millionen Dollar (rund 38 Millionen Mark) verschlungen, immerhin dreimal mehr als veranschlagt.

Non olet

Hatte man früher ein unbefangeneres Verhältnis zum Schmutz, zum Unrat, zu den Exkrementen von Mensch und Tier als heute? »Naturalia non sunt turpia – Leibliches ist nicht unanständig«, pflegten die Römer zu sagen. Abgewandelt heißt das in Deutschen: »Nichts Menschliches ist mir fremd« – ein Goethe-Wort über das »Menschlich-Allzumenschliche«.

Bereits in der Antike, dann vor allem im Mittelalter, als die Handwerke blühten, waren Harn und Kot für so manche Gewerbe einfach unentbehrlich. Im Altertum war die heutige Seife unbekannt. Luther macht daher einen Fehler, wenn er in seiner Bibelübersetzung bereits den Propheten Jeremia im 7. Jahrhundert v. Chr. von Seife sprechen läßt. Im hebräischen Urtext steht »borit«. Das ist ein Alkali pflanzlicher Herkunft, das durch das Verbrennen bestimmter Pflanzen gewonnen wird. Auf dem Lande wurde in Deutschland noch lange die große Wäsche mit Asche »gebeukt«. Früher waren als Waschmittel Salz, Honig, Bohnenmehl, Kleie, lemnische Erde, Gerstensauerteig, Bimstein und Galle bekannt, besonders aber auch gefaulter Urin.

Für die wollenen Gewänder der römischen Kaiserzeit war die Urinwäsche üblich. Ende Mai 1755 wurde in Civita ein Gebäude mit mehreren gut erhaltenen Wandgemälden entdeckt, die das Leben und Treiben auf dem Markt und in den Werkstätten einer römischen Stadt wiedergeben. Bedeutend sind darunter die Darstellungen einer römischen Wäscherei. Die Einzelheiten der Urinwäsche wurden jedoch erst bekannt, als man 1826 in Pompeji die ebenfalls gut erhaltenen Reste einer römischen Urin-Waschanstalt ausgrub.

Wie eine solche Anstalt eingerichtet war, die in christlicher Zeit wohl in allen größeren römischen Ortschaften bestand, darf man sich so vorstellen: Neben und hinter dem Peristylium, dem hinteren Raum des Hauses, lagen die Räumlichkeiten der Fullonen, der Urinwäscher, die unter den Wäschern ein eigenständiges Gewerbe darstellten. Minerva war ihre Schutzgöttin, der 19. März ihr Feiertag.

Die Fullonen sammelten den Urin in großen irdenen Gefäßen, meist in Amphoren, die an allen Straßenecken und in allen Winkeln aufgestellt waren. Waren die Töpfe von den Anwohnern gefüllt, wurden sie abgeholt und gelagert, bis der Urin nach etwa zehn Tagen zu faulen begann. Mit dem Fett und dem Talg, der sich in den zu waschenden Kleidern angesammelt hatte, bildete der Urin eine ammoniakalische Seife. Der Nachteil bestand nur darin, daß der gefaulte Urin die Gewebe stark angriff. Deshalb verwendete man oft die auch noch viele Jahrhunderte später gebräuchliche Walkererde. Die »Kriegsseife« während des ersten Weltkrieges bestand zum Beispiel aus einer solchen feingemahlenen Walkererde mit einem geringen Anteil von Seife.

Martial, der Epigrammatist, spottete mit Bezug auf die Urinwäscher:

Thais duftet so schlecht wie nicht des geizigen Walkers
Altes Geschirr, das just mitten im Wege zerbrach.

Urinwäscher im Römischen Reich, Wandmalerei Pompeji ca. 70

Die Redensart »non olet – es stinkt nicht« rührt von diesen beschriebenen Urinwäschereien her. Heute übersetzt man das mit »Geld stinkt nicht«. Auch das gibt Sinn. Kaiser Vespasian sah, daß die Wäscher mit dem Urin gute Geschäfte machten. Also belegte er sie mit einer Steuer. Sueton berichtet in seinen *Kaiserbiographien*, als Vespasian daraufhin von seinem Sohn Titus getadelt worden sei, habe Vespasian ihm eine Münze, die von der ersten Steuererhebung stammte, unter die Nase gehalten und gefragt, ob er etwa einen üblen Geruch daran wahrnehme. »Und doch ist es vom Urin.«

Die Urinwäsche war noch Anfang des 20. Jahrhunderts in Tuchfabriken in Österreich-Schlesien gebräuchlich. Wie im alten Rom sammelte man beispielsweise in Jägerndorf Urin in Tonnen, die vor den Häusern aufgestellt wurden. Für jede gefüllte Kanne wurden zwei Kreuzer bezahlt. In Gasthäusern wurde wegen des höheren Wassergehaltes weniger gezahlt. Auch in Fulnek in Mähren und in Lungau im Salzburgischen wurde die Urinwäsche noch um 1900 häufig praktiziert.

In zahlreichen anderen Bereichen des täglichen Lebens fand Urin ebenfalls Verwendung. In der Rezeptsammlung des Mönches Theophilus, der vor allem durch seine Erfahrungen in der Metalltechnik bekannt wurde, heißt es um das Jahr 1100: »Nimm einen drei Jahre alten Bock, binde ihn drei Tage an, ohne ihm Nahrung zu geben, am vierten reiche ihm Farnkraut zu fressen und nichts anderes. Wenn er dieses seit zwei Tagen gefressen, stecke ihn die folgende Nacht in ein am Boden durchlöchertes Faß, unter dessen Löcher du ein unversehrtes Gefäß gestellt hast, um darin seinen Harn zu sammeln. Nachdem du zwei, drei Nächte ihn auf diese Art zur Genüge gesammelt hast, lasse den Bock frei, in dem Harne aber härte deine Eisen. Auch im Harne eines rothaarigen Knaben werden Eisenwerkzeuge mehr gehärtet als in bloßem Wasser.«

Viele Weltreisende erzählen von ihren Entdeckungsreisen rund um den Erdball, daß man Harn zum Färben der Gewebe und Haare einsetzte. Die Eskimos behandeln ihre Tierhäute in Harn, die Indianer die Büffelhäute. Feldhaus berichtet, daß im vergangenen Jahrhundert in Mexiko Menschenkot auf Kähnen herangeschafft und öffentlich zum Gerben ausgerufen wurde. Es ist ja nicht unbekannt, daß feine Handschuhleder mit Eigelb und Urin gegerbt wurden. Zu den feinsten dieser Art allerdings gehören die mit weißem Hundekot gegerbten. Vor gar nicht allzulanger Zeit hat man dafür noch speziell ernährte Hunde gehalten.

Als die künstliche Herstellung von Ammoniak noch unbekannt war, ließen die Besitzer der Färbereien von Montjoie in der Eifel jeden Morgen in allen Häusern des Orts den Urin gegen Bezahlung abholen.

In den deutschen Eisengießereien war Pferdemist einst sehr gesucht. Man mischte ihn mit dem Lehm, den man zur Herstellung der Gußformen brauchte, speziell für die Herstellung einer Höhlung, die man auch »Kern« nennt. Das Material mußte eine entsprechende Porösität aufweisen, damit die rasch expandierende Luft beim Eindringen des flüssigen Metalls entweichen konnte. Nicht nur in Afrika bewarf man die Hütten mit Kuhmist. Die Türken und Ägypter verwendeten Kuhmist mit Sand und Asche als Mörtel gemischt zum Verputzen ihrer Häuser. Der Estrich auf den Tennen vieler deutscher Bauernhäuser wurde aus Lehm und Kuhmist gestampft. Die Alchimisten verdichteten mit Kuhmist sogar ihre Schmelzöfen.

Einige der besten Tabaksorten, die aus Amerika kamen, wurden in Aborten aufgehängt, »damit die Dünste, die von dem menschlichen Kot und Harn aufsteigen, die verdorbenen und schädlichen Stoffe in der Pflanze in ihrem rohen Zustande verbesserten«. Noch Jahrzehnte nach dieser Meldung aus dem Jahre 1813 wird auf Kuba »beim Zigarrenmachen der weibliche Harn als ein gutes Einweichungsmittel« gebraucht. Auch bei den Eskimos ist Urin eine hochgeschätzte Flüssigkeit: Sie konservieren ihre Milch damit.

Zur Zeit des ersten Weltkrieges gab es eine ganze Reihe von Prozessen, in denen die Verwendung von Harn zur »Verbesserung« der Käse am Pranger stand. Sicher ging der Einsatz von Harn auf gewisse abergläubische Vorstellungen zurück, obwohl auch alte und erprobte Erfahrungen im Spiel gewesen sein mögen. Es wurde eingeräumt, daß man Harn verwendete, um den Einfluß der Hexen von der Milchwirtschaft, in der man die Hexe besonders fürchtete, fernzuhalten.

Seit dem frühen Altertum, etwa aus Ägypten, kennt man das Verfahren, Hühnereier in der Wärme des Mistes auszubrüten. Auch den Chinesen war es nicht unbekannt. In Europa erfuhr man davon durch die Neuübersetzung der lateinischen Schriftsteller und durch die phantastisch ausgeschmückten Reise- und Entdeckungsberichte der Frühzeit der Moderne. So erzählt zum Beispiel Johann Mandeville, dessen Reisebeschreibung einst viel gelesen wurde, von solchen »Brutapparaten«. In der Augsburger gedruckten Ausgabe aus dem Jahre 1481 ist ein solcher Mist-Brutofen dargestellt.

Ausbrüten der Eier im Miste. Holzschnitt aus Montevilla *Reise ins Heilige Land* (Augsburg 1481)

Als Kuriosum betrachtet man heute die sogenannten Feuerklosetts. Für derartige Einrichtungen sind besonders im vergangenen Jahrhundert eine ganze Reihe von Patenten erteilt worden, so etwa einem August Scheiding aus Berlin oder einem Julius Swiecianowski aus Warschau für einen Apparat, der die festen Exkremente durch einen unter dem Klosett befindlichen Ofen in Poudrette verwandelte und den Urin in Torf aufsaugte. J. D. Smead entwickelte einen Trocken- und Verbrennungsapparat für Fäkalien. Die Fäkalien wurden unmittelbar nach der Entleerung auf eine erhitzte Pfanne gebracht, getrocknet, karbonisiert und zu Asche verbrannt. Näheres weiß man von dem Feuerklosett von Seipp und Weyl: »Im Keller des zweigeschössigen Hauses ist der Verbrennungsofen des Feuerklosetts aufgestellt. Derselbe besteht im wesentlichen aus 2 Teilen: a) aus zwei Walzen. Auf diese fallen die Fäkalien und breiten sich auf denselben, wenn die Walzen gedreht werden, in dünner Schicht aus. Die Drehung der Walzen erfolgt beim Oeffnen und Schließen der zum Klosett führenden Thür vermittelst eines Drahtseiles, das an der Thür befestigt ist; b) aus der Feuerungsanlage. Zur Heizung dient Holz oder Kohle. Das Feuer bestreicht die Walzen und verbrennt die Fäkalien. Auch das Feuer wird durch das oben erwähnte Drahtseil reguliert, indem ein Schüttelrost eine um so größere Menge Brennmaterial hergiebt, je häufiger das Klosett benutzt wird. – Der Verbrauch von Feuerung ist gering. Die Resultate des neuen Apparates sollen günstiger sein. Ein einziges Fallrohr verbindet alle Klosetts beider Geschosse mit dem Ofen.« In diesen Zusammenhang gehört unbedingt auch »Lönholdts's Patent-Feuer-Closett«, ein »Verbrennungsofen für Fäkalien«, der als »Neuerung auf gesundheitstechnischem Gebiet« erstmals auf der »Rothe-Kreuz-Ausstellung in Leipzig 1892« vorgestellt wurde. Dort erhielt der Erfinder eine goldene Medaille und das Deutsche Reichspatent Nr. 73395. Der Apparat, heißt es in der Werbeschrift, »ist dazu bestimmt, Fäcalien und sonstige organische Abfälle der Hauswirtschaft zu trocknen bzw. rauch- und geruchlos zu verbrennen. Die im Ofen erzeugte Wärme kann im Winter zur Heizung des Hauses mit verwendet werden.«

Bereits Anfang des 19. Jahrhunderts war in Berlin der Vorschlag gemacht worden, die menschlichen Exkremente zu trocknen und dann als Brennstoff zu verwenden. Das berichtet 1829 die in Weimar erscheinende Zeitschrift *Der Handwerker* (Band 4, Seite 127). Im Jahre 1917, während der schrecklichen Kriegstage, wurde dieser Vorschlag verwirklicht, wenn auch in anderer Weise. Man hat nämlich Gas zur Beleuchtung daraus hergestellt. Der Kot wurde in Kesseln eingedunstet, getrocknet und dann destilliert, wobei man Gas, Ammoniak und brennbares Öl erhielt. Verglichen mit dem Gas der Continental-Gasassociation in Berlin, so meldete die *Preußische Staatszeitung*, brannte es jedoch bedeutend schwächer.

Das Licht war weißer, auch erschien der hellblaue Teil der Flamme an der Basis beträchtlicher, doch hatte es insgesamt weniger Intensität.

Die Not hat noch so manch andere merkwürdige Erfindung geboren. In einem Sonderheft von *Velhagen & Klasings Monatsheften* (43. Jahrgang 1928/29) berichtet O. Lange über eine äußerst ungewöhnliche Art der Fettgewinnung. Unter dem Titel »Kleine Feinde des Menschen: Motten und andere Schädlinge« heißt es da: »Nach einem in der Not des Krieges entstandenen Verfahren erzeugte man Fett für die Seifenfabrikation und andere industrielle Zwecke in der Weise, daß man Abwasserschlamm und ähnliche unverwendbare Abfallprodukte, wie giftige Pilze, verdorbenes Fleisch, Senkgrubeninhalt oder andere Massen unverwendbarer Stoffe mit spefizischen Insektenarten, Milben, Würmern, besonderen Schmeißfliegen besiedelte, die jenes Material als Nahrung aufnahmen und in ihrem Körper in Fett verwandelten, das dann auf irgendeine Weise gewonnen wurde. Es wurde errechnet, wie die Nachkommenschaft von vierzehn Fliegenweibchen nach vier Monaten soviel Maden liefert, daß durch diese in wenigen Tagen die tägliche Fäkalienmenge von siebzig Millionen Menschen verzehrt wird; die Nachkommenschaft von 365 mal 14 = 5110 Weibchen würde demzufolge den gesamten jährlichen Fäkalienanfall des früheren Deutschlands bewältigen und am Ende einer Woche etwa 23.000 t Fett und 77.000 t Eiweiß in ihren Leibern aufgespeichert haben! – Die ungeheure Vermehrungsfähigkeit würde diese Schädlinge instand setzen, nicht nur die Fäkalien, sondern auch uns selbst buchstäblich aufzufressen, wenn sie nicht so haufenweise zugrunde gingen.«

Welche Bedeutung dem Stickstoff- und Phosphatgehalt der menschlichen und tierischen Exkremente gerade bei der Nutzung in der Landwirtschaft zukommt, wissen die Bauern immer noch am besten, auch wenn zeitweise die künstliche Düngung an Bedeutung gewonnen hat. Allerdings hat die Großviehhaltung erhebliche Probleme mit dem massenhaften Anfall von Gülle und Kot gebracht. Erinnert sei in diesem Zusammenhang vor allem an den begehrten natürlichen Guano, den aus den Exkrementen von Kormoranen und anderen Seevögeln zusammengesetzten und äußerst calciumphosphat- und stickstoffreichen organischen Dünger, der vor allen an den Küsten von Peru und Chile abgebaut wird.

Im Juni 1783 wurde eine Debatte in verschiedenen französischen Zeitungen geführt. Es wurde gefragt, so berichtete der *Hamburger Correspondent* (Nr. 149), in welcher Form Urin zur Düngung des Bodens am besten zu verwenden sei, ob frisch, ob unvermischt, in welcher Menge, ob für Äcker, Weinberge oder Wiesen, zu welcher Jahreszeit usw. und ob man den Urin nicht auch in der Industrie gewinnbringend einsetzen könne. Allerdings, so wurde zur Antwort gegeben, sei Urin einer der besten Dünger der Erde, vor allem wenn man ihn über dem Schnee auf die Felder bringe. Auch könne man durch wöchentliches Eingießen von Urin in einen Fischteich bei der Fischzucht profitieren.

Die *Encyclopedie* des Diderot und d'Alembert enthält im 17. Band einen beachtenswerten Hinweis: »In England beklagte man es sehr, daß man nicht mehr jene alten, beliebten Reinetten-Äpfel der Grafschaft Kent anbaut . . . , daß diese Apfelart ganz verloren gegangen sein würde, wenn nicht einige Personen es unternommen hätten, den Anbau derselben wieder nach der alten Methode zu betreiben, die, wie die bejahrten Gärtner und Viehmäster wissen, darin bestand, daß man zwei- oder dreimal während des März die alten moosigen und ungesunden Bäume mit Urin von Rindern usw. befruchtete, der in irdenen Gefäßen gesammelt wurde, die man unter die Bohlen der Ställe setzte, in denen das Vieh gemästet wurde.« Über den Nutzen des Urins heißt es weiter: »In Holland hebt man an mehreren Orten den Urin vom Hornvieh mit der gleichen Sorgfalt auf wie den Mist.«

Als später die Abfälle der Stadt mit der Kanalisation auf Rieselfelder außerhalb der Stadt verbracht wurden, blühte hier die Gemüseproduktion. Erst dem wachsenden Umweltbewußtsein ist die Erkenntnis zu verdanken, wie viele der Bestandteile in das Grundwasser absickern und die Rückstände Nährboden für Krankheiten und Ungeziefer sein können. Hinzu kommt, daß der Unrat schon lange nicht mehr »rein« ist: Industrieableitungen und Waschmittelreste zum Beispiel haben die wertvollen Exkremente »verwässert«. Fünftausend Livres zahlte die Stadt Paris noch im Jahre 1780 einem Unternehmer für die Beseitigung des Straßenschmutzes. Dagegen bezahlte rund dreißig Jahre später eine Gesellschaft der Stadt Paris jährlich 150.000 Franken für die Genehmigung, allen Schmutz aus der Stadt abfahren zu dürfen. Diese Gesellschaft hatte den hohen Wert des städtischen Düngers erkannt. Sie betrieb in Montfaucon bei Montmartre eine Fabrik zur Düngerproduktion und erzielte dabei Gewinne in Millionenhöhe. Der Franzose Jacques Pierre Bridet machte im Jahre 1788 in Paris den Vorschlag, den Rückstand der Abtritte als Mastpulver für Schweine zu verwenden. Diese Idee ließ er sich am 24. Oktober 1796 in einem französischen Patent schützen.

Eine besondere Erwähnung verdient in diesem Zusammenhang die Stadt Florenz. Hier enthielten die Mietskontrakte lange Zeit hindurch eine Klausel, die die Mieter verpflichtete, nur den eigenen Hausabort zu benutzen, dagegen keine fremden. Hinter dieser auf den ersten Blick kuriosen Vorschrift steckte ein erstaunliches kaufmännisches Kalkül: Die Hausbesitzer verkauften nämlich den Inhalt der Latrinen an die Landwirte als Dung. Sie waren natürlich daran interessiert, möglichst viel davon abliefern zu können.

Daß viel mythischer Nebel beim Einsatz von Exkrementen eine Rolle spielte, zeigt das Beispiel von Friedrich Krupp in Essen, der dafür erheblich zahlen mußte. Friedrich Krupp war zunächst Kolonialwarenhändler und kam durch sonderbare Umstände in den Besitz einer kleinen Gießerei. Sein Ehrgeiz war es, den von den Werkzeugmachern der Ruhrgegend begehrten hochqualitativen Gußstahl herzustellen. Dieses Ziel schien ihm greifbar nahe, als sich im Sommer 1815 ein Erfinder namens Friedrich Nicolai bei ihm vorstellte. Nicolai war im Besitz eines unter dem 18. April 1815 gesiegelten Patents auf die Herstellung von Gußstahl. Krupp hatte zwar bereits dreißigtausend Taler in die Entwicklung von Gußstahl gesteckt, doch ließ er sich vom redegewandten Nicolai einspinnen und liierte sich mit ihm zur Firma »Nicolai et Krupp«. Doch rasch erkannte Krupp, daß er einem Betrüger aufgesessen war. Nicolai verstand nämlich von der Herstellung von Gußstahl überhaupt nichts. Es kam zu langen Prozessen, die erst 1823 vor dem Obertribunal in Berlin zu Krupps Gunsten entschieden wurden. Der bekannte Technikhistoriker Franz Maria Feldhaus erzählt 1921: »Vor einigen Jahren, als ich in den alten preußischen Patentakten kramte, fiel mir ein besonders dickes, paketartiges Aktenstück auf. Ich zog es hervor und las zu meinem Erstaunen, daß ich das berüchtigte Nicolaipatent in der Hand hatte. Als ich nun die verschiedenen Packpapiere, die untereinander mit Siegellack wiederholt verklebt waren, sorgsam öffnete, fand ich zwischen zwei Papierlagen die früher amtlich vergebens gesuchte Beschreibung der Erfindung versteckt. Außerdem hielt ich drei versiegelte Umschläge in Händen, bezeichnet mit den Zahlen I, II, und III.

Wie erstaunt war ich, als ich die Beschreibung las, und das Nicolaische Geheimnis sich vor mir entschleierte: der Umschlag Nr. I enthielt Markasit, also Graueisenkies. Gut! Nummer II enthielt gestoßene ›Passauer Tiegelmasse‹. Na? Aus dem dritten, besonders umfangreichen Umschlag rieselte eine bräunliche Masse auf meinen Tisch. Ich lese in der Patentbeschreibung, es sei ›Kuhfladen‹! Seinen ehemaligen Wohlgeruch hatte dieser Stoff bei dem fast hundertjährigen Aktenschlaf zwar eingebüßt, aber nach dem Aussehen mag ich nicht daran zweifeln, daß die Masse echt ist. Wie man aus Graueisenkies unter Zusatz von alten Tiegeln und Kuhmist einen guten Werkzeugstahl erhalten soll, ist mir rätselhaft.

Nur eine zopfstolze Aktenverwaltung konnte Nicolai auf diese Beschreibung und diese Proben hin ein Patent erteilen. Und nur die Ehrfurcht vor der Weisheit der Behörde konnte den guten Krupp verleiten, seine ehrliche Arbeitskraft mit dem patentierten Schwindler Nicolai auf Grund des in Berlin geheimnisvoll versiegelten Patentes zu teilen. Ein Patentgesetz gab es damals für Preußen noch nicht. Dem ›Bittsteller‹ wurde nach freiem Ermessen der höchsten Königl. Preußischen Staatsbehörde ein Patent allergnädigst erteilt. Die eingereichten Beschreibungen, Zeichnungen, Proben oder Modelle versiegelte man in Berlin sorgsam. Die Mitwelt, die Techniker, erfuhren durch das Amtsblatt nur, daß dem und dem dann und dann ein Patent erteilt worden sei. Kein Wort mehr wurde veröffentlicht. Es hätte das Ansehen der Behörde untergraben, wäre der Kritik der Öffentlichkeit zugänglich gemacht worden, was die Behörde zu patentieren für gut befunden. Ob der hereingefallene Krupp je erfahren hat, welche Ingredienzien sein Sozius in Berlin hatte versiegeln lassen? Ich glaube nicht; denn in seinen Briefen, die sich sehr scharf gegen Nicolai wenden, liest man nichts davon.«

Vom Einfluß bzw. Nutzen des hier behandelten Gegenstandes in der Lokal-, Landes- und Weltpolitik ist bislang nicht gerade viel bekannt. Man weiß, daß es schon im Mittelalter als Schimpf und Schande galt, mit Unrat und Fäkalien beworfen zu werden. Im politischen Kampf hat sich das dann später, am Beginn des 18. Jahrhunderts und besonders in der Zeit des ersten Weltkrieges, in der skatologischen Karikatur ausgedrückt.

Auch die folgenden Anekdoten dürften lediglich die Spitze des Eisberges andeuten.

Während der schlesischen Manöver kam König Wilhelm I. durch Kohlfurt. Der Kantor hatte eine prächtige Hymne über die Eingangsworte: »Kohlfurts Jugend kommt dich zu begrüßen« in Musik gesetzt. Der Altchor intonierte wuchtig: »Kohl-furts-Kohl-furts . . . « worauf die Soprane mit kanonischer Stimmführung steigerten: »Kohl Kohl Kohl – furts furts furts . . . « Weiter kamen sie nicht. Der Monarch winkte gnädig ab: »Das genügt einstweilen, mehr braucht man von den organischen Wirkungen des Kohls nicht zu wissen.«

Die Stadt Gumbinnen an der Pissa bat Friedrich Wilhelm IV., den anstößigen Namen ändern zu dürfen. Der Kaiser schrieb an den Rand des Gesuches: »Genehmigt. Schlage vor: Urinoko.«

Jahrelang hatten sich die Bürger in einer energischen Initiative dafür eingesetzt: Laut Beschluß des Preußischen Staatsministeriums vom 18. August 1927 wurde der Name der Landgemeinde Kackenberg im Oberwesterwald in Neuhochstein umgewandelt. Die Einwohner dieses stillen Örtchens hatten es satt, daß man ständig auf ihre Kosten üble Scherze trieb.

In die Kriegsgeschichte führt eine Anekdote, die von Napoleon erzählt wird: Napoleon I. pflegte ganze Nächte lang mit seinen Ministern und Feldherren zu beraten und duldete nicht, daß die Sitzungen auch nur für eine Minute unterbrochen wurden. Marschall Macdonald, der sonst kein großes Licht war, wurde in der Not zu einem großen Strategen. Er *mußte* unbedingt hinaus, sonst wäre er geplatzt. Aber es konnte nicht sein, da ihn der strenge Kaiser, der sowieso nicht gut auf ihn zu sprechen war, sofort aus dem Heer gejagt hätte. Die drängende Not machte ihn zum Genie: In weniger als fünf Minuten entwickelte er einen Feldzugsplan gegen Österreich von solch unerbittlicher Logik, von einer so umfassenden Ausnutzung alle möglichen Kombinationen, daß Napoleon starr wurde. Die Sitzung wurde aufgehoben, und der Marschall stürzte hinaus.

»Ich habe mich in dieser Kanaille getäuscht!« knurrte der Kaiser. Der Plan wurde ausgeführt. Und so verdankte Österreich seine schmähliche Niederlage einigen Flaschen guten Weines.

Vergnügungen auf dem Blocksberg

Die Ägypter wie die Römer verehrten einen Gott der Darmwinde. Crepitus, so schreibt der Altertumsforscher Benjamin Hederich in seinem *Gründlichen Lexikon Mythologiae* (Leipzig 1770), »ist eine von den lächerlichen Gottheiten, welche die Ägypter verehrten, und vor dem sie mehr Scheu sollen getragen haben als vor dem Serapis. Man hat seine Abbildung noch aus einem Karniol geschnitten, wo er als ein junges Kind gestaltet ist, welches sich in der Stellung eines Menschen befindet, der Winde streichen lassen will und sich deswegen anstrenget. Auf dem Kopf hat es statt der Mütze einen Dreckkäfer als ein sehr schickliches Sinnbild dieses Gottes. Auf einem anderen irdenen Denkmal steht er aufgerichtet mit in die Seiten gesetzten Armen, wodurch er sich gleichsam drängt, die Winde loszuwerden, die ihm in seinem aufgeblähten Bauche beschwerlich sind.« Hederich schränkt aber ein, daß man die Gottheit für erdichtet hielte. Andererseits ist die Verehrung der Ägypter für den Dreck-, Stutz- oder Mistkäfer, der allgemein unter der Bezeichnung Skarabäus bekannt ist, weltläufig.

Hederich beschreibt auch den Kultus des israelitischen und moabitischen *Baal-Phegor*, der »mehr schmutzig als obszön« war. Der Dienst, den man dieser skatologischen Gottheit erwies, bestand in einer Verquickung von Defäkation und sexueller Sensation, und »einige haben denjenigen in ihm zu finden geglaubt, den man unter dem Namen Crepitus anderswo verehrt hat«. »Peor« soll sich von einem Wort ableiten, daß »zu Stuhle gehen« bedeutet. Einige Forscher meinen daher, die Hebräer hätten den moabitischen Gott des Donners, Baal-Roem, aus Spott den Gott der Bauchwinde genannt. Die alten Mexikaner verehrten ebenfalls eine skatologische Gottheit, den Tlazoltecotl oder Ixcuina.

 Die Römer verehrten gleich mehrere Gottheiten: Stercus, den Vater von Picus und Erfinder der Erddämpfe, und Sterculius, Stercutus oder Sterculinus, die Gottheit des Mistes. Auch Gott Faunus erhielt diesen Beinamen. Sterculius, der die Felddüngung erfunden haben soll und deshalb als Gott des Ackerbaus fungierte, hielt auch die Obhut über die Latrinen. Weiterhin verehrten die Römer die Venus Cloacina in ihrem Tempel auf dem Comitium, der seine Entstehung folgender Geschichte verdankt: Als man einst eine weibliche Statue in einer Kloake fand und nicht wußte, was sie vorstellte, heiligte sie Titua Tatius, und weil sie in einer Kloake gefunden worden war, nannte man sie Cloacina. Die Herkunft des Namens ist allerdings ebensowenig verbürgt wie die Frage, ob sie wirklich verehrt wurde.

In umfangreichen Abhandlungen haben Gelehrte belegt, daß es keinen Zweifel an der Existenz eines Gottes der Bauchwinde gibt. So zu lesen zuerst in einer 1768 in Paris erschienenen Schrift unter dem Titel *Oratio pro crepitu ventris, habita ad patres crepitantes*, französisch unter dem Titel *Eloge du Pet* (Paris an VII). Die dickleibigste Studie über die skatologischen Riten rund um den Erdball bis auf seine Tage stammt von dem Amerikaner John Gregory Bourke (*Scatologic Rites of all Nations*. Washington 1891, deutsch Leipzig 1913, Auswahl Frankfurt am Main 1992).

Wer in Menschen- oder Hundekot tritt, hat noch an demselben Tage Glück, meint man im Zürcher Oberland. In Schlesien dagegen hat derjenige, der von Menschenkot träumt, Ärger, Unglück, ja selbst Krankheit und Tod zu erwarten. In Thüringen glaubte man, daß es bald Geld gäbe, wenn man von gelbem Kot träume. Kot vor der Haustür gilt auch in Frankreich als Vorzeichen für Reichtum. Zur genauen Erforschung der Zukunft haben Zigeuner oft den Kot begutachtet. Kot als Geschenk der Dämonen verwandelt sich in Sage und Märchen in pures Gold.

Größere Bedeutung erlangte bei allen Völkern der Kot-Zauber, wobei der Schadenzauber großen Raum einnimmt. »Man saget, das wenn einer eines Arsch ängsten oder blatterich machen wolle, ein solcher stercus humanum recens excretum nehmen müsse und im Feuer verbrennen«, denn es gäbe »die Erfahrung / daß die kleinen Kinderlein anfangen zu hitzen und kranken / wann etwas von ihren excrementis mit dem Kehricht in Ofen wird geworffen«.

Fischer hält in seinem *Aberglaubenverzeichnis* schon 1791 fest, daß man jemandem Brennen im Mastdarm und Schwären verursachen könne, wenn man dessen Kot verbrenne oder in einer Art Bildzauber mit Nadeln in den Kot steche; das glaubte man noch um 1880 bei den Wenden.

Auch im slawischen und magyarischen Raum galt die Regel: Will man jemandem ein Leid zufügen, so nehme man Exkremente, vergrabe sie auf einem Berge, nachdem man zuvor dreimal den Namen der zu bezaubernden Person hineingerufen hat, und scharre dann das Loch gut zu. Will man gar den Tod eines Menschen herbeiführen, so sperre man einen schwarzen Hund ein und gebe ihm bei abnehmendem Monde auf Brot etwas vom Sperma des Mannes oder vom Menstrualblut der Frau oder von ihrer Nachgeburt oder von der Nabelschnur zu fressen. Dann sammle man den Kot des Hundes, trockne und pulverisiere ihn und mische ihn in das Essen jenes Menschen, von dem man heimlich diese Zutaten erlangt habe und dem man den Tod wünscht.

Die Krätze bekäme, wer seine Exkremente mit glühenden Kohlen und Asche bestreut. Verbrenne man dessen Kot mit neunerlei Holzarten, so bekäme er einen schlimmen After.

Wer dem Vieh des Feindes schaden will, schleicht sich nachts in den Stall, sammelt von dem Kot und verbrennt ihn zu Hause; die Tiere magern dann ab, nagen am Holz, geben schlechte Milch und nässen beim Melken.

Will man den Wölfen ans Fell, verbrennt man deren Kot und läßt die Asche vom Winde zerstreuen. »Andere machen ein Loch in die Erde, thun die Excremente hinein und schlagen einen Keil darauf: durch ersteres Experiment soll der arme Wolf Bauchgrimmen bekommen und seine Spur verlieren, im anderen Falle aber mit einer Obstruction bestraft werden. Letzteres Verfahren mit menschlichen Excrementen angewandt, hat denselben Erfolg«, berichtet Kreutzwald 1854 über die Esten. Schadenzauber kann verübt werden, indem man Wolfskot in einen Schafstall bringt; die Schafe laufen dann ängstlich umher.

Übel mitgespielt werden kann auch jenen, die den Hof oder den Abort verunreinigen; deren Kot behandelt man einfach mit Wasser oder Feuer. Ein »feuriger Zundel« auf dem noch warmen Dreck des Übeltäters führt bei ihm zu einem »Arsch voll Rosen«. Mit Blasen auf den Hintern, Bestreuen der Hinterlassenschaft oder gar Verbrennen des Kot kann man besonders Kinder bestrafen, die ihre Notdurft an verbotenen Stellen verrichten. In den Rauch des Kamins gehängter Kot bringt Schwindsucht und Abzehrung. Steckt man den Kot in einen kleinen Sack und taucht ihn in fließendes Wasser, so bekommt der Betreffende Diarrhöe, bis man den Kot wieder aus dem Wasser nimmt. Man kann einen Gegner auch in Unruhe versetzen, wenn man seinen Kot in einen Ameisenhaufen bringt.

 Stört ein Magier das Schlachten, läuft der Schlächter am besten in den

Stall, sticht dreimal mit dem Messer in den Viehmist und sagt dazu: sit, sät, sat.

Bei den Massenkopulationen von Hexen und Teufeln auf dem Blocksberg zur Walpurgisnacht spielen exkrementelle Orgien eine wichtige Rolle. In Johannes Praetorius Buch *Von des Blocks-Bergs Verrichtung* (1668) wird ein Eindruck von dem tollen Treiben vermittelt, das allerdings noch nie jemand selbst miterleben konnte. Auch der Titelkupfer fängt davon nur einiges ein: Belzebubs totale Entleerung im Vordergrund, Reiten durch die Lüfte auf Besen und gehörntem Getier, der genüßliche Kuß auf den Hintern des ältesten und häßlichsten Bocks usw.

Walpurgisnacht

Die Furcht vor der Walpurgisnacht war allgemein weit verbreitet. Denn in jener Nacht schütten Hexen Leichenwasser auf den Dunghaufen, um den Kühen die Milch zu nehmen. Und Kot von Kühen, der in der Nacht von Karfreitag auf Karsamstag entwendet wurde, verleiht dem Zauberer ein Jahr lang Macht über das Vieh. Auf jede Weise versuchte man, den Kot zu schützen: Man umsteckte den Düngerhaufen mit Dornen, frischen Rasenstücken oder zwei Haselgerten. Zur Anwendung kamen auch Reisig, Eggen, Rechen, Mistgabeln und Wirtschaftsgeräte. Es wurde auch kreuzweise über den Misthaufen geschossen. Läßt eine Kuh vor einem Hexenhaus ihren Kot fallen, darf der auf keinen Fall offen liegenbleiben. Auch seine eigenen Exkremente soll man mit Erde bedecken, um die Zauberei fernzuhalten. Diese Sitte ist auch bei den Bewohnern Neu-Britanniens beobachtet worden.

Da, wo die Hexen ihre Versammlungen abhalten, glaubt man in Ungarn, wächst kein Gras mehr. Um die unheilvolle Macht der Hexen zu brechen, muß man versuchen, in der Nacht zum 1. Mai etwas von den Hexenexkrementen zu erhalten. Wenn man diese dann verbrennt und die Asche im Haus und Hof verstreut, wird nie wieder eine Hexe einkehren.

In der Gegend von Kalotasceg in Ungarn wirft am Vorabend des Georgstages die Hausfrau ein Strohbündel, auf das sie uriniert hat, auf das Dach und schützt es so vor Hexenbesuchen. Uriniert ein Mann in die vier Ecken seines Ackers, dann muß er weder Hagel noch Sturm noch Überschwemmung befürchten. In Vorpommern und Rügen urinierte ehemals der Bauer ebenfalls auf dem Feld, um das Korn gut wachsen zu lassen.

Der Zauberbann durch Kotverbrennung steht in einem merkwürdigen Gegensatz zum Schadenzauber durch Kotverbrennung. In Norwegen verbrannte man Kindspech auf dem Herd, an dem die Mutter mit dem Kinde saß. Man darf auch nicht auf Wegen oder Stegen eine Notdurft verrichten, sonst kommt man zu Schaden, entweder Schaden am After oder ein Gerstenkorn am Auge, wenn man in einen solchen Kothaufen am Wege oder gar auf einem Kreuzwege tritt. Wenn man in Böhmen einen Span von einem Sarge mit dem Exkrement eines Menschen in Leinwand von einem Totenhemd wickelte und im Kamin aufhängte, trocknete der Mensch aus. Wollte man ihn dagegen anschwellen lassen, so begoß man das Aufgehängte. Heilen konnte man ihn wieder, wenn man es vor Sonnenaufgang in einen Hagebuttenstrauch legte.

Zu harmloseren Zwecken, etwa jemandem zu einem Stuhlgang zu verhelfen, wurde etwas Kot des Patienten genommen, um ihn in eine abgesägte Schienbeinröhre eines Toten zu praktizieren, Wasser darauf zu gießen und das ganze im Feuer zu kochen. Ein ähnliches Rezept hatte früher bereits einem anderen Zauber gedient. In Speidels *Speculum* (1627) heißt es: »... item / wann sie Menschenkot nehmen / und in eines Todten Röhrenbein thun / darnach in Brunnen werffen / so dorren die Personen aller aus / welche von dem Wasser trincken.« Weiter heißt es, man könne einem Menschen den Tod zusprechen, »wenn in dem Abort ein hohler Menschenknochen so aufgehängt wird, daß der Abfall desjenigen, dem der Tod zugedacht ist, durch diesen Knochen fällt«.

Ganz harmlos ist schließlich das Rezept des Mediziners Most (1842). Er berichtet von einem Versuch: Man nimmt zwei Federposen, füllt sie mit dem Kot des Menschen, der purgieren soll, verschließt sie mit Siegellack und kocht beide Posen im Wasser. Der Mensch muß dann so lange abscheiden, bis die Posen wieder erkaltet sind. Ein Arzt, so berichtet Most, hätte einen Spötter auf diese Weise »10 mal schnell hintereinander purgiren« lassen, »weil dieser über ihn und seine Curen an Table d'hôte öffentlich gespottet hatte«. Es wird beteuert, »daß die Einbildung hier keinen Einfluß haben konnte, da der junge Doctor vom Experiment nicht das Geringste wußte«.

Zum größten Teil ist der Zauber mit Kot jedoch Zauberabwehr. Bereits im 5. Jahrhundert n. Chr. sollen Ammen und Kinderwärterinnen die Stirn der Kinder mit Kot bestrichen haben, um sie vor Neid und bösem Blick zu schützen. In der einst weit verbreiteten aufklärerischen *Gestriegelten Rockenphilosophie* des Johann Georg Schmidt (Chemnitz 1705 und öfter) steht dieser Vers darauf:

> Welch unvernünftig Wesen erdenkt das Weiber-Hirn,
> Daß sie mit Dreck und Koth der armen Kinder Stirn
> Besudeln und beschmieren für Neid und Zauberey?
> Ich kann gar nicht begreiffen, daß das vernünfftig sey.

Der Brauch soll noch im 18. und am Beginn des 19. Jahrhunderts üblich gewesen sein, heißt es im *Handwörterbuch des deutschen Aberglaubens*. Aber auch noch in unserer Zeit ist gleicher Brauch aus gleichem Glauben durchaus üblich. Gegen den Alpdruck schmiert man die Brust mit Kot ein oder legt ein mit Menschenkot bestrichenes Tuch auf.

Über Abwehr von Schiffszauber berichtete im 17. Jahrhundert der estländische Pfarrer Boecler: »Es haben mir Strand Bauern erzehlet, daß manchmal ihre Böhte bezaubert würden, so gar, daß sie auch bey bestem Winde weder hinter noch vor sich kommen könnten. Wenn ihnen nu solch Übel begegnet, wüsten sie kein ander Mittel, alß daß sie zusehen, wie sie das Excrementum puella incorruptae bekommen möchten, womit sie dann die Gänge und Bänke des Bohts bestreichen und also solches Übel abwendeten. Sie sagen auch, daß der Teufel mit nichts vertrieben werde, er auch nichts weniger leiden könne alß das Excrementum foeminarum menstruatarum.« Ähnliches berichten auch Paullini in seiner *Dreckapotheke* und Bräuner in den *Curiositäten* (1737).

Liebeszauber bricht man, indem man sich den Unrat des Übeltäters in den Schuh legt. Der Jäger befreit sich vom Zauber, den ihn jemand angetan hat, indem er ihm entgegen der Gepflogenheit Glück wünschte oder wenn er beim Auszuge einem alten Weibe begegnet, indem er einmal das Haus umschreitet und seine Notdurft verrichtet.

Hexen vertreibt man am besten mit dem Rauch von verbranntem Kot. Dafür bewahrt man den ersten Stuhlgang eines Kindes auf und benutzt ihn später zum Räuchern. Am beliebtesten ist jedoch der Rauch von Teufelsdreck, asa foetida. Er soll ein sicheres Mittel gegen die Verzauberung von Mensch und Tier sein. Die Hirten trugen ihn daher im Hirtenstab oder vergruben ihn im Topf unter der Stallschwelle. Im letzteren Fall muß der Mensch, der das Vieh verhext hat, »bei gehendem Leibe« verdorren. Fliegende Hexen kann man allein mit dem Wort »Saudreck« vertreiben. Je nach Landschaft wandelt sich diese Bezeichnung. In der Schweiz sagt man »Süidreck«, in Pommern »Schwiensdreck« oder, wenn man den fliegenden Drachen erblickt, »Schwiedrecksbrauder«. In Nassau ruft man »Sauarsch« oder »Muckenarsch«, in Bayern »Saudreck«, was ähnlich für die Nürnberger Gegend aus dem Jahre 1551 bezeugt ist. Nach den *Malefizbüchern* (Ausgabe 1925) gab damals ein Schafsdieb an, er könne den Teufel mit einem Segen vertreiben, der von seinem Vater stamme, und der »Säudreck, Säudreck« laute.

In den verhexten Exkrementen von Mensch und Tier suchte man nach der schädigenden dämonischen Macht und suchte sie zu quälen, herbeizuzitieren oder zu vernichten. Am Niederrhein, in der Gegend von Meiderich, wurden die Exkremente und der Urin eines verhexten Kindes in einem eisernen Topf über das Feuer gestellt und mit einem Deckel verschlossen. Sämtliche Schlüssellöcher des Hauses wurden verstopft, und dann durchschnitt man während des Kochens die Masse kreuzweise, in der Erwartung, dann müsse die Hexe erscheinen. In der Gegend von Trier nahm man bei der Viehverhexung etwas Kot der betreffenden Tiere, tat ihn in einen Sack und bearbeitete diesen mit Prügeln, weil man annahm, die Hexe spüre jeden Schlag und sei nun dadurch gezwungen, sich zu offenbaren.

Auch dem Milchzauber begegnete man mit Menschenkot. Luther sagt darüber in seinen Tischreden: »Dr. Pommers Kunst ist die beste, daß man sie (die Teufel) mit Dreck plaget und den oft in der Milch rühret, so stinket ihr Ding aller; denn als seinen Kühen die Milch auch gestohlen wurde, so streifte er flux die Hosen ab und brocket dem Teufel einen Wächter in einen Asch voller Milch und rührets um und sagt: Nun fret, Teufel! Drauf wart ihm die Milch nimmer entzogen.« Auch noch in jüngerer Zeit gab man den Kühen Milch mit Menschenkot ein oder man beschmierte den Melkkübel mit Unrat. Beim Buttern mit verhexter Milch verfährt man ähnlich. Ganz allgemein schützt man das Vieh gegen Verhexung, vor allem beim ersten Austreiben und besonders das Jungvieh, indem man ihnen Exkremente um den Hals hängt, an die Hörner oder ins Maul schmiert.

Auch die Vorstellung einer vermeintlichen Zauberwirkung des Urins ist uralt. Die Ansicht, der Harn sei Seelensitz oder Träger einer Lebenskraft, ist bei Tiefkulturvölkern häufiger nachzuweisen, haben ethnologische Forschungen ergeben. Im deutschen Sprachgebiet sind die Zeugnisse jedoch äußerst spärlich und unklar. Der Harn ist etwas Verderbliches, wie bereits in der Antike. Der Teufel tauft die Hexe mit Urin. Die Hexe braucht den Harn zum Schaden-, Waffen-, Wetter- und Liebeszauber. Der Harn wird aber auch zur Zauberabwehr eingesetzt.

Initial aus Versals *Anatomie*

Stark verbreitet ist die Ansicht, daß die Paten auf dem Taufgang nicht ihr Wasser lassen dürfen, sonst werde das Kind ein Bettnässer. Wer die Schwangerschaft verhüten will, soll Harn von einem Maidlein trinken. Auf einem Flachsfeld darf man nicht pinkeln, vor allem eine Schwangere nicht, sonst gedeiht der Flachs nicht. Während eine Tanne gefällt wird, darf der Holzfäller nicht urinieren, sonst wird das Holz wurmstichig. Schlagen zwei das Wasser über Kreuz ab, so nehmen sie jemandem den Schlaf, oder sie töten damit einen Juden. Drei Tage nach dem Kalben darf man nicht in den Stall pissen, sonst nimmt die Kuh die üble Gewohnheit an, während des Melkens

Wasser zu lassen. Einen Ort, »dahin geseicht ist«, soll man nicht überschreiten, sonst bekommt man leicht einen Schnupfen. Wer auf freiem Feld uriniert hat, soll darauf spucken, damit er selbst und niemand anders einen Schaden nehme. Alles Reine darf mit der unreinen Macht nicht in Berührung kommen: Alten Leuten ist es ein Frevel gegen den Himmel, ins Wasser zu pinkeln. Wenn man eine Kröte anpinkelt, bekommt man die Krätze.

Exkremente werden auch zum Liebeszauber benutzt. Jemand stärkt seine Liebesfähigkeit, wenn er seinen Harn in den eines Hundes läßt. Die durch Hexerei verlorene Manneskraft wird wiedererlangt, indem man durch eine Kammerscheibe, einen Trauring, einen Kranz aus Birkenzweigen uriniert oder sein Wasser in das Loch läßt, in dem ein Pfahl oder ein Rebstock stand, den man umgekehrt wieder hineinstecken oder in fließendes Wasser werfen soll. Bei den Magyaren sagt man: Kocht der Mann seinen Samen mit dem Urin des Weibes, das er begehrt, und gibt er diesen Absud dem Weibe in Speise oder Getränke, so muß es ihm willig werden. Um jemanden in sich verliebt zu machen, koche man seinen Urin. Der, dem es gilt, gerät in starken Schweiß und wird um so verliebter, je stärker der Sud brodelt. Das Mittel wird auch angewandt, um Kranke in Schweiß zu bringen, doch muß man sich hüten, den heißen Urin zu plötzlich vom Feuer zu nehmen, da das unfehlbar den Tod des Betreffenden zur Folge haben würde. Das gleiche Mittel, zur Liebe anzureizen, kennt man auch im Banat. Hier versucht das Mädchen, das einen Burschen fesseln will, um jeden Preis zu seinem Halstuch, zu seinem rechten Socken und zu seinem Urin zu kommen. Das alles kocht sie von einer Mitternacht zur anderen und gießt das Gebräu unter ihre Schwelle, über die er treten muß, wenn er zur Arbeit will. Auch wenn eine Frau einem Mann von dem Wasser, womit sie ihre Geschlechtsteile gewaschen hat, zu trinken gibt, wird er wie rasend nach ihr.

Die Macht, die im Urin steckt, macht ihn auch geeignet zum Gegen- und Abwehrzauber. In Westfalen wird in der Walpurgisnacht das Vieh mit Urin gewaschen. Ist jemand verschrieen, so wasche er sich mit seinem eigenen Urin. Mütter waschen ihre vom bösen Blick betroffenen Säuglinge mit Harn. Erschrickt man, soll man umgehend Wasser lassen, auch wenn es nur ein Tröpfchen ist. Ebenso soll das Pinkeln gegen den Alp helfen. Am besten schließt man Harn in eine Flasche, möglichst mit Nadeln zusammen. Die Flasche kann dann in die Sonne oder in den Kamin gehängt, aber auch ins Wasser geworfen werden. Als wirksame Form des Enthexens zeigt sich auch das Pinkeln in ein Tür- oder Vorhängeschloß, das man dann abschließt. Die Hexe muß dann umkommen. Aus dem Zauberglauben rührt auch die Gewohnheit von Einbrechern, am Tatort ihre Notdurft zu verrichten. Soweit keine physiologischen Ursachen, also eine in die Därme gehende Angst, eine Rolle spielen und nicht der Vorsatz besteht, den Geschädigten zusätzlich zu ärgern, ist damit der tiefe Glaube verknüpft, daß die Täter so lange vor Überraschungen sicher sind, als der »Nachtwächter« noch warm ist.

Die Apotheke auf dem Misthaufen

Der Volksglauben hat seit jeher den Exkrementen von Mensch und Tier besondere Eigenschaften und heilende Kräfte zuerkannt. Heute taucht in der Volksmedizin nur noch gelegentlich ein Kotrezept auf. Kinderverse jedoch erweisen den alten Brauch. Bei Verletzungen reimt man zum Beispiel im Saarland:

Häle, häle, Kathedreck
Morje frie is alles weg

In der Pfalz lautet es ähnlich, und rheinabwärts:

Häle, häle, Gausebleot
Streyke up diän kranken Feot
Häle, häle, Gausedreck
Muargen freo is alles weck

In Südtirol werden während der Faschingsumzüge Pillen ausgeboten. Sie bestehen aus »Roßfeigen«, »Geißkügelchen« und ähnlichem.

An dem Ernst, mit dem man an die Kotheilmittel glaubte, ist kaum zu zweifeln.

Plinius, dem die großartige römische Naturgeschichte zu danken ist und der im Jahre 79 beim Ausbruch des Vesuvs ums Leben kam, kolportiert als erster allerlei Volksheilmittel aus dem Mist verschiedener Tiere. So soll frischer Schafsmist, in Wein gekocht, gegen den Biß der Schlange wirksam sein. Gegen Zahnschmerzen soll die Asche von Mäusemist helfen, die man in die Zahnöffnung stecken muß. Die unverdauten Knochen in den Exkrementen eines Wolfes seien wirksam gegen wackelnde oder schmerzende Zähne. Ziegenmist, in einem Tuch kleinen Kindern, besonders Mädchen, umgebunden, beruhige diese in der Wiege. Bei Blähungen sei in Wein gekochter Kälbermist besonders zu empfehlen. »Gegen das Unvermögen, das Wasser zu halten ... raten die Alten, der Kranke soll die Asche von dem Geschlechtsgliede eines Bockes mit süßem Wein einnehmen, dann auf das Lager eines Hundes pinkeln und dabei die Worte sprechen: er möchte nicht, wie der Hund, sein Wasser auf sein eigenes Lager lassen.« Plinius gibt noch eine ganze Reihe solcher »Ratschläge«, die sich dann nicht nur in Paullinis *Dreck-Apotheke* aus dem Jahre 1696 wiederfinden, sondern auch in vielen anderen medizinischen Fachbüchern Eingang gefunden haben. Auch in ägyptischen Texten ist des öfteren vom Kotschlucken die Rede. Martin Luther sagt, zwischen Zweifel und Glauben schwankend: »Profecto, mich verwundert, daß Gott so hohe Artzeney in den Dreck gesteckt hat.«

Im 17. Jahrhundert wurde die Kot-Medizin systematisch ausgebaut. 1621 preist Minderer »in Bayern Rath und Leib-Medicus«: »Behilf dich derowegen mit diesen einfältigen, geringen Stücklein und sage Gott Dank darumb, daß er deiner auch in dem geringsten nicht vergessen, also daß auch die Excrementa animalium und gezürch der Pferd und Esel, auch anderer Thier, deiner Gesundheit dienstlich und behülflich sein mögen.« Neben Gufer von Memmingen, der in seiner Hausmedicin (*Tabulae medicinae*. Augsburg 1673) viele Kotmittel angibt, wetteifern auch andere Mediziner in Kot-Rezepten. In Schurigs *Chylologia historico-medica* (Dresden 1725) kann man eine Abhandlung »Über den medizinischen Gebrauch von Menschendreck« lesen. Der Autor prüft anfänglich die Frage, ob die Anwendung von Menschenkot überhaupt gestattet sei. Dann kommt er auf das Aussehen, die Farbe, den Geruch, die Konsistenz usw. zu sprechen und analysiert die für die verschiedenen Krankheiten günstigen Eigenschaften. Besonders kurios ist, daß er aus Kot destilliertes Wasser als wirksames Haarwuchsmittel empfiehlt. Selbst die französische Akademie der Wissenschaften nahm die Abhandlung eines solchen Dreckarztes in ihre Annalen auf (*Mémoires de l'Académie des Sciences pour l'année 1711*). Unter dem Titel *Observations sur la matière fécule* berichtet Guillaume Homberg unter anderem, daß er für die Erprobung seiner Dreckheilmethode eigens vier Menschen als Testpersonen engagiert hatte.

Christian Franz Paullini, der zu Ende des 17. Jahrhunderts als Stadtarzt in Eisenach tätig war, hat in einem umfangreichen Werk, das mehrere Nachauflagen erlebte (4. und vollständigste Ausgabe 1714, dann 1748,

Harnbeschauender Arzt, 1479

1847 und zuletzt 1908), all das zusammengetragen, was er über die Verwendung der menschlichen und tierischen Exkremente bei der Behandlung von Krankheiten in Erfahrung gebracht hatte. Diese *Neu-vermehrte, heylsame Dreck-Apotheke, wie nämlich mit Koth und Urin fast alle, ja auch die schwerst, giftigste Krankheiten und auch bezauberte Schäden vom Haupt biß zu den Füßen innerlich und äußerlich glücklich curiret worden...* ist die erschöpfendste Zusammenstellung von Volksrezepten und in seiner Art doch ein reichlich närrisches Sammelsurium. Unerschütterlich ist Paullini in seinem Glauben, den Zweiflern setzt er entgegen: »Zeige mir doch einen eintzeln Dreck in der gantzen weiten welt (möchte ihn gern sehen), dem die Güte des Herrn nicht eine sonderbare Heylkraft eingedruckt habe.« Und Paullini verkündet seine Lehre in Versen:

Sey nimmer müssig: Hör und schaue, Gottes Wunder
Sind auch im kleinsten Dreck. Ein jede Kreatur
Ist dessen Güte Pfand, und seiner Liebe Zunder,
Im Koth und im Urin liegt Gott und die Natur.
Kuhfladen können dir weit mehr als Bisam nützen.
Der bloße Gänsedreck geht Mosch und Ambra für.
Was schätze hast du oft im Kehricht und Mistpfützen,
Der beste Theriak liegt draußen vor der Tür.

Paullinis Rezepte sind ausdrücklich für die Armen, denn »Jedem Bauern wächst seine Apothecke auff seinem Hoff, hinterm Zaun und auff den Misten«.

Wie die Durchsicht der Apotheker-Ordnungen im 17. und 18. Jahrhundert ergeben hat, sind die von Paullini angegebenen Medikamente tatsächlich in den Offizinen geführt worden. So kann man noch heute gelegentlich unter dem Decknamen »weißer Enzian« in den Apotheken weißen Hundekot verlangen.

Bei Husten und Heiserkeit empfiehlt Paullini: »Kühkoth mit einem Schwalbennest und frischer Butter vermischt, warm über die Brust geschlagen« oder die Einnahme von »dürrem Gänsekoth in Huflattichwasser«. Helfen sollen unter vielen anderen Tips: Pfauenkot mit Zucker gemischt innerlich gegen Schwindel; Eselsmist innerlich gegen Schlaflosigkeit; Taubenkot innerlich gegen Kopfschmerzen; gegen Kopfschmerzen Mist einer roten Kuh im Pfauendreck äußerlich; Taubendreck äußerlich gegen Gicht; Menschkot und Knabenharn innerlich gegen Fallsucht; Dämpfe von Harn auf glühendem Eisen gegen Gelbsucht; usw. usf. in einer nahezu unendlichen Vielfalt und Variationsmöglichkeit.

Die merkwürdige Verquickung zwischen echtem ärztlichem Bemühen und dem primitivsten Volksglauben findet sich bei der Verwendung von Urin. Bei den Südslawen etwa gilt Urin als Mittel gegen Ohrenschmerzen: Man lege sich mit dem Kopf auf die Türschwelle und mit den Füßen gegen die Stube. Dann lasse man sich von seiner Patin seinen eigenen Urin ins Ohr träufeln.

Daß Urin einer Jungfrau Blindheit beseitigen kann und alle Machenschaften der Magier durchkreuzt, wußte man nicht nur im Mittelalter. Bereits Diodor von Sizilien berichtet von einer solchen Heilung durch Urin: »Ein König von Ägypten, der seit zehn Jahren blind war, bekam vom Orakel den Rat, seine Augen mit dem Urin einer Frau zu waschen, die die Treue gegen ihren Mann niemals gebrochen hätte. Der König gebrauchte zunächst den Urin seiner Gemahlin, darauf den Urin der Gemahlinnen seiner Hofleute und den von vielen Weibern seiner Residenz. Allein keiner von allen verschaffte ihm sein Gesicht wieder. Endlich hatte der Urin einer armen Gärtnersfrau für ihn die erhoffte Wirkung. Er ließ alle Weiber, deren Untreue er auf diese Weise erfahren, umbringen und nahm die Gärtnersfrau zur Gemahlin.«

In Syrien soll das Urintrinken gebräuchlich gewesen sein, um einen plötzlichen Schreck zu bannen.

Noch in diesem Jahrhundert wurden Kot und Urin als Heilmittel vielfach verwendet. Und das nicht nur bei den sogenannten primitiven Völkern. So wurde in Schlesien noch kurz nach der Jahrhundertwende empfohlen, den eigenen Urin zu trinken, um sich von der Krankheit zu kurieren. Gegen die Gelbsucht half ein noch ungewöhnlicheres Mittel: Läuse vom Kopf einer Person, die den gleichen Taufnamen trägt wie der Patient. Diese sollen in einen Apfel gesteckt und der dann gebraten verzehrt werden. Zusätzlich war noch der Kot dieses Menschen vonnöten, der den Dotter eines hartgekochten Eies ersetzt, das wiederum heimlich unter das Altartuch gelegt werden muß, damit der Priester drei Messen darüber liest. Nach dieser Zeremonie muß der Patient das Ei neun Tage lang bei sich tragen.

Daß die Medizin heute aus der Urindiagnose die Art der Krankheit feststellen kann, ist bekannt. Die medizinische Harnschau ist bereits früh belegt. Hildegard (gestorben 1179), Äbtissin des Klosters auf dem Rupertsberg bei Bingen, hat in ihren Aufzeichnungen *Libri subtilitatum diversarum natur. creatur* einen Abschnitt »de urina inspectione«. Die spätere medizinische Literatur übernahm mit mehr oder weniger großer Sorgfalt die Überlieferung aus der Antike. Kot und Harn der Kranken wurden in allen Erdteilen besehen. Fußend auf den Erkenntnissen arabischer Gelehrter, kannte man im Mittelalter 275 Hinweise im Hinblick auf Farbe und Zustand des Harnes. Die Schutzpatrone der Ärzte, Cosmas und Damian, werden mit einem Uringlas in der Hand dargestellt.

Harndiagnose, um 1498

Erst gegen Ende des 18. Jahrhunderts werden die ersten chemischen Urinanalysen erstellt. Dennoch haben sich die alten Rezeptsammlungen und Vorschriften bis heute bewahrt, aus ihnen allein wollen die Kurpfuscher, volkstümlich »Seichgucker« und »Brunzdoktoren« genannt, ihre Diagnose ziehen. Als »Harnpropheten« werden sie verspottet, und allerlei Anekdoten sind über sie im Umlauf, so jene, die wohl in das Reich der Fabel gehört, die Mediziner hätten auch den Urin gekostet. Im *Medizinischen Vademekum* (Band I, Nr. 43,15) steht immerhin diese Geschichte: »Der Leibarzt eines indianischen Sultans besuchte seinen Herrn, welcher an einer hitzigen Krankheit darniederlag, und bei einem seiner Besuche betrachtete er den Urin, welchen sein Herr kurz vorher gelassen hatte, sehr aufmerksam. Eine Hofschranze, die dabeistand, sagte zu ihm, daß er ihn auch kosten solle. Er hielt es für widerrechtlich, sich eine Nachlässigkeit zuschulden kommen zu lassen, welche vielleicht mit dem Tode hätte bestraft werden können, und kostete ohne Verzug.«

Im gleichen Nachschlagewerk behauptete ein Arzt, aus dem Urin des Weibes leicht auf verletzte oder unverletzte Jungfernschaft schließen zu können: »Der Urin einer Jungfrau ist klar und rein, der von Frauen hingegen trübe und dick.« Ferner heißt es da: »Die Jungfrauen können in einem hohen Bogen das Wasser lassen, welches die Frauen nicht können, wegen der Schlaffheit der Teile.« An anderer Stelle: »Ein unverletzte Jungfrau läßt den Urin in einem dünnen Bogen und mit einem gewissen Zischen, eine Frau hingegen wird allezeit in einem breiten Strom und weit größerem Geräusch ihr Wasser lassen. Denn bei der ersteren sind die Urinwege verengert, bei der andern weit und erschlafft.« Und einer versichert, Jungfrauen gesehen zu haben, »welche Wände hoch hätten pissen können«, andere, Deflorierte, »könnten aber dies so wenig, daß sie sich alleweil selbst benetzt haben«.

In der *Zimmerschen Chronik* stehen zwei kleine Geschichten, die ebenfalls an diese Stelle gehören. Da hat eine Klosterfrau mit zwei Rittern gewettet, sie wolle in einen kleinen silbernen Becher pissen, daß kein Tröpflein daneben gehen solle. Und sie hat sich gleich in aller Beisein auf den Tisch gestellt und ihre Wette gewonnen.

Eine Else Hartmann aus Meßkirch gab oft diese Vorstellung vor großem Publikum: Sie stellte sich vor eine Wand und pinkelte weit voraus wie ein Mann.

Einen großen Ruf als Urinbeschauer genoß der Arzt Porzio aus Neapel. Ein Schüler Porzios war schwer krank, und der Lehrer eilte herbei, ihn zu besuchen. Die Mitschüler beschlossen, dem Meister einen Possen zu spielen und ihn auf die Probe zu stellen. Einer von ihnen ließ seinen Urin in ein Glas fließen und stellte es ans Krankenbett. Porzio untersuchte den Patienten und erklärte: Der Schüler werde unfehlbar genesen. Nun reichten ihm die Übermütigen das Glas, damit er auch über den Urin sein Urteil abgebe. Nach einigen Augenblicken sagte er betroffen: »Das verstehe ich nicht, der Kranke ist unbedingt außer Gefahr, aber dieser Urin ist wie von einem Menschen, der dem Tode ganz nahe ist.« Wenige Tage darauf, so steht es in der *Salzburger medizinisch-chirurgischen Zeitung* (1794, Nr. 33), starb der Student, dessen Urin Porzio diagnostiziert hatte, ganz plötzlich.

Ein Bauer kam in die Stadt zu einem Arzt und brachte ihm den Urin, damit er aus demselben nicht nur die Krankheit, sondern auch die Person und alle Umstände des Kranken erkenne. Der Arzt stellte dem Bauern verschiedene Fragen und wußte bald alles, was er wissen wollte. Nun nahm er die Miene eines strengen Forschers an und erklärte: »Ich sehe, Euer Patient ist eine Mannsperson, ist Euer Sohn, er ist eine Treppe hinuntergefallen und hat sich ein Bein gebrochen.« Der Bauer war entzückt, doch noch nicht völlig zufriedengestellt. »Aber, Herr Doktor«, bat er,

»kann er mir auch sagen, wieviel Stufen der Junge herabgefallen ist?« Der Arzt sagte aufs Geratewohl: »Zehn.« – »Nein«, entgegnete das Bäuerlein treuherzig, »das hat er doch nicht gesehen. Es waren zwölf.« Der Arzt half sich schnell aus der Verlegenheit. »Bauer«, fragte er, »ist dies aller Urin, was Euer Sohn gelassen hat?« – »Nein«, sagte der Bauer, »ein wenig blieb noch zurück, weil das Glas schon voll war.« – »Aha«, meinte der Arzt, »hättet Ihr mir allen Urin gebracht, so würde ich auch die übrigen zwei Stufen gesehen haben.«

In einer kleinen Gemeinde war eine Epidemie ausgebrochen. Man beschloß, einen Arzt in der Stadt zu konsultieren. Einer meinte, da doch alle dieselbe Krankheit hätten, brauchte man bloß einen Deputierten in die Stadt zu schicken. Was der Doktor dem einen verschreibe, könnte für sie alle gut sein. Der Dorfschulze war noch praktischer: »Man soll dem Arzt bloß den Urin schicken!« Also pißte ein Bäuerlein nach dem andern in ein Faß. Und eines schönen Morgens erhielt der Arzt in der Stadt ein mächtiges Faß voll Urin. Welche Diagnose er daraufhin gestellt hat, verschweigt die Geschichte.

In einem Kolleg sprach der Mediziner Johann Lucas Schönlein (1793 bis 1864) von Eigenschaften, die die Jünger Äskulaps vor allem anderen auszeichnen müßten: »Selbstverleugnung und Beobachtungsgabe; vor nichts Ekel und Abscheu, und vor allem eine Beobachtungsgabe für das Kleinste. – So zum Beispiel die Prüfung des Urins. Die alten Ärzte haben den Zuckergehalt mit dem Finger an der Zunge erprobt. Also, meine Herren, den Finger hinein und an der Zunge erprobt.« Alle Studenten brachten es fertig, die vom Meister demonstrierte Probe zu wiederholen. »Nun, meine Herren, ich sehe mit Freuden, daß Sie alle den Ekel überwunden haben, einige sogar mit betrübend leichter Selbstüberwindung. Leider fehlt es Ihnen allen noch gänzlich an Beobachtungsgabe, denn sonst hätten Sie bemerkt, daß ich mit dem zweiten Finger der rechten Hand in das Glas hineinfuhr, aber am dritten geleckt habe ...«

Käseparty bei Marquis de Sade

In seiner berühmten *Dreckapotheke* sagt Paullini: »Dreckfresser sind wir alle. Alle Speisen und Früchte sind mit allerley Thiere und Gewürme Unflath besudelt. Was vor Ungeziefer beschmeißt nicht das Garten-Obst! Gehe doch zum Fleisch-Bänken und siehe, wie häßlich die Fliegen das Fleisch zurichten. Kleine Fische essen wir mit Koth, eben die Krammetsvögel, und lecken die Finger danach. Fressen nicht alle Fische tote Äser, und wir die Fische, folglich Dreck? Ezechiel sollte Gerstenkuchen mit Menschen-mist backen, als er sich aber dessen beschwerte, ließ ihm der Herr Kuh-mist zu. Einem Schwein ist jeder Dreck angenehm, wir essen's hinwieder, samt dem Unflath, und dünken uns, gute Schnabelweide gehabt zu haben. Von rozichten Schnecken gar nicht zu gedenken. Fürsten und Herren geben wir morsulos magnamimitatis, von Hahnen- und anderen Hoden bestehende, den Bettpruntzern: vulvam suillan. Summa: ein Mensch vom Scheitel bis zu den Fersen ist ein rechter Sack voll Dreck.«

Daß Kleinkinder eine kurze koprophile Entwicklungsphase durchmachen, ist eine bekannte Tatsache der Entwicklungspsychologie und Psychoanalyse. Ein französischer Memoirenschreiber fand dafür die folgenden Worte: »Ich habe Kinder beobachtet, die oft eine Viertelstunde bei ihren Exkrementen verweilten und zuweilen mit einem Stecken darin herumstocherten. Sie zeigten dabei die gleiche Aufmerksamkeit und denselben Ernst wie die alten Auguren, die in die Geheimnisse der Völker zu dringen glaubten, wenn sie in den Eingeweiden erschlagener Feinde herumwühlten. Die Entfernung, die man zwischen sich und seine Ausscheidungen zu legen sich bemüht, entspringt keinem natürlichen und verständlichen Gefühl, darüber sind sich die Gelehrten einig. Dasselbe will wohl auch Marc Aurel ausdrucken, wenn er sagt, daß der Riechende jeden Geruch ertragen, der Weise vor keinem Sinneseindruck zurückschrecken soll.« (*Mémoires de l'Académie des Sciences*, 1756)

Groteske in einer französischen Kirche

Wohl kaum Weise im Sinne Marc Aurels sind wohl jene, die sich den menschlichen Exkrementen mit perversem Appetit zuwenden. Normalerweise wirken physische Aversion und natürliche Abscheu, aber die Psychopathologie und Psychiatrie kennt nicht wenige Fälle, bei denen die natürliche Hemmschwelle außer Kraft gesetzt ist. Paullini erzählt von einer schwangeren Frau, »die aus sonderbarem Appetit den Koth ihres Mannes aß, oder, wie es heißt, den frischen Rauch, den dieser ins Gras gelegt hatte«. Weiter heißt es: »Solcher Schweinigel war auch jener Lothringer, der nichts Lieberes aß als warmen Kuhfladen. Eine frantzösische Dame trug immerfort ihr Konfekt, pulverisierten Menschenkoth, bey sich und leckte die Finger darnach ... Andere, sonderlich im Königreich Boutan, würzten ihre Speisen mit dürrem Menschenkoth, rauchen solchen anstatt Schnup-Tobacks und mischen ihn, als eine rechte Panacee, unter alle ihre Artzneyen.« Auch Dulaure erzählt in seiner *Histoire de Paris* (1825) von einem gewissen Bullien, der in seiner goldenen Tabaksdose statt des Tabaks stets pulverisierten Menschenkot bei sich hatte und schnupfte.

Die anatomische Nähe bzw. die in der Natur häufig vorkommende Verknüpfung der Sexualorgane mit den Ausscheidungsorganen gibt solchen Darstellungen immer auch eine sexuelle Note. Schon der Göttinger Satiriker Georg Christoph Lichtenberg frotzelte über die »Ehre« der Frauen, die nur anderthalb Zoll vom Arschloch abbiege. Doch er lag gar nicht so falsch, denn für die Psychoanalytiker der Freudschen Schule ist die Vagina auch nur dem Mastdarm abgemietet (Lou Andreas-Salomé *Anal und Sexual* in Imago, Band 4, 1916). Meister Sigmund Freud hat überdies 1908 entdeckt, daß die lustvolle Zurückhaltung der Kotmassen zu sexuellen Sensationen führt. Und Personen, die dazu neigen, seien als besonders ordentlich, sparsam und eigensinnig zu charakterisieren (*Charakter und Analerotik*).

Bei Paul Englisch heißt es: »Da der Urin durch die Sexualorgane den menschlichen Körper verläßt und der Anus in unmittelbarer Nähe dieser Teile gelegen ist, wird eine Verknüpfung der Vorstellungen von den einzelnen Organen in ihren Verrichtungen wesentlich erleichtert und die Phantasie pervers empfindender Menschen, die sich vorzugsweise mit den Funktionen des Darmkanals beschäftigen, sehr leicht zu aktiver und passiver Koprolagnie geführt. Ein normaler, sinnenkräftiger Mensch wendet sich mit Ekel davon ab. Nicht so der Impotente, der zur Aufpeitschung seiner Libido der unnatürlichsten Reizmittel bedarf. Deshalb finden sich Kotfresser nie unter Frauen, da diese immer kohabitationsfähig sind, auch nicht bei jungen Männern, sondern stets bei älteren Semestern.«

Der Psychologe Hans Blüher schreibt in seinem Buch *Die Rolle der Erotik in der männlichen Gesellschaft* (Stuttgart 1917/19): »Das Kind steht zu denjenigen Stoffen, die für uns die Urbilder alles Ekelerregenden sind, den Kotmassen, in einem ausgesprochenen Lustverhältnis. Die Koprophilie gehört in das sexuelle Inventar des Kindes. In einem bestimmten Entwicklungsstadium aber ist diese Lustbindung nicht mehr haltbar. Die Peinlichkeitsschwelle wird erreicht, die Verdrängung setzt ein, und die Koprophilie kommt als erste Sexualitätsäußerung unter die kulturelle Kategorie des Nichtseinsollenden. Die Lustbindung aber schlägt in Ekel um. Anzunehmen, daß eine Verdrängung auf den Befehl der Pflegepersonen hin geschieht, ist natürlich keine Erklärung, denn die Frage erhebt sich sofort: warum tun diese es und von wem haben sie es gelernt? Solche Erklärungen gehören in die berüchtigte Klasse der Importtheorien, zu denen auf sexuologischem Gebiet alle ›Verführungs‹-Hypothesen zählen, auf biologischem z. B. die Theorie von der astrischen ›Herkunft‹ des Lebens. So etwas hat aber mit Wissenschaft nichts zu tun, sondern ist Taktik der Verschleppung und Politik des Ausweichens. Es bleibt durchaus keine andere Lösung, als eine endogene Ursache anzunehmen, wie wir sie ja auch experimentell jederzeit festlegen können. Die Nötigung zur Verdrängung ist eine innere Eigenschaft bestimmter Sexualitätsgebiete.

Das Kind bildet also auch bei sich nach der Verdrängung der Koprophilie das Ekelgefühl aus, welches nunmehr als unentbehrliches Kulturgut das ganze Leben beibehalten wird. Es ist also eine komplexe Größe, keine einfache, ist entstanden und nicht angeboren. Die Probe auf dieses Exempel wird dadurch geliefert, daß auch diese sonst wirklich sehr feste Verbindung im Charakterleben des Menschen gelöst werden kann: einige Psychopathen, bei denen die typischen Hemmungen aufgehoben sind, besonders die Epileptiker, fallen in die infantile Koprophilie zurück und nehmen das alte Verhältnis zu den Kotmassen wieder auf. Der Normale schauert vor solchen Regressionen in die kindliche Seele zurück: aber vom Käseessen, dieser Ersatzbildung der Koprophilie, läßt er doch nicht gern. Und wir verstehen nun auch, warum die Verlegenheitsfrage, die laut Volkswitz, ein schüchterner Herr an seine Tischdame richtete: ›Essen Sie gern Käse?‹, einen so impertinenten Untersinn hat. Niemand würde die sonst ebenso törichte Frage: ›Essen Sie gern Weintrauben?‹ für einen Witz ansehen. Aber hier klingen verdrängte Gelüste nach, und das macht die Witzsituation aus. Ich gebe hier noch ein Beispiel von verdrängter Koprophilie, die sich einen Weg aus dem Unbewußten über das Käseessen bahnt. Eine 28jährige Hysterika erzählt mir:

Einmal bin ich mit meiner Tante (gleichfalls Hysterika, H.B.) spazierengegangen; da äußerte diese plötzlich den Wunsch, Käse zu essen. Ich sollte mir ihr zusammen Käse essen. Mir ist dieser Wunsch ganz seltsam vorgekommen, aber die Tante lief schnell in den nächsten Käseladen und kaufte das gewünschte. Mir ist ganz merkwürdig zumute geworden, diese ganze Szene war so komisch. Wir gingen zusammen in einen dunklen Hausflur und aßen dort den Käse.

Die Situation ist für den Kenner fraglos von sexueller Natur. Es ist eine echte infantile Koprophilie, umgeben von der lüstern stimmenden Dunkelheit der entlegenen Keller und Böden. Die Tante war, wie nachgewiesen werden konnte, als Kind weit über die Verdrängungsjahre hinaus eine ausgeprägte Koprophilin gewesen und hatte einen heimlichen Kult mit ihren Fäkalien getrieben.«

In *Anthropophyteia*, den von 1904 bis 1913 in Leipzig erscheinenden Jahrbüchern für folkloristische Erhebungen und Forschungen zur Entwicklungsgeschichte der geschlechtlichen Moral, beschreibt Krauß den Fall eines Mädchens, das von einem reichen Hauswirt ausgehalten wurde. Sie ginge, sobald sie spürte, sich erleichtern zu müssen, zu ihm, hockte sich auf den Tisch und verrichte ihr Bedürfnis in eine Schale. Der Hauswirt rühre dies alles mit einem Löffel zusammen und verzehrte es anschließend. Auch in den *Memoiren einer Sängerin*, die der bekannten Sängerin Wilhelmine Schröder-Devrient (1804 bis 1860) zugeschrieben werden, wird eine Bordellszene geschildert, in der ein impotenter älterer Herr erst zur Liebe fähig wird, wenn er die Fäkalien einer Dirne verschlungen hat.

Auf die Spitze getrieben wird dies alles vom berühmt-berüchtigten Marquis de Sade. Seine Phantasie kennt keinerlei Grenzen und Tabus. Viele Jahrzehnte lang ist de Sade wegen seines konsequenten Amoralismus totgeschwiegen worden, seine Bücher waren sekretiert. Dies trifft besonders für *Die hundertzwanzig Tage von Sodom oder Die Schule der Ausschweifung* zu – das verruchteste Buch des »göttlichen« Marquis. Überall darin finden sich fäkalische Spuren, speziell in den Abschnitten des zehnten bis zwölften Tages. Eine Geschichte wird nicht erzählt. Es geht ausschließlich um das anekdotische und episodenhafte Ausleben einer abartigen Lust.

Detail aus einer Höllendarstellung (italienische Schule)

»D'Aucourt war ein Mann von zirka fünfzig Jahren, dick, aber von angenehmem Antlitz. Er hatte Geist, und was mir vor allem an ihm gefiel, war eine gewisse Sanftmütigkeit und Höflichkeit seines Naturells. Das entzückte mich vom ersten Moment an. – ›Sie müssen den schönsten Arsch der Welt haben‹, sagte d'Aucourt zu mir, indem er mich an sich zog und eine Hand unter meine Röcke schob. Er griff mir so gleich an den Hintern. ›Ich bin Kenner‹, fuhr er fort, ›und Mädchen von Ihrer Gestalt haben fast immer einen schönen Arsch. Ah, sagte ich es nicht! (Er tätschelte meinen Arsch ein wenig.) Wie frisch er ist, wie rund!‹ Er drehte mich sanft um, hob mit einer Hand meine Röcke über die Hüfte empor und tätschelte mich mit der andern. Er untersuchte den Altar, auf dem er opfern wollte. ›Ei!‹ rief er, ›das ist wirklich einer der schonsten Ärsche, die ich in meinem Leben gesehen habe, und doch habe ich schon viele gesehen! . . . Spreizen Sie die Backen auseinander, oh, diese Erdbeere . . . wie will ich an ihr lecken!.. Ich werde sie aufessen . . . Das ist wirklich und wahrhaftig ein sehr schöner Arsch . . . Aber sagen Sie mir, meine Kleine, hat man Sie benachrichtigt?‹ – ›Ja, mein Herr.‹ – ›Hat man Ihnen gesagt, daß ich scheißen lasse?‹ – ›Ja, mein Herr.‹ – ›Und Ihre Gesundheit?‹ – ›Oh, mein Herr, die ist sicher.‹ ›Ich ge he nämlich in der Sache ein bißchen weit‹, fuhr er fort, ›und wenn Sie nicht absolut gesund wären, wäre es gefährlich.‹ – ... ›Ziehen Sie die Röcke aus‹, sagte d'Aucourt, ›ich werde meine Hose ausziehen, für die Sache, die wir machen werden, müssen wir beide die Arschbacken frei haben.‹ Ich gehorchte, dann sagte er: ›Stecken Sie Ihr Hemd unter Ihr Mieder, damit der Hintere ganz entblößt wird! Und legen Sie sich mit dem Bauch flach auf das Bett!‹ Hierauf setzte er sich auf einen Stuhl und begann nochmals meine Arschbacken zu liebkosen, deren Anblick ihn zu berauschen schien. Er schob sie auseinander und ich spürte seine Zunge durch das Loch tief eindringen. ›Um auf eine unanfechtbare Weise zu konstatieren,‹ sagte er, ›ob die Henne legen will.‹ Ich berührte ihn nicht, er wichste selbst mit langsamen Bewegungen sein kleines dürres Glied, das ich hervorgeholt hatte. – ›Vorwärts‹, sagte er, ›mein Kind, gehen wir ans Werk, der Dreck ist bereit, ich habe ihn gespürt. Seien Sie darauf bedacht, ganz langsam zu scheißen, warten Sie immer, bis ich ein Stück gegessen habe, dann erst wieder drücken Sie eines heraus. Meine Operation dauert lang. Aber fangen Sie noch nicht an. Ein leichter Schlag auf die Arschbacken ist das Zeichen, loszudrücken, aber immer nur wenig!‹ Er plazierte sich hierauf möglichst bequem dem Objekt seines Kultus gegenüber. Er legte seinen Mund an, und ich lieferte ihm sogleich ein Stück Dreck so groß wie ein kleines Ei. Er saugte daran, drehte es tausendmal im Mund umher, kaute es und verschlang es schließlich. Als ich nach zwei oder drei Minuten merkte, daß er diese Partie verzehrt habe, drückte ich wieder. Und da ich sehr viel Drang hatte, füllte und leerte sein Mund sich zehnmal hintereinander, ohne daß sein Appetit befriedigt wurde... Und indem er seine Zungenspitze hineinbohrte und sich selbst abwichste, spritzte der Wüstling seinen Saft auf meine Beine, nicht ohne eine Menge schmutziger Worte und Flüche, die er brauchte, wie es schien, um seine Ekstase vollständig zu machen... Ich war verurteilt, vier Mahlzeiten zu halten, von denen eine Unzahl von Gerichten ausgeschlossen war, die ich sehr gern gehabt hätte, so z. B. Fische, Austern, eingesalzenes Fleisch, Eier und alle Arten von Milchspeisen. Ich wurde jedoch für diese verbotenen Speisen in anderer Hinsicht so reichlich entschädigt, daß ich in Wahrheit keinen Grund hatte, mich zu beklagen. Der Hauptbestandteil meiner Mahlzeiten war gewöhnlich eine Unmenge weißes Geflügelfleisch. Dann gab es ausgelöstes Wildbret, auf die verschiedensten Arten zubereitet, wenig anderes Fleisch, tausend Sorten von Fettwaren, sehr wenig Brot und Früchte. Ich mußte zum Frühstück, beim Dejeuner und am Abend Fleisch essen, bei den zwei letzteren Mahlzeiten ohne Brot. Und d'Aucourt bat mich bald, mich des Brotes gänzlich zu enthalten, nach einiger Zeit aß ich also gar kein Brot und auch keine Suppe mehr. Dieses Regime machte bald, wie d'Aucourt es vorausgesehen hatte, zwei Stuhlgänge täglich nötig. Der Dreck war süßlich, sehr weich und von exquisitestem Geschmack, was – wie er sagte – durch die gewöhnliche Ernährungsweise nicht hätte erreicht werden können. Ich mußte es glauben, denn er war ein Kenner. Unsere Operationen fanden bei seinem Erwachen und bei seinem Schlafengehen statt. Die Details waren fast dieselben, die ich schon erzählt habe.«

De Sade beschreibt ein ziemlich seltsames Möbel, das bei diesen Prozeduren zum Einsatz kam. »Es war eine Art Leibstuhl, in den ein Mann auf die Weise sich plazieren konnte, daß sein Körper in ein anderes Zimmer hineinreichte, während sein Kopf sich gerade unter dem Topf ohne Boden befand. Ich war auf der Seite seines Körpers, kniete zwischen seinen Beinen und schleckte während der Operation seinen Schwanz nach besten Kräften; die einzigartige Zeremonie bestand nun darin, daß ein Mann aus dem Volk, der dafür engagiert wurde, ohne die Bedeutung dessen zu wissen, was er tat, von der anderen Seite eintrat, wo der Sitz des Stuhles war, sich auf diesen setzte und sein Paket losdrückte, das dann natürlich gerade auf das Gesicht meines Patienten fiel ... Ich sah nichts, aber ich hörte. Der Augenblick, wo der Dreck fiel, war auch der Augenblick der Entladung meines Mannes, sein Saft bespritzte meinen Gaumen, sobald der Dreck sein Gesicht bedeckte. Dann reinigte sich unser Mann und ging zufrieden weg ... «

Fries in Bignon, Frankreich

In der erotischen Literatur finden sich auch manche genüßlichen Urintrinker. So in den bereits genannten *Memoiren einer Sängerin*. Darin berichtet die Erzählerin ausführlich, welch wohliges Empfinden ihr das Urintrinken aus der Quelle verschafft habe: »Das Mädchen ging dem Bette zu und suchte das Nachtgeschirr, der Champagner wollte heraus. ›Oh, so haben wir nicht gewettet‹, rief ich ihr zu. ›Du, böses Kind, willst mir das Beste entziehen. Ich sage dir, daß du nicht einen Tropfen zurückbehältst, sonst werde ich böse auf dich. Schnell den rechten Fuß auf den

Stuhl gestellt!‹ Ich kniete nieder und hielt meinen Mund an ihre Muschel, den filtrierten Champagner erwartend. Bald sprudelte er heraus in meinen Mund. Der Wein hatte von seinem Geschmack nicht nur nichts verloren, sondern sogar gewonnen.«

Dieses Trinken direkt aus der Quelle findet sich gleichfalls in verschiedenen anderen klassischen Erotika wieder, so zum Beispiel in *Sinnenrausch* von Hajos Jusanity oder in *Eine Meisterin der Liebe* von Davernos aus dem Jahre 1920.

So ganz unüblich scheint diese Art der Liebesbezeugung nicht gewesen zu sein. Denn Abraham a Santa Clara (1644 bis 1709), populärster Hofprediger seiner Zeit, ging nicht nur in seinen Predigen auf diese heiklen Fragen ein. In seiner Schrift *Wunderwürdiges, ganz neu ausgehecktes Narren-Nest oder Curieuse Oficin und Werkstatt mancherlei Narren und Närrinnen* (Gesammelte Werke. Passau 1840, Band 13) findet sich eine interessante hierhergehörende Passage: »Es trinken viele die Gesundheiten ihrer Weiber nicht nur aus denen Stingelgläsern, sondern auch aus denen Pantoffeln; und hat der Herr Coridon neulich seine schöne Frau Amaryllis versichert, daß er sie dergestalt liebe, daß er nicht entblödete, ihre Gesundheit aus dem zinnernen Nachttopf zu trinken, welcher unter ihrem Bett stunde. Es ist mir unlängst von einer klugen und schlauen Magd vor gewiß erzählet worden, daß dieselbe bei einer solchen Frau gedienet, deren Mann allezeit in das geheime Gemach dem Weib das Papier nachgetragen, und der Frau ihrer Müh überhebt, welches ich um desto ehender glauben können, indem mir die Magd hochbeteuert, daß sie dieses schöne Spektakel mit Augen durch eine Klumsen der Thür gesehen. O ihr wilde, garstige Säu-Närren, ihr aberwitzigen Courtisanen! Ist dieses dann eine so anständige und zulässige Liebe gegen eure Weiber!«

Ein Verteidiger dieses Liebesbeweises ist auch der englische Zeichner und Dichter Aubrey Beardsley, der seine Wünsche und Träume in *Venus und Tannhäuser* auslebte: »Ganz entfernt am Rande der Wiese saß ein Jüngling unter einem Rosenbusch und nahm einsam sein Frühstück. Nervös wendete er die aufgetragenen Speisen, aber die meiste Zeit saß er ganz reglos da in seinen Stuhl zurückgelehnt und schmachtete zu Venus hinüber. Auf eine Frage des Chevaliers antwortete die Göttin: ›Dies ist Felix!‹ Und sie erzählte ihm, weshalb jener ein so eigentümliches Benehmen zur Schau trage. Felix saß da und wartete jedesmal, bis Venus sich auf den geheimen Ort zurückzog. Er war ihr dort behilflich, bediente sie sorgsam und demütig und war ganz versessen darauf, ihr die Kleider zu lösen, die Röcke zu heben und zu sehen, wenn es fiel. Dann steckte er einen Finger oder gar die gespitzten Lippen in die göttliche Absonderung, bemalte sich auf eine befremdende Art damit und schätzte es als höchstes Glück, in solchem Augenblick dicht unter ihr zu liegen und diese ersehnte Gunst zu empfangen . . . «

Die Generalstallung

Die Seife ist ein Maßstab für den Wohlstand und die Kultur der Staaten«, sagte der Chemiker Justus von Liebig. Und er begründete seine Feststellung: »Die Reichen des Mittelalters, welche mit wohlriechenden kostbaren Spezereien die üble Ausdünstung ihrer Haut und Kleider, die niemals mit Seife in Berührung kamen, zu ersticken wußten, trieben im Essen und Trinken, in Kleidern und Pferden größeren Luxus als wir; aber welche Kluft bis zu uns, wo Schmutz und Unreinlichkeit gleichbedeutend sind mit Elend und dem unerträglichen Mißgeschick.«

Gab es eine Zeit, in der man nicht daran dachte, sich vor etwas zu ekeln, das ein Stück seiner selbst ist oder war? Zu dieser Haltung gehörte nämlich eine Ungeniertheit, die Johann Christoph Maier Ende des achtzehnten Jahrhunderts vor allem in den südlichen Staaten Europas vorfand. In seiner *Beschreibung Venedigs* (Leipzig 1795) heißt es dazu: »Vom Edelmann bis zum Bettler entladet sich jeder seines Unrats auf der Stelle, wo ihn die Notdurft ankömmt. Hier sieht man einen Edelmann seine Gondel ans Land steuern und aussteigen, um das vor jedermanns Auge zu tun, was nur ins Verborgene gehört. Etliche Schritte davon sitzt ein Bettler und tut ein gleiches. Selten kommt man durch eine Straße, wo man nicht einen oder den anderen in solcher Stellung findet ... Vornehmlich aber scheint die Unfläterei ihren Sitz im Palast zu St. Markus völlig aufgeschlagen zu haben. Er gleicht mehr einem Kloak als einer Residenz ... Eines Morgens frühe, wo der Zulauf im Palaste sehr groß ist, stand ich an der Saaltüre des großen Rats im Gespräch mit jemandem, als ich auf einmal eine ungewöhnliche Wärme an meinem Beine fühlte. Ich sah mich nach der Ursache davon um und erblickte einen Patrizier in der Weste, der sich diese Ungezogenheit ganz frei erlaubte.«

Auch Goethe geriet mit den landesüblichen Verhältnissen in Konflikt, und zwar gleich an jenem Tage, an dem er zum ersten Mal den Boden Italiens betrat. Tatort: Torbole am Gardasee. Tatzeit: 12. September 1786. »In der Abendkühle ging ich spazieren und befinde mich nun wirklich in einem neuen Lande, in einer ganz fremden Umgebung. Die Menschen leben ein nachlässiges Schlaraffenleben: erstlich haben die Türen keine Schlösser . . . , zweitens sind die Fenster mit Ölpapier statt mit Glasscheiben geschlossen, und drittens fehlt eine höchst nötige Bequemlichkeit, so daß man dem Naturzustande hier ziemlich nahekommt. Als ich den Hausknecht nach einer gewissen Gelegenheit fragte, deutete er in den Hof hinunter: ›Qui abasso puo servirsi.‹ Ich fragte: ›Dove?‹ – ›Da per tutto, dove vuol!‹ antwortete er freundlich.« Nun wußte Goethe Bescheid. In Verona fiel ihm die Unreinlichkeit der Stadt besonders auf (17. September 1786): «Vorhöfe und Säulengänge sind alle mit Unrat besudelt, und es geht ganz natürlich zu. Das Volk fühlt sich immer vor. Der Reiche kann reich sein, Paläste bauen, der Nobile darf regieren, aber wenn er einen Säulengang, einen Vorhof anlegt, so bedient sich das Volk dessen zu seinem Bedürfnis, und es hat kein dringenderes, als das so schnell wie möglich loszuwerden, was es so häufig als möglich zu sich genommen hat. Will einer das nicht leiden, so muß er nicht den großen Herrn spielen, d. h. er muß nicht tun, als wenn ein Teil seiner Wohnung dem Publikum angehöre; er macht seine Tür zu, und so ist es auch gut. An öffentlichen Gebäuden läßt sich das Volk sein Recht nun gar nicht nehmen, und das ist's, worüber der Fremde durch ganz Italien Beschwerde führt.«

Andererseits waren die Italiener auch nicht ganz so unempfindlich, wie im Jahre 1656 über eine russische Gesandtschaft nach Venedig berichtet wird. Der russische Zar hatte durch einen venezianischen Diplomaten erstmals von der Existenz und dem Wohlstand der Adria-Republik gehört. Er versuchte, bei dem mächtigen Seestaat ein Darlehen aufzunehmen.

Wasserspeier,
aus dem Holzschnitt »Jungbrunnen«
von Hans Sebald Beham, um 1520

Zwei vornehme Russen machten sich mit einem Gefolge von 33

Personen als Gesandte auf den Weg. In venezianischen Archiven ist festgehalten, wie die Russen sich benahmen. Am meisten störte die Venezianer wohl der Geruch der östlichen Geschäftspartner: »Als sie den Abschiedsbesuch machten, wobei sie drei Stunden blieben, hinterließen sie einen solchen Gestank, daß ich drei Tage lang räuchern mußte, ihn los zu bekommen,« berichtet ein Italiener. In dem Bericht heißt es dann weiter: »Ich habe ihnen durch einen Dolmetsch zu verstehen geben lassen, daß sie in Florenz nicht so viel Gestank verbreiten sollen; für ihre Diener dürfte dies wenig nutzen, weil diese nie ihre Kleidung wechseln und von den Gesandten keine neuen erhalten.« Die Russen selbst bekannten, daß der König von Dänemark gesagt habe: »Kommen noch einmal russische Gesandte zu uns, so werde ich sie im Saustall wohnen lassen, weil dort, wo sie gewohnt haben, kein anderer mehr vor Schweinerei wohnen kann.« Und in einem Zeitungsbericht über die russische Gesandten hieß es damals: »Wenn die Gesandten in einen Laden treten, um einzukaufen, so konnte eine Stunde lang niemand anderer vor lauter Gestank in den Laden treten.« In einem deutschen Gasthaus »Zum goldenen Ochsen« ließen sie einen »fürchterlichen Schmutz« zurück. Das Palais, das den Russen in Venedig zur Verfügung gestellt worden war, war nach ihrer Abreise »für andere Menschen unbewohnbar«.

Die Ungeniertheit des Lebens auf den Straßen Italiens erlebte auch der Berliner Verleger und Schriftsteller Friedrich Nicolai. In der Beschreibung seiner Reise durch Deutschland, die Schweiz, Holland und Oberitalien im Jahre 1781, die in zwölf monumentalen Bänden zwischen 1783 und 1797 erschien, steht: »Einer unserer Postillione stieg vom Pferde, zog, vor dem Wagen bleibend, ohne weiteres die Beinkleider herunter und verrichtete mit der größten Unbefangenheit, gegen uns gekehrt, seine Notdurft. Es ist uns dies schon einmal begegnet ... Unfläterei ist in Italien die Losung.«

Karl August Mayer erlebte in Neapel ihn weit Erschütternderes. Mehrfach, so erzählt er in seinem Buch *Neapel und die Neapolitaner* (Oldenburg 1840), hätten Damen aus bestem Stande in seiner Gegenwart und vor seinen Augen ihre Notdurft verrichtet und dies sogar noch angekündigt.

Als 1838 ein deutscher Professor sein Traumland Italien bereiste, berichtet er entsetzt: »Eng mit dem Müßiggange und der durch ihn erzeugten Vergnügungssucht der Italiener hängt auch jene durchgreifende, sich allen nordischen Reisenden augenblicklich kund gebende Unordnung und Lüderlichkeit im ganzen Kultus des Lebens zusammen. Zerfetzte Papierfenster, verwitterte Paläste, verfallene Hütten, verbrauchtes Hausgeräth, zerlumpte Kleider und andere sehr einseitige Manifestationen des wahren Begriffs der dinge gehören in Italien zur herkömmlichen Ordnung, incommodiren übrigens den Reisenden wenig; sehr lästig und ekelhaft aber wird ihm nicht selten die unglaubliche Unreinlichkeit, in welcher die niederen Volksklassen, wie in ihrem Element, äußerst vergnügt ihr leichtes Dasein ableben.

Pinkelnde junge Frau. Zeichnung von Max Brüning

Den eigenthümlichen Nationalschmutz nun, den sie am Leibe tragen, möchte man ihnen immerhin lassen, würde man nur selber nicht in Gasthöfen und Straßen davon insultirt. Von den unsaubern und verbrauchten Stuben, Meubles, Bettüberzügen, die man in Locanden kleiner Städte nicht selten findet, will ich nichts sagen, denn mit dergleichen können die vaterländischen Gasthöfe derselben Klasse ebenfalls aufwarten; aber in die Küchen darf man nicht sehen, wenn man nicht für lange Zeit sich strenge Fasten auflegen will. Und zum Desparatwerden vollends sind im eigentlichen Italien, besonders in Unteritalien, – sonst übrigens nicht, – die sogenannten Comodi, welche eben deshalb denn auch nichts weniger als comodi sind, und weil man, glaube ich, diesen Widerspruch zwischen Namen und Gegenstand erkannte, nennen die Italiener selbst diesen Ort sehr gewöhnlich schlechthin luogo, obwohl auch das noch zu viel Ehre ist. In öffentlichen Gebäuden wird vom Pöbel wo möglich die ganze Vorhalle als Comodo benutzt. So weit vom Schmutz in den Häusern. Auf den Straßen sind zwar sehr häufig besondere Stellen, vorzüglich Winkel, mit deer Inschrift immondezzajo bezeichnet; allein das ist ein wahrer Pleonasmus, denn die ganzen Straßen sind in der Regel immondezzaji, und das häufig an Kirchen stehende: ›Rispettate la casa di Dio‹ nützt eben so viel wie unser beliebtes: ›Dieser Ort darf nicht verunreinigt werden.‹ Etwas gereinigt werden die Straßen gewöhnlich nur durch die zufällige Privatindustrie der Düngersammler. Am beleidigsten für Nase, Augen und Anstand trägt zu dieser Sudelei der schamlose Cynismus der Italiener in Befriedigung körperlicher Bedürfnisse bei, den sie, um zugleich Unterhaltung zu haben, nicht selten auf den besuchtesten Straßen und Plätzen ausüben. Mir am empörendsten ist diese Sittenfreiheit in den Trümmern des alten forum zu Rom gewesen, wo ich mehr als einmal bei meinen antiquarischen Untersuchungen, Betrachtungen und Phantasien durch lumpige Quiriten, die noch obendrein dabei im offenstehenden Hemde öfters Insektenkunde trieben, auf die angedeutete Weise um die erhabensten Genüsse betrogen worden bin.« (*Hesperien*. Ein Cicerone für Italien, vornehmlich für Rom und Neapel von Prof. Frz. Wilh. Richter. Quedlinburg und Leipzig 1838)

Andererseits war die Scham regional wie zeitlich unterschiedlich ausgeprägt. In den Schwänken Heinrich Bebels etwa aus der Zeit der Reformation heißt es *Von einer scheißend Bäuerin*: »Ein edler Reitersmann war einer Bäuerin ansichtig geworden, die hinter eim Baum auf dem Felde schiss; da er gedacht, dass sie sich vielleicht schämet, schrie er ihr zu: ›Ei, liebs Fräulein, fahret nur fort in Euerm Werk, dann der Sach kann niemand entraten.‹ Da antwortete das Weib, die nun den Leib geleert hätt: ›Ich mag der Sach jetzt wohl entraten; wann es Dir gefällt, so nimm sie hin mit Dir, ich schenk Dirs gerne.‹«

Auf dem Lande war das Gefühl der Zusammengehörigkeit und Gemeinschaft bedingt durch die Arbeit und die Verbundenheit mit der Natur immer schon stärker ausgeprägt als in der Stadt. So erzählte der norwegische Schriftsteller Björnsterne Björnson oft mit breitem Behagen, »daß hoch oben in Norwegen die für die Verdauungserledigung so nötigen Sitzgelegenheiten weitab vom eigentlichen Bauernhof gelegen waren, weshalb man eine solche weite Wanderung, besonders an kalten Winterabenden, nie allein tat. Man pflegte immer zu vieren oder fünfen aufzubrechen, es war vorgesorgt, daß die Leute in aller Gemütlichkeit nebeneinander Platz nehmen konnten, und dann verging in anregendem Geplauder die Zeit.«

Bestätigt wird diese Sitte in einem Reisefeuilleton von Reinhard Weer im *Acht-Uhr-Abendblatt* Berlin, Nr. 304, aus dem Jahre 1927. Der Verfasser beschreibt ein einsames, kleines Haus, das er hoch oben im Norden vorfand. Es war leuchtend hell angestrichen, sehr appetitlich anzusehen. »Dabei diente aber sein einziger Raum, den man sofort beim Öffnen der Türe betrat, einem Zweck, der sich so schwarz auf weiß nur andeuten läßt: man ging nämlich in das kleine Haus zu einer Beschäftigung, die man allein auszuüben pflegt. Aber hierin gerade bestand die Merkwürdigkeit des kleinen Hauses, um deretwillen es hier erwähnt wird: es war so eingerichtet, daß drei oder vier Besucher sich der angedeuteten Beschäftigung gleichzeitig in froher Gemeinschaft und angeregter Unterhaltung hingeben konnten. Ich will nicht so weit gehen, zu behaupten, daß es gegen den guten Ton verstoßen hätte, dort allein zu verweilen, jedenfalls bot die Anlage die Möglichkeit zu trautem geselligen Zusammensein, was einer Landessitte zu entsprechen schien.« Die litauischen Bauerngroßmütter, weiß auch Collofino zu berichten, »kacken im Winter alle vier Tage einmal auf den Misthaufen. Sie gehen im Hemd hinaus, geleitet von den anderen Frauen des Hauses«. Es gibt den Brief eines angelsächsischen Mönches aus dem 11. Jahrhundert. Darin beklagt er sich bitterlich über den Brauch, daß Frauen auf dem »exitus necessarius« fröhliche Gelage abhielten.

Schon Aristophanes läßt in seinen derb-drastischen Komödien zwei Männer sich über die Schwierigkeiten der Verdauung unterhalten, während sie auf der Straße gemeinsam ihrer »großen Geschäfte« nachgehen. Von dem extravaganten Kaiser Nero weiß man, daß er es liebte, zu dritt zu sitzen.

In Rom herrschte noch eine andere merkwürdige Sitte, deren Überlieferung wir Martial verdanken (Lib. III, ep. 82):

Urinieren in der Öffentlichkeit galt als Zeichen von Wildheit. Holzschnitt aus Vespucci *Quatuator Navigationes* 1509

Des Fingerschnippens Zeichen kennt der Eunuche,
Und als des zartverwöhnten Harnes Fürsorger
Lenkt er des trinkenden Herrn berauschte Harnröhre.

In Rom war die Hilfestellung beim Pissen üblich und sprichwörtlich geworden. Bei Martial heißt das: »Ich will des Todes sein, wenn du würdig bist, dem Pylades den Nachttopf zu reichen.«

Ähnliches hat Hans Licht hat in seinen *Kulturkuriosa aus Altgriechenland* (Berlin 1929) festgehalten. »Klearchos erzählt im fünften Buch seiner Lebensbeschreibungen, daß der Maryandyne Sagaris so verweichlicht war, daß er bis ins Alter sich die Speisen im Munde seiner Amme vorkauen ließ, um sich nicht selbst mit dem Kauen bemühen zu müssen. Auch war er zu bequem, um die Hand jemals bis unterhalb des Nabels zu führen.«

Aus dem späten neunzehnten Jahrhundert berichtet R. Schlichter (*Das widerspenstige Fleisch.* Berlin 1922) über die schwäbischen Bäuerinnen: »Was mir aber an dem weiblichen Teil der bäuerlichen Bevölkerung besonders auffiel, war die gänzliche Unbefangenheit, mit der die Bauernweiber am hellichten Tage an den Straßenecken ihre Notdurft verrichteten. An solchen bewegten Tagen wie am Jahrmarkt konnte man stündlich von unserem Küchenfenster aus beobachten, wie sich solche korbtragenden Frauen an der Ecke der Brückenkapelle aufpflanzten, die Beine spreizten und das Wasser laufen ließen. Sie verrichteten ihr Geschäft stehend und kümmerten sich in keiner Weise um die Passanten. Auch meine Mutter, die doch sonst in Dingen der Scham außerordentlich empfindlich war, fand gar nichts dabei, wenn die Bäuerinnen so hemmungslos in der Öffentlichkeit ihr Bedürfnis verrichteten; auf meine Frage, warum sich jene Frauen nicht wie unsere Stadtfrauen genierten, versetzte sie mir lachend, ›die send äbe wie die Tierle, die fendet jo au nix dabei; ländlich, sittlich hoißt's do äbe!‹«

Unter Männern ist das Urinlassen häufig eine gesellschaftliche Veranstaltung. Vor allem unter Studenten herrschten da allerlei merkwürdige Gepflogenheiten. Ein Leipziger Student erinnert sich: »Wie anderwärts ist auch in Leipzig das Verunreinigen der Straßen durch Polizeiverordnung verboten. Da das Verbot von den Studenten wie heute so auch damals häufig übertreten wurde, führten die Polizeibeamten, des vereinfachten Verfahrens wegen, zu meiner Zeit Strafmandate über zwei Mark gleich bei sich. Seit Bestehen dieser Einrichtung pflegten die Studenten, die aus der Kneipe kamen, schon bei Beginn der unsittlichen Handlung, sobald sie nur an den Hosenlatz griffen, unter Ausführung einer eleganten Handbewegung laut zu rufen: ›Schutzmann, zahlen!‹«

Der sonst nicht gerade prüde Friedrich Christian Laukhard bestätigt diese Veranstaltungen bereits aus dem achtzehnten Jahrhundert (*Magister F. Ch. Laukhards Leben und Schicksale*, 1791): »Zu den groben Unanständigkeiten, welche um diese Zeit in Gießen Mode wurden, gehört die Generalstallung. Sie wurde so veranstaltet, daß zwanzig, dreißig Studenten, nachdem sie in einem Bierhause ihren Bauch weidlich voll Bier geschlagen hatten, sich vor ein vornehmes Haus, worin Frauenzimmer waren, hinstellten und nach ordentlichem Kommando und unter einem Gepfeife, wie's bei Pferden gebräuchlich ist, sich auch viehmäßig, ich meine ohne alle Rücksicht auf Wohlstand, erleichterten.«

Hieronymus Bosch, Der verlorene Sohn

Kaspar Riesbeck erzählt, daß Ende des 18. Jahrhunderts deutsche Studenten das Beispiel der Römer nachahmten und bei Tisch pißten (*Briefe eines reisenden Franzosen über Deutschland an seinen Bruder zu Paris*. 2. Auflage 1784). Sie hatten sich, um nicht aufstehen zu müssen, unter dem Tisch einen Trog aufstellen lassen, in den sie ihr Wasser abschlugen. Und die Gräfin Lulu von Thürheim überliefert in ihren Memoiren (*Mein Leben 1788-1819*. München 1913): »Mein Vater erzählte mir öfters, daß in seiner Jugend der Kapuziner so ziemlich die Rolle des ehemaligen Hofnarren eingenommen habe. Beim Fürsten Schwarzenberg hatte er gesehen, wie sich im Momente, als der Kapuziner sein Tischgebet vollendete, ein Bächlein unterhalb seines Stuhles sich ergoß. Solchergestalt waren die Spässe im achtzehnten Jahrhundert in Österreich.«

Bei Männern wird es in der Regel hingenommen, wenn sie in der Öffentlichkeit urinieren. Trotzdem gilt es auch bei ihnen als unanständig. Öffentliches Ärgernis erregte beispielsweise Thomas Scott, der Kammerdiener des englischen Kronprinzen, im Jahre 1307. Er war zu einer Geldstrafe verurteilt worden, weil er sich mit zwei Bürgern gestritten und den einen tätlich angegriffen hatte. Beide hatten sich darüber empört, daß er sich in einer Seitengasse erleichterte. Ihrer Meinung nach war es »more decent«, wenn er eines der »necessary houses« oder »wardrobes« benutzt hätte, von denen es damals in London mehr als ein Dutzend gegeben haben soll.

Die von der Insel Chios

Das Urinieren und Defäkieren in der Öffentlichkeit war bei weitem nicht so allgemein üblich, wie man das am Zustand der Städte früherer Zeit vielleicht hätte ablesen können. Nicht umsonst hießen die Aborte »Heimliche Kammern«, »Heymlichkeit«, »privet« und ähnlich. Doch galten sie auch als »Lauschversteck«, was tief blicken läßt. In einer Anordnung des Klosters Durham aus dem Jahre 1662 steht, daß jeder Toilettensitz »an drei Seiten von Holzwänden umgeben« zu sein hatte, »so daß die Benutzer einander nicht sehen konnten«. In den Klöstern des Mittelalters saßen die Mönche aufgereiht nebeneinander ohne Trennwände; sie hatten die Möglichkeit, sich hinter ihren Kapuzen zu verstecken.

Vor allem galt es als anstößig und unzüchtig, sich vor dem anderen Geschlecht zu erleichtern. Wolfdietrich aus der Nibelungensage war entsetzt, als sich vor seinen Augen eine heidnische Jungfrau niedersetzte, um ihr Wasser zu lassen: »›Ich sich wol‹, sprach di maget, ›ewr got mich nit enlat: Nu laßt mich zu der erden von uch an diser stat: Ich mus ain wenig brunczen‹, so sprach di miniglich. Da schamt sich fur si sere der jung Wolffditerich. Er schemt sich des gar sere, der wunderkune man, Daz si waz so unzuchtig: er lis si von im gan.«

Es war damals absolut unüblich, seine Bedürfnisse in der Öffentlichkeit zu verrichten. Denn um die Mitte des 13. Jahrhunderts empörte sich der Franziskaner Wilhelm von Rubruk auf seiner Reise an den Hof des Khans über eine Unsitte der Mongolen: »Zur Erledigung ihrer Bedürfnisse entfernten sie sich nicht weiter, als man eine Bohne werfen kann. Unmittelbar neben uns schwatzend erledigten sie ihre Schmutzigkeiten.«

Zur Vorbeugung der Gefahren, dabei vom anderen Geschlecht gesehen zu werden, heißt es in einer Überlinger Verordnung aus dem Jahre 1553:

»Nachdem auch aus ermelter trunkenhait neben erzölten sünden und lastern dise unverschamte weise ervolgt, das sich mancher vor ainem erbaren man, frawen und junkfrawen an offner freier gassen seiner notturft, es sei des wassers oder sonst, begert, so er doch dasselbig in ainem hauß oder sondern abgesöndert haimblichen orten wol thuon und volnströcken möcht, so haben meine herrn ernstlich ertrauten: wölcher nun hinfüro also betretten und an dergleichen orten offentlicher schandlicher unzucht befunden wirt, das si denselben in gleichem fahl, wie ob der trunkenhait halben gesetzt, nit weniger straffen wöllen.«

Erasmus von Rotterdam hatte den Knaben nahegelegt, sich »einer strengen Schicklichkeit zu befleißigen«, damit kein anderer Mensch sie dabei beobachten könne: »Die Gliedmassen / welchen die Natur Scham eingepflanzet hat / ohn Noth entblössen / soll ferne seyn von einer guten auffrichtigen Natur. / Wann auch die hohe Nothdurfft solches erforderte / soll dasselbige dennoch auch mit höfflicher Schamhafftigkeit geschehen / obwohl kein Zeuge verhanden. Denn allewege seynd allda gegenwertig die lieben Heil. Engel / welchen die Schamhafftigkeit an den Knaben / als ein treuer Gefehrte und Hüter der Zucht un Keuschheit / überaus lieb un angenehme ist.«

Bereits die Griechen der Antike erleichterten sich nicht unter freiem Himmel auf Wegen oder Feldern. Dies hätte am Tage die Sonne beleidigt. Man kauerte sich dicht an eine Mauer und erledigte sein Geschäft. Hesiod war übrigens der Meinung, daß auch nachts solcherart Vorsichtsmaßnahmen nötig seien. Denn selbst die Nacht hat ihre Götter. Deshalb war sie voll von Blicken, die keine menschlichen waren: »Schlage dein Wasser nicht ab, wenn du zur Sonne gewendet, Aber auch wenn sie gesunken, gedenke, bis sie heraufkommt, Nicht auf dem Weg, noch außer dem Weg im Gehen zu harnen, Noch auch völlig entblößt; den Göttern gehören die Nächte. Sitzend vollzieht es der Mann, der gläubig und edel gesonnen, Oder er tritt an die Mauer eines gut verschlossenen Hofes.« Gleiche Verhaltensregeln finden sich bei den Dhodia (*Solanki: The Dodias. Wien 1976*). Auch sie erleichtern sich stets so, daß sie weder vom Mond noch von der Sonne dabei gesehen werden können. Für sie darf auch kein Fluß in der Nähe sein; dies wäre eine Beleidigung der Wassergeister.

In den ältesten Zeiten besaßen die Ägypter keine Aborte. Sie verrichteten, wie Diodor berichtet, ihre Nordurft in freier Luft. Doch bereits bei Herodot steht: »Sie saßen in den Straßen und verrichteten in den Häusern ihre Notdurft.« Der strenge Ritus verlangte von ihnen, daß sie dabei ihr Gesicht dem Osten oder Westen zuneigten, keinesfalls aber dem Norden oder Süden, wie Plinius erzählt. Die Magier achteten streng darauf, daß diese Vorschrift nicht verletzt wurde.

Eine den Griechen ähnliche Tradition hat der Islam. Hier wird empfohlen, sich nicht allzusehr zu entblößen; es sei nämlich eine Illusion anzunehmen, man sei allein und werde dabei nicht beobachtet. Ganz das Gegenteil sei der Fall: Gerade an diesem Ort sei man von Dshinnen und Engeln umgeben. In der Zeit des Mittelalters ging man daher weit ins Gelände hinaus, hockte sich hin und verhüllte den ganzen Körper einschließlich des Kopfes und des Gesichts. Frauen unternahmen dies zudem nur nachts als doppelte Versicherung. Wer nachlässig war, mußte damit rechnen, von den Dshinnen wegen mangelnder Schamhaftigkeit getötet zu werden. Zu berücksichtigen war dabei, daß der Hintern weder in Richtung Mekka noch vor dem Mond entblößt werden durfte. Zudem durfte man nichts bei sich haben, auf dem der Name Allahs oder seines gesegneten Propheten stand.

Der Teufel erscheint im »Heymlichen Gemach«, englischer Holzschnitt 1596

Auch in christlichen Gegenden war der Abort früher ein bevorzugter Aufenthaltsort der bösen Geister. Martin Luther ist nicht der erste Gewährsmann, der dort einem Teufel begegnet sein will. Nach einer Mitteilung aus dem mittelalterlichen Niederdeutschland erinnerte im »haymlichen Gemach« der Teufel einen Priester daran, daß man hier nicht betete.

Wo der Teufel steckt, da zieht es die Sünder hin. Hier, im heymlichen Gemach, sind der Erzketzer Arius (†336) und Theoderich der Große (†526), der irrgläubige Gotenkönig, einem peinlichen Ende erlegen. Arius war Presbyter zu Alexandria, und extra seiner Irrlehren wegen hatte der große Konstantin das Konzil von Nicaea einberufen. »Arius selber ging darnach jämmerlich zu Grunde, denn alle seine Eingeweide gingen von ihm, da er saß auf dem heimlichen Gemach.« Immerhin berichtet darüber die *Legenda Aurea*, eines der Hauptlesebücher des späten Mittelalters. Hier steht auch die Legende von dem fiktiven Papst Leo, der eines höchst schmählichen und geradewegs zur Hölle führenden Todes gestorben sei. Dieser Papst, heißt es, sei ketzerischen Glaubens gewesen und habe den heiligen Hilarius (†367) nicht an einem Konzil teilnehmen lassen wollen. Aber da geschah Furchtbares: »Also ging der Papst an einen heimlichen Ort, daß er die Notdurft der Natur verrichte; da fuhr in ihn die rote Ruhr und ging ihm all sein Eingeweide zum Leibe heraus; also starb er eines jähen Todes an einer schmählichen Statt.« Dieser Bericht hat den Kirchenjuristen schwer zu schaffen gemacht, denn er belegte die Irrtumsmöglichkeit selbst des Papstes und die auf dem Fuße folgende Gottesstrafe. Wer heute eine solche Geschichte in Umlauf brächte, würde wegen Religionsfrevels belangt. Nicht so im Mittelalter. Das unerhörte Geschehen mit dem auf dem Abtritt dahinscheidenden Papst wurde in aller Drastik in Stein gehauen und über Kirchenportalen angebracht: Irrglaube führt unweigerlich zum Ketzertod auf dem Klo.

Die mittelalterlichen und talmudischen Juden hatten exakte Anweisungen, wie sie sich hier zu verhalten hatten. Im *Alten Testament* (Moses 5, 23) steht geschrieben: »Und du sollst draußen vor dem Lager einen Ort haben, wohin du zur Not hinausgehst. Und du sollst eine Schaufel haben; und wenn du dich draußen setzen willst, sollst du damit graben; und wenn du gesessen hast, sollst du zuscharren, was von dir gegangen ist.« Zum Defäkieren hatte man sich etwa zwanzig Minuten vom Wohnlager zu entfernen. Dort befand sich »die Stelle des Sitzes« (beth ha-kisse). Das waren meist nur einige übereinandergestapelte Ziegel, auf die man sich setzte. Bevor man diese meist ziemlich schmutzige und oft von einer Art Zaun umgebene Stätte betrat, verabschiedete man sich feierlich von seinen Schutzengeln, die einem ansonsten überallhin folgten. Somit bestand zwar kaum Gefahr, daß ein Engel etwas Unzüchtiges zu sehen bekam. Trotz-

Die Quelle. Französische Radierung, 18. Jahrhundert

dem war vorgeschrieben, die Entblößung so minimal wie möglich zu halten. Im Kodex *Schulchan Aruch* des Joseph Caro aus dem 16. Jahrhundert steht dazu: »Der Körper ist dabei hinten nur handtellerbreit, vorne doppelt so breit zu entblößen, wobei die Frau die vordere Entblößung zu meiden hat.« Die Beobachtung durch Engel und Menschen war weitgehend ausgeschaltet, wenn der Abort abschließbar war. Andernfalls hatte man sich der Stätte mit Räuspern oder Schneuzen zu nähern, um jenen, der den Ziegelsitz gerade benutzte, zu warnen bzw. Gelegenheit zu geben, sich bemerkbar zu machen. Für den Fall, daß man ins freie Gelände zu gehen hatte, wurde bereits im 4. Jahrhundert von Nahmani ben Kajlil Hakohen empfohlen, auf dem Weg weder nach links noch nach rechts zu blicken. Damit vermied man den Gipfel der Unschicklichkeit, nämlich eine pinkelnde oder kackende Frau zu erblicken. Der Talmud schärfte ein, stets auf einen entsprechenden Abstand zum Nächsten zu achten: »Hinter einem Zaun reinige man sich sofort; auf freiem Platz (entferne man sich), bis daß sein Nächster seine Blähungen nicht höre. Isi ben Nathan lehrte folgendermaßen: Hinter einem Zaun nur bis daß sein Nächster seine Blähungen nicht hört, auf freiem Platz entferne man sich, bis daß ihn sein Nächster nicht sehen kann.«

Nach antiker griechischer Überlieferung war das Volk der Insel Chios in der Sitte geradezu sprichwörtlich geworden, an jedem Ort in der Öffentlichkeit zu urinieren und defäkieren. Einstmals, so heißt es, kam eine Gesandtschaft von Chios nach Athen. Die Gesandten waren bei der Wahl der Örtlichkeiten wenig zimperlich. Der Magistrat sah sich daraufhin veranlaßt, einen Maueranschlag anbringen zu lassen: »Den Chiern ist es erlaubt, sich öffentlich unanständig zu benehmen.« Welche Wirkung dieses Affiche hatte, ist nicht bekannt. Kronzeuge dafür ist wiederum Aristophanes. In seiner Komödie *Der Friede*, in der er die Chier Schisser nennt, läßt er den Trygaios sagen:

> He Mensch, du Mensch, was beginnst du, was kackst
> Du beim Hurenquartier im Peiraieus dort?
> Halt, halt, du gebierst meinen Tod! Scharr's zu,
> Und häufle darauf 'ne Handvoll Sand,
> Und pflanze Lavendel und Thymian drauf,
> Und begieß' es mit Narden: denn stürz' ich hinab,
> Und brech' ich den Hals, wird das Schisservolk
> Von Chios um fünf Talente gebüßt
> Für die scheußliche Schuld deines Hintern!

Daß von der Art, Größe und Beschaffenheit der Hinterlassenschaften auf deren Herkunft zu schließen ist, wird von Liselotte von der Pfalz bezeugt. Sie klagt in einem Brief an eine Freundin: »Die Straßen von Fontainebleau sind besonders vom Dreck der Schweizer erfüllt, die solche Haufen machen, groß und dick, wie Sie, Madame.« Die zünftige Anekdote vom Schweizer hat hundert Jahre später seine Zugkraft nicht eingebüßt: Sie findet sich nämlich in dem in Paris erschienenen Buch *La Chézonomie ou l'art de chier.*

In einer älteren französischen Sammlung von Pikanterien *L'art de désopiler la rate* (A Venise 1773) ist die recht schlagfertige Antwort eines Soldaten festgehalten. Dieser ging gerade einer dringenden Notdurft nach, als ein Offizier vorbeikam. »Ah, welch ein Gestank!« rief der Offizier und hielt sich die Nase zu. Darauf der Soldat: »Wie denn, Herr Offizier, verlangt man etwa, daß ich für fünf Sous per Tag Moschus machen soll?«

Auf die Unterschiede gesellschaftlicher Stellung weist auch Tabarin hin, der französische Hanswurst. Hinter den Schilderungen seiner Erlebnisse stecken große Wahrheiten, wenn auch das Gewand, in dem sie daherkommen, nicht immer gerade das reinste ist. Tabarins Neugier, welcher von beiden am ärgsten stinke – der Arsch eines Edelmannes oder der eines Bauern? – zeugt von guter Beobachtung und genauer Menschenkenntnis. Die Ausführungen dazu finden sich übrigens nur in einer Ausgabe, nämlich in der vom Jahre 1622 (*Tabarin*); in allen anderen Ausgaben fehlt diese Passage. Auf Tabarins Frage antwortet der Meister: »Es st zwar nicht anständig, davon zu reden, doch will ich deine Neugier befriedigen. Eines Edelmannes hintere Partie ...« Aber Tabarin unterbricht ihn: »Verstümmelt nicht die Worte, ich bitt' euch, es ist vom Arsch die Rede!« – »Eh bien, der Arsch eines Edelmannes erscheint mir anständiger als der eines Bauern, weil der Edelmann stets sauber in Ordnung ist, sich mit Moschus und allen feinen Parfümen salbt und also von oben bis unten gut duftet.« Tabarin ist anderer Meinung: »Ich bezeuge für meinen Teil, daß der Arsch eines groben Bauern nicht so übel riecht wie der eines Edelmannes. Beweis: Wenn ein Edelmann, mit Respekt zu sagen, hofieren will und sein Prive aufsucht, so kommt er an einen Ort voller Gestank, er setzt seinen Wertesten just auf das Maul des Herrn Prive, die Düfte daraus steigen aufwärts und kleben sich an den Sitzenden, der sie nachher noch lange nicht los werden kann. Zum Schluß benutzt der feine Herr Papier, um sich den Arsch zu wischen, aber je mehr er wischt, desto mehr pickt er sich den Dreck an, und gewöhnlich fährt er

Zeichnung von Wilhelm Busch

noch mit einem Finger durch das Papier direkt ins Loch. Nun seht mal unsern groben Bauern! Der kennt keinen Durchfall, weil er keine Luxusspeisen genießt. Er leidet nur an Verstopfung, und wenn ihn die Lust anwandelt, hat er es nicht eilig. Gemächlich geht er an die freie Luft, wählt sich ein Plätzchen auf freiem Felde, ein Eckchen, auf dem vor ihm noch keiner gesessen, ein sauberes Nestchen: Die frischen Lüfte verhüten, daß sich auch nur ein Atom des Gestanks an ihm festsetzen kann.«

Doch wieder zurück zu den Peinlichkeiten, die einem in der Öffentlichkeit widerfahren. Von dem Griechen Metrokles wird erzählt, daß er sich nicht mehr unter Menschen wagte, weil ihm einmal in einer größeren Menschenmenge ein lauter Furz entfahren sei. Er beschloß daraufhin, sich das Leben zu nehmen. Als Krates dies vernahm, machte er sich nach einer kräftigen Bohnenmahlzeit mit der Absicht auf den Weg, den Freund von seinem Entschluß abzubringen. Anfangs war dies vergeblich. Endlich läßt Krates die schwersten Geschütze auffahren und öffnet die Ventile seines Unterleibes. Dieser Beweisführung kann Metrokles sich nicht entziehen, lachend gibt er seinen Plan auf.

Auch Cato der Ältere tröstete einen Sklaven, der in seiner Gegenwart gefurzt hatte und darüber zu Tode erschrocken war, mit den Worten: »Es hat sich nichts Anstößiges ereignet.« Eine Meinung übrigens, der sich selbst der elegante Cicero anschloß.

Von Luthers Rede zu seinen Gästen: »Warum rülpset und furzet ihr nicht, hat es euch nicht geschmacket?« ist stets darauf geschlossen worden, daß es am Beginn der Neuzeit sich mit den Geräuschen des Körpers in der Gesellschaft viel freier verhalten habe als etwa heute. Das ist unwahrscheinlich, denn am Beginn des 16. Jahrhunderts heißt es bei Jean Sulpice: »Wie stark die Natur den Furz auch herausdrückt, man muß sich bemühen, die Hinterbacken gut zusammenzupressen und nicht nachlassen, das Schlechte zu unterdrücken.« Bereits nach der Frankfurter Zunftordnung des Jahres 1377 wurde derjenige bestraft, der »furczte oder anders unhubisch were«. Über das Furzen und Rülpsen heißt es in einer spätmittelalterlichen Tischzucht:

Ist eyn gauch inn all meinn sinnen,
Im möcht wol eyn furtz entrinnen,
Es sei unden oder oben,
Eyn solcher ist nit fast zloben
Dann es ist schamper und unreyn.

In den Satzungen der Schützen von Solothurn aus dem Jahre 1515 steht, daß derjenige, »wellicher uff der zilstatt« einen Furz ließ, einen Schilling Strafe zu hinterlegen hatte. Etwa zur selben Zeit meint Erasmus von Rotterdam, daß ein Knabe sich aus Rücksichten auf seine Gesundheit nicht »mit zusamen gedrücktem Hindern den Wind des Bauchs verhalten soll«. Er soll ihn ruhig entweichen lassen, doch »soll ers / nach dem alten Sprichwort / mit einem Husten verhälen«. Ähnliches wird Damen geraten, die häufig unter Blähungen leiden. Ihnen wird empfohlen, stets ein kleines Hündchen bei sich zu halten, auf das sie die Schuld schieben konnten, falls sie gehört oder gerochen wurden.

Im *Juristischen Vademekum für lustige Leute* (1748) ist zu lesen, daß der Furz einst sogar zum Frondienst gehörte: »Der Vasall mußte an einem festlichen Tage vor seinem Lehnsherrn tanzen, pfeifen und einen Crepitum ventris fahren lassen.«

Bei einigen Völkern, namentlich bei den Russen und Italienern, wird das Furzen in Gesellschaft jedoch nicht für unanständig gehalten. Weder in der Familie noch in Gesellschaft unterwarf man sich den Zwängen des Leibes. Zu den kaum bekannten Tatsachen gehört auch jene, daß Zar Peter der Große als Furzer berühmt war. Sein Ruf war in dieser Beziehung gewaltig, denn der Minister Polens in Berlin hielt es für nötig, nach einem Diner mit dem Herrscher aller Reußen seinem König zu berichten: »Der Zar hat sich selbst übertroffen! Er hat bei Tische nicht aufgestoßen, nicht gefurzt!« (Bernhard Stern *Geschichte der öffentlichen Sittlichkeit in Rußland*. Berlin 1907)

Selbst die Engländer wissen zuweilen die Wohltaten des Furzens zu schätzen. Jedenfalls macht das ein englisches Furzbuch glauben, das in der ersten Hälfte des 19. Jahrhunderts in London herauskam. Von diesem Buch unter dem Titel *An essay upon wind, with curious anecdotes of eminent peteurs. Printed on superfine pot paper, at the Office of Peter Puffendorf* sind nur 50 Exemplare gedruckt worden.

Eine ethnologisch wie tie

Rötelzeichnung von Hans Baldung Grien, 1513

fenpsychologisch interessante Frage wirft die Tatsache auf, daß jeder Mensch seinen Exkrementen noch einen Abschiedsblick nachwirft. Andreas Vignale hat diesem Umstand eine eigene Betrachtung gewidmet. Sie findet sich in seinem Buch *La cazzaria de l'Arsiccio Intronato.* Das Kapitel trägt den Titel »Perchè subito que l'uomo a cacato, mira la merde?« (Warum betrachtet der Mensch, nachdem er sein Geschäft verrichtet hat, seinen Dreck?) So witzig, wie es scheint, und schlüssig sind seine Überlegungen allerdings nicht. Noch weniger angenehm sind derartige Betrachtungen bei Molières eingebildetem Kranken. In *Malade imaginaire* (1673) räsonniert der Held in einer geschlossenen Szene über die Notwendigkeit und die Wirkung seiner Klistiere. Und er fragt seine Dienerin: »Hat mein Klistier gut gewirkt? Habe ich viel Galle gemacht?« Die aber ist an solchen Erörterungen überhaupt nicht interessiert.

Um 1880 wurde in Deutschland industriell das erste Papier für hinterlistige Zwecke hergestellt. Das heute übliche Rollentoilettenpapier sollen die Amerikaner erfunden haben. Aber noch Anfang der neunziger Jahre holte man das Papier noch regelmäßig von England nach Deutschland. Um 1900, also etwa zeitgleich mit der Durchsetzung des WC in Europa, galt spezielles Toilettenpapier als ausgesprochener Luxusartikel. Erst etwa ab dieser Zeit ist es ein Artikel für den täglichen Bedarf geworden. Rollenpapier wurde in Deutschland zuerst von der im Jahre 1896 in Deutschland gegründeten Dependance »British-Paper-Company Alcock & Co.« fabriziert. Dann wurden auch bald Patente für eine Vorrichtung zum Abrollen von Klosettpapier (DR-Pat. 314635) sowie für eine Vorrichtung zum stückweisen Verabreichen von Toilettenpapier (DR-Pat. 313575) erteilt. Es gibt musikalische Klosettpapierrollen, Rollen mit Witzen, mit Sinnsprüchen unserer Geistesheroen, mit Comics oder mit Tausendmarkscheinen bedruckt.

Ein stilles Örtchen ohne Toilettenpapier ist heuzutage undenkbar. Für die Zweckbestimmung seiner insgesamt 80,57 Millionen Einwohner wurden 1992 in Deutschland 415.666 Tonnen Toilettenpapier hergestellt. Das entspricht (bei einem durchschnittlichen Gewicht von 120 Gramm je zweilagiger Rolle) einer Gesamtzahl von mehr als 3,45 Milliarden Rollen im Jahr oder einem Pro-Hintern-Verbrauch von 43 Rollen à rund 30 Meter. Mit anderen Worten: Jeder deutsche Bürger, ob Säugling oder Greis, läßt im Jahr knapp 1300 laufende Meter Toilettenpapier hinter sich. Hochgerechnet auf den europäischen Markt, ja auf den Weltmarkt bedeutet das . . . . .

Rembrandt,
Die pissende Frau. 1631

Womit man sich bis zur Erfindung des Klopapiers reinigte, darüber lassen sich kaum exakte Aussagen finden. Die Griechen verwendeten hierzu Steine, Steinsplitter, Ziegelbrocken oder Tonscherben (Ostraka) jeder Art. Den Beweis dafür liefert Aristophanes in seiner Komödie *Der Friede* in einer Szene zwischen Trygaios und einem Waffenhändler:

WAFFENHÄNDLER:	*(stellt einen Panzer auf den Boden):*
	Was fang ich Armer mit dem schöngefügten,
	Zehn Minen werten Panzer an? O Jammer!
TRYGAIOS:	An diesem Panzer sollst du nichts verlieren!
	Den nehm' ich schon für diesen Preis dir ab!
	Er paßt zum Nachtstuhl wie gemacht dazu!
	(setzt sich darauf)
WAFFENHÄNDLER:	Du, meine Ware lass' ich mir nicht schänden!
TRYGAIOS:	Sieh her, drei Steine noch – das macht sich gut!
WAFFENHÄNDLER:	Einfält'ger Mensch, wie willst du dich denn wischen?
TRYGAIOS:	So fahr' ich mit der Hand durchs Ruderloch,
	Und so durch das –
	(steckt die Hände durch die Armlöcher des Panzers)
WAFFENHÄNDLER:	Durch beide?

Trygaios: Ja, sonst heißt's:
Betrügen wollt' ich um ein Loch den Staat.
Waffenhändler: Zehn Minen läßt du dich das Kacken kosten?
Trygaios: Du dummer Kerl, versteht sich! Meinst du denn,
Mein Hintern sei mir feil für tausend Drachmen?
Waffenhändler: So geh und hol das Geld!
Trygaios: Ja – wenn er nur
Den Steiß nicht zwickte! Fort, ich kauf' ihn nicht!

Auch reinigte man sich mit der nassen Hand oder mit Knoblauchschnitten. Die Römer bedienten sich der Finger, später eines Stockes, an dem ein Schwamm befestigt wurde. Der Luxus und der Wohlstand der Römer tauschte das Salzwasser mit wohlriechenden Substanzen aus, und die Vornehmen parfümierten sich dazu noch am ganzen Leib. Ob die Römer bereits so etwas wie Papier verwendeten, ist nicht sicher. Wenn Catull von der »cacata charta« spricht, kann er auch eine Schrift meinen, die man währenddessen lesen könnte oder sollte. Der im Mittelalter mehrfach erwähnte »Arschwisch« kann sowohl ein weicher Stofflappen oder Wolle als auch bereits Papier gewesen sein. Das Bürgertum bevorzugte Werg, ein Abfallprodukt, das bei der Verarbeitung von Flachs und Hanf anfällt. Maintenon, die sittenstrenge Maitresse des Sonnenkönigs, genoß die Hautfreundlichkeit der Schafwolle. Jeder hatte sein Hausmittel: Kardinal Richelieu nahm Hanf, Scarron Kleie. Das Bauernvolk begnügte sich mit Stroh, Gras oder Laub, während Madame Dubarry sich statt des profanen Papiers spitzenbesetzter Tücher bediente, was einer der Gründe für die Französische Revolution gewesen sein soll.

Miniatur, 13. Jahrhundert

Eigentümlicher Reinigungsmittel bedienten sich die Russen im 17. und 18. Jahrhundert. Sie verwendeten »wohlpolierte kleine Schäuflein von Tannenholz«. In der Lebensbeschreibung des Abbés Leon von Nonantula werden solche »aniterga« erwähnt.

Rabelais läßt seinen *Gargantua* von den langwierigen und interessanten Versuchen berichten, wie er ein Mittel ausfindig machte, sich »den Arsch zu wischen, so erlesen, so vortrefflich und zweckmäßig, wie man's nur wünschen kann«.

»Zuerst wischte ich mich mit einer samtenen Frauenmaske und fand das ganz gut. Die Weichheit der Seide verursachte mir ein ganz besonderes Wohlgefühl im Hintern.

Das nächste Mal mit einem samtenen Häubchen: dasselbe Gefühl!

Ein anderes Mal mit einem Halstuch, dann mit karmesinfarbenen Ohrenklappen; aber die Scheißgoldperlen, die daran waren, zerkratzten mir den Hintern. Ich wollte, daß dem Goldschmied, der sie gemacht hat, und dem Weibsbild, das sie trug, ein heiliges Feuer in die Gedärme fahre.

Das Übel verging, als ich mich mit einer Pagenmütze wischte, die nach Schweizer Art mit Federn besetzt war. Darauf fand ich hinter einem Busch eine kräftige junge Märzkatze und wischte mich mit der, aber ihre Tatzen kratzten mir die Schamleiste wund. Davon kurierte ich mich am folgenden Tag, indem ich mich mit meiner Mutter Handschuhen wischte, die mit Benzoe parfümiert waren. Hierauf wischte ich mich mit Salbei, Fenchel, Anis, Majoran und Rosen, mit Kürbis-, Kohl-, Runkelrüben-, Wein-, Pappel und Weißdornblätter, womit man den Hintern scharlachrot färben kann; mit Königskerze und Lattich, was alles meinem Hinterkastell sehr wohltat; dann mit Bingelkraut, Pfefferminze, Nesseln und Beinheil, wovon ich aber den Blutfluß bekam. Also wischt' ich mich an meinem Latz und kuriert' es wieder. Dann wischte ich mich mit Laken, Bettdecken, Vorhängen, Kissen, Teppichen, Handtüchern, Tischtüchern, Servietten, Schnupftüchern und Pudermänteln. Hat mir alles wohler getan als einem Grindigen, wenn man ihn kraut ... Ich wischte mich mit Heu, Stroh und Werg, mit Kuhhaar, Wolle und Papier, aber

wischst du den Hintern mit Papier,
beschmierst du leicht das Säcklein dir!«

Nachdem Ts'ai Lun das Papier etwa 105 n. Chr. in China erfunden hatte, wurde es als Klosettpapier erstmals etwa um 900 n. Chr. verwendet, wenn allerdings auch nur in China. Aber bereits Michelangelo erwähnt in einem Gedicht, daß Papier für diese Zwecke benutzt wurde.

Nachdem Gutenberg den Druck mit beweglichen Lettern erfunden hatte, endete seitdem gewiß so auch manches

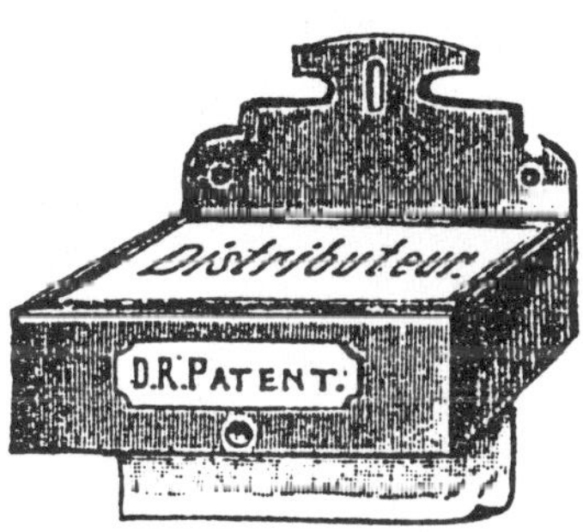

Zettelkasten

Buch. Und auch die nach der Französischen Revolution massenhaft verbreiteten Zeitungen gelangten Blatt für Blatt ins Klo, wo sie geviertelt oder geachtelt am Haken ihrer Bestimmung harrten. So nach und nach verdrängte dann das Papier alle anderen Säuberungsmittel. Es gab im 19. Jahrhundert bereits eine Zeitlang illustriertes Klopapier, bedruckt mit Sprüchen und Bildern in Heftform.

Reichliche Gewißheit über die Reinigungsmethoden vermittelt lediglich der Koran. Seit dem Jahre 653 n. Chr. schreibt er den Muslim vor, daß sie sich nach jeder Entleerung zu waschen haben. Natürlich gilt das nur dort, wo auch Wasser vorhanden ist. Bei Mangel an Wasser erlaubt der Koran das Abreiben mit Sand oder einem glatten Stein. Bei den Dan reinigt man sich hinterher mit einem Maiskolben oder einem großen Blatt. Selbst nach dem Urinieren wird die Harnröhre mit dem ersten besten Stein, Lehm oder Sand gerieben. In einigen Gegenden drückten die Männer zu diesem Zweck ihren Penis an die Steinmauer, hinter der sie zu urinieren pflegten. Bisweilen haben die christlichen Nachbarn die bevor-

Karikatur von Thomas Plaßmann *Süddeutsche Zeitung* vom 2./3. Oktober 1993, Wochenendbeilage zugten Stellen der Mauer heimtückischerweise mit spanischem Pfeffer eingerieben. Die Prozedur ist jedesmal nur mit der linken Hand vorzunehmen, die deshalb beim Handreichen als unrein gilt.

Unter dem Schah Fesh Ali, so berichtet Jakob Emil Polak in seinem Buch über Persien (Leipzig 1865), fragte einmal der Großwesir den englischen Gesandten, »weshalb die Europäer stehend pissen und nicht hockend wie die Orientalen, und weshalb sie sich den Hintern mit Papier abwischen, anstatt ihn wie die Moslems mit Wasser zu reinigen. Der entsetzte Brite, befangen in seiner engherzigen Ansicht von Schicklichkeit, schnauzte den armen Großwesir an und fertigte ihn derb ab.«

Der Großwesir hätte Beroalde de Verville fragen sollen, der nämlich gibt in seinem Buch *Der Weg zum Erfolge* (Berlin 1914) eine Antwort: »›Sie hätten es wie das Fräulein von Saumur machen sollen, die so haushälterisch ist, daß sie es zu zwo Malen mit einem Arschwisch macht. Nachdem sie sich nämlich das erstemal den A. gewischt hätt, steckt sie das Papier in den Täschlein, allwo sie das Zuckerwerk für die Pagen birgt, so in den Täschlein der Damen herumwühlen, um Schleckereien zu suchen ... ‹ – ›Pfui, ich glaube, das ist der Grund, weswegen die Türken sich den A. nit mit Papier wischen, maßen sie Liebhaber von Naschwerk sind, und so sie dann das Gelüsten überfiele, täten sie dann in den Täschlein der Damen kotig Papier finden.‹ – ›Du hast recht gesprochen ... Ich werde euch den Grund sagen, weswegen sich die Türken nit den A. mit Papier wischen, es ist aus Furcht, dieses Papier könnte eine geistliche Bulle sein oder etwelcher Bericht der Konsistorii oder ein Beschluß des Kapitels. Und wofern man sich von ohngefähr damit über den Hintern gefahren wäre, so bekäme man des zweifellos Hämorrhoiden, so die Türken baß fürchten, maßen sie glauben, daß die Seele im Blut wäre, und daß – wofern das Blut dergestalt durch den A. flösse – ihre Seele ganz nackt würde.‹«

Ein Apotheker, der den Orientfeldzug im ersten Weltkrieg mitmachte, erzählte, daß seine kleinen Arzneiflaschen in rätselhafter Weise abhanden kamen, sobald man mit der türkischen Begleitmannschaft des Lazaretts in die Wüste kam. Eines Tages klärte sich das Rätsel auf: Die Flaschen wurden von den Türken für den genannten Zweck verwendet, weil man in der Wüste nicht einmal einen Stein fand.

Bei den Muslim waschen sich sowohl Männer wie Frauen danach mit Wasser an den entsprechenden Partien. Diese vorgeschriebene Waschung wird auch in der Öffentlichkeit vorgenommen. Die vornehmen Perser, soweit sie muslimischen Glaubens waren, führten stets eine Kupferkanne mit Wasser mit sich, die sie sich von ihren Dienern nachtragen ließen. Das mohammedanische Ritual schreibt vor, falls man eine solche Wasserkanne nicht bei sich habe, die Entleerung möglichst am Ufer eines fließendes Gewässers oder im Wasser selbst vorzunehmen.

Die Dhodia, wie übrigens auch die Hindus, reinigen sich mit Erde oder Blättern und nicht mit Wasser. Für sie stellt das eine Beleidigung der Wassergeister dar.

Exkrementelle Schauer

Die Art des Pinkelns war schon in den ältesten Zeiten ein Kriterium für die Unterscheidung der Geschlechter. Daran, ob sie sitzen oder hocken, unterscheiden sich jedoch auch heute ganze Kulturen – der Orient und der Okzident. Im Shinkansen-Expreß nach Tokyo gibt es Toiletten nach Landessitte, also in traditioneller Hockart, wie auch Toiletten im »European Style«.

Vor zweieinhalb Jahrtausenden schon hat Herodot diese Beobachtung bei den Ägyptern gemacht: »Bei den Ägyptern stehen auch die Sitten und Gebräuche größtenteils in allen Stücken zum Gegensatz zu denen der übrigen Völker ... Den Urin lassen Frauen im Stehen, die Männer im Sitzen.«

Als ausgangs des Mittelalters die Reise- und Entdeckungslust zunahm, ist in den Reiseberichten den Sitten und Gebräuchen auch dieses intimen Lebensbereiches verschiedentlich Aufmerksamkeit geschenkt worden. Vielen erscheint bemerkenswert, daß anderswo die Schamhaftigkeit zum Teil viel ausgeprägter war als in Europa. So berichtete Anselme Adorno aus Brügge im Jahre 1470 über die Mauren von Tunis, er wisse nicht, wie sich die Frauen beim Urinieren und Defäkieren verhielten, da sie noch reservierter seien als die Frauen in Europa. Bei vielen Völkern wird strengstens darauf geachtet, daß vor allem die sich erleichternden Frauen nicht von den Männern beobachtet werden können. Bei den Äthiopiern gilt es als Schande, bei der Verrichtung der Defäkation gesehen zu werden. Bei anderen Völkern, etwa den Micmac, den Lakalai an der Nordküste Neubritanniens, auf Ulithi in den Karolinen kann dies sogar Anlaß zum Selbstmord sein. Bei einigen Völkern, etwa den Dan, ist es üblich, miteinander zu schlafen, wenn ein Mann eine Frau bei der Defäkation beobachtet hat; dadurch wird die Scham zwischen den bei-

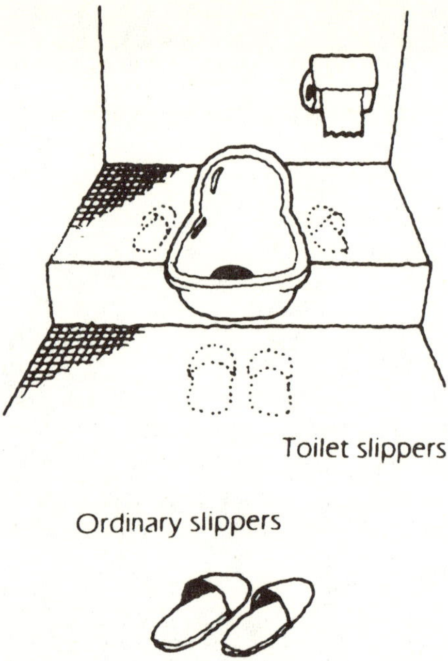

How to use the Japanese-Style Toilett.
Die japanische Fremdenverkehrszentrale läßt in ihren Informationsbroschüren keine Frage offen

den abgebaut, da sie intim miteinander gewesen sind. Aus diesem Grund befinden sich zum Beispiel bei den Bewohnern der Insel Santa Cruz die Latrinen für Männer und Frauen an weit voneinanderliegenden Orten. In Anatolien gilt es heute noch als schamlos, diesen Ort so aufzusuchen, daß es von anderen vor allem des anderen Geschlechts bemerkt werden kann. Noch extremer ist es bei den Djelgobe-Peul. Hat bei ihnen jemand Durchfall, verbringt er deshalb den ganzen Tag im Busch. Er will sich damit die Schande ersparen, von anderen gesehen zu werden, wie er ständig nach draußen muß.

Die Erkenntnis, daß bei den naturnahen Völkern das Defäkieren und Urinieren viel schambesetzter als in Europa ist, mag überraschen. Die Kurtatschi aus Neubritannien waren begeistert, als sie in Batavia und Singapur Klosetts sahen, die ummauert waren. Auch die Baktaman in Neuguinea übernahmen sehr gerne Toiletten europäischer Bauart, da sie ihnen größere Sicherheiten boten, während der Verrichtung ihrer Bedürfnisse nicht vom anderen Geschlecht gesehen zu werden.

Doch ungeniert lassen die Inder heute ihr Wasser vor den geierbesetzten Türmen von Bombay, entsprechend die Indios in La Paz, die noch den Sockel des Kennedy-Denkmals mit ihrem Wasser netzen. Auch auf Bali erleichtern sich die Frauen in aller Öffentlichkeit und unterhalten sich dabei nicht selten mit anderen Frauen, die vorübergehen. Die Balinesinnen urinieren im Stehen, sie beugen den Oberkörper etwas nach vorn, damit der Sarong nicht naß wird. Andererseits war beispielsweise ein dänische Chinafahrer im 18. Jahrhundert sehr erstaunt darüber, daß man auf den Straßen von Kanton sein Wasser nicht abschlagen durfte.

Ähnliche Probleme wie bei den Wüstenbewohnern gibt es bei den Eskimos. Es gibt nur wenig Möglichkeiten, sich außer Sichtweite der anderen zu begeben. Wie bei den Fellachen achten die Eskimos darauf, daß ihr Körper verhüllt ist und daß sie weit genug entfernt vom Lager sind. Auf schneebedecktem Eis bauen sie rasch einen Schneeblock, hinter dem sie sich sicher fühlen. Zum Urinieren entfernen sich die Männer nicht so weit wie die Frauen. Doch wenden auch sie sich ab und bedecken außerdem den Penis zum Schutz vor der Kälte mit der Hand.

Der Sanguiniker Der Melancholiker Der Choleriker Der Phlegmatiker

Die vier Temperamente, Wiener Karikatur, Ende 19. Jahrhundert

Ähnlich schamhaft verhalten sich die Naturvölker beim Furzen, das äußerst verpönt ist. In der Öffentlichkeit zu furzen gilt bei den Mehináku am Rio Xingú als unanständig, und der Betreffende wird von den andern bespuckt. Als dies einem Tikopia-Insulaner in einer besseren Gesellschaft passierte, eilte er schamerfüllt vom Ort des Geschehens. Wenige Tage darauf fand man ihn tot im Wipfel einer Kokospalme. Er hatte sich von einer der scharfen und spitzen Blütenscheiden aufspießen lassen, die auf dieser Südseeinsel übliche Selbstmordart. Bei den Eskimo wie bei den Chagga wird nach dem Furz stets ein Kind zurechtgewiesen, dem man hinterher erklärt, es habe zur Bewahrung der Würde des Urhebers beigetragen.

Ein Furz beleidigt nicht nur Gott, sondern auch die Verwandten. Im gesamten arabischen Raum erzählt man sich die Geschichte von einem jungen Mann, der in Gegenwart seiner Schwester gefurzt hatte. Er war darüber äußerst beschämt, verließ das Elternhaus und ging in die Fremde. Als er nach vielen Jahren heimkehrte, begegnete ihm als erstes seine Schwester. Die sagte zu ihm: »Warum bist du damals weggegangen, wenn weiter nichts geschehen ist, als daß du einen Furz gelassen hast?« Darüber war der Mann wiederum derart beschämt, daß er erneut die Heimat verließ und nie wieder zurückkehrte.

Bleiben wir noch ein wenig bei den frühen Reise- und Entdeckungsberichten, etwa der Zeit um 1700. Ihnen unterliegt häufig noch ein gewisser exkrementeller Schauer: Die Angst vor dem Unbekannten verband sich mit der Abscheu vor fremden Fäkalien. Lionel Wafer zum Beispiel in *Beschreibung des Isthmus von Amerika* (1699) berichtet von Affen, die von Baum zu Baum springen und dabei ihren Urin auf die Reisenden spritzen. In Panama, so ist bei Dampier zu lesen, haben ihm die Affen Kot und Urin lärmend um die Ohren geworfen. Jonathan Swift nimmt 1726 diese Szenen in seine *Reisen des Gulliver* auf.

Im vierten Teil, der die Reise in das Land der Houyhnhnms schildert, begegnet Gulliver einer Tierart, die ihn zutiefst abstößt. »Alles in allem habe ich auf allen meinen Reisen nie ein so widerwärtiges Tier gesehen und auch keines, gegen das ich eine so starke natürliche Abneigung empfand. Ich glaubte daher, genug gesehen zu haben, stand voller Verachtung und Abscheu auf und folgte der ausgetretenen Straße in der Hoffnung, auf die Hütte irgendeines Indianers zu stoßen. Ich war noch nicht weit gekommen, als ich mitten auf dem Weg einem dieser Geschöpfe begegnete, das geradewegs auf mich zukam. Als das Scheusal mich sah, verdrehte es mehrfach das ganze Gesicht und stierte mich wie etwas nie Gesehenes an. Dann kam es näher und hob eine seiner Vorderpfoten, ob aus Neugier oder Bosheit, konnte ich nicht sagen. Ich zog aber meinen Hirschfänger und versetzte ihm einen gehörigen Schlag mit der flachen Seite, denn ich wagte nicht, es mit der Klinge zu schlagen aus Angst, die Einwohner gegen mich aufzubringen, wenn sie erfuhren, daß ich eins ihrer Tiere getötet oder verstümmelt hatte. Als das Tier den Schmerz spürte, fuhr es zurück und brüllte so laut, daß eine Herde von mindestens vierzig aus dem nächsten Feld um mich zusammenströmte, die heulten und widerliche Grimassen schnitten. Ich rannte auf einen Baumstamm zu, lehnte mich mit dem Rücken dagegen und hielt sie mir vom Leibe, indem ich meinen Hirschfänger schwenkte. Mehrere von dieser verwünschten Brut konnten jedoch nach den hinteren Ästen greifen und den Baum hinaufspringen, von wo aus sie ihre Exkremente über meinem Kopf zu entladen begannen. Ich kam jedoch einigermaßen gut davon, weil ich mich eng an den Baumstamm drückte, erstickte indes beinahe an dem Kot, der auf allen Seiten an mir herunterfiel.«

Es sind dieser Ekel, der Schimpf und das Gefühl der Schande, die mit der Beschmutzung mit Kot, Urin und Unrat einhergehen. Als König Childebert im Jahre 584 eine Gesandtschaft, der sogar ein Bischof angehörte, zu König Gunthram schickte, gingen sie allerdings »mit Ärgernis fort. Der König aber ließ ihnen beim Weggehen Pferdemist, faule Holzspäne, Spreu und vermodertes Heu, ja sogar stinkenden Straßenkot auf die Köpfe werfen. Hierdurch übel zugerichtet, zogen sie mit unendlichem Schimpf und unermeßlicher Schande von dannen.«

Gulliver wird arg bedrängt. Illustration 1726

Selbst in die Kriegstaktik wurde der Einsatz von Exkrementen einbezogen. In einem kostbaren Pergament hatte der aus Franken stammenden Ingenieur Konrad Kyeser alles zusammengetragen, was zur Kriegsführung an Gerätschaften geeignet war. Nach über drei Jahren Arbeit beendete er dieses mit zahlreichen Illustrationen versehene Werk am 28. August 1405. Diese Handschrift mit dem lateinischen Titel *Bellifortis* war für Kaiser Rupprecht von der Pfalz bestimmt. Sie befindet sich heute in der Göttinger Universitätsbibliothek. Auf einem der Blätter stellt Kyeser verschiedene Fässer vor. Über ihre Verwendungsmöglichkeiten schreibt er: »Im Seekrieg schleudere mit Kalkstaub gefüllte Wurfgeschosse, durch die du die Augen der Feinde blendest und diese so leicht besiegst... Oder du kannst sie mit altem übelriechenden Kot füllen und schleudern, wohin du willst, so werden die Leute ohnmächtig, und der Boden wird schlüpfrig.«

Über den nutzbringenden Umgang mit den Exkrementen der Tiere heißt es in einer Reportage von Carl R. Raswan, die am 6. Mai 1934 in der *Berliner Illustrierten Zeitung* (Nr. 18) unter dem Titel »Schwarze Zelte. Mein Leben unter den Beduinen« erschien: »Eines Morgens – in der Dämmerung – sah ich eine Frau, die zwischen den ruhenden Tieren mit ihrem Kochtopf umherlief und unter den weiblichen Kamelen den frischen, kräuterduftenden Harn einsammelte. Sie ging in ihr Zelt zurück und tunkte die Zöpfe ihrer kleinen Töchter in das ›berühmte‹ Harnwasser und kämmte, scheitelte und flocht die feuchtschwarzen, derben Strähnen ihrer Kinder. Sie trat dann wieder hinaus und wandelte noch einmal unter den Kamelen umher. Ich beobachtete, daß sie sich hinsetzte. Dann stand sie wieder auf, warf plötzlich die Pfanne weg und versuchte, etwas schneller nach dem Zelte zu gehen. Sie brach aber unterwegs zusammen. Ich sprang auf und rannte zu ihr hin. Sie sprach kein Wort, als ich sie stützte. Sie entzog mir nur ihren Arm und kauerte sich auf die Erde. Da merkte ich, daß sie Wehen überkommen hatten.

Ich holte ihre Kinder, denn es befand sich gerade kein Mann in der Nähe, und trug ihnen auf, Betten und Schafpelze zu bringen. So bereitete ich der Mutter ein Lager mitten unter den Kamelen; schickte die Kinder ins Zelt, stellte mich schützend vor das Weib und hielt eine Schafpelzdecke über sie. So gebar die Frau ihren ersten Sohn. Inzwischen kamen ihr Mann und zwei Sklaven von Faris. Sie nahmen das neugeborene Kind und liefen zu einem Kamel, stießen es in die Hüften, damit es sich erhob, schabten mit der rechten Hand seine rechte Flanke, bis es Harn von sich gab, und wuschen das quäkende, süße, mollige Kindlein, tauften es in die Gemeinschaft der Wildnis ...

Die Mutter unseres Babys saß in ihrem verräucherten schwarzen Zelt, und ihre Freundinnen halfen ihr, den kleinen Jungen in ein Pflaster von getrocknetem Kamelmist und alten Lappen einzuwickeln. Ein Verfahren, das alle Beduinen bei neugeborenen Kindern anwenden.«

Der Afrika-Forscher Georg Schweinfurth (1836 bis 1925) erzählt von seinen Reisen und Entdeckungen im zentralen Äquatorial-Afrika während der Jahre 1868 bis 1871 (*Im Herzen von Afrika.* Leipzig 1918), daß die afrikanischen Dinka sich täglich mit Rinderurin waschen. (vgl. Bernhard Stern *Medizin, Aberglauben und Geschlechtsleben in der Türkei* Berlin 1903)

Der rettende Strahl

Das skatologische Moment ist ein beliebtes Darstellungsmittel in der bildenden und angewandten Kunst. Ihre Blütezeit erlebte es in der Zeit der Renaissance und der Reformation. Sinnenfreude und Streitlust prägten die Zeit.

Das Mittelalter war von einem militanten Antisemitismus beherrscht. Ein Flugblatt zeigt eine schmutzige Satire auf das Judentum. Sieben Juden, an ihren Hüten zu erkennen, sind mit einer übergroßen Sau beschäftigt. Der eine streichelt ihr die Schnauze und legt liebkosend seinen Kopf auf den Rüssel. Vier andere sitzen, an den Zitzen saugend, unter dem Tier. Zwei Rabbiner mit langen Gewändern machen sich von hinten am Schwein zu schaffen. Einer sitzt auf seinem Rücken und hält den Schwanz hoch, damit der andere sich darunter schmatzend vergnügen kann. Er sagt: »Sug, liber Bruder, so blos ich ihr in den Ars.« Auf den Spruchbändern steht: »Wir Juden sollen all' ansehen, wie uns mit der Sau ist geschehen. – Das sollen wir nie vergessen; Schweinefleisch sollen wir nicht essen. – Nun sehen sieben Leute, wie ich unsere Mutter betreute.«

Im Jahre 1526 forderte Luther seine Anhänger auf, den römischen Antichrist mit Bildern anzugreifen. Man müsse dessen Dreck, »der so gern stincken wolle, weidlich rühren, bis sie Maul und Nase voll kriegen.« Im Jahre 1545, dem Jahr vor seinem Tode, veröffentlichte Martin Luther in Wittenberg eine nur neun Blatt kleine Flugschrift, die heute zu den bibliophilen Raritäten zählt. Die Holzschnitte zur *Abbildung des Bapstthums* schuf Lucas Cranach aus Weimar. Luther schreibt, daß diese Schrift immer im Werte bliebe, da sie den Geist der damaligen Zeit schilderte und die Mittel offenlegte, »welcher man sich zur Erreichung vorgesetzter Zwecke bediente . . . «

Spottbild auf die Juden. Holzschnitt um 1470

Päpstlicher Fladen. Holzschnitt 1545

Luther bot hier noch einmal alles auf, was er gegen das römische Papsttum und seine Lehren vorzubringen hatte. Entsprechend drastisch sind die Bilder. In einem Kapitel über »Anfang und Ursprung des Bapstes« wird ein schrecklicher Teufel vom Papst nebst fünf Kardinälen entbunden. Drei Furien säugen, wiegen und pflegen das kleine Papstkind.

Ein anderes Bild zeigt die Reaktion zweier Männer, die vom Papst mit einer Bannbulle belegt werden. Sie strecken ihm die Zunge heraus und recken ihm ihre dampfenden Hintern entgegen.

Ebenfalls zwei Männer erweisen auf einem weiteren Bild der Mitra ihre Reverenz. Unterschrift: Der Papst hat dem Reich Christi getan, wie man hier seine Krone hofiert.

Im letzten Bild reitet der Papst auf einer großen Sau, auf dem Wege, wie die Inschrift sagt, zu einem Konzilium nach Deutschland. Die rechte Hand hält er segnend, in der linken dagegen einen dampfenden Haufen, nach dem die Sau gierig blinzelt.

Flugblatt der Gegenreformationen, um 1525

Die Gegner Luthers waren indes nicht faul, gehörten doch Beschimpfungen aller Art und unflätige Grobheiten damals in Deutschland durchaus auf die Tagesordnung. Der Katholik Johannes Cochlaeus gab von 1521 bis 1550 beinahe jährlich eine Spottschrift gegen die protestantischen Theologen heraus. Auf einem der derben Flugblätter aus der Zeit etwa um 1525 wird dargestellt, wie Luther seinen Rock in die Höhe hebt und hinten gleich mehrere Schriften entläßt. Seine Anhänger knien andächtig hinter ihm. Einige teuflische Gestalten umtanzen sie mit anzüglichen Gebärden. Die Zuschauer halten sich wegen des pestilenzartigen Gestanks entsetzt die Nasen zu. Was Luther an Schriften von sich gibt, wird ihm auf gleiche Weise von einem monströsen Teufel eingeträufelt.

Steinfigur am Stadhaus von Noyon, 15. Jahrhundert

Zu den bissigsten und wirksamsten Pasquillen wider das Unwesen der Mönche gehört auch *Jo. Physiophili specimen monachologicae methodo Linneana tribus aeneis illustratum cum thesibus. Aug. Vindeb. 1783* von Ignaz von Born (1742 bis 1791), einem Gelehrten am Hofe Maria Theresias. Nach Linnéischem Vorbild soll es eine Naturgeschichte der Mönche vorstellen. Die beigegebenen Kupfer sind von gleicher Derbheit wie die ursprünglich lateinisch geschriebene Schrift selbst. Die zweite Abbildung enthält die Ansicht »eines fast unverkennbaren Afters in einer vollständigen Samthose«, dann »eines Dickarsches in halber Tuchhose« und drittens »eines Schmalafters in Leinwandumhüllung«. Nach einer allgemeinen Schilderung werden die einzelnen Orden gebührend behandelt. Von den Kapuzinern heißt es: »Das Wesen der Kapuziner ist ein sehr erbärmliches, sein Gang träge, das Gesicht wüst, am ähnlichsten einem Satyrn aus dem Affenlande. Es ist nicht gut, sich ihm zu nahen, denn er läßt einen fürchterlichen Gestank von sich. Allen Vorrat verwahrt er am Leibe in Säckchen, Rücksichten kennt er nicht, ohne weiteres schlägt er die Kutte in die Höhe und scheißt und brunzt, ohne den geringsten Anstand – dann wischt er sich den Podex mit dem Strick am Leib ab.«

Schon im Mittelalter nahm man an der Darstellung von Personen bei der Verrichtung ihrer natürlichen Bedürfnisse nur wenig Anstoß bzw. sah nur wenig Grund zum Einschreiten. Als einen Scherz der Baumeister wertet man heute die Säulenornamente von Kirchen, die Mönche und

Die Mitra als Kackstuhl. Holzschnitt 1545

Reverenz gegen den Thron. Holzschnitt 1545

Laien in der Positur stillster Zurückgezogenheit zeigen. In der Regel wird ein Mann gezeigt, der die Hosen heruntergelassen hat oder sein Wasser abschlägt. Natürlich fallen sie nicht ins Auge, denn sie befinden sich hoch oben an den Kapitellen oder Dachfirsten. Dagegen findet man sie als männliche oder weibliche Person an Dachtraufen nur sehr selten. Diese als Gargoyals bezeichneten Figuren zeigen vielmehr die Pose des Übergebens. Eine Ausnahme davon stellt das Relief am Stadthaus von Noyon dar: Es zeigt eine Nonne, die in die geöffnete Hand eines Mönches scheißt. In der Kleinkunst zum Ende des Mittelalters findet man oft die scherzhafte Darstellung eines Abtritts.

»Dank« für ein nächtliches Ständchen. Holzschnitt zu Sebastian Brants *Narrenschiff* (1494)

Aus der Renaissance kennt man wirksame Methoden, sich ungebetener Gesellschaft zu entledigen. Gleich vier Liebhaber entbieten der angebeteten Jungfrau ein nächtliches Instrumentalständchen. Zur gesanglichen Verstärkung haben sie zwei Kurrendeknaben hinzugezogen. Doch die Jungfrau ist undankbar: Schnöde schüttet sie ein volles Nachtgeschirr über die Köpfe der Gesellschaft aus.

In einer Bilderhandschrift der Pariser Nationalbibliothek über die »Miracles de nostre dame« aus dem Jahre 1456 findet sich die Darstellung eines »heimlichen Gemaches«. Erzählt wird die »wunderbare Rettung« eines Marienbildes, das ein bösartiger und wohl ungläubiger Gast in den gemauerten Abtritt wirft. Der Besitzer des Bildes entdeckt die Schandtat, liebevoll reinigt er das Bild in einem Kübel mit Wasser, während der Übeltäter von drei Teufeln massakriert wird.

Die Legende erzählt, daß ein Günstling des römischen Kaisers Diocletianus heimlich Christ war, doch Diocletianus wollte die Sekte der Christen ausrotten. Als Sebastianus zum Befehlshaber der prätorianischen Kohorte, der Leibwache des Kaisers, aufgerückt war, hielt er sich stark

Das Wunder im Abtritt. Französische Miniatur, 1456

genug, sein Christentum öffentlich zu bekennen. Vergebens bemühte sich der Kaiser, ihn zur Abkehr von der Sekte zu bewegen. So übergab er ihn orientalischen Bogenschützen, die ihn mit vielen Pfeilen durchbohrten. Als eine Christin ihn bestatten wollte, fand sie ihn noch lebend. Sie schaffte ihn in ihre Wohnung und pflegte ihn gesund. Nach der Gesundung trat er wieder vor den Kaiser, der aber ließ ihn nun im Zirkus erschlagen. Die Leiche des Sebastianus wurde in die Cloaca maxima geworfen.

Der mit Pfeilen gespickte Heilige Sebastian ist in der christlichen Kunst oft dargestellt worden. Gelegentlich findet man auch die Darstellung seines zweiten Martyriums. So in einem mehrteiligen Altarbild des Wallraf-Richartz-Museums in Köln, das dem »Meister der Heiligen Sippe« zu danken ist, der um 1480 bis 1520 gewirkt hat.

Der Mittelteil des Altarbildes zeigt den halbnackten Sebastian, der mit Bögen und Armbrüsten beschossen wird. Der rechte Flügel des Altars stellt dar, wie der Heilige nackt an eine Säule gebunden ist und mit Schlägen getötet wird. Im Hintergrund wird die Leiche in einen Abtritt geworfen.

Damals hätten die Kirchenbesucher die Darstellung eines unterirdischen Kanals, einer Kloake, nicht verstanden. Also machte der Maler aus der Kloake ein »gut bürgerlich gemach«. Auf dem Bild ist auch die Heilige Lucia dargestellt, die der Legende nach den Ort anzeigte, wo man den Sebastian in die Kloake geworfen hatte. Hier weist sie auf ein Häuschen, aus dessen Öffnung ein goldener Strahlenglanz den Leichnam des Heiligen verrät.

Bemerkenswerterweise findet sich die Profanisierung des Kirchenraumes zuerst nur bei den Flamen; alles, was davon in Frankreich anzutreffen war und zum Teil noch ist, verdankte flämischen Künstlern seine Entstehung. Das Opfer des Isaak (Moses 1,22) ist in der bildenden Kunst häufig dargestellt worden. Die orthodoxen Auslegungen ließen allerdings nicht viele Variationen zu. Da die Bibel ausdrücklich vermerkt, daß Abraham Feuer mit auf den Weg nahm, kamen verschiedene Maler auf eine bemerkenswerte Idee. Blainville erzählt in der Beschreibung seiner Reise durch Holland, Oberdeutschland und die Schweiz, die in fünf Bänden 1764 bis 1767 erschien, er habe das Bild eines erfahrenen italienischen Malers kennengelernt: »Man hatte ihm auf das Strengste anbefohlen, auf etwas recht Ordentliches zu sinnen, um den Herzog von Urbino aufzumuntern, und nach dessen Verlangen Abrahams Opfer auf eine ganz neue Art mit keiner andern Figur, als des Abrahams, Isaaks und des Engels, auch mit keinem andern Nebenumstand, der jemals von einem Maler dabey vorgestellet worden, abzubilden. Der Künstler wußte zwar nicht, wie er es anfangen sollte, er mußte aber dennoch gehorchen. Endlich sann er einen Possen aus und vollendete nach demselben seine Malerey, worüber der Herzog mit seinem ganzen Hofe erstaunte, und überaus vergnügt waren. Der Maler hatte den armen Isaak auf den Gipfel eines Baumes gesetzt, und der Vater der Gläubigen stand in einer ziemlich weiten Entfernung davon, und zielet nach ihm mit einer Vogelflinte. Aber wie wird der Maler verhindern, daß er ihn nicht todt schießet? Hiervor hat er auch gesorget. Ein Engel kommt vom Himmel und pisset auf die Zündpfanne, wodurch das Pulver naß wird und die Flinte versaget. Abraham schüttet frisches Zündkraut auf, und schießet von neuem, fehlt aber, und trifft statt seines Sohnes eine große Eule, die sich auf den Baum gesetzt hatte.«

Es finden sich zahlreiche Hinweise, daß dieses Motiv seit etwa Ende des 17. Jahrhunderts in der Malerei verschiedentlich vorkam. So erzählt Karl Wilhelm Flögel in seiner *Geschichte des Grotesk-Komischen*, daß sich ein ähnliches Bild in den Niederlanden befunden haben soll. Auch Liselotte von der Pfalz berichtet am 20. Mai 1700 in einem Brief aus St. Cloud: »Ich muß Euer Liebden etwas Schönes verzählen, so mein Sohn uns an der Tafel verzählt hat; nämlich etwas, so sie in Flandern gefunden haben an einem Kirchenfenster, wo das Opfer gemalt war vom Isaak. Dieser war auf einem Altar gebunden. Abraham hatte eine lange Muskete am Backen, seinen Sohn zu erschießen. Gott der Vater war in den Wolken gemalt; der gab ein Zeichen an ein klein Engelchen, welches Abraham auf dem Kopf saß. Das Engelchen pißte Abraham auf die Musketenpfann, daß das Rohr nicht losgehen konnte. So wurde Isaak salviert.« Es handelte sich um die nicht mehr erhaltene Kirche von Stytem bei Brüssel-Nienove.

Von dieser Bildposse, die sich einst nördlich und südlich der Alpen großer Beliebtheit erfreute, gibt es heute nur noch ein einziges Exemplar. Es hängt in der Jesuiten-Apotheke zu Trier und wird allen Touristen als unbedingtes Muß empfohlen. Von dem Trierer Bild weiß man weder den Maler noch das genaue Jahr seiner Entstehung. Nach einer nicht mehr erhaltenen Notiz soll es um das Jahr 1710 entstanden sein. Auch die Frage, wie dieses Bild in den Umkreis des Jesuitenordens gelangte, bleibt unbeantwortet.

Das Opfer Abrahams spielte in den Diskussionen der frühen Aufklärungszeit eine ziemlich gewichtige Rolle. Die empörende Tat des Vaters der Gläubigen ließ sich nicht mit dem rationalen Gottesbild in Übereinstimmung bringen; auch die orthodoxe Auslegung hatte nicht gerade überzeugende Varianten zur Hand. Und da die Bibel ausdrücklich vermerkt, daß Abraham Feuer mit auf seinen schweren Weg nahm, kamen Maler auf die Idee, das Brandopfer zu modernisieren.

Was mag beispielsweise Kurfürst Clemens Wenzeslaus beim Besuch der Trierer Apotheke im Jahre 1771 dazu gesagt haben? Sicherlich hat ihn der rettende Strahl aus himmlischer Höhe genauso vergnügt, wie An-

Gemälde
von Pater
Apotheker,
Trier
um 1710

fang des gleichen Jahrhunderts den Herzog von Urbino und seinen Hof in Oberitalien vor einem ähnlichen Bild. Auch Waidmannsleute mit historischen Kenntnissen lachen verschmitzt. Für sie ist das Bild offenbar eine Persiflage auf die Unzuverlässigkeit der Drücker-Gewehre, die damals gerade erfunden worden waren.

Die Flamen scheinen auf diesem Gebiet ungezwungen und respektlos gewesen zu sein. Ihre Maler haben eine Menge Absonderlichkeiten in ihre Bilder eingebracht. So findet sich auf allen Landschaften des Joachim Patinir von Dinant irgendwo ein Männchen, das ein Geschäft verrichtete, weswegen er den Beinamen »der Kacker« erhielt. Diese kleinen Kacker mußte man manchmal ebensolange suchen, wie das Käuzchen des Henri met de Bles. Marcus Gheererts aus Brügge dagegen fügte eine Frau in die Bildkomposition ein, die auf einer Brücke oder an einer anderen Stelle kauerte und einem kleinen Bedürfnis nachging. Gleiches findet man auf Bildern von Jan Steen und Adriaen Ostade. Bei Jacob Jardaens ist auf zahlreichen seiner Bilder in irgendeiner Ecke ein pissender Knabe dargestellt. Bei Hendrick Avercamp wie auch bei Adrian Brouwer findet man sehr häufig kackende Männlein und Weiblein. Auch das graphische Werk von Rembrandt enthält Radierungen, Zeichnungen und Studien von kackenden und pissenden Männern und Frauen. Nur einmal hat Rembrandt das Motiv in eine Bildkomposition aufgenommen. Auf dem Bild *Der Raub des Ganymed* (Gemäldegalerie Dresden) läßt er den Ganymed in einem kräftigen Strahl auf die Erde pinkeln, während er durch den von Zeus entsandten Adler in den Olymp entführt wird.

Mitten in einer lustigen Gesellschaft findet man häufig einen Mann oder einen Jungen, die ihren Bedürfnissen freien Lauf lassen, seltener ist es eine Frau. Zu den Abwechslungen des schweren Bauernlebens gehörten die Festlichkeiten zu Kirchen- und Familienfesten. Ein Kupferstich von D. Hopfer zeigt den frohen Schmaus von Bauern. Es sind eigenartige Freuden des dargestellten Bauernhaufens, worauf auch der Vers in ungelenker Sprache hinweist. Einer der Bauern kämpft gegen die aufkommende Übelkeit an, er stützt sich gegen die Hauswand. Ein anderer läßt sich gleich von drei Nachbarn helfen. Sie halten ihm den Kopf, während er für den Hund unter der Bank sorgt.

Es gibt ein Gegenstück zu diesem Blatt. Es zeigt einen Bauerntanz, bei dem es ziemlich handfest zugeht. Im Text wird besonders hervorgehoben, was im Vordergrund vor dem Zaun und etwas abseits hinter einem Baum vorgeht: »An Zäunen da sieht man die Früchte des Saufens. / Der eine

Lackdose »Amor«, Braunschweig um 1800

gibt wieder, was er hat verschlucket, / Der Andere beim Baume sich nötig hinbucket.« Und mit Recht wird in den Schlußzeilen gefragt: »Das sieht man von außen, was wird da geschehen, wenn Hansel und Gretel sich heimlich verdrehen?«

Die Bauern hatten jahrhundertelang schwer unter den Lasten ihres Standes zu leiden. Ihre Vergnügungen waren sehr rar. Entsprechend schlug man beim Tanzen, beim Trinken und beim Essen zu; das war die einzige Erholung von den Mühen schwerer Arbeit. Hans Sebald Beham hat 1546 in einer Art Kalender zu jedem Monat des Jahres ein tanzendes Bauernpaar dargestellt. Das Bild des Monats Dezember zeigt, wie ein solches Bauernvergnügen dann wohl meistens ausging.

Bei vielen Schilderungen von flämischen Bauerngelagen ist unfehlbar immer ein Abtritt vorhanden. Auf einem Bild von Adriaen Brouwer steht die Tür zum besetzten Abtritt offen, während ein Bauer von außen gegen

 Hieronymus Bosch *Der Garten der Lüste.* (Detail)

die Wand des Abtritts pißt. Auf einem Bild desselben Malers *Unangenehme Vaterpflichten* putzt einer seinem Kind den Hintern. Auf einem Aquarell von Jacob Jordaens *Bohnenfest* besorgt eine Frau das gleiche Geschäft. Auch auf den Spielkarten dieser Zeit finden sich häufig Darstellungen von defäkierenden Männern.

Überaus reichhaltig ist das Bild von Hieronymus Bosch *Der Garten der Lüste*, vor allem der rechte Flügel des Bildes mit der Darstellung der Hölle. Da ist ein nackter Mann zu sehen, dem eine Flöte im Hintern steckt. Einem anderen sind Noten auf den Hintern gemalt, nach denen ein Chor von Männern und Frauen einen canticus cacatus singt. Einem dritten entfallen Goldstücke in ein mit Wasser gefülltes, in die Erde eingelassenes Becken. Ein in einer großen Miesmuschel liegender Mann läßt

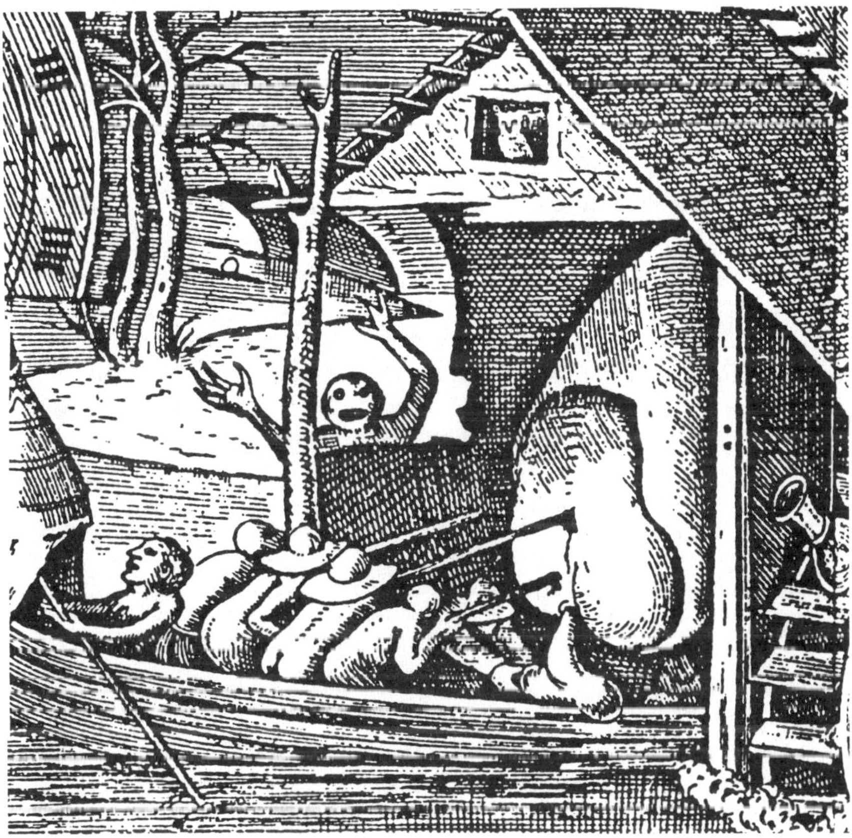

Die Sprichwörter (Ausschnitt). Stich nach Peter Breughel d. J. 17. Jahrhundert

seinem Hintern Perlen entquellen. Und Luzifer sitzt auf einem Kackstuhl, der merkwürdigerweise dem Leibstuhl des Papstes ähnelt, und scheidet die Seelen der von ihm verschlungenen Menschen in die Hölle ab. Auf dem linken Flügel des Triptychons *Der heilige Antonius* ist ein Furz dargestellt, der von einem meerschweinartigen Phantasiewesen Boschs abgeblasen wird.

An der Spitze aller flämischen Maler steht Pieter Breughel der Ältere. Es gibt von ihm unter dem Titel *Allegorie der Faulheit* eine Handzeichnung in der Albertina in Dresden: Ein riesenhafter, schreiender Kerl streckt den Hintern aus einer Mühle heraus und erleichtert sich, während eine Gruppe von Männern ihm mit Stöcken die Rückseite bearbeitet, um ihm dabei zu helfen. Einer von ihnen greift begehrlich nach den reichlich hervorquellenden Ausscheidungen. Auf dem Kupferstich *Der Hochmut* (1557) ist dargestellt, wie sich ein Kackender eine Schüssel unterstellt. In dem bekannten Bild *Les Proverbes flamands* kackt einer beim Kartenspiel aus dem Fenster heraus direkt auf eine Weltkugel, die als Emblem am Haus angebracht ist. Das ist eine Illustrierung des flämischen Sprichworts »Hij schijt op de wereld – er scheißt auf die Welt«. Insgesamt allegorisiert Breughel 78 Sprichwörter zum Teil skatologischen Inhalts in diesem Bild, etwa »Hij schijt op de galg – Er scheißt auf die Obrigkeit«, »Hij pist tegen de maan – Verlorene Liebesmüh«, »Zijn vuur is uitgepist – Sein Feuer ist ausgepißt«, »Twee schijten door een gat – Zwei scheißen in ein Loch« usw. Auf seinem Bild *Christus vertreibt die Händler aus dem Tempel* ist am Tempel ein Plakat angebracht, das einen kackenden Mann zeigt. Auf einem anderen Gemälde sieht man eine größere Anzahl von Leuten mit entblößtem Hintern um ein Faß herumsitzen, in dessen unteren Teil Löcher gebohrt sind. Aus diesen Löchern fließt jeweils ein Strahl in das Maul der Hockenden, und hinten entquillt ihnen wieder, was sie oben eingenommen haben.

Von Beginn der sinnenfreudigen Renaissance an hatten bildende Künstler ihre Freude daran, einen derben Witz in ihren Werken unterzubringen. Da war man gar nicht kleinlich. Um 1480 entstand ein Blatt, das ein junges Paar zeigt, daß lustwandelnd sich in einem Garten vergnügt. Hier hockt vor dem Paar ein Narr auf dem Boden, und auf dem Brunnen sitzt ein Knabe mit gespreizten Beinen und macht – wie man in der Schweiz noch heute sagt – »Brünnele«. Eine Art »Brünnele« gab es bereits im Rom zur Kaiserzeit. Hier wurden, wie man nicht nur von Petronius weiß, große und genüßliche Schlemmergelage abgehalten. Bei Wein und gutem

Lysistrate verteidigt die Akropolis. Illustration von Aubrey Beardsley

Essen ging es mit den Tänzerinnen hoch her. Bei solchem Glanz der Feierlichkeiten in prachtstrotzenden Gemächern schien es mit der Beleuchtung doch noch recht dürftig zugegangen sein. Man war auf Fackeln und kleine Öllampen angewiesen. Die mangelhafte technische Ausrüstung wurde dagegen durch reichhaltige Formen ersetzt. In italienischen Museen finden sich römische Lampen von hohem Kunstwert. Einige von ihnen sind sicher bei diesen ausgelassenen Gesellschaften benutzt worden. Ein Lampenscherz zeigt einen nackten Mann, der, sich geradezu artistisch verrenkend, das Öl aus dem Hintern fließen läßt. Es gilt als sicher, daß die Römer noch nichts von der Brennbarkeit des Gases wußten ...

Römischer Lampenscherz

Der Frankfurter Patrizier Zacharias Conrad von Uffenbach, der im Jahre 1710 durch Deutschland reiste und nahezu sämtliche Sammlungen besuchte und Kuriositäten aufspürte, berichtet über eine eigenartige Spielerei, die damals im Zeughaus zu Bremen zu besichtigen war. Dort saßen »zwey geharnischte Männer auf hölzernen Pferden, deren das eine, wenn man ihm den Schweif aufhube, einen tremulirenden Ton, als wenn es forte verso farzete von sich gab, welches das Wahrzeichen von dem Zeughaus ist, und ohne Zweifel durch einen inwendig verborgenen Blasebalg und Orgel-Pfeife geschiehet«.

Karikatur auf die ungarische Königin aus dem Siebenjährigen Krieg

Feldhaus ging dieser Nachricht auf den Grund. Er erkundigte sich in Bremen, erhielt aber die Auskunft, daß man von diesem musikalischen Pferd nichts mehr wisse. Es sei wahrscheinlich in den Jahren zwischen 1802 und 1809 versteigert worden.

Den Brüsselern ist ihr Manneken-Pis ein Kleinod, sie lieben es über alles. Der Wasser lassende Knabe auf dem Brunnen in der Nähe des Grand'Place ist einzigartig in seiner Art. Ständig ergießt sich aus ihm ein Wasserstrahl. Das Alter von Manneken-Pis ist nicht exakt zu bestimmen. Ursprünglich war es wohl aus Stein gehauen. Nach der verlorenen Statuette von H. Duquesnoy d. Ä. wurde es dann in Bronze gegossen. Verschiedene Sagen und Vermutungen über seine Entstehung sind im Umlauf; auch wurde es mehrfach entführt. Doch stets kehrte Brüssels »ältester Bürger«, wie er scherzhaft genannt wird, glücklich wieder zurück.

Wie ein Beamter beim Schnüffeln nach verdächtigen Papieren auf die falsche Führte gelockt wurde. Karikatur aus dem *Kladderadatsch* 1850 Seite 92

Als Ludwig XV. von Frankreich nach Brüssel kam, gab er ihm das Habit eines Kavaliers und verlieh ihm das Kreuz des heiligen Ludwig. Napoleon verlieh ihm Schlüssel und Garderobe eines kaiserlichen Kammerherrn. 1830 erhielt es die Uniform eines Zivilgardisten. Es wurde besungen und bedichtet; durch Legate und Erbschaften wurde es reich.

Im Jahre 1860 besaß es acht Staatskleider, eine Uniform und eine Freiheitsbluse. Er hatte seine Bedienten und bestimmte Einkünfte zu seinem Unterhalt. Auch heute noch wird es bei besonderen Gelegenheiten festlich gekleidet. Ein Spottbild zeigt, wie es wegen Übertretung einer Polizeiordnung vom 26. Juni 1846, das öffentliche Pinkeln betreffend, verhaftet wird.

Manneken Pis

Die Verhaftung des Manneken Pis 1846

Die deftigen Darstellungen der Körperfunktionen nehmen in der Kunst zur Neuzeit hin ab, sie stehen motivisch nicht mehr eigenständig, sondern haben eher illustrativen Charakter. Etwa Aubrey Beardsley mit seiner Illustration zu Aristophanes' *Lysistrata*, in der er den weiblichen Furz mit sicherem wie zartem Strich zu einer Darstellung von elementarer Gewalt und mondäner Eleganz stilisiert.

Die Karikaturisten griffen aber immer wieder dankbar zu jedem drastischen oder grotesken Mittel. Zu Beginn des Dreißigjährigen Krieges prallten die politischen Gegensätze hart aufeinander. Zeitungen waren noch nicht gebräuchlich, so entsandte man derbe und deftige Flugblätter. Eines zeigt, wie die Nase des Gegners auf großen Schleifsteinen geschliffen wird. Das Blatt spricht von einem Nasenschleifer, der im ganzen Land herumzieht. Habe die Nase auch hundert Auswüchse, so heißt es im Text, so kriegt man sie dennoch in einem Augenblick klein:

. . . So wird mein Jung sich auch befleißen,
Vnd dapfer auf den stein her schweißen.
So bald die Naß das Wasser spürt,
Alß dan sie wider kleiner wird . . .
Wer sein Naß in all dreck wil stecken,
Der muß des Jungen wassers lecken.

William Hogarth, Karikatur auf Henry Fielding

Auch in politischen Flugblättern der napoleonischen Zeit wird wieder häufig darauf zurückgegriffen. Nicht immer ist der genaue Anlaß der einzelnen Karikaturen noch zu erhellen, manchmal lebt er als Anekdote fort. So ist eine Karikatur auf den englischen Dichter Henry Fielding im Zusammenhang mit einer nicht mehr zu eruierenden Äußerung zu John Milton zu sehen. Dieses Blatt kommt aus dem Umkreis des Grafikers William Hogarth. Sie läßt allerdings Rückschlüsse auf die saloppe Wendung »In den Mond schauen« zu.

Jean Molenaer, Der Geruch

Die Revolution von 1848 hatte in Deutschland keine demokratischen Fortschritte gebracht. Außer, daß die Reaktion nun erheblich schärfer gegen alles, vor allem gegen Druckerzeugnisse vorging. Im *Kladderadatsch* erschien 1850 eine Karikatur mit der Zeile: »Wie einen Beamten seine Nase auf verdächtige Papiere zu weit führt.«

Doch haben sich Künstler nicht nur gestaltend des Genres angenommen. Auch sie kämpften mit den technischen Neuerungen. Von Adolph von Menzel (1815 bis 1905), unermüdlicher Malerchronist des Berliner

Großstadtlebens und der Industrialisierung, haben sich kurioserweise zwei Anweisungen erhalten, die von einer unerhörten Verlegenheit des Professors und Senators der Königlichen Akademie der Künste Zeugnis geben. Die erste Beschwerde betrifft die schlechte Qualität des Toilettenpapiers: »Die Closet-Papierrolle folgt beigehend zurück, der Rolle fehlen ja die Abreißlochreihen, welch Versehen muß da vorgekommen sein! Bitte *sofort* umtauschen! Überbringer soll darauf warten!« Auch auf der Visitenkarte verrät sich Menzels Temperament: »Was ist dann das wiedermal mit dem Wasserzug *des Closets*!!? Schon *viele Tage* steht der *still* – antwortet *nicht*!!!«

Eine trauerige Geschichte

Die ergötzlichen Briefe Wolfgang Amadeus Mozarts an seine Augsburger Cousine Maria Anna Thekla Mozart sind allerprivatester Natur. Dennoch kennt die Nachwelt keine Diskretion. Der analerotischer Impetus dieser launigen Mitteilungen hat ihnen einen speziellen Ruhm eingetragen, der sie zum Klassiker der amourösen Briefliteratur werden ließ.

5. November 1777

möchten sie nicht bald wieder zum H: *Gold*-schmid gehen?

---

aber was thun dort? — was? — nichts? — um den Spuni Cuni fait fragen halt, sonst weiter nichts. sonst nichts? —- Nu Nu; schon recht. Es leben alle die, die – die — die —- wie heist es weiter? — iezt wünsch ich eine gute nacht, scheissen sie ins beet daß es kracht; schlafens gesund, reckens den Arsch zum mund; ich gehe izt nach schlaraffen, und thue ein wenig schlaffen. Morgen werden wir uns gescheüt sprechen brechen. Ich sage ihnen eine sache menge zu haben, sie glauben es nicht gar können, aber hören sie morgen es schon werden. Leben sie wohl unterdessen, ach Mein *arsch* brennt mich wie feüer! was muß das nicht bedeüten! — vielleicht will *dreck* heraus? – ja ja, *dreck, ich* kenne dich, sehe dich, und schmecke dich—

In dem Brief vom 13. November 1777 heißt es nach der bombastischen Anrede »Ma trés chére Niéce! Cousine! fille! Mére, Soeur, et Epouse!«: »Verzeihen sie mir meine schlechte schrift, die feder ist schon alt, ich scheisse schon wircklich bald 22 jahr aus den nemlichen loch, und ist doch noch nicht verissen! – und hab schon so oft geschissen —- und mit den Zähnen den dreck abbissen ...«

Wortspiele auch in dem Brief vom 28. Februar 1778: »wenn sie mir also wolln antworten, aus der stadt Augbsurg dorten, so schreiben sie mir baldt, damit ich den brief erhalt, sonst wenn ich etwa schon bin weck, bekomme ich statt einen brief einen dreck. dreck! — dreck! – o dreck! – o süsses wort! – dreck! – schmeck! – auch schön! – dreck, schmeck! – dreck! – leck – o charmante! – dreck, leck! – das freüet mich! – dreck, schmeck und leck! – schmeck dreck, und leck dreck! —«

Aus Kaisersheim schrieb er ihr am 23. Dezember 1778: »- also kommen sie gewis, sonst ist ein schys; ich werde alsdan in eigner hoherperson ihnen Complimentiren, ihnen den arsch Petschieren, ihre Hände küssen, mit der hintern büchse schiessen, ihnen Embrassiren, sie hinten und vorn kristiren, ihnen, was ich ihnen etwa alles schuldig bin, haarklein bezahlen, und einen wackeren furz lassen erschallen, und vielleicht auch etwas lassen fallen – Nun
adieu – mein Engel mein herz
ich warte auf sie mit schmerz
schreiben sie mir nur gleich nach München *Poste restante*
ein kleines briefchen von 24 bögen, aber
schreiben sie nicht hinein wo sie logiren werden,
damit ich sie, und sie mich nicht finden! –

P:S: Scheis= dibitari der pfarrer zu Rodempl
hat sein köchim im arsch geleckt, ein andern zum Exempl;
Vivat vivat-«

Vom Scheißen ist bei Mozart viel zu lesen. Im Brief vom 3. Dezember 1777· »Nun weiß ich nichts mehr Neues, als daß eine alte Kuh einen neu en Dreck geschißen hat ... Sch:scheißen: das ist hart.« In einer Parodie einer Beichte, die er am 14. November 1777 dem Vater schickte, heißt es: »... und zwar lauter Saucreyen, nemmlich, vom Dreck, scheissen, und

Schnitzerei an einem Chorstuhl der Kirche Saint Gervais, um 1793

arschlecken, und zwar mit gedancken, worten und – – aber nicht mit wercken.« Einem Brief an den Vater vom 8. Januar 1779 fügte er die Zeile hinzu: »wo der lezt noch nicht geschissen hat –«

Skatologisches war in der Familie und im Freundeskreis der Mozarts gang und gäbe. An seine Mutter schrieb Mozart diesen lyrischen Brief:

Madame Mutter!

Ich esse gerne Butter.
Wir sind Gottlob und Dank
Gesund und gar nicht krank.
Wir fahren durch die Welt,
Haben aber nit viel Geld;
Doch sind wir aufgeräumt
Und keins von uns verschleimt.
Ich bin bei Leuten auch
die tragen den Dreck im Bauch,
doch lassen sie ihn auch hinaus
So wohl vor, als nach dem Schmaus.
Gefurzt wird allzeit auf die Nacht
Und immer so, daß es brav kracht.
Doch gestern war der fürze König,
deßen Fürze riechen wie Hönig,
Nicht gar zu wohl in der Stimme,
Er war auch selbstens voller Grimme.
Wir sind ietzt über 8 Täge weck
Und haben schon geschißen vielen Dreck.
Herr Wendling wird wohl böse seyn,
Daß ich kaum nichts geschrieben fein,
Doch wenn ich komm' über d'Rheinbrücke
So kom ich ganz gewiß zurücke

Und schreib die 4 Quartetti ganz
Damit er mich nicht heißt ein Schwantz.

Und das Concert spar ich mir nach Paris,
Dort schmier ichs her gleich auf den ersten Schiß.
Die Wahrheit zu gestehen, so möcht ich mit den Leuten
Viel lieber in die Welt hinaus und in die große Weiten,
Als mit der Tac-gesellschaft, die ich vor mir seh,
So oft ich drauf gedenke, so thut mir der Bauch weh;
Doch muß es noch geschehen, wir müssen noch zusamm –
Der Arsch vom Weber ist mehr werth als der Kopf vom Ramm
Und auch von diesem Arsch ein Pfifferling
Ist mir lieber als der Mons: Wendling.
Wir beleidigen doch nicht Gott mit unserem Scheißen
Auch noch weniger, wenn wir in dreck nein beißen.
Wir sind ehrliche Leute die zusammen taugen,
Wir haben summa summarum 8 Augen
Ohne dem wir drauf sitzen.
Nun will ich mich nit mehr erhitzen
Mit meiner Poesie; nur will ich Ihnen sagen
Daß ich Montag die Ehre hab, ohne viel zu fragen,
Sie zu embrassiren und dero Händ zu küssen,
Doch werd' ich schon vorhero haben in die Hosen geschißen.

À dieu Mamma

Worms den 1778ten Jenner
Anno 31.

Dero getreues Kind
ich hab' den Grind
Trazom

Figuren am
Fenstersims des
Schlosses Blois

Geradezu Weltberühmtheit erlangte jedoch diese Passage aus Mozarts Brief an seine Base (vom 5. November 1777):

»iezt muß ich ihnen eine trauerige geschichte erzehlen, die sich jezt den augenblick ereignet hat. wie ich an besten an dem brief schreibe, so höre ich etwas auf der gasse. ich höre auf zu schreiben — stehe auf, gehe zum fenster — und – höre nichts mehr — ich seze mich wieder, fange abermahl an zu schreiben — ich schreibe kaum 10 worte so höre ich wieder etwas — ich stehe wieder auf — wie ich aufstehe, so höre ich nur noch etwas ganz schwach — aber ich schmecke so etwas angebrandtes — wo ich hingehe, so stinckt es. wenn ich zum fenster hinaus sehe so verliert sich der geruch, sehe ich wieder herein, so nimmt der geruch wieder zu — endlich sagt Meine Mama zu mir: was wette ich, du hast einen gehen lassen? — ich glaube nicht Mama. ja ja, es ist gewis so. ich mache die Probe, thue den ersten finger im arsch, und dann zur Nase, und — Ecce Provatum est; die Mama hatte recht. Nun leben sie recht wohl, ich küsse sie 10000 mal und bin wie allzeit der

alte junge Sauschwanz

Wolfgang Amadé Rosenkranz.«

Mozart war überschäumend und übermütig. Die Ausbeute bei seinen Musikkollegen dagegen ist sehr mager. Ludwig van Beethoven schreibt im Jahre 1818 an Vincenz Hauschka: »... Nun leb wohl, bestes Hauschkerl, ich wünsche dir einen offenen Stuhlgang und den schönsten Leibstuhl ...« In einem undatierten, etwa auf die Zeit um 1821 anzusiedelnden Brief schreibt Beethoven:

»An das Berühmteste Musik komtoir in Europa, Steiner und Company paternoster (Miserere) gässel.

Ich ersuche den geh' Bauer (d. i. der Kapellmeister Franz Xaver Gebauer) um einige Billete (zwei), da einige von meinen Freunden sich in diese Winkel Musik begeben wollen – ihr habt vieleicht selbst d. g. Abtrittskarten so schickt mir eine oder zwei – Euer Amicus Beethoven.«

Was Richard Wagner am 9. Mai 1859 an Mathilde Wesendonk schrieb, bleibt letztendlich zweideutig: »Kind! Kind! Der Zwieback hat geholfen; er hat mich mit einem Ruck über eine böse Stelle hinweggebracht, über der ich seit acht Tagen stockte und nicht weiter konnte ... Meine Laune war schrecklich ... Wie der Zwieback kam, merkte ich nun, was mir gefehlt hatte . . . Gott, was der richtige Zwieback nicht alles kann! – Zwieback! Zwieback! Du bist die richtige Arznei für verstockte Componisten, – aber der rechte muß es sein.«

Daß aber unser Thema doch etwas mit Musik zu tun hat, läßt sich an einigen Anekdoten festmachen.

Der Singspielkomponist Jiri Benda (1722 bis 1795) war als Kapellmeister zu einem Gartenfest verpflichtet worden. Die Bewirtung war ausgezeichnet, und Benda hatte reichlich dem Alkohol zugespochen. Nach dem ersten Teil verschwand er. Es verging eine Stunde, doch er kam nicht wieder. Schließlich fand ihn ein Musiker in einem Winkel des Gartens. Er stand hier an einem Springbrunnen, an eine plätschernde Najade gelehnt. Seine Stellung war nicht gerade dezent. »Was ist Ihnen denn, lieber Benda?« fragte der Freund, »warum kommen Sie nicht zurück?« »Ich bin völlig verzweifelt«, war die Antwort, »ich stehe nun schon eine ganze Stunde hier und es will und will kein Ende nehmen.«

Unter den verschiedenen Holzblasinstrumenten nimmt das Fagott eine besondere Stellung ein. Der Haupteffekt liegt in seinem näselnden, gepreßten Klang. Max Reger (1863 bis 1917) dirigierte in Meiningen eines der Werke Richard Wagners, in dem das Kontrafagott bedeutsam hervortritt. Nach der Aufführung erkundigte sich das Fräulein Prinzessin, ob der Musiker die entsprechende Stelle eigentlich mit dem Mund hervorbrächte. »Hoheit«, erwiderte Reger bedächtig, »das will ich stark hoffen!«

Kunstmittel ersten Ranges

Am meisten von allen Künsten ist die Weltliteratur vom Fäkalgeruch durchzogen, mehr jedenfalls, als allgemein vielleicht angenommen wird. Das belegt ein bislang kaum bekannter Brief Jean Pauls. Das Dichten ist schwer. Warum er aber bei seinem Aufenthalt in den Jahren 1798 bis 1800 am Musenhof in Weimar trotzdem so zufrieden war mit seinem Zimmer am Markt und vor allem mit seiner Wirtin, verrät er auf die üblich geschwätzige Art in einem Brief: »Nie war ich so stubenglücklich«, heißt es da. »Ich will nur etwas von unserm Verhältnis anführen: Ein an sich geräumiger Nachttopf wollte doch nicht zulangen, wenn ich gerade schrieb, weil er und das Dintenfaß wie natürlich in umgekehrten Verhältnis voll und leer werden. Die Frau sah, daß ich so oft die Treppe in der Kälte hinab mußte. Sie brachte mir also einen ganz neuen bowlen-mäßigen getragen, bei dem ich 8 Seiten schreiben kann.« Alexandre Dumas père (1802 bis 1870) erzählt in seiner Autobiographie: »Ich wurde am 24. Juli 1802 geboren, die Zukunft schien mir günstig zu liegen, denn es heißt in einem Briefe meines Vaters an General Brune: ›P.S. Ich öffne noch einmal diesen Brief, um Dir mitzuteilen, daß der Bengel soeben über den Kopf gepißt hat, was eine gute Vorbedeutung ist.‹«

Diese beiden Stellen im Leben und Werk zweier so wortreicher Dichter der Weltliteratur mögen hier genügen. Sie eröffnen, mit Fontane gesprochen, ein weites Feld. Getrost läßt sich von dieser Warte aus die Faktenlage prüfen.

Die Lustspiele des Titus Maccius Plautus (um 254 bis um 184 v. Chr.), die von Derbheiten nur so strotzen, erfreuten sich mehrere Jahrhunderte hindurch beim römischen Volk der allergrößten Beliebtheit. Keines seiner Stücke, in dem nicht gerülpst, gefurzt, gekotzt, gespuckt, gepißt und gekackt wurde – sie sind eine einzige skatologische Demonstration. Das stellte natürlich an die Schauspieler außerordentliche Anforderungen. Doch die scheinen darin wohlgeübt gewesen zu sein, sich in dem weiten Raum einer antiken Arena auch a posteriori verständlich zu machen. Vor allem das pneumatische Phänomen war ein besonders bevorzugtes Gesprächsthema seiner handelnden Personen. Blähungen auf der Bühne, und man muß bedenken, daß es sich im alten Rom stets um große Freilichtbühnen handelte, waren ein Kunstmittel allerersten Ranges, dem das Publikum seine beste Laune verdankte und dies mit frenetischem Applaus bedachte.

Auch schon der Grieche Aristophanes hat in seinen Werken den Leibeswinden viel Spielraum gelassen. Eine besonders interessante Stelle findet man in den *Wolken*, wo Sokrates dem Strepsiades das Wesen des Donners durch einen Vergleich mit dem Furzen zu erklären versucht.

Steinfigur an der Klosterschule von Champeaux, 15. Jahrhundert

SOKRATES: Ei, hörst du denn nicht, was ich eben gesagt von den Wolken, den wassergefüllten,
Wie sie übereinander sich stürzen, gebläht und zusammengeworfen zerplatzen?

STREPSIADES: Wie versteh ich denn das?

SOKRATES: Nun, so merk einmal auf: an dir selber mach ich dir's deutlich.
Ist dir's nie an den Panathenäen passiert, daß dein Magen, mit allerlei Brühen
Überfüllt, dir mit Knurren Molesten gemacht, mit Reißen und Blähn und Rumpumpeln?

STREPSIADES: Beim Apollon, gar oft; da rumort es in mir und fährt mir durch die Gedärme.
So 'ne lumpige Brüh, die vollführt einen Lärm und tut akkurat wie der Donner:
Erst halblaut nur: bumbum, bumbum, dann vernehmlicher schon: bububumbum!
Bis donnernd gerad wie die Wolken zuletzt es herausfährt: bumbububumbum!

SOKRATES: Drum sieh: wenn dein Bäuchlein, winzig und klein, schon so gewaltig herausfarzt,
Wie entsetzlich muß erst im erhabenen Raum rumoren das Rollen des Donners?

STREPSIADES: Ich verstehe: drum sind sich auch Donner und Furz so ähnlich im brummenden Tone!

In keinem anderen Werk der Weltliteratur aber sind so viele Blähungen versammelt wie in *Des Franöis Rabelais weiland Arznei-Doktors und Pfarrers zu Mendon Gargantua und Pantagruel.*

Das Buch erschien in fünf Bänden zwischen 1532 und 1562/64. Praktisch von Seite zu Seite weht es hier dem Leser entgegen. Einige Kostproben mögen zum Weiterlesen anregen.

Von den Bewohnern eines Insel-Königreiches heißt es im Dritten Buch: »Auf dieser Insel wird weder geschissen noch gepißt noch gespuckt. Dafür aber furzen, fisten und rülpsen sie desto mehr. Sie leiden an allerlei Arten und Gattungen von Krankheiten, wie denn auch Hippokrates *lib. de flatibus* es ausspricht, daß jede Krankheit von Winden herrühre. Aber wahrhaft epidemisch ist dort die Windkolik, gegen die sie starke Dosen von windtreibenden Mitteln anwenden, worauf sie dann noch stärkere Dosen von Winden von sich geben. Sie sterben alle an der Trommelsucht, die Männer unter Furzen, die Weiber unter Fisten. Die Seele entweicht ihnen durch den Hintern.

Bei einem später unternommenen Spaziergang auf der Insel begegneten wir drei solchen dicken Windbeuteln, die ausgegangen waren, um sich die Regenpfeifer anzusehen, deren es hier eine große Menge gibt und die nach derselben Diät leben. Da sah ich, daß jeder von ihnen, ganz wie ihr, meine lieben Zecher, wenn ihr über Land geht, Flaschen, Butteln und Karaffen mit euch schleppt, einen niedlichen kleinen Blasebalg am Gürtel hängen hatte. Spürten sie Hunger nach Wind, so machten sie sich welchen, ganz frischen, indem sie die kleinen Blasebälge in Bewegung setzten; denn wie ihr wissen werdet, ist Wind, richtig definiert, ja weiter nichts als strömende, bewegte Luft. In diesem Augenblick gelangte der Befehl ihres Königs an uns, wir wollten innerhalb der nächsten drei Stunden keinen Einheimischen, weder Mann noch Weib, in unsere Schiffe aufnehmen. Man hatte ihm nämlich eine Blase mit höchst wertvollem Wind gestohlen, den der Schnarcher Äolus einstmals Odysseus geschenkt hatte, um sein Schiff auch bei stillem Wetter vorwärtszutreiben.

Diesen Wind hatte er heilig aufbewahrt wie einen zweiten Gral und manche schlimme Krankheit damit geheilt, indem er den Kranken nur so viel davon abgelassen und eingegeben hatte, wie zu einem Jungfernfürzchen hinreichte, was fromme Seelen ein ›Himmelstönchen‹ nennen.«

Aber auch die Titelhelden sind nicht ganz ohne: »Von dem Furz, den Pantagruel ließ, erbebt' die Erd auf neun Meilen weit in die Rund, und heckt' aus der faulen Luft desselben über dreiundfünfzigtausend kleiner unförmlicher Zwergmännlein: desgleichen auch mit einem Fist, den er streichen ließ, eine ebenso große Schar kleiner hozliger Weiblein ... «

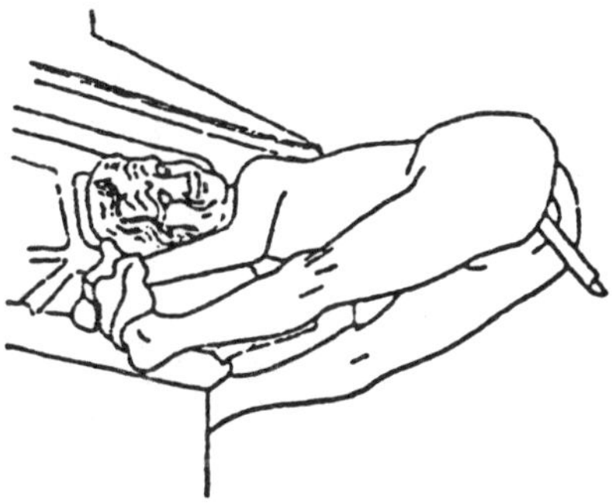
Wasserspeier am Münster zur Freiburg im Breisgau

Gargantua, Rabelais' Lieblingsfigur, hat auch gerne gedichtet, etwa diesen Abtrittsmarsch:

Edler Kacker!
Lasse
wacker
nasse
Masse,
schissig,
flüssig,
munter unter dir sich
breit ergießen;
aber höre
diese Lehre
und die Witzung:
Eh die Sitzung
sich darf schließen,
wische säuberlich den Hintern,
soll's nicht durch die Hose sintern!

Oder dieses recht hübsche

RONDEAU

Vorgestern, als ich kackte, war
ich schier bestürzt von dem Gestank,
der da in meine Nase drang;
durchstänkert ward ich ganz und gar!
Oh, hätt doch einer eine dar-
geführt, nach der ich seufzte bang,
dieweil ich schiß.
Ich hätt ihr Vorderexemplar
von Loch kalfatert fest und drang,
indes sie mit dem Finger schlank
meins Hinterlochs genommen wahr,
dieweil ich schiß.

Und so weiter und so fort.

Selbst Eingeweihten ist relativ unbekannt, daß Rabelais einen würdigen Nachfolger hat. Es handelt sich um Beroalde de Verville (1558 bis 1612). In seinem Werk *Der Weg zum Erfolge* (Berlin 1914) erzählt er: »In Lande Elsaß . . . sind die Damen hinlänglich frei, aber züchtiglich; und um dies noch besser an den Tag zu bringen, pissen sie nit mehr denn einmal in der Woche: und es geschieht am Freitag, daß sie sich allesamt in Gruppen in aller Herrgottsfrühe versammeln (was gar absonderlich schön zu sehen ist); und je nach ihrer Würdigkeit begeben sie sich, eine nach der anderen, ans Pissen, wie man auf den Jahrmarkt geht; des bezeugen sie nit mehr Scham als die wohlbestallten Frauen, so die Attribute ihrer Hinterbacken den Wässern von Pougues zeigen. (Die Bäder von Pougous in der Nevers erfreuten sich damals eines großen Rufes. d. Verf.) Was gibt es doch für sonderbare Gebräuche in den Ländern! Hier würde man dergleichen nit gut befinden; und da ist es ergötzlich: ebenso wie in den Städten der Normandie, allwo etliche in ihrem linken Täschlein ein Tüchlein für den Arsch beherbergen, wie in der rechten eins für die Nase. Wie nun besagte Frauen an der Stätte des Pissens oder dem Pißwinkeln angelangt waren, stellen sie sich alle auf wie die Gebirge von England, eine jede wo sie ist und je nach ihrer Würde, Prärogative und Ehre so wie bei den öffentlichen und rühmlichen Akten, nit mehr und nit minder wie die Ritter, so nach ihrem Rang am Tage ihrer Zeremonie ihre Plätze einnehmen. In sotaner Gemächlichkeit entleeren sie reichlich und fröhlich und unter üppiger und wohltuender Entladung ihrer Nieren ihre

Hinterbacken und pissen dergestalt, daß des ein Fluß entsteht und weiter fließt; und von dorten lassen Teutsche, Flamländer und Engelländer das gute Wasser kommen, um das Bier zu machen, Doppelbier und das stärker gebraute... Und wofern es Frauen gäbe, so nit sonderlich zu pissen vermögen, so entsende man sie nach Genf, maßen es dorten etwelche schöne Schulen gibt, allwo man öffentlich und in Kumpanei pissen und scheißen lernt – zur großen Tröstung der Schmachbeladenen, so da lernen, sich von der dummen Schande zu lösen, welche den Arschdarm verschließt... Man hat mir versichert, daß seitdem die Leute von Amiens schöne Schulen in Botrues errichtet haben, allwo man die Kunst des Scheißens unterweist.«

Der Scheißer, Steinfigur, Scharzenberg i. Erzgeb., 20. Jahrhundert

Giovan Francesco Straparola von Caravaggio (1483 bis 1557/58), ein italienischer Renaissancedichter, über den man nur spärliche Angaben besitzt, erhielt am 8. März 1550 das Privileg auf die Veröffentlichung eines Buches, das unter dem Titel *Die ergötzlichen Nächte* allerdings erst viel später zu Ehren kam. Darin findet sich in der Erzählweise des *Decamerone* die wahrhaft ergötzliche Geschichte über die Künstler eines Florentiner Nonnenklosters (VI. Nacht, 4. Novelle):

In einem berühmten Kloster zu Florenz war die Äbtissin gestorben und eine neue sollte gewählt werden. Drei Bewerberinnen, die für das hohe Amt in Frage kamen, vereinigten gleich viele Stimmen auf sich. Da nun die Nonnen des Klosters unter sich nicht einig werden konnten, welcher der Vorzug gebühre, und der Vikar als Vertreter des Bischofs selbst keinen Ausweg wußte, weil jede der drei Schwestern wegen ihrer Vorzüge die begehrte Würde verdiente, forderte er die drei Bewerberinnen auf, nach Ablauf von drei Tagen in Gegenwart sämtlicher Klosterinsassen eine außerordentliche Tat zu vollbringen. Diejenige von ihnen, die dabei den Vogel abschösse, solle dann einträchtig zur Äbtissin gewählt werden. Mit dem Vorschlag des Vikars war man allseitig einverstanden. Am festgesetzten Tage versammelten sich die Nonnen mit dem Vikar im Kapitelsaal. »Nachdem alles seine Plätze eingenommen hatte, begab sich Schwester Veneranda, welche älter war als die andern, in die Mitte des Saales, zog eine große Nadel hervor, die in ihrer Kutte stak, hob ihre Gewänder vorne hoch und pisste in Gegenwart des Vikars und der Nonnen so haarscharf durch das Öhr der Nadel, daß kein Tröpflein auf den Boden fiel, das nicht zuvor durch das Öhr gegangen. Als der Herr Vikar und die Nonnen dies sahen, glaubten sie alle, Schwester Veneranda müsse Äbtissin werden; denn man könne diese Leistung nicht übertreffen. Hierauf erhob sich Schwester Modestia, die nächstälteste, begab sich in die Mitte des Saales, nahm einen Würfel, wie er zum Spielen gebraucht wird, legte ihn auf eine Bank, nahm dann fünf Hirsekörnchen und legte auf jeden der fünf Punkte des Würfels ein Korn. Dann hob sie sich hinten die Röcke hoch, näherte sich mit dem Hintern der Bank, auf welcher der Würfel lag und ließ einen so gewaltigen und erschrecklichen Furz fahren, daß der Vikar und fast alle Nonnen zusammenfuhren. Trotzdem dieser Furz jedoch mit mächtigem Blasen aus dem Loche herausfuhr, war er dennoch mit solcher Kunst und Meisterschaft gezielt, daß das in der Mitte liegende Körnlein an seinem Platz blieb, während die andern vier verschwanden und nicht mehr gesehen wurden. Dieses Probestück schien dem Vikar und den Nonnen nicht geringer als das erste, aber sie äußerten sich nicht darüber und warteten auf das Kunststück Schwester Pacificas. Diese trat in die Mitte des Saales und führte eine Leistung vor, die nicht eines alten, sondern eines Weibes von männlicher Kraft war. Sie zog nämlich einen harten Pfirsichkern aus dem Busen hervor, warf ihn in die Höhe, hob blitzschnell ihre Kleider auf, fing ihn mit den Hinterbacken und preßte ihn derart zusammen, daß sie ihn zerbrach und in feinen Staub verwandelte. Der Vikar, der ein kluger und gewitzter Mann war, begann mit den Nonnen die hervorragenden Leistungen der drei Schwestern in Erwägung zu ziehen, als er jedoch sah, daß es nicht möglich war, zum Ziele zu gelangen, erbat er sich Bedenkzeit für die endgültige Entscheidung. Und da er in seinen Büchern die Lösung dieser schwierigen Streitfrage nicht zu finden vermochte, ließ er sie unentschieden und so schwebt sie noch bis zum heutigen Tage.«

Bleiben wir noch in Italien und genießen den Wohlklang der Gedichte Michelangelos. Voller Melancholie spricht er im 81. Gedicht von der Last und der Ärmlichkeit des Alters, wehmütig gedenkt er seiner Manuskripte:

Ein Berg von Kot vor meiner Tür sich hebt;
Aß einer oder nahm er Medizin,
Hier ist's, wo er sich zu erleichtern strebt.
Hier lernt' ich gründlich kennen den Urin . . .
Kann ich die Blähung unten nicht verjagen,
So atm' ich durch den Mund mit Müh' nur eben,
O Amor, Musen, blühn'der Lauben Pracht.
Gekritzel, nun zu Lumpen reduziert,
Draus Tüten und Klosettpapier man macht!

Mephisto vexiert einen Bumbs

Nördlich der Alpen, vor allem in Deutschland, ging es erheblich weniger poetisch zu. Derbheit war angesagt, und durch die gesamte satirisch-komische Literatur der Renaissance und der Reformation weht ein beißender Geruch. Kurzweilig zu lesen findet man das alles im *Volksbuch von Till Eulenspiegel*, das erstmals im Jahre 1515 erschienen ist. Die sechzehnte Historie erzählt, wie Eulenspiegel »zu Peine in einem Dorf ein krank Kind scheißen macht und großen Dank verdiente«:

Holzschnitt zu Eulenspiegel

»Künstliche und bewährte Arzney scheuet man zu Zeiten eines geringen Geldes willen, und man muss den Landläufern oftmals noch so viel geben. Also geschah auch etwas in Stift Heidesheim; dahin kam auch einmal Eulenspiegel in eine Herberge, da war der Wirth nicht daheim, und Eulenspiegel war da wohl bekannt. Die Wirthin hatte ein krankes Kind, da fragte Eulenspiegel die Wirthin, was doch dem Kind fehle, und was es für eine Krankheit hätte? Die Wirthin sprach, das Kind kann nicht zu Stuhle gehen. Dem ist gut zu helfen, sprach Eulenspiegel. Die Frau sagte: Helft ihr ihm, ich will euch geben, was ihr wollt. Eulenspiegel sagte: dafür nehme er nichts, es wäre ihm eine leichte Kunst. Harret eine kleine Weile, nie kann es so bald geschehen. Nun hatte die Frau im Dorfe etwas zu thun, und gieng also fort.

Dieweilen schmeisst Eulenspiegel einen grossen Haufen an die Wand, setzet das Kinderstühlchen darüber, und setzet das Kind darauf. Die Frau kam wieder aus dem Dorfe, sah das Kind auf dem Stühlchen sitzen, und sprach: Ach, wer hat das gethan? Eulenspiegel sprach: ich habe es gethan; ihr sagtet ja, das Kind könnte nicht zu Stuhle gehen, so habe ich es darauf gelegt. Da ward sie gewahr, was unter dem stühlchen lag, und sprach: siehe hie zu, das hat dem Kinde im Leibe gebrochen; habt Dank, dass ihr dem Kinde geholfen habt. Eulenspiegel sprach: Der Arzney kann ich viel machen durch meine Kunst. Die Frau bath ihn freundlich, dass er sie auch solche lehren möchte, sie wollte ihm geben, was er verlangte. Das sprach Eulenspiegel, wie er reisefertig war: wenn er wieder käme, wollte er sie es lehren.«

Diese durchaus bemerkenswerte Künste Eulenspiegels finden eine Fortsetzung. In diesem Kapitel wird die Geschichte, wie der Schalk in Köln »dem Wirth auf den Tisch hofierte«, daß es nur eine Pracht war.

»Eulenspiegel kam bald hernach zu Köln in eine Herberge, stellte sich etliche Tage einfältig, und gab sich nicht zu erkennen. Da merkte er, dass der Wirth ein Schalk war, und dachte: Da haben es die Gäste nicht gut; ich muss eine andere Herberge haben. Des Abends merkte der Wirth an Eulenspiegeln, dass sich der schon um eine andere Herberge umgesehen hatte. Aus Zorn darüber wies er die anderen Gäste zu Bette, und ihn nicht. Da sprach Eulenspiegel: Wie, Herr Wirth, ich bezahle die Kosten so theuer, als die, so ihr zu Bette weiset, und ich soll hier auf der Bank schlafen? Der Wirth sprach: Hier hast du ein paar Leilachen, und liess einen grossen Furz, und bald hernach noch einen, und sprach: Hier hast du ein Kopfkissen, und dann noch einen, und sprach: Hier hast du ein ganzes Bett, behilf dich bis morgen damit, und lege sie zusammen, dass ichs beysammen wieder finde. Eulenspiegel schwieg still, und gedachte: Hier muss ich eine Schalkheit mit der andern bezahlen, und legte sich auf die Bank. Nun hatte der Wirth eine schöne Tisch-Tafel mit Flügeln, die thät Eulenspiegel auf, hofirte einen grossen Haufen darauf, und legte ihn wieder zu. Des Morgens gieng er vor die Kammer des Wirths, und sprach: Wirth, ich danke euch für die Herberge. Und indem er einen grossen Furz liess, sprach er: Höret, das sind die Federn von dem Bett; Kopfkissen, Leilachen, Decke und Bett habe ich zusammen über einen Haufen gelegt. Der Wirth antwortete: Herr Gast, es ist schon gut, ich will nachsehen, wenn ich aufstehe. Eulenspiegel sprach: Das thut gut, sehet euch um, ihr werdet's schon finden, und verliess das Haus. Als nun der Wirth gegen Mittag die Tafel decken wollte, und sie aufthät, kam ihm ein böser Geschmack entgegen, er fand den Koth darin, und sprach: Der giebt den Lohn nach den Werken, ein Furz wird mit einem Haufen Koth bezahlt. Er liess ihn aufsuchen, und als Eulenspiegel wieder kam, erhielt er sogleich ein Bett wegen seiner Schalkheit.«

Holzschnitt zu Eulenspiegel

Eine Steigerung erfahren die skatologischen Abenteuer Eulenspiegels in der 76. Historie. Da wird berichtet, »wie Eulenspiegel in ein Haus schiß und den Gestank durch die Wand in eine Zechgesellschaft, die er nicht leiden konnte, blies«:

»Da war es bald nach St.-Martins-Tag, da also die Gastung geschah und daß der Wirt mit seinen Gästen in einem köstlichen Gemach saß, da er ihnen das Mahl gab. Und das Gemach war hart an der Wand, da Eulenspiegel zu Herberg war. Als sie nun saßen und waren auf das allerbest guter Ding, so kommt Eulenspiegel und bohrt ein Loch durch die Wand, die in das Gemach ging, da die Gäste in saßen, und nimmt ein Blasebalg und macht da seines Drecks ein großen Haufen und blies mit dem Blasbalg in das Loch, das er gebohrt hätt, in das Gemach. Und das stank so übel, daß niemand in dem Gemach bleiben mocht; je einer sah auf den andern, der ein meint, der ander schmeckt, der ander meint, der dritt schmeckt also. Und Eulenspiegel hört nit auf mit dem Blasbalg, so daß die Gäst auf mußten stehn und kunnten vor dem Gestank nit länger bleiben. Sie suchten das unter den Bänken, sie kehrten gar in allen Winkeln; das half nit. Niemand wußt, wo das herkam, so daß sich jedermann zu seinem Haus verfüget.

Da kam Eulenspiegels Wirt eingegangen, und dem war von dem Gestank so übel geworden, daß er brach alles von sich, das er im Leib hätt, und sagt, wie übel es in dem Gemach von Menschendreck hätt gestunken. Eulenspiegel ward lachen und sagt: »Wollt mich der reiche Mann nit zu Gast laden und mir gönnen seine Kost; ich bin ihm viel günstiger und getreuer denn mit mir: ich gönn ihm doch wohl meiner Kost. Wär ich da gewesen, so hätt es nit so übel gestunken.«

Die Saat, die von Eulenspiegel und Konsorten gelegt wurde, ging prächtig auf. Ein äußerst treffliches Beispiel dafür legt der spätere Superintendent und Inspektor aller Kirchen des Bistums Lübeck Friedrich Dedekind vor. Sein lateinischer *Grobianus* erschien erstmals im Jahre 1549 und machte gleich erhebliches Aufsehen. Drei Jahre später kam eine bedeutend erweiterte Ausgabe heraus, dazwischen eine erste deutsche, herrlich grobianische Übersetzung:

Wenn du auch wärst zu Tisch gesessen,
Und hättst des Stuhlgangs drob vergessen,
Und dränge dich die schwere Last,
Daß du hättst weder Ruh noch Rast,
Und sorgest dich, wie oft geschehn,
Es möcht dir in die Hose gehn,
Und möchtst mit Stank das ganze Haus
Erfülln und ihr viel treiben aus,
So steh flugs von dem Tische auf
Und eilends nach der Tür zu lauf.
Fragen sie dich: »Wo willst du hin?«
So wend dich um und sprich zu ihn:
»Ich muß an einen Ort jetzt gahn,
Da ich niemand hinschicken kann,
Den Säuen einen Salat anrichten,
Das ich umgehen kann mit nichten!«

Im Schlaf laß Fürz in Luft hin stieben,
So wird dichs ganze Hausgsind lieben.
Wollt aber jemand dich drum strafen,
Daß du machst solch Rumor im Schlafen,
Sprich: »Es ist nicht in meiner Gwalt,
Daß ich die Fürz in Händen halt;
Laß fahrn, was nicht hat Lust zu bleiben:
Ich muß den Unflath von mir treiben!«
Und laß ihm noch ein paar darzu,
Daß er die Nas verhalten tu.
Auch wann dir Not zu brunzen ist,
Und mitten in der Gassen bist,
So leer die Blase aus und steh,
Und acht nicht, wer voruber geh,
Seins Jungfern oder Frauen:

Heiß fürder gehn, wer nit will schauen!
Und gieß ein lange Lach' daher,
Als ob's des Müllers Esel wär.

Oft in die Hosen brunz darzu,
Daß es hinabrinn in die Schuh,
Daß dann die Schneider drob ersticken,
So sie dir soll'n die Hosen flicken.

Grumpt dir der Bauch vielleicht dermaßen,
Daß du von Not ein Scheiß mußt lassen,
Der dich grad hat im Leib gegrimmt,
So hör was dir zu tun geziemt:
Das steht dir zu an jeder Statt,
Wo dich das Weh getroffen hat:
Da laß ihn fahrn mit lautem Schall,
So lachen dein die Nachbarn all,
Und lugt das G'sind zum Fenster 'naus
Und meint es sind Trompeter drauß'.
Raum gib dem Herzen jedermol
Und mach ihm Luft: das tut ihm wohl:
Ein Dutzend und wieviel du willt.
Und so dich einer drüber schilt,
Spricht: »Landsmann, wo hast du gelehrt,
Daß Farzen auf die Gaß gehört?«
»Ei, Lieber«, sprich: »Ists g'froren drauß?
Besser ein Furz, dann ein Auge aus.
Sollt ich von eines Fürzleins wegen
Krank werden? mir nichts dran gelegen!
Besser ist dieser Dampf hinweg,
Dann daß ich lang beim Doktor läg.
Die Ärzte selber allgemein
Sind einig bei dem Furz allein:
Verhalten in dem Bauch mit Drang
Und drin verdrückt, versperrt mit Zwang:
Vier Krankheit gehn aus solchem Dampf:
Das Grimmen, Schwindel und der Krampf,
Darzu die langsam Wassersucht:
Ich danke, krank zu sein mit Zucht!
 Will lieber grob sein und gesund,

Dann krank und höflich alle Stund.
Claudius hat euch mit Ernst verbeut,
Daß niemand soll zu keiner Zeit
Grölzen und Fürz im Leib verhalten,
Daß man nit lang des Betts müss' walten.«

Es schickt sich darzu nicht übel,
Daß du ein Kachel oder Kübel
Unter die Tafel setzt so frei,
Daß welchem da vonnöten sei,
Der mag die Blas drin leeren aus,
So trinken dann die Brüder draus.

Die Literatur des 16. Jahrhunderts enthält eine geradezu staunenswerte Fülle an Beobachtungen. In zahlreichen kurzweiligen Büchern lassen sich entsprechende »Stellen« finden. So zum Beispiel in Valentin Schumanns *Nachtbüchlein* aus dem Jahre 1559, wo die Geschichte von dem Bütner erzählt wird, der glaubte, seinem Weib drei Zähne ausgeschlagen zu haben:

»Als es nun ward umb Mitternacht, fieng der Büttner an zu wachen, und sein weib schlieff. Da stigen ir die Dünst von dem newen Weyn und dem Essen in den Kopf, das sie mit dem hinderen immer ein Seufftzen über den anderen thet. Der Mann gedacht, sie seufftzet mit dem Maul also, es rewt sie etwan das Gelt, das sie den Tag het on worden, sprach: ›Wie hast du ein Seufftzen! Wir wöllen freilich wol ein anders gewinnen.‹ Vermeinet, sein Weib solts hören. Uber ein Weil fiengs wider an und thet noch einen grossen Kreisser. Da sprach der Jörg: ›Wilt du nit auffhören, so will ich dich in Gayffer schlagen.‹ Die Frauw liess nicht nach, thet wider ein Kracher; da zuckt er die Faust, vermainet, er schlage sie ins Angesicht, da traff er sie ins Arssloch ...«

»Von einem groben ungehobleten Bauren« liest man in Jakob Freys *Gartengesellschaft* (1556): »›Ja‹, sagt der Bawr, ›gnedige Fraw, mein Sun ist eben züchtig wie mein Pferd Grise; das scheisst und brunzt hinden herauss. Aber ich binn nit dester weniger zornig, das er also ungezogen ist; ich wils im auch nit schencken. Ja, wann ichs im nachlass, gnedige Fraw, so sollend ir mir aller hinderst ins Arssloch blasen; ich wil euch frei still heben.‹ – ›Ey nun blass dir der Teufel ins Loch!‹ sagt die Fraw.«

Die Erschaffung der Mönche. Karikatur aus der Reformationszeit

In Martin Montanus' *Wegkürzer* (1557/1566) steht diese schöne Geschichte, in der »Ein Döchterlin beichtet einem Pfaffen«:

»In der Fasten ist gewonlich im Bapstum der Brauch, das yederman jungs und alts beichtet und sich mit dem Sacrament versicht. Und auff ein Zeit kam ein jungs Döchterlin zum Pfaffen und beichtet. Und under anderm fragt er es, ob es auch ins Beth bruntzez. ›Ja, Herr‹, sprach das Döchterleich, ›ich brüntzle darein.‹ – ›Ey‹, sprach der Pfaff, ›das soltest du nicht thun. Ich friss die Döchterlin, die ins Beth bruntzen.‹ – ›Wie, Herr‹, sagt das Döchterlin, ›fressen ihr die Kinder, die ins Beth brüntzlen? Das thun nicht! Aber ich hab ein Brüderlein daheim, das scheist ins Beth. Das fressen!‹«

Jakob Frey erzählt 1556 in seiner *Gartengesellschaft* unter anderem die Anekdote von einem Redner, der vor der Herzogin von Österreich einen Furz ließ:

»Ein Burgermeister einer Statt ward zu den Hertzogin von Oesterreich geschickt, bottschafft zu werben. Und unter der Ovation und Rede empfur im, ich weiss nit was, die Kochersperger nennends ein Furtz. Er bewegt sich nit darumb, sunder redt sein Werbung für sich. Die Fürstin nam sich dessen nit an, als ob sie es gehort hette. Die Junckfrawn aber, die hinder der Fürstin stunden, lachtend und sahend einander an. Gleich bald so lasst auch iren eine vor Lachen, das sie nit verbeissen kundt, ein junckfrawen fürtzlin, das es knalt. Als das der Burgermeister hort, sagt er: ›Wolan, lieben Junckfrawn, lassends in der Ordnung herum her gehn! Wann mich dann die Zal begreiffen würt, so will ich wider anheben.‹ Gleich wie er also standthafftig in seiner Rede war und die Junckfrawen auch het schamrot gemacht, hub yederman an von Hertzen zu lachen, und die Fürstin selber, und hat in seiner werbung gewert, auch seiner schimpflichen Antwort halben gegen den Junckfrawen ehrlich und wol tractirt.«

Einen ähnlichen Schwank erzählt auch Heinrich Bebel (*Schwänke* 1907): »Als ein Bürger von Rottweil vor Herzog Siegmund von Oesterreich sollt reden, liess er einen grossen Scheiss, derhalb er sich zu seim Hintern wendet und so, dass es alle Leute höreten, saget: ›Wann Ihr reden wollt, so bedarf es wohl meiner Red nicht.‹ Fuhr unverzagt in seiner Red fort, was dem Fürsten, der dann ein kurzweiliger Mann war, also gefiele, dass er den Menschen aufs allerehrlichst halten liess.«

Blanke Zivilcourage war es also, die Martin Luther einst schließen ließ: »Aus einem verzagten Arsch fährt kein fröhlicher Furz« und »Ein feiger Arsch läßt keinen muthigen Furz«.

In seinem *Rastbüchlein und Katzipori* (1558) berichtet Michael Lindner von der etwas vorlauten Rede, die ein zehnjähriges Mädchen gegeben hat:

»Zu Bamberg sass ein wohlhabender Burger mit Nammen Valentin Strasser, der einest ain Gasterey und Ladschafft het, darzu er gute Nachbarn und Freund berufft, dann er ain grosse Saw geschlagen und den Säwsack zuvor gab; darzu er auch ain grossen dicken Pfaffen betrüff, der ime auff der lingken Seyten ein wenig befreundt war. Der sass, wie er ich voll gefressen und gesoffen het, und bliess und bliess, wolt im der Athem zu kurtz werden, imm fahl, das er windes genugsam het; und uber das lässt er ain grossen Rültzer gehen uber Tisch vor yederman und schämet sich gar nit, wiewol er ain Geistlicher war. Das höret ain gar klaines Töchterlein vor dem Tisch, zehen Jar allt, und sagt: ›Mein Vatter, Herr Märten ist voll; man scheysse nur in ein andern! er mag nit mehr, er wirdt bald gar auff den Tisch speyen.‹ Wie aber der wirdige Herr Märten auffsteht, mit Urlaub der lieben Stuben, das Wasser abzuschlagen, scheyssen zu gehen, lässt er ain grossen Fortz, ehe er zu der Thür kompt. Das Mädlein hebt wider an und sagt: ›Was aber auss dem dicken Bauch nicht kan, das muss unten hynauss. Er hat sich also eingefült, der grosse Pfaf, wirt endtlich noch heut in die Hosen scheyssen. O, wirdt er ein Gestank machen in der Stuben, lieben Leut!‹ Macht also den Gesten ain grosses Gelächter.«

Auch im *Puppenspiel vom Doktor Faust*, das in verschiedenen Varianten aus dieser Zeit überliefert ist, geht es nicht ohne Fäkalhumor ab. Hanswurst erzählt im Aktus III:

»Wie ich so ein Weil gegangen bin, da begegnet mir ein Weib, das hat Zwetschen feil gehabt. So frag ich: ›Weib, wie teuer gebts eure Zwetschen?‹ ›Ha (sagts) meine Zwetschen geb ich das hundert um sechs Pfennige.‹ Nun da hab ich mir so a vier hundert runter zählen lassen und habs glücklich gfressen. Wie ich die in Leib ghabt hab und bin so weiter fort gmarschiert, so begegnet mir wiederum ein anderes weib, die hat Buttermilch feil ghabt. So geh ich zu ihr und frags: ›Wie teuer gebts euer Buttermilch?‹ So sagts: ›Das Nössel an Dreier.‹ Enfin, da hab ich Durst ghabt und hab mir so für sechs Dreier runter messen lassen und habs glücklich ausgsoffen. Wie ich die Buttermilch in Leib ghabt hab und bin so fort gmarschiert, so fangts a G'rumpel im Leib drinnen an, als wenn a ganz Regiment Tambaur drinn wäre und täten so ne Rebell schlagen, daß ich für Grimmen nicht gwußt hab, wo ich naus oder na soll. Meine Zwetschen aber, nicht faul, kriegen meine Buttermilch bei der Parücke, die Buttermilch aber kriegt meine Zwetschen bei der Parabel – und das war a Turnieren, als wenn alle schwäbische und fränkische Ritter zu Worms beisammen wären. Endlich sagt ich: ›Ihr zwei Kerls, was habt ihr vor an Lärmen in meinem Bauch, ihr zahlts ja doch keinen Hauszins!‹ hab meine Hinterhaustür aufgemacht und habs glücklich bei der Hinterstraße abmarschieren lassen. Zum Unglück hab ich das Schnupftuch vergessen, wo man die Renovation mit macht. Ich nicht faul, reiß aus meines Herrn seinem Prinzipibi ein Blättel heraus, putz das Zündpfännel ab und leg das Blatt wieder ins Buch nein, trags ihm in die Schule nein. Mein Herr war schon dort; ich leg's ihm hin und er gleich mit fünf Fingern drein getappt.«

Spottkarte, etwa dreißiger Jahre 20. Jahrhundert

Hanswurst ist in seiner Gewitztheit selbst dem Teufel überlegen, wie der Actus VII beweist:

MEPHISTOPHELES: Und ich setze dir 1000 Thaler an deine Seele, daß ich alles kann.

HANSWURST: Du? Ja, du Schmachtlappen, schaust mir aus, als wenn du alles könntest! Schau, es gilt drei Batzen, du kannst mir nicht alles.

MEPHISTOPHELES: Meintwegen vor Gspas, es gilt.

HANSWURST: Kannst du auch einen Bumbs vexieren oder vorn Narren halten?

MEPHISTOPHELES: Was ist das? Ein F . . . ?

HANSWURST: O du Schweinigel! So was muß man nicht gleich raussagen, so was muß man verschlucken. Kannst du mir den vexieren?

MEPHISTOPHELES: Nein, das kann ich nicht. Lehr mich's!

HANSWURST: Ja, du sollst's lernen: es kostet dir aber drei Batzen.

MEPHISTOPHELES: Nun meinetwegen immer zu! Wie macht man denn das?

HANSWURST: Nun paß auf! Es ist a schön Stück. Sieh, wenn dir der Bumbs ankommt, so laß ihn unter ein Sieb springen, da weiß er nicht, zu welchem Löcherl er hinaus soll. Das heißt man einen Bumbs vexieren.

MEPHISTOPHELES: Das ist schön. Die drei Batzen hast du gewonnen. Weißt du noch so etwas?

HANSWURST: O ja, aber es kostet noch drei Batzen. Sage, kannst du auch einem Bumbs Ader lassen?

MEPHISTOPHELES: Nein, das kann ich auch nicht.

HANSWURST: O du bist ja gar ein dummer Teufel. Erst sagst du, du könntest alles. Nun, vor drei Batzen will ich dir's lehren.

MEPHISTOPHELES: Schon recht, sollst sie haben.

HANSWURST: Das sind hernach sechs Batzen.

MEPHISTOPHELES: Ja ja, nur weiter!

HANSWURST: Nun sieh! Wenn man einem Bumbs will Ader lassen, so nimmt man einen Kübel voll Wasser.

MEPHISTOPHELES: Kalt oder warm?

HANSWURST: Das gilt gleich. Sieh, man setzt sich mit dem hintern Gesicht drein und läßt den Bumbs hineinspringen. Das gibt dann eine Blase, die stichst du mit deiner Nasen auf: – das heißt mer an Bumbs Ader gelassen.

MEPHISTOPHELES: Das mag der Teufel tun!

HANSWURST: I, du bist ja der Teufel!

Die Ankunft des Wahrsagegeistes

Dedekind und seine Zeitgenossen haben einen überaus üppigen Acker bestellt, dessen Aussaat allmählich zu herrlicher Entfaltung gelangte. Die Literatur der folgenden Jahrzehnte strotzt geradezu davon. Ihre höchste Blüte erlebte sie in der Zeit des Dreißigjährigen Krieges, und ihr erster Repräsentant war Johann Jakob Christoffel von Grimmelshausen (um 1622 bis 1676). Alles, was man von ihm in dieser Hinsicht lernen kann, findet sich im ersten Buch seines 1668 erstmals erschienenen Romans *Der abenteuerliche Simplizissimus*. Da lernt der Page Simplizissimus im achtundzwanzigsten Kapitel von seinem Herrn eine »zierliche Kunst«:

»Einsmals schwätzten wir im Bett lang miteinander, ehe wir entschliefen, und indem wir vom Wahrsagen redeten, versprach er, mich solches auch umsonst zu lernen, hieße mich darauf den Kopf unter die Decke tun, dann überredete er mich, auf solche Weis müßte er mir die Kunst beibringen. Ich gehorchte fleißig und gab auf die Ankunft des Wahrsagegeistes genaue Achtung. Potz Glück! derselbe nahm seinen Einzug in meiner Nasen, und zwar so stark, daß ich den ganzen Kopf wieder unter der Decke herfürthun mußte. ›Was ists?‹ sagt mein Lehrmeister. Ich antwortet: ›Du hast einen streichen lassen.‹ – ›Und du‹, antwortet er, ›hast wahrgesagt und kannst also die Kunst am besten.‹ Dieses empfand ich gar keinen Schimpf, denn ich hatte damals noch keine Gall, sondern begehrte allein von ihm zu wissen, durch was vor einen Vorteil man diese Kerl so stillschweigend abschaffen könnte? Mein Kamerad antwortet: ›Diese Kunst ist gering, du darfst nur das linke Bein aufheben wie ein Hund, der an ein Eck brunzt, darneben heimlich sagen: Je pète, je pète, je pète, und mithin so stark gedruckt, als du kannst, so spazieren sie so stillschweigends dahin, als wann sie gestohlen hätten.‹ ›Es ist gut‹, sagte ich, ›und wanns hernach schon stinkt, so wird man vermeinen, die Hund haben die Luft verfälscht, sonderlich wann ich das linke Bein fein hoch werde aufgehebet haben.‹

Noch am Vormittag, als er diese Kunst weder kannte noch beherrschte, hatte Simplizissimus durch die Kanzlei seines Herrn einen starken Geruch geschickt:

»Indem ich nun dieses also belachte, entranne mir ohnversehens ein solcher grausamer Leibesdunst, daß beides, ich und der Secretarius, darüber erschraken. Dieser meldete sich augenblicklich sowohl in unsern Nasen als in der ganzen Schreibstuben so kräftig an, gleichsam als wann man ihn zuvor nicht genug gehöret hätte. ›Troll dich, du Sau‹, sagt der Secretarius zu mir, ›zu andern Säuen in Stall, mit denen, du Rülp, besser zustimmen als mit ehrlichen Leuten konversieren kannst!‹ Er mußte aber sowohl als ich den Ort räumen und dem greulichen Gestank den Platz allein lassen.«

Die Erlernung und Anwendung dieser zierlichen Kunst will Simplizissimus aber nicht so recht gelingen.

»Als ich dergestalt mit einem Teller in der Hand vor der Tafel aufwartete und in meinem Gemüt von allerhand Tauben und werklichen Gedanken geplagt wurde, liße mich mein Bauch auch nicht zufrieden, er kurret und murret ohn Unterlaß und gab dadurch zu verstehen, daß Bursch in ihm vorhanden wären, die in freien Luft begehrten; ich gedacht, mir von dem ungeheuren Gerümpel abzuhelfen, den Paß zu öffnen und mich darbei meiner Kunst bedienen, die mich erst die vorig Nacht mein Kamerad gelernet hatte. Solchem Unterricht zufolg hub ich das linke Bein samt dem Schenkel in alle Höhe auf, druckte von allen Kräften, was ich konnte, und wollte meinen Spruch ›Je pète‹ gleich dreimal heimlich sagen. Als aber der ungeheure Gespann, der zum Hintern hinauswischte, wider mein Verhoffen so greulich tönete, wußte ich vor Schrecken nit mehr, was ich täte: mir wurde einsmals so bang, als wenn ich auf der Leiter am Galgen gestanden wäre und mir der Henker bereits den Strick hätte anlegen wollen, und in solcher gählingen Angst so verwirret, daß ich auch meinen eigenen Gliedern nicht mehr befehlen konnte, maßen mein Maul in diesem urplötzlichen Lärmen auch rebellisch wurde und dem Hintern nichts bevorgeben noch gestatten wollte, daß er allein das Wort haben, es aber, das zum Reden und Schreien erschaffen, seine Reden heimlich brommeln sollte. Derowegen ließe solches dasjenige, so ich heimlich zu reden im Sinn hatte, den Hintern zu Trutz überlaut hören, und zwar so schröcklich, als man mir die Kehle hätte abstechen wollen.

Je greulicher der Unterwind knallete, je grausamer das ›Je pète‹ oben herausfuhr, gleichsam als ob meines Magens Ein- und Ausgang einen Wettstreit miteinander gehalten hätten, welcher unter ihnen beiden die schröcklichste Stimm von sich zu donnern vermöchte. Hierdurch bekam ich wohl Linderung in meinem Eingeweid, dargegen aber einen ungnädigen Herrn an meinem Gouverneur. Seine Gäste wurden über diesem unversehenen Knall fast alle wieder nüchtern; ich aber, weil ich mit aller meiner angewandten Mühe und Arbeit keinen Wind bannen können, in eine Futterwanne gespannet und also zerkarbeitscht, daß ich noch bis auf diese Stund daran gedenke. Solches waren die ersten Bastonaden, die ich kriegte, seit ich das erstemal Luft geschöpft, weil ich denselben so abscheulich verderbt hatte, in welchem wirt doch gemeinschaftlicherweis leben müssen. Da brachte man Rauchtäfelchen und Kerzen, und die Gäst suchten ihre Bisemknöpf und Balsambüchslein, auch sogar ihren Schnupftobak hervor, aber die besten Aromata wollten schier nichts erklecken. Also hatte ich von diesem Actu, den ich besser als der beste Komödiant in der Welt spielte, Friede in meinem Bauch, hingegen Schläg auf den Buckel, die Gäst aber ihre Nasen voller Gestank und die Aufwarter ihre Mühe, wieder einen guten Geruch ins Zimmer zu machen.«

Am Abend ist's Simplizissimus jedoch wieder überkommen, diesmal auf dem Tanzboden, allerdings vor Angst:

»Da sie aber anfiengen zu gumpen, daß der ganze Bau zitterte, weil man eben ein drollichten Gassenhauer aufmachte, gedachte ich: ›Nun ists um dein Leben geschehen.‹ Ich vermeinte nicht anders, als der ganze Bau würde urplötzlich einfallen; derowegen erwischte ich in der allerhöchsten Angst eine Dame von hohem Adel und vortrefflichen Tugenden, mit welcher mein Herr eben konversierte, unversehens am Arm, wie ein Bär, und hielte sie wie eine Klett. Da sie aber zuckte und nicht wußte, was vor närrische Grillen in meinem Kopf steckten, spielte ich das Desperat und fieng aus Verzweiflung an zu schreien, als wenn man mich hätte ermorden wollen. Das war aber noch nicht genug, sondern es entwischte mir auch ohngefähr etwas in die Hosen, so einen über alle Maßen üblen Geruch von sich gabe, dergleichen meine Nase lange Zeit nicht empfunden. Die Musikanten wurden gähling still, die Tänzer und Tänzerinnen höreten auf, und die ehrliche Dam, deren ich am Arm hieng, befand sich offendiert, weil sie ihr einbildet, mein Herr hätte ihr solches zum Schimpf tun lassen. Darauf befohl mein Herr, mich zu prügeln und hernach irgendhin einzusperren, weil ich ihm denselben Tag schon mehr Possen gerissen hatte. Die Furierschützen, so exequieren sollten, hatten nicht allein Mitleiden mit mir, sondern konnten auch vor Gestank nicht bei mir bleiben; entübrigten mich derohalben der Stöß und sperreten mich unter eine Stege im Gänsstall. Seithero habe ich der Sach vielmals nachgedacht und bin der Meinung worden, daß solche Excrementa, die einem aus Angst und Schrecken entgehen, viel üblern Geruch von sich geben, als wann einer eine starke Purgation eingenommen.«

Heinrich Zille: »Aber Kinder, was macht ihr denn da?« – »Wir spielen Reichstagswahl, Mamma!«

Zu einem Klassiker des Genres avancierte das vergnügliche Wett- und Bettfurzen zwischen dem Diener Lorenz und seinem jungen Herrn, den der österreichische Dichter Johann Beer (1655 bis 1700) im vierten Kapitel seines Buches *Das Narrenspital- sowie Jucundi Jucundissimi wunderliche Lebensbeschreibung* (1620/30) beschreibt:

»Einesmals wetteten wir nach unserer Gewohnheit miteinander, wer unter uns beiden die Nacht mehr Luftstreicher aus dem hintern Feuermörser werfen könnte. Auf daß er hierinnen nicht zuschanden würde, fraß mein Herr abends eine große Schüssel voll saure Milch oder, wie man sonst auf österreichisch heißet, einen guten Weidling voll Selpeherd. Denn er sagte, daß es auf solche Milch trefflich gut Plasii werde abgeben, und weil ich mich ohne das nicht getraute, hierinnen sein Meister zu werden, gab ich die Sache schon verloren, ehe wir noch zu streiten angefangen. Weil es aber zwei Groschen galt und ich ein ziemlich armer Teufel war, ersann ich einen Vorteil und nahm eine Schweinsblase mit mir ins Bette, davon ich dem Edelmanne nicht die geringste Meldung getan. So war mir am ersten geholfen, denn, so oft er einen ließ, so oft ließ ich zweie, ja auch wohl gar drei, vier und fünfe, darüber er sich sowohl als ich halb krank gelachet. ›Jung‹, sagte er zu mir, ›es ist noch um ein paar Monat zu tun, so kannstu es besser als ich selbst, und ich schwöre hoch und teuer, daß mir die Zeit meines Lebens kein solcher Possen widerfahren, als der mir heute mit dir begegnet.‹ Auf solches Gespräch nötigte er sich nach allen Kräften und Vermögen, bis endlich die ganze Schul in das Bett und auf mein Hemde gelaufen kam, darüber wir beide aus dem Bette sprangen.

Wir hatten eine alte Haushälterin, die mußte uns das Bett machen, und als sie den unverhofften Schatz in demselben angetroffen, fängt sie nach der alten Weiber Art und Gebrauch erschrecklich an zu schmälen. ›Was für ein Hundsfutt‹, sagte sie, ›hat das getan? Seht doch um hundert Kletzen willen, was dieses für eine schöne Hofweis ist. Pfui Sapperment, das hat der saubere Junker Lorenz getan, ich wollt, daß ihn der Teufel samt seinem Bettscheißen hätte! Oh, es wäre kein Wunder, wenn seine Frau Mutter aus dem Grabe aufstünde und ihm seinen verschissenen Hintern mit Ruten wacker abstriche. Der Grobian tut es schon öfter, ich muß auf und davonziehen, der Teufel möchte einem solchen Bettscheißer länger auf dem Schlosse dienen. O ja, ich hab vierzig Gulden Besoldung und muß um so ein schlechtes Lidlohn einen so argen Gestank einfressen, daß ich einen Ziegelstein erbarmen möchte.

Pfui Teufel, ich bin eine alte Frau, aber ich wollte den Pfifferling, ohne Ruhm zu melden, länger im Arsche halten als der junge Gelbschnabel. Oh, daß euch ja der Teufel holte! Ist das nicht immer Spott und Schand, Herr Lorenz, Ihr wollt ein stattlicher Cappalier sein, und schämt euch nicht, eine solche Fretterei anzurichten? Pui, schämet Euch! Pfui, schämet Euch!‹

›Du alte Runkunkel!‹ sagte Lorenz, ›geh, oder ich werfe dir einen Kegel in den Nacken hinein und schmiere dir das Tuch noch dazu um das Maul herum. Warum verstopfest du mir den hintern nicht mit einer Handvoll Haberstroh, du alte Strohfidel? Dir zu Ehren will ich meiner Natur kein Halseisen anlegen. Willstu es nicht leiden, so schere dich zum Tor hinaus, du Pantoffelholz!‹ Hiermit ergriff er ein Stück Roßdreck und warf auf sie, und weil sie aufs neue zu schmälen angefangen, stand ich Herrn Lorenzen in seiner Arbeit bei, bis wir die alte Anna samt ihrem bestuhlgängten Bettuche so gut wieder über den Hof hinübergejaget, als sie hergekommen.«

Johann Beer ist oft mit Johann Jakob Christoffel von Grimmelshausen verglichen worden. Der jedoch ist insgesamt saft- und kraftvoller.

Andreas Gryphius läßt in der Komödie *Horribilicribifax* (1650) einen Pagen gegenüber der Kammerjungfer einer vornehmen Dame mit den Taten seines Herren renommieren, der beim Schah von Persien auf Jagd war:

»Der König hatte die Ehre, meinen Captain neben sich auff die Jagt zu führen. Das Wild wurd angetroffen, die Jäger eileten so hir als dar zusammen, der Perß aber traff auff einen sehr großen Hirschen. Mein Herr verfolgete denselben nebenst dem Könige: Doch umsonst, weil er zu hurtig auff die Füße, und die Pferde allbereits zu müde ... Als der Perß etliche Pfeile vergebens abgehen lassen, ergrimmte mein Captain, daß er das Jägerhorn von seinem Halse rieß und mit demselben nach dem Hirschen warf.

Camilla, die Kammerjungfer, sagt darauf: ›Damit wird er ihm zweiffels ohn das Gewichte in Stücken zerschmissen haben.‹

›Gefehlt, Jungfrau Camilla!‹ antwortete der Page. ›Denn das Horn flog just dem Hirsch zum Hindern hinein, und weil das Wild in vollem Fartzen war, gab es so ein wunderlich Getöne, daß alle Hunde hergelauffen kamen und den Hirschen anhielten, also ward das Wild gefället ...‹«

Der Wind, der zum Datum wurde

Das Jahrhundert der Aufklärung ist reich an artifiziellen Erfindungen, doch in der Literatur findet sich darüber nicht allzuviel. Erst im Jahrhundert darauf gibt es wieder in vielerlei Hinsicht Äußerungen von Literaten. Unter dem Titel *Anekdote aus dem letzten Krieg* erzählt Heinrich von Kleist in seinen Berliner *Abendblättern* die Geschichte von einem braven Tambour, der nicht vergaß, daß er ein Trommelschläger war:

»Ein Tambour vom Regiment von Puttkammer setzte nach der Zersprengung der preußischen Armee bei Jena den Krieg auf eigene Faust fort. Er streckte einzelne Franzosen mit einem Schuß nieder und plünderte sie aus. Er wurde von der feindlichen Gendarmerie abgefangen und zum Tode verurteilt. Vor der Exekution bat er sich eine Gnade aus, die man ihm gewährte. Als der das Détachement führende Obrist ihn fragte, was er wolle, ›zog er sich die Hosen ab und sprach: sie möchten ihn in den Arsch schießen, damit das Fell kein Loch bekäme.‹«

Anfang des 19. Jahrhunderts wurden in Europa die *Erzählungen aus den 1001 Nächten* bekannt. Sie machten die Europäer mit einer ihnen bislang unbekannten exotischen Welt vertraut. Aber auch aus der Welt des Orients gibt es Erschütterndes zu berichten. Scherezad erzählt in den kurzweiligen Nächten die Geschichte des Abu Hasan aus dem Stamme Fasli, die ihn sein ganzes Lebensglück kostete. Er war bereits in jungen Jahren Witwer geworden und entschloß sich eines Tages auf Drängen seiner Freunde, wieder zu heiraten. Er wählte ein Mädchen so schön »wie der Canopus, wenn er über den Meeren Al' Hinds hängt«. Ein üppiges Hochzeitsfest wurde gefeiert. »Es gab Reis in fünf verschiedenen Farben und ebenso viele Scherbetts; mit Walnüssen und Mandeln und Pistazien gefüllte Nieren und ein Kamelfüllen, das ungeteilt geröstet war.« Man tafelte in aller Heiterkeit, und die Braut wurde auf einem Throne zur Schau gestellt. Langsam und würdig stand der Bräutigam von seinem Divan auf und näherte sich dem Throne, um seine Braut zu begrüßen. »Aber er war der Speise und des Trankes voll und siehe, als er aufstand, ließ er einen großen und furchtbaren Wind streichen. Und ein jeder der

Französische Karikatur auf Napoleon III.

Gäste wandte sich zu seinem Nachbarn und redete laut und tat, als hätte er nichts gehört.« Doch in des Bräutigams Herzen entbrannte ein verzehrendes Feuer der Scham. »Er eilte hinab in den Hof des Hauses, sattelte seine Stute und ritt bitterlich weinend durch den Schatten der Nacht davon.« Nach längerem Umherirren fand er ein Schiff, das bereit lag, nach Indien unter Segel zu gehen. Mit ihm gelangte er nach Kalkutta, wo er in die Dienste des Königs trat, der ihn zum Hauptmann der Leibwache beförderte. Hier lebte er zehn Jahre, von Heimweh verzehrt. Eines Tages machte er sich auf, in seine Heimat zurückzukehren. In die Lumpen eines Pilgers gehüllt, wanderte er wochen- und monatelang zu Fuß und unter tausendfachen Mühsalen und Gefahren mit der brennenden Sehnsucht im Herzen, die alte Heimat wiederzusehen. Je näher er kam, beschlich ihn die Sorge, erkannt zu werden. Und er horchte das Volk aus. So begab es sich eines Tages, daß er sich an der Tür einer Hütte ausruhte. Er hörte die Stimme eines Mädchens, das fragte: »O Mutter, sag mir den Tag, an dem ich geboren wurde.«

Und die Mutter erwiderte: »Du wurdest geboren, o meine Tochter, in eben der Nacht, als Abu Hasan seinen Wind streichen ließ.« Entsetzt und vor Scham vergehend floh Abu Hasan von dannen und kehrte nach Indien zurück: »Wahrlich, dein Wind ist zu einem Datum geworden, und es wird dauern bis in alle Ewigkeit.«

Die Zeit des Biedermeier war in Deutschland auch die Blütezeit der Moritaten- und Bänkelsänger, der Schauerballaden und Dienstmädchenlieder. Der Dichter Adalbert von Chamisso schrieb 1832 diese bemerkenswerte Parodie:

Der arme Sünder

Zu Grüneberg in der längsten Nacht,
In später Geisterstunde,
Erbrauset mit Schneegestöber der Sturm,
Die Eule kreischet im alten Turm,
Und ängstlich winseln die Hunde.

Im untern Dorf in des Schulzen Haus
Vermehret ein Traum das Grauen;
Die Frau schreit auf: »Mein Kind! mein Kind!
Auf, Vater, auf! Zum Förster geschwind,
Nach unserm Sohne zu schauen!«

»Was sollte dem Burschen geschehen sein?
Verscheuche mit Beten die Träume!
Zum Förster ist's weit, der Pfad ist verschneit;
Schlaf ein! schlaf ein! 's ist Schlafenszeit,
Es sind ja Träume nur Schäume.«

»Unsägliches muß ihm geschehen sein,
O Vater, bedenke das Ende!
Er saß im Bette, verstört und bleich,
Und rang, dem armen Sünder gleich,
Verzweiflungsvoll die Hände.«

Es grauset dem Vater bei solchem Wort;
Da will er den Gang doch wagen.
Er kleidet sich an, er eilet hinaus,
Durch Nacht und Sturm nach dem Jägerhaus,
Nach seinem Kinde zu fragen.

Die Nacht ist schaurig und finster und kalt,
Von Angst das Herz ihm beklommen;
Am alten Turm, da kreischt es und pfeift,
Ihn höhnt der Sturm, der den Wald durchstreift,
Als heult' er: »Zu späte gekommen!«

Kaum atmend erreicht er das Haus und beginnt
An Tür und Fenster zu schlagen:
»Wach auf, du Förster! und öffne mir bald!
Ist hier mein Jürgen oder im Wald?
Was hat sich zugetragen?«

Der läßt ihn ein, er fragt ihn aus,
Es will ihn seltsam bedunken:
»Dein Jürgen schläft. Gesund und rot,
Hat gestern noch zum Abendbrot
Gegessen wie zwei und getrunken.«

»Ich will ihn sehn! ich muß ihn sehn!«
Den Förster rühret der Jammer.
Er treppenhinauf mit dem Alten steigt,

Er öffnet die Tür, die da sich zeigt,
Er leuchtet ihm in die Kammer.

Und was sie sehen – ! Es sträubt sich ihr Haar
Zu Berge, sie stehen versteinet.
Der sitzet im Bett, verstört und bleich,
Und ringt, dem armen Sünder gleich,
Die Hände verzweifelt und weinet.

»Was ist geschehen?« – »Nichts! nichts! hinweg!« -
»O sprich! was hast du begangen?«
»Ich kann's nicht sagen!« – »Entdeck es uns nur!
Wir schwören dir hier den heiligsten Schwur,
Du sollst Vergebung erlangen.«

»Oh, wie ihr doch zudringlich seid!
Und wollt ihr's und müßt ihr es wissen,
Ich hab – ich weiß nicht, wie es kam,
Ich hab – es überfällt mich die Scham,
Ich hab ins – – – – *

Mehr an den Spaß einer studentischen Biertischrunde oder an einen karnevalistischen Vortrag als an höhere Literatur erinnert auch die Moritat vom Ritter Prunzelschütz, die Fritz Grasshoff zugeschrieben wird:

Die Winde des Herrn Prunzelschütz

Es war Herr Prunz von Prunzelschütz.
Der saß auf seinem Rittersitz
mit Mannen und Gesinde
inmitten seiner Winde.

Die strichen, wo er ging und stand
vom Hosenleder übers Land
und tönten wie Gewitter.
So konnte es der Ritter.

* desunt quaedam in manuscripto.

Zu Augsburg einst, auf dem Turnier,
bestieg er umgekehrt sein Tier,
den Kopf zum Pferdeschwanze
und stürmte ohne Lanze.

Doch kurz vor dem Zusammenprall:
ein Donnerschlag – ein dumpfer Fall.
Der Kaiser grüßte lachend
und rief: »Epochemachend!«

Ein Jahr darauf, Herr Prunzelschütz
saß froh auf seinem Rittersitz
mit Mannen und Gesinde
inmitten seiner Winde.

Da kam ein Bote kreidebleich
und meldete den Feind im Reich:
Das Heer läuft um sein Leben,
wir müssen uns ergeben.

Flugs ritt Herr Prunzelschütz heran,
lupft seinen Harnisch hinten an
und läßt aus der Retorte
der Winde schlimmste Sorte.

Das dröhnte, donnerte und pfiff,
so dasz der Feind die Flucht ergriff.
Da schrie das Volk und wollte,
dasz er regieren sollte.

Herr Prunz, indessen todesmatt,
sprach: »Gott, der uns geholfen hat,
der möge mich bewahren.«
Dann ließ er einen fahren.

Der letzte wars, der schwach entfloh.
Drauf schloß er für immer den Popo,
Herr Prunz, der fromme Ritter,
und alle fandens bitter.

Er ward begraben und verdarb.
Die Burg zerfiel. Doch wo er starb,
steht heute eine Linde.
Da rauschen noch die Winde.

Langlois: Kaarikatur auf die europäischen Fürsten, 1816

Auch Altmeister Honoré de Balzac erzählt höchst launig in seinen *Contes drôlatiques* (1832/53) von dem Bangen einer Braut auf die Hochzeitsnacht; sie leidet unter knall- und gasartigen Entladungen, die sich zudem auch noch stets zu unpassender Zeit heimtückisch bemerkbar machen.

»Es lebte in unserer Vorstadt zur Heiligen Muttergottes der Reichen ... ein bildschönes Kind, das außer seinen leiblichen Reizen einen schönen Haufen Taler sein eigen nannte. So hatte sie denn auch, kaum war sie alt und kräftig genug, die Bürde des Ehestandes auf sich zu nehmen, so viele Anbeter, wie am Ostertag Groschenstücke im Opferstock zu Saint Gatian zu finden sind. Die Dirn wählt sich einen aus, der, mit Verlaub zu melden, bei Tag und bei Nacht so viel zu leisten imstande war wie zwei stramme Mönche. Sie waren denn auch bald einig, und die Hochzeit war eine abgemachte Sache. Aber die Braut sah mit leiser Besorgnis dem Glück der Hochzeitsnacht entgegen, denn sie war einem ärgerlichen Leiden unterworfen und mußte infolge einer Schwäche ihrer unterirdischen Gänge allerlei Dämpfe ansammeln, die sich dann und wann mit einem Bombenknall entluden.

Da sie nun fürchtete, sie könnte in dieser ersten Brautnacht an andere Dinge denken und darum ihren vertrackten Winden die Zügel schießen lassen, wandte sie sich schließlich vertrauensvoll an ihre Mutter und bat sie um Rat und Hilfe. Da gestand ihr die würdige Dame, diese Eigentümlichkeit, Winde abzusondern, sei ein Erbteil ihrer Familie, und auch sie habe seinerzeit arg darunter gelitten. Aber im vorgerückten Alter habe ihr Gott die Gnade erwiesen, ihr Hinterpförtchen zu verengen, und seit sieben Jahren habe sie nie mehr einen lauten streichen lassen, außer ein letztes Mal, als sie ihrem verstorbenen Mann zum Abschied buchstäblich den Trauermarsch geblasen habe.

›Aber‹, so sagte sie zu ihrer Tochter, ›ich habe ein todsicheres Rezept, das mir meine Mutter vermachte, womit ich solch vorlaute Tönchen ersticken und sie lautlos entweichen lassen kann. Und weil diese lautlosen Dinger keinerlei üble Düfte verbreiten, ist jedes Ärgernis vermieden. Zu diesem Behuf muß man die Gase verbrodeln lassen und sie vor dem Schlupfloch zurückhalten, dann aber auf einmal und mit aller Kraft ausstoßen. Dann hat sich die Luft verdünnt und verflüchtigt sich wie ein Argwohn. In unserer Familie nennen wir das: ein Fürzlein verdrücken.‹

Da war das Mädchen von Herzen froh, weil sie nun wußte, wie man die Fürzlein verdrücken konnte, und sie dankte ihrer Mutter, tanzte vor Mutwillen und Freude und speicherte ihre Blähwinde zuhinterst in ihrem Gedärm auf, wie ein Blasebalgtreter an der Kirchenorgel für den machtvollen Einsatz beim Messebeginn die Pfeifen mit der Luft lädt. Als sie dann das Hochzeitsgemach betrat, nahm sie sich vor, die ganze Ladung loszulassen, während sie ins Brautbett steige; doch das launische Element war so gut ausgereift, daß es nicht entweichen wollte. Der Gatte kam herein – ihr mögt euch selber ausdenken, wie sie mitsammen die lustige Schlacht ausfochten, in der man mit zwei Dingen tausend Dinge macht, so man kann. Mitten in der Nacht stand die junge Frau unter irgendeinem fadenscheinigen Vorwand auf und kam gleich wieder zurück. Als sie aber über ihren Mann hinweg wieder an ihren Platz im Bett steigen wollte, kam ihr Hinterpförtchen die Laune an zu niesen, und da setzte es einen so gewaltigen Kanonendonner ab, daß ihr gleich mir gemeint hättet, die Vorhänge seien entzweigerissen.

›Au weh!‹ sagte sie, ›diesmal habe ich danebengeschossen!‹

›Potz Donner!‹ sagte ich zur ihr, ›lieber Schatz, dann geh sparsam damit um. Mit solcher Artillerie kannst du einmal beim Heer deinen Lebensunterhalt verdienen.‹«

Diese Geschichte erzählte einer von drei Saufkumpanen, die dann dem Wirt ein Schnippchen schlugen und die Zeche prellten.

In jener Zeit etwa, in der diese Geschichte spielt, scheinen kleine und große Vapeurs zu einem speziellen Frauenleiden gehört zu haben. Denn ein namentlich unbekannt gebliebener praktischer Arzt hat 1831 und

Zeichnung von Wilhelm Busch

dann noch einmal 1844 in einer eingehenden Studie *Über die Blähungen* die Fürze »als eine oft unerkannte Ursache schwerer Zufälle und Krankheiten« erkannt, als »ein häufiges, lästiges und unangenehmes Leiden der Frauenwelt«. Und er gibt sichere Mittel an, »sich von diesem Uebel gründlich zu befreien«.

Aus medizinischer Sicht gab es auch früher schon spezielle Arbeiten über die Blähungen, etwa *De Peditu* (Hannover 1619), jene von J.K.H Ackermann *Über Blähungen und Vapeurs* (Zeitz 1794) oder den Beitrag *Tabac à la Reine, wider die sogenannten Vapeurs der Frauenzimmer* in der *Vossischen Zeitung* (Nr. 137, 1765).

Privatunterricht bei Schwester Rahel

Ein Blick in die neuere, moderne Literatur zeigt ebenfalls so manche süffisante Schilderung. Es mußte aber erst ein James Joyce kommen, um den Meistern der älteren Literatur zu zeigen, was Anschaulichkeit bedeutet. Sein *Ulysses* (1922) erlebt einen mit Überlegung ausgeführten Akt, der in seinem bewußten Ritardando geradezu als genießerisch zu bezeichnen ist:

»Er stieß die baufällige Tür des Abtritts auf. Will mich in acht nehmen, daß die Hose nicht dreckig wird, muß zur Beerdigung sauber sein. Er ging hinein, beugte den Kopf unter dem niedrigen Oberbalken. Er ließ die Tür halb offen und knöpfte inmitten des Gestanks von modrigem Kalk und alten Spinnweben die Hosenträger los. Bevor er sich niedersetzte, blickte er durch eine Spalte hinauf zum Fenster nebenan. Er war allein in seiner Kammer. Niemand.

Als er auf dem Kackstuhl hockte, entfaltete er die Zeitung, schlug auf den entblößten Knien die Seiten um. Was Neues und Leichtes. Zeit genug. Will's noch ein wenig anhalten. Unser Preisausschreiben. Matchams Meisterstreich. Verfasser Philipp Beaufoy, Playgoers' Club, London. Verfasser hat eine Guinea für die Spalte bekommen. Dreieinhalb. Drei Pfund drei. Drei Pfund dreizehn und sechs.

In aller Ruhe las er, seinen Drang beherrschend, die erste Spalte, gab dann widerstrebend nach und begann die zweite. Als er bis zur Hälfte gelesen hatte, gab er seinen letzten Widerstand auf und ließ seine Eingeweide sich erleichtern, während er geduldig weiter las, bis alles, was gestern nicht hatte raus wollen, draußen war. Hoffentlich nicht zu dick, krieg sonst wieder Hämorrhoiden. Nein, grade recht. So. Ah! Bei Verstopfung eine Tablette Cascara sagrada. Leben könnte so sein. Die Geschichte erregte oder rührte ihn nicht, doch sie war irgendwie lebendig und sauber.

Drucken heutzutage alles. Alberne Jahreszeit. Er las weiter, saß ruhig in seinem von unten aufsteigenden Duft.«

Selbst Heinrich Böll, Literaturnobelpreisträger des Jahres 1972, geht mit einer nicht zu verbergenden Genüßlichkeit dem ruchbaren Thema nach.

In *Gruppenbild mit Dame* (1974) ist Leni, die Hauptgestalt des Romans, in einem Kloster. Hier begegnet ihr Rahel, die die Funktion einer Flurschwester ausübt. Sie hatte die Pflicht, eine Tätigkeit auszuüben, die von den anderen Schwestern als ekelhaft und unzumutbar zurückgewiesen wurde, die sie aber geradezu mit Begeisterung und liebevoller Aufmerksamkeit ausübte: Die Begutachtung der jugendlichen Verdauung in fester wie flüssiger Form. »Die Mädchen waren verpflichtet, ihre Verdauungsprodukte nicht ins Unsichtbare hinein abzuziehen, bevor Rahel sie begutachtet hatte. Sie tat dies bei den vierzehnjährigen Mädchen, die ihrer Obhut unterstanden, mit einer ruhigen diagnostischen Sicherheit, die die Mädchen verblüffte. Muß hier darauf hingewiesen werden, daß Leni, deren Interesse für ihre Verdauung bis dato nicht befriedigt worden war, eine geradezu begeisterte Adeptin von Rahel wurde? In den meisten Fällen genügte Rahel ein Blick, und sie wußte die physische und psychische Konstitution der Betroffenen exakt anzugeben, und da sie sogar schulische Leistungen aus den Exkrementen voraussagte, wurde sie vor Klassenarbeiten geradezu umlagert.«

Rahel, die im Konvent eine Mittelexistenz als Toiletten- und Putzfrau fristete, hatte weder seriöse pädagogische noch ärztliche Funktionen. Dennoch übte sie beide aus, denn sie angehalten, auffällige Unreinlichkeiten »in Zusammenhang mit dem Verdauungswesen, sowie Verstöße gegen die vorausgesetzte unterstellte Sittlichkeit« zu melden. Allergrößten Wert legte sie allerdings darauf, »den Mädchen schon am ersten Tag einen kleinen Vortrag über die Reinigungsmethoden nach jeglicher Art von Stuhlgang zu halten. Unter Hinweis auf die Wichtigkeit, alle Muskeln, besonders die des Unterleibs, stets elastisch und funktionsfähig zu halten, wozu sie Leichtathletik und Gymnastik empfahl, kam sie dann rasch auf ihr Lieblingsthema: daß es einem gesunden und, wie sie betonte, intelligenten Menschen möglich sei, ohne auch nur einen Fetzen Papier diese Verrichtung zu vollziehen. Da aber dieser Idealzustand nie erreicht würde, oder nur selten, erklärte sie detailliert, wie, wenn Papier, dies angewendet werden müsse.«

Schwester Rahel, die mit großer Leidenschaft die Klotöpfe der ihr unterstellten Mädchen durchforschte, hatte ihr Wissen aus einem intensiven

Studium der Bagno- und Gefängnisliteratur, hatte dafür die Memoiren aller Inhaftierten intensiv durchforscht. Und Leni verschaffte sich ihre unverbrüchliche Sympathie, weil sie bereits ein paar Tage später den Status der »Papierlosen« erreichte, weil ihr diese »Muskelsache« Spaß machte.

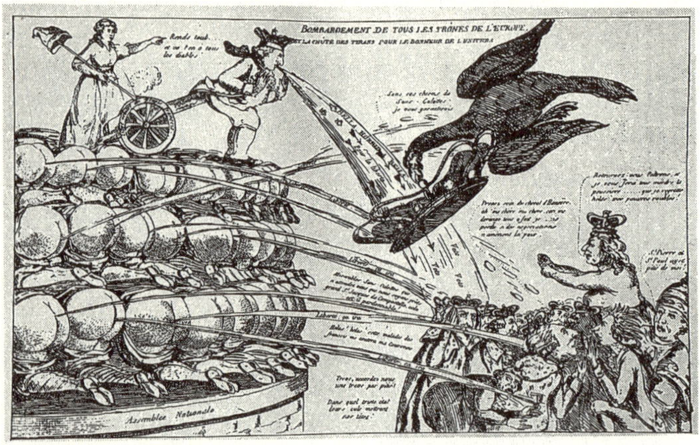

Karikatur auf die angedrohte Landung Napoleons in England, 1804

Schon 1973 schrieb Erica Jong, Serenissima der Frauen-Softpornos, ein bemerkenswertes Stück Prosa. In ihrem Bestseller *Angst vorm Fliegen* widmet sie sich in einer Passage den unterschiedlichen fäkalischen Gebräuchen der Welt. Sie beschäftigte sich vor allem, als sie in Europa lebte, in ihren Gedanken mit Toiletten. »So *meschugge* hatte Deutschland mich gemacht.« Schließlich versuchte sie sogar die verschiedenen Nationen aufgrund ihrer Toiletten zu klassifizieren. Ihre »Weltgeschichte, gesehen durch die Toilettenbrille« lautet:

»Großbritannien:

Britisches Toilletenpapier. (Fast) eine Weltanschauung. Imprägniert. Nicht saugend, unnachgiebig, bretthart. Lerne leiden ohne zu klagen. Oft staatliches Eigentum. Im Wohlfahrtsstaat schlechthin ist sogar das Toilettenpapier mit Werbesprüchen bedruckt.

Die britischen Klosetts als letztes Refugium des Kolonialismus. Über Ihnen rauscht Wasser wie die Victoria-Fälle; darunter Sie als Afrika-Forscher, Sprühregen im Gesicht. Für einen kurzen Augenblick (während Sie ziehen) beherrscht Britannia wieder die Wogen.

 Die Zugkette ist vornehm und geschmackvoll. Ein Klingelzug in einem herrschaftlichen Landsitz (sonntags, gegen geringen Eintrittspreis, für das Publikum geöffnet).

Deutschland:
Deutsche Toiletten sind klassenbewußt. Im 3. Klasse-Wagen: rauhes, braunes Papier. In der 1. Klasse: weißes P. genannt *Spezial Krepp.* Doch das deutsche Klosett ist einmalig wegen der kleinen Bühne (die ganze Welt ist eine), auf die die Scheiße fällt. Dies ermöglicht es Ihnen, dieselbe eingehend zu betrachten, sich für einen parteipolitischen Kandidaten zu entscheiden und sich einfallen zu lassen, was Sie Ihrem Psychoanalytiker erzählen werden. Vorzüglich geeignet für Diamanten schmuggelnde Minenarbeiter, die die Steine in ihren Eingeweiden transportieren. Deutsche Toiletten sind in Wahrheit der Schlüssel zu den Greueln des Dritten Reiches. Menschen, die imstande sind, Toiletten dieser Art zu konstruieren, sind zu allem fähig.«

Für die Deutschen hatte Erica Jong noch einen ganz speziellen Kommentar:

»Betreten Sie mal in Deutschland eine öffentliche Toilette, und Sie werden eine Anlage vorfinden, wie es sie sonst auf der Welt nicht gibt. Die reizende, für die fallende Scheiße bestimmte kleine Porzellanplatte (damit Sie erstere begutachten können, bevor sie auf Nimmerwiedersehen in den gurgelnden Schlund wirbelt) ist so gut wie trocken, ehe Sie ziehen. Infolgedessen stinken deutsche Toiletten stärker nach Scheiße als sonstige Toiletten, wo auch immer. (Ich sage das als erfahrene, abgehärtete Weltreisende.) Ferner gibt es einen dreckigen Lappen als Handtuch – eines für alle –, das über einem winzigen Waschbecken hängt, welches lediglich einen Kaltwasserhahn aufzuweisen hat (unter dem Sie sich kaltes Wasser über Ihre rechte Hand tröpfeln lassen können – oder welche Hand Sie zu benutzen pflegen).

Italien:
Zuweilen können Sie Bruchstücke des *Corriere della Sera* lesen, bevor Sie sich mit den neuesten Nachrichten den Hintern wischen. Da die Spülung im allgemeinen rasant funktioniert, ist die Scheiße schon lange verschwunden, bevor Sie aufspringen und sich umdrehen können, um sie zu bewundern. Daher die Bildende Kunst der Italiener. Die Deutschen haben ihre eigene Scheiße zum Bewundern. In Ermangelung dessen erschaffen die Italiener Skulpturen und Gemälde.

Frankreich:
Die alten Pariser Hotels mit je einem eisernen Fußabdruck eines Riesen zu beiden Seiten eines stinkenden Loches. In Versailles Orangenbäume, gepflanzt, um gegen Senkgrubengerüche abzuschirmen. *Il est défendu de faire pipi dans la chambre du Roi.* Das Licht in Pariser Toiletten, das erst aufglimmt, wenn Sie die Tür verschließen.

Im Hinblick auf die Einstellung der Franzosen zu *merde* bleibt mir die französische Philosophie und Literatur irgendwie unverständlich. Franzosen sind höchst abstrakte Denker – doch haben sie andererseits einen so esoterischen Dichter wie Ponge hervorgebracht, der ein episches Poem über Seife schrieb. Wie läßt sich das mit den französischen Toiletten vereinbaren?

Japan:
Das Hocken als Grundhaltung des Lebens im Fernen Osten. Klosettschüssel im Boden versenkt. Dahinter Blumenarrangements.
Dieses hat irgendwas mit Zen zu tun (vgl. Suzuki).«

Karikatur auf die gegen die französische Nation koalierenden Monarche, 1792

Anrüchiges findet sich nicht nur in einem ganz wesentlichen Teil der Literaturen der Welt. Die Literatur selbst hat Zugang zu den stillen und besinnlichen Orten gefunden. Nicht zu profanen materiellen Zwecken, sondern zu geistigen Genüssen. Der Luxus der Einsitzenden ist keine Erfindung etwa der Neuzeit. Er zeugt von Lebensstil und Gastfreundschaft. So hat während des Wiener Kongresses Anfang des neunzehnten Jahrhunderts der russische Gesandte Fürst Rasumovskij die »geheimen Gemächer« seines Palastes mit Gerätschaften aus Silber, Springbrunnen, »Wohlgerüchen athmenden Blasebälgen« sowie einer kleinen Bibliothek »angemessenen Inhalts« ausstatten lassen. Nun, man weiß von dem Kabarettisten Werner Fink, daß er seine sämtlichen Orden fein säuberlich über dem Klo seiner Wohnung ausgestellt hat. Aus welchen Büchern aber ist eine solche Bibliothek bestückt? Der sonst so gründliche deutsche Bibliotheksverband hat dafür noch keine

Regeln aufgestellt. Sinnvoll erscheint es, in einer solchen Büchersammlung keine längeren Prosastücke zu haben. Minutenlektüre, Heiteres wie Besinnliches bietet sich an. Der Trend zum Porno auf dem Klo hat seit einigen Jahren zugenommen.

Das Spiel der Zephyrn

Das Jahr 1738 ging nicht nur in die Annalen der englischen resp. europäischen Literaturgeschichte ein. Es hat auch für unsere Betrachtung eine immens wichtige Bedeutung. Denn es dokumentiert, wie bereits die ausgewählten Zeugnisse der Weltliteratur zeigten, die überraschend vielfältige Kulturverbundenheit der Völker und Zeiten im Zeichen des Furzes. Man erinnere sich nur an Luthers geflügeltes Wort aus den *Tischgesprächen*: »Warum rülpset und farzet ihr nicht, hat es euch nicht geschmacket?« Auch Kaiser Claudius veranstaltete oft große Gastmahle. Oft lagen mehr als sechshundert seiner Freunde mit ihm an der Tafel. Aus seiner Neigung zu gutem und reichlichem Essen sagte man ihm nach, er habe ein Gesetz verabschieden wollen, das es erlaubte, »stille und laute Blähungen bei Tisch zu entlassen«. Er soll nämlich erfahren haben, daß einer seiner gefräßigen Tischgenossen »infolge schamhafter Zurückhaltung« lebensgefährlich erkrankt sei.

Der vor allem wohl als Autor des Gulliver und satirischer Schriften bekannte englische Pfarrer Jonathan Swift veröffentlichte anonym eine fundamentale Arbeit über *Die Wohltat des Fartzens*. Diese Schrift fand rasch weite Verbreitung, lag in vielen Übersetzungen, Ausgaben und Raubdrucken auch im Deutschen vor. Aus einer dieser deutschen Ausgaben folgen jetzt die wichtigsten Überlegungen. Zuvor jedoch Reime, auf die Swift sich immer wieder bezieht:

Rätsel

Es ist ein Ding, je mehr man's zwingt,
Und es zurück zu bleiben dringt,
Je mehr es wieder aufwärts steigt,
Und Dünste im Gehirne zeugt,

Des Pulvers Wuth wird nur vermehrt,
Wenn man ihm seinen Ausbruch wehrt.
Läßt man ihm aber freien Lauff,
So fleucht es in die Lufft hinauf,
Allwo es wie der Blitz verschwindt,
Mit Dampf und Knall in einem Wind.

oder

Wenn Euch ein Bauch-Wind Händel macht,
Druckt loß, daß alles bebt und kracht,
Je mehr in Bellis resonant
Bumb, bumb, tata tantara, puff, puff,
Je mehr alsdenn im *Nieder-Land*
Der Friede kömmet in den Ruff.

oder

Ein Wind der Dich im Leibe bleht,
Ist nur ein Fartz so abwärts geht;
Allein wer ihn sehr unterdruckt,
Der wird offt halb im Kopf verruckt,
Und selten recht davon befreyt,
Bis er anfängt und prophezeyt.

»Ich will demnach *erstlich* die Natur und das *Wesen* eines solchen *Fartzereygeists* untersuchen.

Zum andern die üblen Folgen zeigen, die aus dessen Unterdrückung entstehen.

Drittens, dessen Rechtmässigkeit beweisen. Und

Viertens, die vielen Vortheile, welche eine Acte zu einer Duldung oder Freyheit in diesem Stück, begleiten würden vor Augen stellen.

Erstlich ist es eine Frage, worüber unter den Gelehrten noch sehr gestritten wird, ob ein Fartz eine geistische oder materialische Substantz sey. Die Metaphisici haben hitzig behauptet, daß er geistisch sey. Aber die Naturkundigen widersetzen sich ihnen hefftig. Der berühmte Boyle führet solchen als ein Exempel an, die grosse und ungemeine Subtilität oder Dünnigkeit der Materie zu beweisen. Sintemahl ein Fartz der in der Wasser-Wage nicht den tausendsten Theil eines Grans wiegt, sich in einer Minute soweit ausbreiten wird, daß er den gantzen Luft Kreiß eines weitläufigen Zimmers einnimmet.

Die Chymici bemühen sich, dessen Natur zu untersuchen, wenn sie ihn in seine erstern Principia auflösen. Allein, sie haben ihn jederzeit so flüchtig befunden, und so schwehrlich zu figiren als den Mercurium. Sie gestehen alle zu, daß er einen Ueberfluss an Schwefel habe. Welches sie aus der lebhafften Empfindung schliessen, womit er die Werckzeuge des Geruchs angreifft, und weil er, wenn man ihn anzündet, eine blaue Farbe von sich giebet. Wie durch Erfahrung befunden worden.

Cartesius erbettelte ihn als ein Principius vor seine Philosophie, und ihn desto schmackhaffter zu machen, gab er ihm den neuen Nahmen seiner Materiae subtilis. Und da er sein neues Systema nach dem Frantzösischen Gout richtete und würtzte, so schlosse er, ein so liebliches Misch-Theil würde ihrem Geschmack am besten gefallen. Allein es gereichte zu einem so unglücklichem Materiale, als der Salpeter in des Mönchs Composition, der das Schiess-Pulver zuerst entdeckte. Denn es fing Wind, gieng loß, und sprengte seine gantze Philosophie auf einmahl in die Lufft.

Die Mathematici hielten die Mittel-Strasse zwischen den Naturalisten und Metaphysicis. Sie gestunden einem Fartz eine Quantität zu, jedoch eine untheilbare, und gaben ihm den Namen eines Mathematischen Punctes, weil er weder *Länge, Breite* noch *Dicke* habe.

Ich definire und beschreibe demnach einen Fartz also: *Ein Fartz ist ein Vapor nitro aereus, ein aus Salpeter und Lufft bestehender Dunst, der von einer anliegenden Pfitze stagnirenden oder stillstehenden Wassers von einer salinischen oder salzigen Natur, exhaliret oder ausdampffet, und durch die gelinde Hitze eines Balnei STERCORARII* (oder Dreck-Bades) mit *einem starken Empyreuma , Brandruch oder Nach-Schmack, in der Nase* (oder Schnautze) *eines Microcosmischen Alembici oder Brenn-Kolben, rarificiret und sublimiret* (verdünnet und erhöhet) *und durch die zusammendruckende Gewalt der austreibenden Vermöglichkeit durch die Posteriora oder Hinter-Backen gezwungen wird.*

Nachdem ich die Natur und das Wesen eines Bauch-Windes erkläret habe, so will ich nun, zu andern, auch die *übeln Folgen seiner Unterdruckung* untersuchen, welche einem jeden, aus selbst eigener erfahrung, mehr als zu bekannt sind. Denn er verursachet, bey seiner Retrogradation oder Zurücktretung Clicam, Mutter-*Beschwerungen, Rumpeln und Murren im Leibe, Aufsteigen des Magens, Seiten-Stechen, Miltz-Weh etc.* Aber bey Weibs-Personen von einer sehr starken und dauerhaften Leibes-Beschaffenheit pflegen sich diese Gefangenen durch die Schwatzhafftigkeit Lufft zu machen, und durch Worte auszubrechen, daher haben die Weiber gemeiniglich den Durchfall an der Zunge, und sind viel geschwätziger als die Männer. Denn wie ein gewisser Poet anmerckt:

Words own Wind to be their Mother,
Which stopt at one End bursts out at t'other.
Worte erkennen die Wind-Lufft als ihre Mutter,
Welche, wenn sie an einem Ende verstopffet wird, am andern ausbricht

Daher rühret das gemeine Sprüch-Wort, tell a Tale, or let a Fart, erzehlt ein Märchen oder lasset einen fahren. Die Nothwendigkeit der *Lüfftung* oder des *Ausbruchs*, auf eine oder die andere Weise anzudeuten.

Das merckwürdige Schweigen der vormahligen verwittweten Frau Fartick, ist ein überzeugender Beweiß dieser Lehre. Denn da sie, durch einen allzu öfftern Gebrauch der Clystire in ihren jungen Jahren, ihre Posteriora sehr dilatiret und relaxiret hatte, so war ihr endlich in ihrer facultate retentiva so geschwächet, daß ihr Wind solchen Weg allzufrey passirte, und es ihr also an einem genugsamen Beystand fehlte, die Wind-Mühle ihrer Zungen in Schwung zu bringen.

Die öffteren Anstosse des Lachens und Schreyens, ohne alle Ursache (welche Zufälle bey denen, die mit Dünsten beladen, sehr gemein sind) rühren augenscheinlich von dieser Unterdruckung her. Denn da der Wind Dunst in die Muskeln oder Mäuslein, die im Lachen Beystand leisten, hinein dringt, so blehet er dieselben auf, und verursacht ihr Lachen. Wenn aber dieser Dunst zum Haupt aufsteiget, und durch eine melancholische Leibes-Beschaffenheit daselbst condensiret und verdicket wird, so destilliret oder trieffet er in Gestalt der Thränen durch die Augen.

Was *drittens die Rechtmässigkeit des Fartzens* anlanget, so hoffe ich, es werde mir diesen Punct niemand streitig machen, bis er mir ein Gesetz zeigen kann, so dawider abgefasset worden, welches man wohl wird müssen bleiben lassen. Wo aber kein Gesetz ist, da ist auch keine Uebertretung. Das Canonische Gesetz (wo ich mich nicht irre), billiget solches ausdrücklich. Und das Gesetz der Natur scheinet auch auf unserer Seite zu seyn. Und ob es schon dem Bürgerlichen Gesetz entgegen zu lauffen scheinet, so ist doch die Strengigkeit solches Gesetzes, durch die weise Vorsicht unseres *Königs Jacobi des Ersten*, gemäßiget worden. Denn als eine vornehme Standes-Person, wegen Unterdruckung eines solchen Geistes in Gegenwart des Königs, plötzlichen Todes verbliche; So liesse der König den Augenblick mit grossen Fractur-Buchstaben diese Worte über die Thür schreiben:

HERE ALL FARTS ARE FREE.
Hier sind alle Fartze frey.

Nachdem ich also die Rechtmässigkeit des Fartzens, und die üblen Folgen von dessen Unterdruckung dargethan habe; So will ich nun weiter gehen, und auch die Vortheile zeigen, welcher die Weibs Bilder durch eine unbegränzte Freyheit derselben sich onfehlbar zu erfreuen haben werden. Erstlich befreyet es dieselben, von dem gantzen langen Register der bereits angeführten Kranckheiten, die, wie ich erwiesen, alle von dieser Ursache herrühren. Welche Wohlthat alleine genug ist, solches allen denen, die ihre Gesundheit lieb haben, aufs nachdrücklichste anzupreisen. Ueber dieses wird es auch noch ferner eine *Erbs-Brühe* so gesund machen, als *Ingber-Brod* und in Flaschen gefüllten *Aepfel-Wein*, so die unschädlich als Ratafia oder RosSolis. Es wird auch den Preiß von Daffy's Elixier mindern, und ihnen eine grosse Summe jährl. Unkosten an Assa foetida, und *Hirschhorn* Spiritus, die sie zur Verwahrung ihrer Gesundheit aufwenden müssen, ersparen heissen. Massen sie hierdurch ihre eigene Apotheker werden, und eine Artzney zu zurichten, wird sie allzeit so gut bey der Nase ziehen als jene. Es ist auch eine grosse Beförderung der Fröhlichkeit. Denn ich weiß, daß ein einziger Fartz, der seinem Kerker Meister entwischt, ein halbstündiges Gelächter angerichtet. Und der berühmte Autor eines Buches, so den Titel führet: *Lache und werde fett!* thut ad unguem dar, daß das *Lachen* eine überaus gesunde Uebung sey. D. Blow in seinem Tractate von den Fundamenten der Music behauptet, daß die erste Entdeckung der Harmonie, einer Anmerckung gewisser Personen von unterschiedener Grösse, die unterschiedlichen Noten in der Music durch Fartzen angestimmet, zu danken sey. Denn weil eine in B fa bimi intoniret, habe eine andre im F faut geantwortet und die angenehme Concordance, so man eine Quinta nennet, herfür gebracht, daher dieses Musikalische Stück seinen Namen Bum-Fidle (Ars-Geige) hat, und die erste Erfindung des Fagots oder der Baß-Pfeiffe hat man dieser Anmerkung auch zuzuschreiben. Nach dieser Regel würde es eine leichte Sache sein, ein fartzendes Concert anzurichten, wenn man Personen von unterschiedener Grösse in Ordnung zusammen setze, wie ein *Glocken-Spiel* oder *Orgel-Werk*. Dieses würde eine viel lustigere Zeit-Verkürzung um eine Thee-Tafel herum werden, als die gewöhnliche *Durchhechelung* aller, die nur den Rücken wenden. Massen die meisten versichern, daß die lieblichste Harmonie von *Därmern* herrühret. Da würde denn diejenige Jungfer vor die angenehmste in der Gesellschaft gehalten werden, die am geschwindesten zur *Antwort fertig* wäre, und einen *guten Ruff* hinter ihrem Rücken hätte, als welches zu einem starken Beweiß ihrer Verdienste dienen würde.«

Jonathan Swifts Arbeit war eine fundamentale Pioniertat. In England und Deutschland war sie ziemlich weit verbreitet. Die letzte englische Ausgabe erschien in London in der ersten Hälfte des neunzehnten Jahrhunderts in nur 50 Exemplaren und führte den folgenden Titel: *An essay upon wind, with curious anecdotes of eminent peteurs. Printed on superfin pot paper, at the office of Peter Puffendorf, Potsdam s.d.*

Scheißendes Ungeheuer,
Steinfigur in Monteuil-sur-Men

Die Nachahmer und Vollender sind vor allem in Frankreich zu suchen. Jedenfalls deutet vieles darauf hin. Etwa der Druck der Pamphlete in französischer Sprache oder die damals nicht unübliche Verfahrensweise, den Druckort ins Ausland zu verlegen. Aber die von Swift geforderte Freiheit des Furzens hatte sich so rasch nicht durchsetzen können, denn die Autoren zogen es vor, in der Anonymität zu bleiben.

In Deutschland konnte man auf wissenschaftliche Traditionen verweisen. Hier erschien 1578 in Rostock von einem Autor namens G. Laurenbergio eine *Disputatio de flatibus*, eine rein medizinische Untersuchung. Gleiches verfolgte Goclenius mit seiner *Physiologia crepitus ventris* (Frankfurt und Leipzig 1607). Goclenius hat aber eine höhere Warte. Er untersucht im Detail die verschiedenen Benennungen und Definitionen bei den unterschiedlichsten Völkern, die Ursachen, die Loslösung und das Zurückhalten, den Geruch und Begleitumstände des Furzes. Mit einer erstaunlichen Gründlichkeit und Exaktheit begleitet er den Crepitus von seiner Geburt bis zu seiner Emanzipation, durch die er selbständig wird und seinen Weg durch die Welt zieht. Er kennt die alten Schriftsteller, beginnend mit Hippokrates, Galen, Aristophanes, Sokrates, Horaz, Martial und Sueton, er kennt sich aus im Griechischen wie im Lateinischen, im Vers wie in der Prosa.

Pendants sind die Schriften *De Peditu ejusque speciebus, crepitu et vi-*

sio, Discursus methodicus in Theses digestus sowie der 1200 Seiten starke Wälzer *Amphitheatrum sapientiae Socraticae joco-seriae, hoc est ecomia et commentaria autorum, qua veterum, qua recentiorum prope omnium, quibus res aut pro vilibus vulgo aut damnosis habitae styli patrocinio vindicantur, exornantur; opus ad mysteria naturae discenda, ad omnem amoenitatem, sapientiam virtutem* (Hannover 1619). Wie der langatmige Titel verspricht, enthält das dickleibige Kompendium 622 verschiedene Kapitel mit kuriosen Abhandlungen. Dieses Buch wieder war eine Fundgrube für Scaligers *Éloge de l'ivresse*, Louis Coquelets *Éloge de la goutte* und Dreux de Radiers *Essai sur les Lanternes*. Auch Mercier de Compiégne plünderte es ziemlich ausgiebig für seine Zwecke. Dieser populäre Traktat wurde dann noch einmal 1645 nachgedruckt unter dem Titel *Discursus methodicus de Peditu ejusque speciebus, crepitu et visio, in theses digestus* sowie 1776 auf Französisch: *L'art de péter*...

In einer italienischen Schrift mit dem Titel *Le lodi sopra il cacatajo*, die 1786 unter dem fingierten Druckort Londra erschien, zeigt sich der Autor sehr darüber erstaunt, daß Jupiter, anstatt sich in einen Stier, einen Schwan usw. zu verwandeln, nicht die Gestalt eines Nacht- und Leibstuhls angenommen hat. Eine spanische Veröffentlichung aus dem Jahre 1843 heißt *Los Perfumes de Barcelona, cancion catable, que si oliera el diablo que la leyera. Poema en cinco cantos* und erschien in Palma.

Von originaler wie origineller skatologischer Literatur ist in Deutschland nicht sehr viel zu vermelden. Da erschien 1794 in Leipzig ein Buch von Adam Theobald Pruzum *Über die Posteriora. Eine physiologisch-historisch-philosophisch-litterärische Abhandlung*, die auf Kosten eines Hypochondristen gedruckt worden sein soll. Gleich gab es zwei Gegenstücke. Noch 1794 erschien in Buslar *Über die Posteriora von Dr. Pruzum* und *Über die Posteriora. Eine physiologisch-historisch-litterarische Abhandlung*. Als Verfasser hat Paul Englisch den bekannten Christian Fischer-Althing ausfindig gemacht. Gemeinsam mit Swifts skatologischer Studie wurde sie 1908 neu herausgegeben.

Einen ganzen Abschnitt unter dem Titel *Kapitel Pfui* widmet Carl J. Weber in seinem Buch *Democritos oder hinterlassene Papiere eines lachenden Philosophen* (Stuttgart 1838, Band 12). Weber ist bewandert wie kein zweiter Zeitgenosse. Er kennt eine Fülle von Anekdoten und Anzüglichkeiten. Auch kennt er die genaue, aus der Wissenschaft stammende Klassifikation der Fürze und weiß immerhin von den 62 Modulationen zu berichten, die man zuerst bei Girolamo Cardano beschrieben findet.

Weber ist ein vorurteilsfreier Geist: Seinen Lesern empfiehlt er, in schlaflosen Nächten ihre Finger als Klappe ihres eigenen teuren Windinstruments zu gebrauchen.

Ganz amüsant ist auch das humoristische Buch zu lesen, das 1908 bereits in siebenter Auflage in Leipzig erschien: *Untersuchungen über die Kakteen. Nach dem natürlichen System von Jussieu.* Doch diese Abhandlung ist nicht neu. Sie war bereits 1650 unter dem Titel *De Peditu ejusque speciebus, crepitu et visio* erschienen, dann 1719 noch einmal. Der Verfasser verspricht Gründlichkeit und urwüchsigen Humor. In der Vorrede heißt es: »Zunächst wäre der Zweifel zu lösen, ob das Genus Cactus in das Pflanzenreich oder in das Gebiet des menschlichen Kunstfleißes – und im letzteren Falle, ob es zu der höheren Monumentalkunst zu rechnen sei. Für und wider sind von Sachverständigen gewichtige Gründe beigebracht worden, und die Kontroverse dürfte wohl dahin zu bescheiden sein, daß – da nirgends in der Natur ein Übergang fehlt – dieser zwischen Pflanzenreich und der Architektur durch den Kaktus vermittelt wird.« Die Systematisierung erfolgt nun nach den Linnéschen Einteilungsprinzipien.

Den gleichen Weg begeht der Autor der *Historia naturalis cactuum. Kurzgefaßte Naturgeschichte der Kakteen* (1. Auflage Leipzig 1872, 30. vermehrte Auflage, Leipzig 1921). Auch er ist gründlich, wie das Inhaltsverzeichnis seiner Studie zeigt: 1. Verbreitung und Fundorte der Kakteen, 2. Die Form der Kakteen, 3. Anpflanzung und Behandlung der Kakteen, 4. Die Farbe der Kakteen, 5. Der Geruch der Kakteen, 6. Größe und Gewicht der Kakteen, 7. Die Pseudo- oder falschen Kakteen, 8. Die idealen Kakteen, 9. Über den Nutzen und die Verwendung der Kakteen.

Weitere in dieses Umfeld gehörende Abhandlungen sind die *Historia naturalis cactuum* von Jaunus (Leipzig 1874) und die *Historia naturalis locis oder Naturgeschichte des Steißes* von S.T.Eisbein (Leipzig um 1870); beide scheinen identisch zu sein. Einem Breslauer Studenten namens Schwebs sind gleich mehrere Schriften zu verdanken. Zur *De loci historia natura et varietate tractatio* (Görlitz, ca. siebziger Jahre des 19. Jahrhunderts) gesellen sich *Historia vaporum ex humano corpore effluentium*, die *Historia naturalis pissuum. Das ist die Naturgeschichte der natürlichen Fontänen. Ergänzungsheft zu jedem hydraulischen Werke von P. Issor major* (Leipzig 1875).

Die ersten Memoiren einer deutschen Toilettenfrau erschienen in Leipzig 1906 unter dem Titel *Leben, Meinungen und Wirken der Witwe Wetti Himmelbach, die ihre Laufbahn als Malermodell angefangen, langjährige*

Mittelalterliche
Steinfigur

Toilettenfrau gewesen... Mitte der achtziger Jahre des vorigen Jahrhunderts erschien ein sehr reichhaltiges Werk, *Das Arschenal der Liebe! Bilder von der Kehr- und Kehrichtseite des Lebens. Führer durch dunkle und üble Stätten der Liebe.* Ein humoristisches Preislied der gesunden Verdauung gab der Leipziger Verlag des Rainer Wunderlich heraus: *Sang von des menschlichen Leibes Verhärtung und Wiederbefreiung. Hämmorrhoidisches Epos vermischt mit lyrischen Liedern.*

Eine witzige Jeremiade erschien, ohne Ort und Datum, unter dem Titel *Der Undank des Menschen gegen seinen allerwertesten, treuesten Freund.* Die erinnert nun wieder an Swift:

»Man hat in der letzten Zeit an den verschiedensten Orten alle möglichen und unmöglichen Arten von Erinnerungs- und Gedächtnisfeiern begangen, nur eines treuen Menschenfreundes hat niemand gedacht, ja se' Name wird von der undankbaren Welt so selten ausgesprochen, daß e. geradezu der ›Unaussprechliche‹ heißt, während er auf der anderen Seite einem jeden von uns so teuer ist, daß ihn jeder mit voller Überzeugung seinen Allerwertesten nennt.

Dieser Allerwerteste, an dessen Wohlergehen uns allen so viel gelegen ist, den man auch wohl den ›großen Unbekannten‹ nennen könnte, weil ihm sicher noch keiner direkt ins Antlitz gesehen hat, obgleich ihn jeder als seinen getreuen Freund überallhin mitnimmt, und den auch momentan jeder, wenn auch nur maskiert, mitgebracht hat, ist auch, wie gleichgültig er auch aussehen mag, sehr empfindlicher und zartfühlender Natur und über die beständige Hintansetzung, welche er sein Leben lang erdulden muß, sehr bedrückt und betrübt.

Ich habe ihn neulich bei einem längeren Selbstgespräch belauscht und will nun die Wehklagen, durch welche er seinem beklommenen Herzen Luft zu machen suchte, Ihnen getreulich mitteilen, vielleicht daß dadurch der eine oder der andere von Ihnen in Zukunft zu einer liebevolleren Behandlung seines treuesten Freundes und zu häufigerer Erleichterung seines drückendes Loses Veranlassung nehmen wird.

Dieser allerwerteste Freund ließ sich nun, soviel ich von seiner Sprache, über welche bis jetzt leider weder eine Grammatik noch ein Wörterbuch geschrieben wurde, verstehen konnte, folgendermaßen aus:

›Ich bin‹, brummte er, ›von uraltem Geschlecht, war schon mit Adam im Paradiese auf das innigste verbunden, habe den Sündenfall mitgemacht und namentlich von dem fatalen Apfelbiß meinen Teil mitbekommen und nachträglich die Folgen verspürt. Soweit sich seitdem die Menschen über die Erde ausgebreitet haben, bin ich ihnen als ihr unzertrennlicher Begleiter überallhin gefolgt. Ich schließe mich dem Menschen gleich bei der Geburt an, begleite ihn durchs ganze Leben und lasse mich aus purer Anhänglichkeit sogar mit ihm begraben.

Durch meine sich bei Mohren wie bei Kaffern, Eskimos, Lappländer, Buschweibern und Hottentotten überall findende unleugbare Familienähnlichkeit und gleichförmige Bildung liefere ich allen entgegengesetzten gelehrten Ansichten zum Trotz den evidenten Beweis, daß alle Menschen von einem Paare nur abstammen und Brüder sind.

In meiner Jugend habe ich noch einige Freiheit und darf mich hinter Hecken und Sträuchern zuweilen der Öffentlichkeit zeigen, aber bei fortschreitendem Alter muß ich der Luft und dem Licht entsagen, weshalb ich desselben so ungewohnt werde, daß, wenn man mir auf mein hartnäckiges Drohen doch einmal die Freiheit auf Augenblicke gibt, mich die ungewohnte Luft sofort zum Übergeben bringt.

Selbst wenn ich mich freimachen und mit Vatermörder und Krawatte ausstaffieren würde, dürfte ich mich in anständiger Gesellschaft nicht blicken lassen; sogar meinen ehrlichen Namen auszusprechen, hält man für unschicklich. Trotzdem habe ich auf der Welt gar viel zu bedeuten. Was hülfen alle Schätze, wenn man mich nicht besitzen könnte. Ein jeder anständige Mensch verwahrt mich deshalb auf das sorgfältigste, hüllt mich, solange er noch einen Groschen in der Tasche hat, in Samt, Seide und feine Leinwand und nennt mich seinen Allerwertesten. Wer mich nicht mehr bekleiden kann, den sieht man für einen Lumpen an.

Durch mich wird die Jugend gebildet und erzogen; durch mich sitzt der König auf seinem Thron, ja – Markus saß durch mich auf den Trümmern Karthagos, und der Verbrecher sitzt durch mich in seiner Zelle.

Mit den edelsten Geschlechtern stehe ich in der innigsten Verbindung. Kaiserinnen, Königinnen, Fürstinnen gehen mit mir zu Bette, und ich habe gleich der Garde das Vorrecht, in Gegenwart des Königs bedeckt zu bleiben. Dessenungeachtet fühlt sich doch der geringste Bettler beleidigt, wenn er bei mir zu Gaste gebeten wird. Im Punkte der Ehre bin ich sehr kitzlich. Es kann sich niemand rühmen, mich jemals an der Nase herumgeführt zu haben.

Obgleich ich die Ruhe liebe, stehe ich in dem Geruche, sehr häufig Stänkereien anzufangen.

Bei den feierlichen Sitzungen der Gerichte und Kammern habe ich besonders viel zu dulden, spiele aber dabei die Hauptrolle; denn, wenn auch bei der Abstimmung meine Stimme nicht mitgezählt wird, so weiß doch ein jeder, daß die ganze Sitzung nur auf mir beruht und ohne mich nicht aufgehoben werden kann.

Trotz der Ähnlichkeit meiner Wangen und der feinen Bildung meines Mundes bin ich kein großer Redner, und nehme ich mir einmal die Freiheit, zu reden, so stiebt gleich alles auseinander, schlimmer wie beim langweiligsten Kammerredner.

Doch bin ich sehr musikalisch, und meine Stimme ist gar oft ›melodisch‹, dem Waldhorn vergleichbar. Zum Sänger bin ich jedoch wegen meines sehr kurzen Atems nicht geeignet; dagegen habe ich meiner kurzen, kräftigen und sonoren Ausdrucksweise wegen ein entschiedenes Talent zum Posaunisten.

Außerdem bin ich Ritter vom Hosenband und vom goldnen Sporn, habe als ehrsames Handwerk das Seildrehen gelernt, und wenn sich meine Fabrikate auch nicht gerade durch eine besondere Länge auszeichnen und besondere Haltbarkeit aufweisen, so kann ich doch mit vollem Recht von ihnen rühmen, daß sich noch kein Mensch mit ihnen aufgehangen hat.

Im ganzen bin ich nicht sehr gesprächig, nur wenn man mir meine Lieblingsgerichte, als da sind: ein solider Erbsenbrei, Rüben oder Zwiebeln, in genügender Menge verabreicht hat, ergehe ich mich später aus Behaglichkeit in längeren Perioden. Zwar protestiert meine Nachbarschaft immer gegen dergleichen Redensarten, allein ob mit Recht, kann ich selbst nicht beurteilen, da die Natur leider meinem sonst so reichlich bedachten Antlitz das Riechorgan zu versagen für gut befunden hat.

Ich bin noch ganz unverdorbener Natur, auf welche die Mode und Eitelkeit dieser Welt ihre Herrschaft noch gar nicht auszudehnen vermochte. Eau de Cologne, Lilionese, Moras orientalisches Enthaarungsmittel, ungarische Bartwichse oder gar die Hand eines Barbiers haben mich noch niemals berührt. Selbst die größte Kokette hat niemals versucht, meine großartigen Wangen zu schminken.

Leider bin ich nicht ganz einig, sondern in zwei Parteien gespalten, eine rechte und eine linke, und hat eine Vereinigung derselben trotz der redlichsten Anstrengungen und der gründlichen Bearbeitung mancher Schulmeister bis jetzt nicht zustande gebracht werden können.

Auf alle Journale bin ich abonniert, auch die gelehrtesten Schriften, dann aber auch manche unquittierte Rechnung und feine Liebesbriefe werden schließlich mir zur letzten Begutachtung vorgelegt. Doch noch keines dieser Werke hat meinem hohen Verstande genügen können, vielmehr lasse ich sie alle, mit meinem Handzeichen versehen, in den Abgrund der Vergessenheit fallen. Ich muß bemerken, daß ich bei dieser kritischen Arbeit meist durch eine große Brille sehe.

Trotz aller dieser Vorzüge werde ich sehr von der Menschheit vernachlässigt und habe fortwährend unter dem Drucke zu leiden. Während zum Beispiel mein glücklicher Stiefbruder da oben in der Beletage stets mit Speise und Trank bis zum Überfluß angefüllt wird, denkt niemand daran, mir auch einmal ein Prieschen anzubieten. Doch werde ich mich nicht rächen, obgleich ich es sehr leicht könnte, denn die ganze Welt macht ja bankerott, wenn ich nur einmal sechs Wochen lang die Türe zuhalten und meine Ausgaben einstellen wollte, oder wenn ich 24 Stunden in einem Stück räsonnierte.

So schleiche ich denn ungesehen und im Dunkeln durch dies undankbare Leben als ein gezwungener Junggeselle, da man bei der Erschaffung der Welt sogar vergessen hat, mir eine Lebensgefährtin zuzuteilen. – Doch eines tröstet mich für alles Ungemach und läßt mich alle Bedrückung ohne Stirnrunzeln ertragen, das ist das Bewußtsein, daß meine Seufzer nicht vergeblich und auch nicht der kleinste derselben – ungerochen bleibt.«

Gebt Freiheit Euern Winden!

Der Herzogin von Orleans, die deutscher Herkunft war und allgemein bekannt wurde als Liselotte von der Pfalz, schrieb am 26. März 1722 an ihre Familie in Frankfurt am Main einen berühmt gewordenen Brief über den französischen König. Darin heißt es: »Mitt dem könig stehe ich auch nicht übel. Ich habe gestern seine hoffmeistern einen possen gethan, so mich recht divertirt hatt. Sie seindt so jalous vom könig, meinen alß, man sage etwas gegen ihnen, habe sie braff ertapt. Vorgestern hatte der könig eine windt-colique gehabt; gestern kam ich gantz ernstlich zu könig, steckt ihm ein zettelgen in der handt; der marechal de Villeroy wurde gantz ambarassirt, fragte mich gar ernstlich: ›Welchen zettel gebt Ihr da dem König?‹ Ich andtwortete eben so serieux: ›Das ist ein Mittel gegen die kolik der Winde;‹ der marechal: ›Nur der Oberleibarzt hat dem König Mittel vorzuschlagen.‹ Ich andtwortete: ›Bei diesem bin ich sicher, daß Monsieur Dodart es billigen wird; es ist in Versen geschrieben und zum Singen.‹ Der König, gantz ambarassirt, laße es heimblich, fing gleich ahn, zu lachen. Der marechal sagte: ›Kann man es lesen?‹ Ich sagte: ›O gewiß, es enthält kein Geheimnis.‹ Er fandt drin dieße folgende wördter:

Vous qui dans le mesentere
Avez des vents impétueux
Ils sont dangereux
Et pour vour en défaire
Pétez!
Pétez, vous ne sauriez mieux faire
Pétez!
Trop heureux de vous défaire d'eux!
A ces malheureux

Pour donner liberté toute entiére
Pétez!
Pétez, vous ne sauriez mieux faire
Pétez!
Trop heureux
De vous délivrer d'eux!
(Ihr, die Ihr im Gekröse
Habet gar schlimme Winde
Gebt diesen Winden Stimme
Laßt sie mit Getöse gehn
Laßt sie fliegen!
Könnt bessres nicht ersinnen
Laßt sie fliegen!
Und froh, Euch ganz zu entbinden
Von diesen bitterbösen
Gebt Freiheit Euern Winden
Laßt sie fliegen!)

Es wurde ein so gelachter im cabinet, daß ich mirs schir gereuet hette, den poßen ahngestelt; den der marechal de Villeroy wurde gantz bedutelt drüber. Diß ist noch ein alter streich von meiner jugendt.«

Dieser Brief wirkte geradezu wie ein Startschuß. Innerhalb nur weniger Jahre avancierte Frankreich bereits zum klassischen Land der Skatologie, von keinem seiner Nachbarn übertroffen. Im Unterschied zu den Briten oder den Deutschen haben die Franzosen das alles ja schon immer als leichten und amüsanten Scherz genommen.

Die älteste bislang bekannte Schrift über dieses Thema ist französischen Ursprungs. Sie heißt *La Farce nouvelle et fort ioyeuse du Pect*, ein genaues Erscheinungsdatum ist allerdings nicht bekannt, man rechnet aber mit der ersten Hälfte des 16. Jahrhunderts. In ihr wird ein fingierter Rechtsfall über den Furz vorgetragen.

Nur wenige Jahre später erschien in Deutschland das Werk eines Musikers und späteren Arztes: J. Fieno betrachtet den Furz vom fachmännischen Standpunkt. Sein Buch *De flatibus humanum molestantibus commentarius novus ac singularis, in quo flatuum natura* (1582) wurde mehrfach nachgedruckt, ins Deutsche, Holländische und Englische übersetzt, zuletzt 1676 in London.

Der Wunderkraft des Furzes geht ein humoristisch gesinnter Franzose im Jahre 1540 nach: *Le Plaisant deuis du Pet, aucques la vertu propriete et signification diceluy quautresfoys un noble Champion auroit faict a sa dame Valentine, malade de la collicque venteuse.* Ein Liebhaber will seine Geliebte zum Lachen reizen, weil sie von heftigen Blähungen gequält wird. Er erzählt ihr allerlei lustige Anekdoten über die Etymologie der Fürze und deren Gerüche, differenziert ihre verschiedenen Arten und Ausprägungen, preist ihre Heilkräfte, schildert wie durch einen kräftigen Wind die schwerste Krankheit einfach hinweggeblasen werden kann und steigert sich zu der Feststellung, daß man aus einem Furz günstige Prognosen für die Zukunft stellen kann.

In der Schrift *La défense du pet, pour le Galant du carnaval* (Paris 1652) hat ein Liebhaber im zärtlichen ête-à-ête mit seiner Geliebten das laisser faire, lesser aller praktisch ausgeführt, bis diese sich naserümpfend von ihm abwendet. In der Farce *Le Pet éventé* (Rouen 1679) beklagt sich ein Plagiator darüber, daß ihm ein anderer seine Apologie du pet gestohlen hat.

In *La Pétarade* (1750) ist ein Polichinel Verfasser einer Tragödie in fünf Akten, die jeder lediglich aus fünf langen Fürzen besteht. Ein Husar bezichtigt ihn des Plagiats. Den Beweis tritt er umgehend an, aber er blamiert sich unsterblich.

Ziemlich weitschweifig werden in *Le Dieu des Vents* auf 318 langen Seiten die Abenteuer eines in einen Furz verwandelten Äolos beschrieben. Die Kunst des Furzens wird in *La Crépitomanie* (Paris 1815) in eine richtige Systematik gebracht.

Daß ein Darmwind auch Leitmotiv für eine Komposition sein kann, erfährt man in *Berthe, ou le Pet mémorable* (Paris 1807). Ein unverhofft entwichener Crepitus verhilft der mittellosen Berthe zu einer glänzenden Partie. Der berühmte Lully hingegen, der sich einen entwichenen Wind der Mademoiselle de Montpesier zunutze gemacht hatte, wurde davongejagt. Er war unverschämt genug gewesen, diesen Furz als Leitmotiv für eine neue Tondichtung zu nehmen. Der gleiche Gedanke findet sich in dem italienischen Opus in *Il canto sopra le corregie* (Londra 1786).

Die fruchtbarsten skatologischen Schriftsteller Frankreichs waren unstreitig Grandval père und fils. Vom Vater stammt *Le pot de chambre cassé, tragédie pour rire ou comédie pour pleurer* (ohne Ort und Datum). Im Vorwort beklagt der Verfasser den herrschenden Zeitgeschmack. Man beklatsche Tragödien, die zum Lachen, und Komödien, die zum Weinen seien. Sein Held, ein Liebhaber, der in den Kampf zieht, macht seiner

Titelkupfer einer bekannten skatologischen Komödie von Grandval fils

Geliebten zum Abschied ein Geschenk, das für den nächtlichen Gebrauch bestimmt ist. Ein von der Dame abgewiesener Liebhaber will sich die Abwesenheit des Favoriten zu nutze machen und stürmt mit einer Horde von Abtrittsfegern nächtens den Palast. Die ehrwürdige Dame fühlt sich in die Enge getrieben. Sie nimmt das Töpfchen und läßt es auf das Haupt des Angreifers niedersausen, samt dem Inhalt, was den Abgewiesenen am meisten kränkt. Von Grandval fils stammen die beiden Stücke *Sirop-au-cul, ou l'heureuse délivrance, tragédie héroi-merdifique* (undatiert) und *Les deux biscuits* (1751).

Die besten französischen Veröffentlichungen wurden 1803 in *Merdiana, recueil propre à certain usage* zusammengefaßt. einer oft nachgedruckten Sammlung. Erneut erschien sie dann unter dem Titel *Nouveau Merdiana ou Manuel Scatologique* (Paris 1870). Zu den Schriften jüngeren Datums gehören etwa *Le conservateur de la santé* (1850), *Petériana, ou l'art de péter* (1880), *Anthologie Scatalogique recueil* (Bruxelles 1862), oder *Discours sur la musique zéphyrienne adressé aux vénérables crépitophiles* (Paris 1873).

Eine Flut von Schriften beweist also, daß die Franzosen auf diesem Gebiet führend waren. Ziemlich vollständig ist das alles in der in nur 150 Exemplaren erschienenen *Bibliotheca scatologia* (1849) dokumentiert.

In Frankreich etablierten sich sogar diverse Furzgesellschaften, die »Pétre-Laconique et Bomboraxale à Morlanwetz« und die »Sociéte des Francs-Péteurs«. Die erstgenannte war eine fingierte Akademie, und ihr angeblicher Initiator, der Comte des Fortsas, hat nie existiert. Diese Akademie entsprang der Phantasie eines gewissen René Chalor. Im Jahre 1840 veröffentlichte er die Geschichte der Gesellschaft in dem Buch *De la vitesse relative et analectique de l'Académie d'un corps solide en repos, mémoire présente à l'Académie Pétre-Laconique et Bomboraxale (section des sciences exactes) par Heleno Cranir Mnos en Argolide (Renier Chalon de Mons) à Morlanwetz (Mons, Hoyois).* In diesem Buch, das in nur 16 Exemplaren auf rosa Papier gedruckt wurde, beschreibt der Autor auch alle fingierten Titel in der Bibliothek des Grafen von Fortsas.

Die »Sociéte des Francs-Péteurs« existierte dagegen tatsächlich und zwar im 18. Jahrhundert in Caën. Berichtet wird von dieser merkwürdigen wie bemerkenswerten Gesellschaft in einem schmalen Bändchen, das 1743 erschien, angeblich von Courvoisier stammen soll und *Zéphirartillérie* heißt. Der Text wurde später dem Buch *Art de péter* (1751) beigedruckt, von dem es dann noch mehrere Ausgaben gab. Erwähnt wird diese Gesellschaft auch in dem Buch *L'esclavage rompu*, das 1750 in dem fingierten Verlagsort Bordo-Polis erschienen ist. In klassischer Strenge wird von der Entstehung der Gesellschaft, von ihren Statuten, ihren Versammlungen und Zielen berichtet, man erinnert sich an manche Riten der Freimaurergesellschaften zur Förderung der Aufklärung und Humanität.

Wenn ihre Mitglieder zusammenkamen, vernahm man tausend Fürze auf einen Schlag, und die Proselyten mußten darauf nach bestem Können antreten. In den Statuten heißt es, daß die Gesellschaft in jeder Stadt eine Niederlassung etablieren könne. Die Anzahl der Mitglieder vor Ort dürfe aber höchstens dreißig betragen. An der Spitze einer jeden Filiale steht ein Direktor, dem ein Unterdirektor unterstellt ist, dann gibt es das Amt eines Redners, eines Donnerers und eines Einführers. Die Generalversammlung findet jährlich am 15. März statt, da man angeblich um diese Zeit am meisten von Winden geplagt ist. Der Zweck der Gesellschaft ist die Zerstörung des Vorurteils gegen das freie Furzen. Jeder Freifurzer soll handeln, reden, überzeugen im Sinne der Gesellschaft und die Triumphe der Furzgesellschaft zu mehren sich bemühen. Die neuaufgenommenen Mitglieder werden aufgefordert, durch ungeniertes Furzen in ihrem eigenen Hause, auf der Gasse und in der Gesellschaft für die Sache Propaganda zu machen. Sobald eine Sitzung eröffnet ist, furzt der Präsident brüsk, und alle Brüder machen es ihn nach. Dies wird dreimal wiederholt. Dann setzt man sich zum gemeinsamen Mahl an eine Tafel, an der man furzen darf »sans ordre et sans nombre«. Einige lesen Gedichte oder Erzählungen vor. Beifall ist entsprechend den Grundregeln der Gesellschaft zu zollen.

Daß diese Rituale nicht humoristisch gemeint waren, weiß man von der »Ägyptischen Maurerei« des Scharlatans Graf Cagliostro. Bei ihm gehörten Rülpsen und Furzen zu jenen Äußerungen, die die Menschen des Aufklärungszeitalters zu neuer Mündigkeit führen sollten.

Bücher zur Unterweisung der rechten Kunst des Furzens gab es jedoch bereits zuvor. Aus der Antike ist bekannt, daß spezialisierte Lehrer das Furzen unterwiesen. So fand man zum Beispiel 1936 im Palazzo dei Cesari in Ostia ein Wandgemälde, das drei der sieben Weltweisen aus Griechenland darstellt. Bei dem Porträt des Chilon aus Lakedaimon begnügte sich der Maler mit der lakonischen Bemerkung: »Vissire tacite Chilon docuit subdolus – Der hinterlistige Chilon lehrte leise furzen.«

Auch der französische Frühklassiker der Skatologie, François Rabelais, erwähnt in seinem *Gargantua und Pantagruel* eine entsprechende

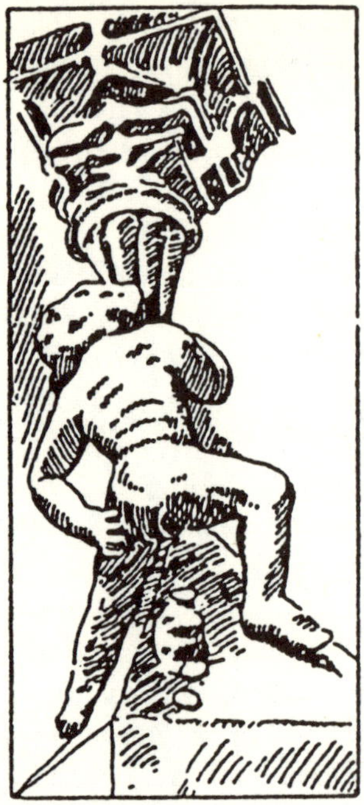
Das Dukatenmännchen
an der Kaisers Worth zu Goslar

Schrift, betitelt *Ars honneste pettandi in societati*. Intensivste bibliographische Bemühungen haben allerdings kein einziges Exemplar davon als existent nachweisen können, obwohl auch ein deutscher Titel *Ars honeste farzandi oder Die Kunst, in Gesellschaft anständig zu furzen* häufiger genannt wird.

Beroalde de Verville (1558 bis 1612) erzählt über die Leute von Amiens, daß sie nach dem Beispiel derer von Genf »schöne Schulen in Botrues errichtet haben, allwo man die Kunst des Scheißens unterweist«. Und ein Verfasser bleibt im dunkeln, der im Jahre 1756 in die *Mémoires de l'Académie des sciences, inscriptions, belles lettres, beaux arts etc. nouvellement établis à Troyes en Champagne, à Troyes et Paris* ein Pamphlet einrücken ließ, in dem er allerlei zur Frage zusammengetragen hatte, »ob die Gewohnheit des Scheißens unter freiem Himmel bei den alten Völkern allgemein gewesen sei«. Fast scheint es, das sei eine Rache an der ehrwürdigen Pariser Akademie der Wissenschaften gewesen, weil sie den Verfasser nicht zu ihrem Mitgliede erhoben hatte. Vielleicht war es auch nur eine Satire auf die oft unsinnigen Preisfragen, mit denen sich die europäischen Akademien seinerzeit oftmals an den Rand der Lächerlichkeit begaben.

Der fahrlässige Kupferschmied

Seit Jonathan Swift ist bekannt, daß der Furz durchaus Gegenstand der Rechtsgelahrtheit seiner Zeit war. So ganz sicher ist man aber nicht, ob es sich dabei lediglich um ein satirisches Mittel gehandelt hat. Denn Thomasius erzählt im *Juristischen Vademekum* von einem sonderbaren Rechtshandel wegen einer Blähung: »Ein Kaufmann steht abends vor seiner Haustüre. Gerade, als ein Mann, der mit ihm in Feindschaft lebte, vorbeigeht, läßt der Kaufmann einen sehr hörbaren Wind gehen. Dies nimmt der Vorbeigehende für eine Injurie und klagt darüber. Der Prozeß wurde durch alle Instanzen mit großer Erbitterung und vielem Kostenaufwand fortgesetzt, am Ende mußte dann freilich der Kläger verlieren.«

Unter den griechischen Märchen der Neuzeit gibt es eines von der Alten und dem Furz als Entlastungszeugen: »Es war einmal ein Ehepaar. Der Ehemann wollte seine Frau in einer raffinierten Art und Weise umbringen, ohne daß die anderen es merkten. Er ging also jeden Abend nach Hause, schloß die Fenster und die Türen und schlug seine Frau blau. Draußen erzählte er, daß er mit seiner Frau einträchtig lebte wie zwei Turteltauben. Seine arme Frau hielt das alles nicht aus und wollte sich scheiden lassen. Ihre Nachbarn nahm sie als Zeugen, und darunter befand sich auch eine alte Frau. Der Richter fragte den ersten Zeugen, ob er gesehen hätte, daß der Mann seine Frau schlug. ›Nein‹, sagte der Zeuge, ›ich habe Schreie gehört und die Schläge.‹ – ›Wenn du nichts gesehen hast, setz dich nieder.‹ Dem zweiten Zeugen erging es auch so. Weil er nichts gesehen hatte, sondern nur etwas gehört hatte. Allen Zeugen erging es so. Als letzte wurde die alte Frau vernommen, zu der der Richter auch sagte: ›Setz dich nieder.‹ Die Alte zog sich in eine Ecke zurück, und als der Richter dachte, er sollte die Frau verurteilen, weil sie keinen Zeugen hatte, furzte die Alte, und der Richter sagte ganz erzürnt zu ihr, sie solle den Raum verlassen. Aber die Alte antwortete: ›Setz dich nieder! Hast du den Furz gesehen?‹ fragte sie ihn. ›Nein‹, sagte der Richter, ›aber gehört.‹ – ›Dann gilt deine Aussage nicht‹, sagte die Alte, worauf der Richter der Frau Recht gab.«

Deutsche Karikatur, Anfang des 20. Jahrh.

Mit der Freiheit selbst der Darmwinde, die von Liselotte von der Pfalz mit humoriger Vehemenz eingefordert wurde, war es noch lange Jahrhunderte eine merkwürdige Angelegenheit, wie die Geschichte vom »fahrlässigen« Kupferschmied aus der kleinen deutschen Stadt Oelde belegt. Ihm entfuhr nämlich in einer stillen Märznacht des Jahres 1908, als er sich auf dem Heimweg von einem Biergelage allein wähnte, mit erheblichem Getöse ein Darmwind. Dies hörten zwei wachsame Hüter des Gesetzes, die in der Nähe ihren Dienst tat. Die Beamten rügten die »Respektlosigkeit«, der Kupferschmied antwortete mit noch lauterem Getön. Am nächsten Morgen schickte der Amtmann des Amtes Oelde, Bernhard Geischer, dem Kupferschmied Hermann Hilger einen Strafbescheid folgenden Wortlauts ins Haus: »Sie haben dadurch groben Unfug verübt, daß Sie in der Nacht vom 29. zum 30. März d. J. auf öffentlicher Straße Passanten in absichtlicher Weise durch Blähungen belästigten. Ich setze daher gegen Sie gemäß § 360 Abs. 11 RStGB eine Geldstrafe von 5 Mark fest, an deren Stelle im Unvermögensfalle eine Haftstrafe von 1 Tag tritt.«

Die Oelder Lokalzeitung *Glocke* bekam Wind von der Sache. Sie veröffentlichte den Wortlaut der Strafverfügung und fügte hinzu, der Kupferschmied entschuldige sich mit Fahrlässigkeit. Die Meldung wurde umgehend auch von anderen deutschen Zeitungen gebracht. Innerhalb weniger Wochen gingen Hunderte von Stellungnahmen aus ganz Deutschland ein. Vor allem Stammtischgesellschaften solidarisierten sich mit dem »fahrlässigen« Kupferschmied. Aus den deutschen Zeitungen ging die Nachricht in die gesamte internationale Presse ein.

Am 10. Juni 1908 wurde das Urteil »im Namen des Königs« bestätigt (Aktenzeichen E. 8-08). So etwas hatte es noch nie gegeben: Zum ersten Mal wurde etwas unter Strafe gestellt, was seit Anbeginn der Menschheit gang und gäbe war. Über den Verlauf der Gerichtsverhandlung gegen den »Fahrlässigen« veröffentlichte die *Glocke* einen ausführlichen Bericht, in dem es unter anderem hieß: »Man kann den Menschen oft mit einer Kleinigkeit Pläsier machen. Diese Erfahrung machte auch der Kupferschmiedegeselle Hermann Hilger von hier, der Hunderte Millionen von Menschen zum Lachen gebracht und den Ruhm von Oelde in alle Erdteile getragen hat, wie niemals ein Oelder zuvor. In Poesie und Prosa ist die Tat dieses Gesellen beschrieben und besungen worden, in der Witzblattpresse und in Welt- und Winkelblättern aller fünf Erdteile. Noch vor wenigen Tagen wurde uns u. a. das größte Blatt der Vereinigten Staaten, der *New York Herald*, zugeschickt, worin jene Tat unter dem Titel ›What happened in Germany‹ sehr eingehend erörtert wurde. Der junge Mann hat es tatsächlich zu einer internationalen Berühmtheit gebracht. Unter dem Namen ›Der fahrlässige Kupferschmied von Oelde‹ ist er bekannt geworden auf dem ganzen Erdenrund ... Und was war es für eine Tat, durch die der Geselle eine solche heitere Weltsensation erregt hat? Er hat in der Nacht zum 30. März um 12 Uhr auf der Langen Straße zu Oelde eine Darmblähung nicht mit der in der guten Gesellschaft üblichen Diskretion behandelt. Das ist alles. Und wegen dieser Indiskretion erhielt Hermann Hilger ein Polizeimandat; er sollte 5 Mark zahlen oder 1 Tag brummen. Das kam an die große Glocke, und nun lachten alle Erdteile ... Hermann Hilger hat in seiner Sache unleugbar mehr Brutalität als Geist entwickelt. Und deshalb ist heute auch sein Widerspruch gegen das Polizeimandat vom Königl. Schöffengericht verworfen worden. Es bleibt vorläufig bei 5 Mark Geldstrafe, evtl. 1 Tag Haft. Die Beweisaufnahme ergab folgendes: Die Polizeisergeanten König und Brink haben in jener Nacht um 12 Uhr drei von Hilger herrührende, an nächtliche Ruhestörung grenzende Detonationen gehört, die erste, wie sie sofort festgestellt haben, in 50 Meter Entfernung. Dabei sind noch allerlei Allotria getrieben worden. Das in der Nähe sich aufhaltende Publikum, im ganzen 12 Personen, hat freilich kein Ärgernis an diesen Vorgängen genommen, sondern kräftig dazu gelacht. Wie der Vorsitzende, der Amtsgerichtsrat Wagener, in seiner Urteilsbegründung ausführte, hat der Angeklagte zweifellos die Aufmerksamkeit des Publikums auf sich lenken wollen durch Handlungen, die an und für sich zwar nicht strafbar, aber ungehörig und unästhetisch sind. Die Begleitumstände machten die Sache zu einer Belästigung des Publikums bzw. waren geeignet, die Allgemeinheit zu belästigen, und somit lag grober Unfug vor. Von Rechts wegen.«

Auch dieser Bericht ging durch die gesamte Weltpresse. Der »fahrlässige Kupferschmied« erhielt Tausende von Zuschriften, fühlte sich bestärkt und ging in die Berufung. Doch am Tage vor der mit höchster Spannung erwarteten Gerichtsverhandlung

Les Petengueules (Furzgoschen), Banner der Mére Folle, Dijon, um 1500

verschwand er spurlos. Böse Zungen behaupteten gleich, Amtmann Geischer habe ihn mit reichlichem Reisegeld versehen. Geischer habe nämlich befürchtet, daß der (von Ulkbrüdern tatsächlich bereits genauestens instruierte) »Fahrlässige« sich in der Gerichtsverhandlung auf so drollige Weise »herausreden« würde, daß er möglicherweise beim Gerichtsrat Wagener, der den Humor mehr liebte, als er den verknöcherten Amtmann Geischer schätzte, den Freispruch erreichte. Gerichtsrat Wagener, der sehr peinlich berührt war von der plötzlichen Flucht des weltberühmten »Delinquenten«, hatte nämlich schon wochenlang vorher (natürlich »ohne präjudizierlich zu sein«, wie er vorsichtigerweise stets dabei betonte) jeden Abend bis in die späte Nacht am Stammtisch der Alten Herren im Hotel Gildemeister das ja auch schier unerschöpfliche Thema vom »Fahrlässigen« nach der formal-juristischen und nach der materiellen Seite hin ausgiebig behandelt.

Auf originelle Weise hat die Stadt Oelde das Andenken an diesen kuriosen Rechtsstreit bewahrt. Sie hat entsprechend dem Streitwert dieses lokalgeschichtlich bedeutenden Ereignisses, das die Stadt weit über die Grenzen Deutschlands hinaus bekannt machte, auf einem von Sammlern begehrten Fünfmark- und auf einem Einmark-Notgeldschein in Umlauf gebracht: Der »fahrlässige« Kupferschmied verfolgt von den schnüffelnden Gesetzeswächtern.

Die Berichte in der *Glocke* aber wurden in einem Sonderdruck zusammengefaßt, von dem es viele Auflagen gibt.

Arena der Bläh-Artisten

Die Kultur der Jahrmärkte, die einst allerlei Gaukler und fahrende Leute versammelte, ist heute leider weitgehend der Vergessenheit anheim gefallen. Zu den Wanderkünstlern, die da kreuz und quer durch Europa reisten, gehörte auch eine Kategorie, deren Ruf und Ruch weitgehend verweht ist. Es gab vielleicht einmal mehr Kunstfurzer, als man vielleicht annehmen könnte, und die als Pétomanen oder Crépitomanen ein zahlloses Publikum ergötzten.

Eine der ältesten Nachrichten über Bläh-Artisten findet sich beim heiligen Augustinus. Im Kapitel 24 des XIV. Buches seines *De Civitate Dei* heißt es: »Andere geben aus ihrem Innern ohne allen Gestank nach Belieben Laute in so großer Zahl von sich, daß man meinen könnte, sie sängen auch von dieser Seite her.« Der spanische Humanist Juan Luis Vives schrieb später in einer Anmerkung über diese Stelle des Kirchenvaters, er habe im Gefolge König Max I. einen Deutschen gekannt, der jedes Gedicht mit seiner rückwärtigen Körperöffnung wiedergeben konnte.

Irgendwo in den Tiefen der Werke des italienischen Arztes Girolamo Cardano (1501 bis 1576) finden sich Beobachtungen über die Fürze. Er unterscheidet vier Grundtöne neben 58 Variationen, zusammen macht das also 62 verschiedene Töne, die man auf dem bewußten »Wunderhorn« hervorzubringen vermag!

Und daß Hieronymus Bosch auf dem rechten Triptychon seines *Gartens der Lüste* einen Hintern darstellt, aus dem eine Flöte ragt, bedeutet, bei der allseits bekannten Symbolträchtigkeit seines Werkes, daß uns der Künstler sicherlich etwas über den Zeitgeist sagen will.

Dem Kölner Schriftsteller Josef Feinhals, der unter dem Pseudonym Collofino 1939 in dem Privatdruck *Non olet* zahlreiche solche Kuriosa gesammelt hat, ist die Bewahrung einiger jüngerer Fälle von Wind-Arti-

Hieronymus Bosch *Der Garten der Lüste* (Detail)

Französische Radierung, 18. Jahrhundert. Aus Thérèse philosoph. Londres 1785

stik zu danken: »Die Pétomanes, wie diese Künstlers auf französisch heißen, können auch anderes als nur musikalisch furzen. In Paris zeigte sich in einem Sonderkabinett einer Jahrmarktsbude eine hübsche Person, die als Balletteuse in kurzem Röckchen auftrat. Auf einem Tisch stand ein Leuchter mit drei brennenden Kerzen. Die Aufgabe war, die drei Kerzen durch Furzen zu löschen. Nichts einfacher als das. Sie klemmte sich einen Gummischlauch in den Anus, richtete das freie Ende des Schlauches auf eine Kerze, man hörte ein kurzes knallendes ›Pfftt‹, und die Kerze erlosch, dann noch zweimal ›Pfft!, Pfft!‹ und wir saßen im Dunkeln. Eintritt zwanzig Francs.«

Über ein weiteres derartiges Abenteuer berichtet Feinhals aus dem Jahre 1900, als man auf der Foire de Neuilly in Paris eine Frau mit einer besonders vielseitigen Veranlagung erleben konnte. »Sie war imstande, von hinten Luft oder Flüssigkeit in den Darm aufzunehmen. Außerdem imitierte sie mit ihren ab libitum hervorgebrachten Naturlauten Soldaten auf dem Marsche, alte Tanten, keusche Fräuleins, eheliche Zwiegespräche usw. Ja, sie rauchte sogar Zigaretten mit dem Hintern – Caporal superieur oder Scaferlati. Zu diesem Manöver hatte sie sich einen Schlauch in den Anus gesteckt, den sie beim Rauchen kokett in der Hand hielt.«

Eine ausführliche Schilderung von Kerzenbläsern, die ohne Schlauch arbeiteten, findet sich in Emile Zolas *Mutter Erde* (1887). Zwei Bauern, von denen einer »so windreich war, daß er sich rühmte, Mühlen in Bewegung setzen zu können«, während der andere wie ein Schmiedeblasebalg blasen konnte, wetteten miteinander um zehn Liter Wein, »die dem gehören sollten, der die meisten Kerzen auslöschen würde«. Der eine war bei zehn schon völlig ausgepumpt, der andere brachte es auf vierzehn. Er gewann die Wette und bekam außerdem eine Ehrenmedaille. So ehrt die Grande Nation ihre wackeren Männer! Übrigens wurden die Fürze auch noch ihres Duftes wegen angezündet. Nach Zola brannten sie »mit einer schönen, goldgelben Flamme, die sich wie eine Sonnenglorie erhob«.

Den gleichen Vorgang des Abbrennens von Fürzen beschreibt Martin Andersen Nexö in seinem Roman *Pelle der Eroberer* (1909/10): »Wie aus

Weibliche Pétomane. Foire de Neuilly – Paris 1900. Zeichnung von Ivo Pahonny

weiter Ferne, und als ginge es ihn gar nichts an, sah er, daß die Sau auf einen Stuhl kletterte und das Hemd hinten stramm zog. Ein Seemann hielt das Licht hinter ihren Rücken, und nun zeigte sie, wie die Dünste mit einer bläulichen Flamme brennen konnten.«

Das Abbrennen von Körpergasen ist übrigens nicht ungefährlich. Erst vor wenigen Jahren gab es ein eindringlich warnendes Beispiel. Im August 1976 litt die Kuh eines Bauern aus Zutphen in Holland an heftigen Koliken. Der Besitzer, der sich um seine beste Milchkuh sorgte, ließ einen Tierarzt kommen. Zu dessen diagnostischen Methoden zählte der probate Streichholztest – die Entzündung der entweichenden Gase. Jedoch kam es diesmal zu einer unerwartet heftigen Verpuffung: Ein Strohballen, in unmittelbarer Nähe gelagert, fing Feuer. Es griff rasch auf den Stall und, angefacht durch einen böigen Nordwestwind, im Nu auf das ganze Gehöft über. Die Versicherungsgesellschaft des Bauern und die des Veterinärs einigten sich nach einem Jahr; der Wiederaufbau des Hofes war damit im nachhinein finanziert. Allerdings wurde der Tierarzt wegen fahrlässiger Brandstiftung zu einer Geldstrafe verurteilt. Der Bauer war zufrieden. Über das weitere Schicksal der Kuh ist nichts bekannt. (*Süddeutsche Zeitung Magazin* vom 27. Juli 1990)

Auch stellen sich den Hobby-Bläsern unerwartete Hindernisse in den Weg. In den *Escraignes dijonnoises* (Paris um 1588) erzählt Estienne Tabourot von der merkwürdigen Begegnung acht ehrwürdiger Kirchenmänner, die sich jährlich beim Messire La Guerre, dem Groß-Vikar der Abtei Monsieur S. Jean, einfanden. Sie ließen alle Staatssachen sausen, stiegen in den Keller, um dort je ein Faß roten und weißen Weines heraufzubringen, natürlich vom besten. Es wurde tüchtig gebechert und jede nur denkbare Belustigung versucht. Schließlich nahmen sie eine der Kerzen, die im Zimmer brannten, stellten sie im Leuchter auf den Fußboden und vereinbarten eine Partie vier gegen vier, sie mit Fürzen auszulöschen. »Sie entblößten sich und einer nach dem andern bombardierte die Kerze. Aber sie zielten schlecht und blieben lange erfolglos. Doch einer, ungeduldiger als die andern, setzte sich mit nacktem Arsch auf die Fliesen, um dadurch in seinem Bauch einen seiner würdigen Furz zu erzeugen; und er täuschte sich nicht. Nach kurzer Zeit fühlte er einen Donner, bereit auszufahren, stand schnell auf und rief den andern zu, ihm Platz zu machen; hob den Arsch gegen die Kerze und gedachte sie mit seinem Furz auszulöschen, da warf er zwei Brocken Scheiß darauf. Davon ward nicht nur die Kerze ausgelöscht, sondern auch der Leuchter umgeworfen und die Stube dermaßen verpestet, daß man nachher zwei Kannen Essig brauchte, um die Luft wieder zu reinigen.«

Zurück zu den Pétomanen aus Berufung, von denen eine ganze Reihe von Fällen bestätigt ist. Weber, der Verfasser des *Demokritos oder hinterlassene Papiere eines lachenden Philosophen* (Stuttgart 1858) erzählt »von einem theologischen Freitischler, der gegen ein Seidel Bier sich in die Ecke setzte und, die Beine an sich ziehend, mit der prächtigsten Musik aufwartete, die aus den unteren Regionen kam. Die Schlußszene war die stärkste, die am meisten lachen machte. Die Kraft des Windes verlöschte die Lichter.«

Friedrich S. Krauß schreibt 1906 im Leipziger Jahrbuch *Anthrophyteia*: »Vor ungefähr vierzig Jahren gab es zu Pozega in Slowenien einen Kriminalgefangenen, der ein solcher Kunstfurzer war, daß er einmal ein öffentliches Konzert veranstalten mußte. In dem großen Ratsaal waren 50 Sessel aufgestellt. Zwei Schergen führten den Künstler herein. Er war beim Anblick der aufgedonnerten Frauen recht verlegen. Jedoch der Obergespan und der Gerichtspräsident stellten ihm 25 Stockhiebe in Aussicht, so daß er sich lieber dem Gebote der Unanständigkeit fügte. Er ließ seine leinenen Hosen herab, hielt sie mit der Linken über den Pudendis fest, lehnte sich mit der Rechten an den Tisch an, hob etwas das linke Bein in die Höhe, zeigte dem Publikum den Allerwertesten, und nun kam klar und deutlich in seltsamer Klangfarbe die chrowotisch-patriotisch-nationale Hymne herausgetönt. Herren und Damen riefen: Divno! Za kudno, krasno! Göttlich, wunderbar, herrlich! Und Ihre Hochwohlgeborenen die allergnädigste Frau Obergespanin und die hochmögende gnädige Frau Stuhltichterin näherten sich dem naturwüchsigen Musikinstrumente und überzeugten sich durch Augenschein, daß kein Betrug mitunterlaufe!«

Der amerikanische Entertainer Ricky Jay, der noch Namen von einigen anderen Kunstfurzerinnen parat hat, berichtete kürzlich von einer Stripperin, die unter dem Künstlernamen »Honeysuckle Divine« auftrat. Auch sie blies aus zwei Schritt Entfernung eine Kerze aus. Ihre Glanznummer war jedoch, »Jingle Bells« mit einer Körperöffnung zu spielen, über die keiner der männlichen Pétomanen verfügt . . .

Auch der einst so Ferne Osten hatte seine Pétomanen. In der Edo-Epoche, die von 1603 bis 1868 zählt, gab es eine Blüte der »Misemono«, die etwa mit dem europäischen Varieté und Jahrmarkttreiben zu vergleichen ist. Hier trat im Jahre 1774 ein Kirifuri auf, über den ein Zeitgenosse jubelnd berichtet: »Dieses Wunder an Blähungen hat in den 2436 Jahren dieses ehrwürdigen Landes Japan kein Vorbild . . . Eine derartige Fertigkeit ist aber nicht nur in Japan einmalig, sondern man hat auch aus China, Korea, Indien und nicht einmal aus den verschiedenen Staaten von Oranda (d. i. Holland) so etwas je vernommen. Was für eine Kunst! Was für Fürze!« Kirifuris Programm unterschied sich übrigens nicht sehr von dem aller Kunstfurzer.

Das »Genie des Furzens« unseres Zeitalters kam aus Frankreich: Alles bis dahin Gewesene wurde von Joseph Pujol übertroffen. Die berühmte Chansonette Yvette Guilbert erzählt in ihren Memoiren (*La Chanson de ma vie* Paris 1927. Deutsch Berlin 1928) über diesen König der Pétomanen:

»Es war im Moulin Rouge, wo ich die längsten Lachkrämpfe, die lautesten Heiterkeitsausbrüche erlebte. Zidler, der damalige Direktor, erhielt eines Tages den Besuch eines Mannes mit schmalem, traurigem und blassem Gesicht, der ihm anvertraute, er sei ein Phänomen und er beabsichtige, von seiner Eigentümlichkeit zu leben.

›Worin besteht Ihre Eigentümlichkeit, mein Herr?‹

Mit gebotenem Ernst erklärte der andere: ›Stellen Sie sich vor, ich habe einen Ansaug-After.‹

Zidler – unbeeindruckt spöttisch: ›Na prima!‹

Im Lehrmeisterton fuhr der andere fort: ›O ja, mein After ist so elastisch, daß ich ihn willkürlich öffnen und schließen kann.‹

›Nun und – was geschieht dann?‹

›Durch diese regulierbare Absorbtion nehme ich jede beliebige Menge Flüssigkeit auf.‹

›Wie bitte? Sie trinken mit Ihrem Hinterteil?‹ fragte Zidler, befremdet, verwirrt. ›Was darf ich Ihnen anbieten, mein Herr?‹ kam ganz zeremoniell seine Frage.

Der andere – im gleichen Tonfall: ›Eine große Schale Wasser, wenn es recht ist.‹

›Mineralwasser?‹

›Nein, danke, Leitungswasser, bitte.‹

Die Schale wurde gebracht, der Mann entledigte sich seiner Hose und man konnte sehen, daß seine Unterhose an der üblichen Stelle ein Loch hatte. Er setzte sich auf die randvoll gefüllte Schale, leerte sie in Sekundenschnelle . . . und füllte sie wieder.

Dabei nahm Zidler einen leichten Schwefelgeruch wahr, der sich im Raum ausbreitete.

›Sieh an – Thermalwasser produzieren Sie also auch!‹

Der Mann lächelte schwach: ›Das ist noch nicht alles: Wenn ich eine solche Spülung – Sie gestatten den Ausdruck – absolviert habe, kann ich, und darin liegt meine Stärke, beliebig lange geruchsneutrale Gase produzieren, da das Prinzip der Vergiftungserscheinungen . . . ‹

›Wie bitte? – Was?‹ unterbrach Zidler. ›Drücken Sie sich bitte einfacher aus. Sie wollen sagen, Sie furzen?‹

›Hm – wenn Sie so wollen‹, gestand der andere zu. ›Allerdings besteht der Vorgang bei mir aus einer Vielfalt produzierter Geräusche.‹

›Also was – Sie singen auch mit Ihrem Hintern?‹

›Hm – ja.‹

›Nun, dann los – ich höre.‹

›So – das ist der Tenor – als erstes . . .

. . . als zweites: der Bariton . . .

. . . der Baß, als drittes . . .

. . . die muntere Sängerin, vier . . .

 . . . bei Stimmübungen, fünf . . . ‹

Höhepunkt von Pujols Auftritt: Ausblasen einer Kerze

Zidler, erregt, rief aus: ›Und die Schwiegermutter?‹
›Da ist sie schon‹, sagte der Furzer.
Und damit engagierte ihn Zidler.«

Joseph Pujol, jener Herr mit dem traurigen und blassen Gesicht, wurde 1857 in Marseille geboren. Als Kunstfurzer machte er eine beispiellose Bühnenkarriere. Nach zahlreichen und stets überaus erfolgreichen Auftritten in der Provinz wurde er von Zidler engagiert. Die weltgewandten Pariser, die 1892 Pujols Debüt im Garten des Moulin Rouge erlebten, waren zunächst verblüfft. Der würdevolle, hochaufgerichtete Mann mit Schnurrbart, der da mit einem hellroten Frack mit einem rotseidenen Kragen, einer weißen Schleife, schwarzen Schuhen und Strümpfen sowie einer eleganten schwarzen Satinkniehose langsam die Bühne betrat, drehte dem Publikum seine Rückseite zu und entließ eine Reihe sonorer, wenngleich geruchloser Töne aus seiner geheimsten Körperöffnung. Binnen weniger Augenblicke schlug die Verwirrung in Gelächter um. Es steigerte sich, bis den Anwesenden die Tränen über die Wangen liefen. Schenkt man den zeitgenössischen Berichten Glauben, dann waren vor allem die Frauen völlig außer sich. »Viele fielen ohnmächtig zu Boden und mußten wiederbelebt werden.«

Pujol, der einzige Künstler, der keine Autorentantiemen zahlen brauchte, bekam eine Gage von 20.000 Francs für einen Nachmittag; die gefeierte Diseuse Sarah Bernhard erhielt pro Auftritt »lediglich« 8.000 Francs. Zahlreiche Tourneen brachten Pujol viel Geld ein, so daß er bald ein eigenes Theater gründen konnte, das »Theatre Pompadour«. Der älteste Sohn von Pujol, der seinen Vater als den »größten und amüsantesten Unterhaltungskünstler« tituliert, erzählt in einer Art Familienchronik, wie der Pétomane im Moulin Rouge auftrat:

»Pujol erklomm die Bühne. Meine sehr verehrten Damen und Herren! Ich habe heute die Ehre, Ihnen eine Vorstellung der Furz-Kunst vorzuführen. Das Wort Furzer bezeichnet jemanden, der seine Fürze mit seinem Willen lenken und dirigieren kann. Aber keine Angst wegen der Gerüche. Mein Eltern haben den finanziellen Ruin auf sich genommen, um mir das Hinterteil parfümieren zu lassen.

In der zunächst folgenden Stille begann mein Vater ungestört seine Furz-Serie, wobei er jeden einzelnen beim Namen nannte:
Der Furz des jungen Mädchens (schüchtern und klein) als erstes,
der Furz der Schwiegermutter (schimpfend und laut) als zweites,

der Jungvermählten am Hochzeitsabend: zaghaft, am Tag nach der Hochzeitsnacht: selbstbewußt, drittens,

der Furz des Maurers (trocken und ohne Mörtel),

der Furz der Näherin (der Furz, der gut zwei Meter Kattun zerreißt; er dauerte mindestens zehn Sekunden und ahmte genau das Geräusch nach, das beim Zerreißen von Stoff entsteht),

dann ein Kanonenschuß (Artillerie an die Gewehre: Achtung: Feuer!),

und nicht zuletzt der Furz des Stotterers, der an die ›Unvollendete‹ erinnert.

Anschließend pflegte mein Vater kurz hinter den Kulissen zu verschwinden, um sich ein Stück Gummischlauch einzuführen, wie man es normalerweise für Spülungen benutzt. Das andere Ende des gut ein Meter langen Schlauchstückes hielt er in der Hand und steckte dort eine angezündete Zigarette hinein. Wie mit dem Mund machte er dann Bewegungen, durch die die Zigarette geraucht wurde, als ob durch Muskelkontraktion Luft eingesaugt und ausgestoßen würde. Dann entfernte mein Vater die Zigarette, um den Rauch abzulassen, den er im Darm gespeichert hatte. Anschließend befestigte er eine kleine Flöte mit sechs Löchern am Ende des Schlauches und spielte kleine Musikstücke wie beispielsweise den ›Roi Dagobert‹ und selbstverständlich ›Au clair de la lune‹.

Am Ende der Vorstellung löschte er mit aller Kraft die Gaslampen am Rande der Prominentenloge.

›Das war großartig‹, erzählte mein Vater anschließend. ›Die ganze Nummer mit Volldampf durch – und an diesem Abend kein einziger Versager.‹

In diesem Zusammenhang sollte noch erinnert werden, daß außerhalb der normalen Vorstellung im Moulin Rouge noch einige kleine Vorführungen in Privaträumen stattfanden, wo lediglich Männer zugelassen waren. Mein Vater erschien dann im Badeanzug à la mode mit Ausschnitt am Hinterteil, um auch den Ungläubigen zu beweisen, daß er keinerlei Tricks anwandte. Denn inzwischen hatte sich das Gerücht verbreitet, er sei bei der Geräuschentwicklung auf die hilfreiche Anwendung einiger Listen angewiesen. Um diesen Verleumdungen entgegenzuwirken, hatten sich die Direktion des Moulin Rouge und mein Vater darauf geeinigt, im kleinen Kreis Sondervorstellungen zu geben.

Eine solche Vorstellung – mit diskreter Beleuchtung und etwas indiskreter Bekleidung – begann mit einer Serie von Furzen; weiter ging es mit Gummischlauch, der Zigarette und der Flöte, dann: ohne Schlauch intonierte mein Vater sein ›Programm nach Noten‹. Das Zusammenziehen und das Entspannen des Afters waren deutlich sichtbar, je nach Klang der Note. Mein Vater beendete seine Nummer mit einem besonderen Clou: Er setzte sich auf eine mit ca. zwei Litern Wasser gefüllte Schale. Durch Ansaugen leerte er sie und füllte sie dann wieder mit einem sehr sauberen Wasserstrahl.

Es war ein Kenner-Publikum – zunächst recht interessiert, aber auch kritisch, doch dann applaudierte der ganze Saal.«

Eine Zeitungskritik, allerdings noch vor Pujols Debüt in Paris erschienen, merkte an, daß der Künstler seine »Sèance mit dem Versuch beendete, die ganze Tonleiter zu produzieren. In Wirklichkeit brachte er nur vier Noten hervor: da, mi, sol und das do eine Oktave höher«. Vorsichtig fügte der Rezensent hinzu: »Ich kann nicht garantieren, daß jede dieser Noten die richtige Tonhöhe hatte.« Pujol, der zuerst ausschließlich seine Freunde unterhalten hatte, dann in Marseille, Toulon, Bordeaux und Clermont-Ferrand auftrat, wurde mit seinen Auftritten im Moulin Rouge zur Sensation von Paris. Alle führenden Artisten seiner Zeit stach er völlig aus. Er wurde imitiert und parodiert.

Auf dem Gipfel seines Erfolges kam es jedoch zu Streitigkeiten mit Oller, dem Manager des Moulin Rouge. Pujol verließ die Bühne am Montmartre; später mußte er sich dafür wegen Vertragsbruchs vor Gericht verantworten. Oller engagierte eine Frau als Nachfolger, die er groß herausbrachte. Als Pujol feststellte, daß diese Pétomane ihre unteren Bereiche mit einer blasebalgähnlichen Vorrichtung versah, um jene Töne hervorzubringen, die er von Natur aus schaffte, erhob er vor Gericht Klage gegen sie. Die betrügerische Furzerin, Angèle Thiébeau, klagte nun ihrerseits gegen die Zeitschrift *L'Art Lyrique et le Music-Hall* wegen Verleumdung ihrer Persönlichkeit. Die Thiébeau behauptete, ein in dieser Zeitschrift erschienener Artikel hätte ihren Ruf und ihre Befähigung, sich ihren Lebensunterhalt zu verdienen, zerstört. Ihre einzige Schuld bestünde doch nur darin, einen mechanischen Apparat zu benützen, warf ihr Anwalt ein und behauptete, daß »die Mehrzahl der physikalischen Kunststücke, die an öffentlichen Orten vorgeführt werden, ihre Wirkung nicht nur aus der Geschicklichkeit ihrer Urheber beziehen, sondern auch aus Apparaten und aus zur Täuschung bestimmten Tricks«. Recht hatte er, doch seine Mandantin verlor den Prozeß trotzdem. Pujol fühlte sich rehabilitiert, und es kam zu einem Vergleich.

 In der französischen Provinz hatte aber eine echte Pétomane Pujols

Karikatur des Pétomanen

Nachfolge angetreten. Die Frau, die unter dem Namen »La Mère Alexandre« auftrat, kleidete sich wie Pujol. Was sie von dem großen Vorbild unterschied, war ihre Redseligkeit während der Vorführung. Ihre Ankündigung war marktschreierisch, sie versprach lauthals, alles gehe ohne Trick und Geruch ab; ihr Auftritt sei sogar für Frauen, Mädchen und Kinder durchaus geschmackvoll und sorge vom Kleinkind bis zum Greis für Belehrung und Spaß. Sie imitierte den Furz des Maurers, der Nonne, des Notars. Ihre Glanznummer war die Bombardierung von Port Arthur. Mère Alexandre war sehr selbstbewußt: bezahlt wurde bei ihr nach der Vorstellung, und es zahlte nur, wer Gefallen gefunden hatte.

Der Sänger Willy Wolf Rudinoff war als junger Bursche zu seinem ersten Engagement nach Antwerpen gekommen. In seinem Hotel hing ein Monatsprogramm, auf dem nur diese eine Nummer mit roten Buchstaben hervorgehoben war: Attraction extraordinaire!!! »Le célèbre pétomane«!!! Le bariton fin de siècle!!! Le créateur du genre!! Unique au monde!! Rudinoff bat den Hotelwirt, ihm doch zu erklären, worum es ging. Der lachte ihn nur aus. Dann erzählt Rudinoff weiter: »Nun mischte sich die kleine mollige junge Frau des Hotelwirts, welche empfand, daß ich immer noch nicht im Bilde war, in unsere Unterhaltung. Während sie hinter der Bar Gläser wusch, rief sie mir zu: ›Mais, monsieur, ein Pétomane das ischt nämlich ein Künstler, der wo Bariton singt, aber ganz gewiß net mit dem Mund, aber grad von da, wo du drufsitze tuhst, Monsieur! Der bläst dir ganze Märsch' und Overtiere von derer Seite, wo man sonst gar net singe tut! Deux cent francs par jour! Deux cent fancs par jour! C'est toute-de-même quelque chose. Nur blos weil er so kinschtlich blase kann!‹« Rudinoff ging also ins Varieté. »Mit einem ›Allegro majestoso‹ des Orchesters betrat er die Bühne. Ein großer, schlanker, man muß sagen, elegant aussehender Mann von etwa dreißig Jahren. Roter Frack, schwarzseidene Kniehose, à la ›Kamhill‹ (ein Varietésänger, der damals die Herrenmode in Paris diktierte), seidene Strümpfe und Schnallenschuhe. ein kleines schwarzes Schnurrbärtchen, kurz geschnittenes Haar und kleine, listig blickende Augen. Bevor er zu sprechen begann wie ein gewöhnlicher Sterblicher, trompetete er einen Heroldsruf zur Begrüßung des Publikums in den Saal. Dann aber, gleichsam die nur ihm eigene Sprache der Natur ins Vulgäre übersetzend, beginnt er seinen Speech mit folgenden Worten: ›Bonsoir, Mesdames et Messieurs! Je me présente comme Bariton fin de siècle. C'est absolument hygiénique et sans la moinde inconvénience!‹

Nun hielt er einen kleinen Vortrag und erklärte: ›Ich atme die reine Luft dieses Teathers ein und gebe sie in Musik verwandelt wieder der Welt zurück! Niemand wird dadurch belästigt, meine Damen und Herren! Die Luft in diesem Raum bleibt so rein wie im Paradies, als Adam der Apfel von der Eva angeboten wurde. Die Damen des Quartiers St. Germain wollten es kaum glauben, als ich mich bei einem Wohltätigkeitstee der Pariser Aristokratie als Phänomen des Jahrhunderts vorstellen durfte! – Aber fangen wir an, Herr Kapellmeister!‹

Das Orchester spielte nun einen Marsch. Der Tonkünstler übernahm hierbei die Baßposaune. Sodann imitierte er das Knattern eines Maschinengewehrs, die Seufzer einer ›vierge‹ hinter den Mauern eines Erziehungsinstituts, und schließlich das Grollen seiner Schwiegermama. Noch niemals habe ich solche Lachstürme in einem Theater erlebt wie an diesem Abend! Man lachte nicht mehr, nein, man schrie, brüllte, quietschte vor Vergnügen!

Nun ging er ins Parkett und verkaufte, nach der Art von Schaubudenkünstlern, Postkarten mit seinem Porträt für den Preis von zwanzig Centimes. Das hatte er sich kontraktlich ausbedungen. Bevor er jedoch damit begann, teilte er dem Publikum mit, daß er sich auf seine besondere Art bedanken würde, falls jemand der geehrten Damen oder Herren ihm für sein Porträt fünfzig Centimes geben würde! Um so seltenen Dank zu ernten, opferte so mancher einen halben Frank . . .

Als ich einige Jahre später in Paris Schüler der Académie Julian war, besuchte ich mit einer Dame der Petersburger Hofgesellschaft, weit draußen, wo das Quartier Montparnasse endet, einen Jahrmarkt. Auf diesem Rummelplatz hatte auch unser Star aus Antwerpen ein eigenes Schauunternehmen. Er gab zwanzig Vorstellungen täglich, die, wie mir sein Manager erzählte, vollkommen ausverkauft waren. Er war inzwischen ein Millionär geworden. Ich erfuhr, daß er Pujol hieß und ein Bäckergeselle war, bevor er sein Talent entdeckte. Natürlich war er aus Marseille. Das vornehmste Publikum von Paris stürmte seine Bude. Die besseren Zwei-Frank-Plätze waren nur im Vorverkauf zu haben. Es war nicht mehr der Geist, der die Menschen von Paris erschütterte, sondern die in ungeheuer groteske Wirkung gewandelte Luft.«

Es ist erst wenige Jahre her, als der österreichische Aktionskünstler André Heller 1987 in Hamburg in seiner gigantischen Show »Luna Luna« zuletzt die Möglichkeit bot, Pétomanen in aller Öffentlichkeit auftreten zu sehen. Hier sorgte vor allem der steiermärkische Kunstfurzer Ernst-Ludwig Waldhall, Schauspieler und Absolvent des Salzburger Mozarteums, für entsprechenden Wind. Im »Palast der Winde« brachte er zarte Körper-Zephyrn zum Erklingen.

Zuerst wurde auf einer Violine der Kammerton angegeben. Dann brachten die Kunstfurzer ihre mattweißen Klangkörper in Stellung. Und zur Geigenbegleitung erklangen Variationen zum ersten Satz aus Beethovens Schicksalssymphonie. Zum Radetzkymarsch entfaltete sich die ganze Tonfülle der Gesäße. Ein Kritiker schrieb, äußerst beeindruckt: »Wer ihn (den Radetzkymarsch) als Arrangement für Violine und zwei Hinterteile erlebt hat, wird ihn wohl nie wieder in Blech hören wollen.« Die ganze Show dauerte eine Viertelstunde. Dann waren die Artisten ausgepumpt.

Die Limmburger Flöte

Pujols Auftritt in Antwerpen gab vielleicht die Anregung zu einem grotesk-burlesken Roman aus der Feder von Norbert Jacques. Er heißt *Die Limmburger Flöte* und erschien 1929 in Berlin mit dem Untertitel *Bericht über Pierre Nocké dem berühmten Musikus aus Limmburg, der auf einer Flöte blasen konnte, die er nicht erst zu kaufen brauchte.* Held ist Pierre Nocké aus Limmburg, genannt Pitter, weil Peter in Limmburg Pitter heißt. Er betrieb eine kleine Zichorienfabrik, die vor der Stadt am Fluß mit dem Wohnhaus zusammen in einem großen Garten lag, der voll von Obstbäumen war, und die leichteste Birne, die darin reifte, wog zweihundertundsechzig Gramm. Pitter lebte allein mit seiner Mutter und wog soviel Pfund, wie die leichteste der Birnen im Garten an Gramm. Und weil er nicht sehr groß war und das Gewicht doch unterbringen sollte, mußte er es in die Breite setzen, wozu sich sein Bauch am empfänglichsten und geeignetsten erwies.

Pitter war noch nie außer Landes gewesen. An seinem dreißigsten Geburtstag wurde ihm eingeredet, daß er doch wenigstens einmal die fremden Küchen an Ort und Stelle kennenlernen müsse. Das sei nicht die Pflicht seiner Bildung, sondern die seines Bauchs. So brachte sein Freund, der Notar Camille Schaak, es fertig, ihn zu einer Reise zu überreden, die beide gemeinsam durch das benachbarte Belgien machen sollten, von dessen Küchen und Kellern viel Gutes in Limmburg gerühmt wurde. Die Freunde kamen überein, zuerst nach Lüttich zu reisen.

Es war bereits Mitternacht, als die beiden Freunde im Café de Paris saßen und plötzlich junge Leute hereinkamen, an deren Mützen man erkannte, daß sie an der Technischen Universität in Lüttich studierten. Pitter erkannte einige, die aus Limmburg stammten. Die Begrüßung ging mit einigem Lärm vor sich. Pitter und der Notar kannten sich aus, und die Studenten waren ihre Gäste, selbstverständlich. Einige Runden Zwetschgenwässerchen feuerten die Gemüter an, für den weiteren Verlauf der Nacht den Weg zu wählen, der hier und anderwärts üblich war.

»Zu den Weibern?« fragte Pitter, als er hörte, wohin es nun gehen sollte. »Nein, nicht doch. Was machen wir da? Bleiben wir doch lieber hier. Etliche gute alte Flaschen ...« Aber er wurde überstimmt. Er genierte sich, weiter Opposition zu machen, und mit ängstlichen Gefühlen trottete er mit. Doch dann zögerte er: »Wäre es nicht schöner in einem ordentlichen Lokal?« »Hast du wieder Hunger?« unterbrach ihn der Notar. »Ja, das wohl auch, aber ...« »Nun, Fleisch ist genug da, wo wir hingehen, du brauchst nur hinzulangen.« »Wohl, aber ich muß dir etwas sagen ... etwas gestehen ...« »Gingst du lieber allein, du Schwerenöter?« »Noch weniger gern. Nein ... gestehen: ich war noch nie an einem solchen Ort.« Aber der Freund hörte nicht hin. Blödsinn dachte der, zuviel Burgunder und Zwetschgenwasser. »Du kannst dir dort einen schwarzen Kaffee machen lassen«, sagte er nur. Pitters Fettherzchen überschlug sich fast, eine blaue Angst in den Augen und den Eingeweiden. Pitter folgte jetzt schweigend. Die Studenten berieten, wo sie hingehen sollten. Da sagte einer: »Natürlich zu den Gazeuses.«

Kleinlaut fragte Pitter: »Was ist das?«

»Och«, antwortete der Notar, »das sind Nönnchen.« Und alle lachten. »Und zwar so Nönnchen ... alle in deinem Gewicht. Vielleicht behalten sie dich da. Ja, alle gegen drei Zentner, und sind in zarte Gazeschleier gekleidet und in sonst nichts, die sehr durchsichtig sind, und die kein Gramm Speck hintanhalten.«

Die Bande war bald angekommen. Ein Mädchen kam an die Tür: »Hereinspaziert, ihr jungen Herren!« sagte sie.

Pitter zitterten die Waden. Ein stechendes Gefühl der Erwartung und Furcht bekribbelte ihm den Ranzen, und er wollte ein letztes Mal abraten. Aber da fühlte er sich umringt, und ob er wollte oder nicht, er wurde in den hellen Türrahmen geschoben. Sein letztes Gefühl auf dem sicheren Boden der dunklen Nachtgasse war, daß ihm der Bauch so voll guten Essens stak, und daß es dumm war, solch schönen Zustand dem Ungewissen auszuliefern, das dort im Hellen wartete.

Denn in der Tat hatte Pitter noch nie ein unbekleidetes Weib gesehen, und Nacktheit einer Frau war für ihn der Gipfel dunkelster, unerkenntlicher und verlorenster Gefahren.

Und nun stand er in einem grell beleuchteten Zimmer, und von allen Stühlen, aus allen Ecken und Türlöchern wälzten Weiber auf ihn los. Sie waren ungeheuerlich, sie waren alle aufgeblasen wie Bälge von Kühen, die vierzehn Tage im Fluß gelegen hatten; sie rochen und schwollen an und hatten, um dieses Fürchterliche zu verbergen, nichts wie spinnwebdünne Gazebehänge über, die alles noch vergrößerten, statt es zu verheimlichen, alles losließen, statt es zu fesseln . . .

Diese Fladen von unbeherrschtem, über die eigenen Grenzen schlabberndem Fleisch schwemmten auf ihn ein wie ein Heer von Kumuluswolken, dunkel und geladen, satanische Kumuluswolken von Nacktheit und riesenhaftem Fleisch. Es war eine Prozession des Teufels, in der die nackten, fetten Weiber gegen ihn gezogen kamen, und er war hilflos ausgeliefert und stand verlassen im Leben allein gegen sie.

Zeichnung von Wilhelm Busch, um 1860

Er wußte nicht, wohin vor ihnen flüchten. Aber er sah auch gleich, daß es keine Rettung vor ihnen gab; denn nun langte eines der Weiber mit der Hand nach ihm.

»Komm du dickes Huhn, du feistes Säulein, du wunderbare Mastblase!« sagte es. »Komm mit mir . . . « Und je mehr es sprach, um so näher kam es, und um so leiser und bedränglicher wurde seine Stimme. »Komm du Koloß von einem süßen Speckschatz!« röchelte es flüsternd, und jedes Wort platzte wie ein Geschwür gegen ihn. »Ich mach' dir den Wabbelwanst platzen vor Wonne . . . !«

Und zugleich befingerte das Weib ihn. Da begann etwas ihn heimzusuchen, das er nur in schwarzen Träumen erahnt hatte. Der Schoß aller Scheuseligkeiten spuckte es aus gegen ihn. Er hielt abwehrend die Hände vor. Doch vergeblich. Denn es ließ ihn nicht. Es quabbte und schlabberte gegen ihn los, durch die dünnen, grellfarbigen Schleier hindurch. Wie veraaste Geier stank es ihm Nase, Augen und Speiseröhre an. Eine erdhaft klumpige, unausmeßbar mit Ekel übersättigte Körperlichkeit schwemmte auf ihn ein. Er verlor Farbe und Licht aus den Augen und das Essen aus dem Magen, und ihm war, sein Schlund sei eine große Spritze, nur dazu da, seinen Magen von etwas zu leeren, das wie abgestandener Speck drin schwamm.

Die Entleerung folgte unversehens und mit einer leidenschaftlichen Übereile und richtete sich unmittelbar gegen den Riesenbusen des verliebten Weibes. Im Nu war dieses mit Kaviar, Artischockenböden, Ölsardinen, Italienischem Salat, Rebhuhnlebern, Châteaubriand, Froschschenkeln, Trüffeln und ähnlichen Köstlichen, alles in Mâcon gefärbt, von oben bis unten besprenkelt.

Das Weib raste zurück, und gerade öffnete es das Maul, um mit Hilfe einiger Ausdrücke aus der zoologischen Welt gegen diese Art der Begrüßung zu protestieren, als etwas anderes sich ereignete ...

Mitten in der gewaltsamen Auflehnung seines Innern suchte auch Pitters Gemüt Hilfe. Es genügte ihm nicht, daß sein Körper gegen die böse Erscheinung der weiblichen Nackheit so eruptiv auftrat, er mußte zugleich seinem Gemüt eine wenn auch noch so schwache Zuflucht suchen, und ausgeliefert, wie er war, flüchtete er sich in den Gedanken an seine gute Mutter. Er wollte aus seinen höchsten Nöten heraus rufen: »Oh, wenn meine Mutter das wüßte!«

Aber seine Mund war mit der Komposition seines Nachtessens angestopft, und so mußte er, ohne daß er es wußte, einen anderen Kehlkopf zu Hilfe nehmen als den des Halses, um mit einer ganz jämmerlichen, ganz wie aus dem letzten Loch geblasenen Triole den wirklich bedauernswerten Zustand seines Gemüts mitzuteilen. Ja, tatsächlich enteilte ihm hinterwärts ein Dreigetön von einer Eindringlichkeit und Verzweiflung, einer Ausdrucksfähigkeit der Melancholie und der vollkommenen Geschlagenheit seines Herzens, wie kein Künstler es meisterhafter auf seiner Ebenholzflöte hätte blasen können. Es klang wie drei im Licht einer elysischen Sonne durcheinander spielende Kugeln, die, eine nach der anderen, rasch aus ihrem ätherischen Dasein geschossen wurden und, zerschellend, ihre Welt mit Lauten von einer Traurigkeit verließen, deren Ende nur das Sterben sein konnte. Ein solches Instrument hatte noch niemand gehört, und der ganze Raum, bekleidet wie nackt, barst auf in einem tobenden Gewieher, in einem Gelache und Gejohle, als sei der Himmel unmittelbar über ihnen herniedergebrochen.

Madame selbst näherte sich, blieb dann allerdings in vorsichtiger Entfernung stehen und sagte: »Bleiben Sie bei uns. Eine solche Flöte findet hier ihre richtigen Kunstfreunde!«

Doch war es Pitter noch nicht nach dem. Er bekam ein Weinglas voll Kognak eingegossen, ließ sich waschen und säubern und verlangte ins Bett.

Unterwegs im Auto war der Notar lange schweigsam. Aber man sah, daß es bewegt in seinem Hirn arbeitete. Endlich brachte er hervor:

»Heil widerfuhr dir! Ich bin glücklich, Zeuge deiner Berufung gewesen zu sein, und nenne mich mit Stolz deinen Freund. Du bist mit einer Flöte auf die Welt gekommen, die nur himmlischen Ursprungs sein kann, und niemand von deinen irdischen Nebengängern hat es gewußt, bis dir heute die heilige Cäcilie erschien.«

Pitter Nocké lernte nun nach und nach mit seinem Instrument umzugehen. Er lernte auch genüßlich sein Instrument zu füttern: Es waren Froschschenkel, Schnecken, Krebse nach Limmburger Art, Kuddelfleck, paniert in einer Madeirasauce, die mit Kohl gemischten, in der Pfanne resch gebackenen Blutwürste, Sülze von Spanferkel und Seemuscheln in einer gewürzten Weinsuppe. Mit seinen Wünschen tyrannisierte er alle im Haus. Doch seine Freunde hielten zu ihm und nahmen Anteil an seinen Fortschritten. Er selbst setzte mit dem Brauen der Zichorie aus, der Notar verschob Versteigerungen, der Advokat schickte Klienten heim, der Friedensrichter sagte Termine ab, der Arzt bat die Wöchnerinnen, ohne seine Hilfe niederzukommen. Pitter hatte viele Mühe, seine Mutter über die Kost, die er wünschte, zu beschwichtigen. Aber er brauchte diese, um seine Orgel zu schmieren; denn er hatte etwas ganz Besonderes vor... einen großen patriotischen Gedanken hatte er... Am 14. Juli war Herzogins Geburtstag, und da war jedes Jahr am Vorabend auf dem Kastanienplatz nachts Konzert und Volksfest. Und da wollte er, wenn es zwölf geschlagen, in den Musikpavillon hinauf und auf das Dirigentenpult steigen und auf eine Weise, die in der ganzen Welt ihm niemand nachmachen konnte, die Fürstin feiern, indem er die Landeshymne auf seiner heiligen Cäcilie spielte.

Und diese übte er jetzt, und deshalb schaltete er jede andere musikalische Tätigkeit aus, um sich nur auf die Vollendung dieses einen Werkes zu konzentrieren.

Der Tag kam näher und näher, und Pitter durfte mit seinem Instrument zufrieden sein. Es hatte sich, dessen Sinn mehr aufs burleske Allegro gestimmt war, am Anfang schwer in das Getragene, in das ernste und gedehnte Pathos der Volkshymne hineinfinden können. Aber nachdem der Künstler, nach langem Üben von Läufen in verschiedenen Tempis, systematisch sich umstellte, machte er sehr rasche Fortschritte ...

Der Vorabend des Namenstages der Herzogin wurde stets mit einem Fest gefeiert, das auf dem Kastanienplatz von Limmburg abgehalten wurde.

In der Mitte dieses Platzes war der Musikkiosk, und rundum waren nur Cafés, und vor den Cafés stand alles voll Tisch ... Pitter und seine Freunde verließen das Casino und schlenderten dem Platze zu. Es war gegen zehn Uhr. Das Fest hatte begonnen. Man kann nicht sagen, daß Pitter ohne jedes Lampenfieber war. Wie er die durcheinanderwogende Menge erblickte, brach er doch fast unter der Größe des Unternehmens zusammen, das er über sich genommen hatte, und vor allem erkannte er, daß er Hilfe nötig hatte. Denn schließlich war sein Instrument delikaterer Natur, als die 30 Trompeten der Militärmusiker, und die Zartheit seines Tones verlangte er gewisse Stille. Er gewahrte das hohe schmale Podium, das stets aufgebaut wurde, damit der Bürgermeister mit dem beendigten Glockenschlag der Mitternacht seine Rede auf das Festkind, die Landesmutter, halten konnte, und es fiel ihm eine eiserne Kugel durch den wohl angefütterten Bauch, als er im Geiste sich da oben sah, um über den Köpfen der Menschen Fürstin und Fest seinen Tribut darzubringen.

Die Höhenrekord-Luftschifferabteilung bei der Nachtübung, humoristische Postkarte, Anfang 20. Jahrhundert

Doch noch bevor er sich entschließen konnte, sich dem Notar anzuvertrauen und um Rat und Hilfe zu bitten, sagte der Freund: »Mein Junge, es wäre eigentlich recht, wenn du von dem Bürgermeister seinem Podium herab auf deiner Orgel der Herzogin zu Ehren etwas ertönen ließest. Auf diese Weise ist sie noch nie gefeiert worden. Das bist du ihr schuldig, denn deine Begabung ist ein nationales Talent und sonst nirgends anzutreffen.«

Und dann stand Pitter oben. Wie er hinaufgekommen war, wußte er nicht, in einem Rausch wohl seines ganzen Wesens. Die Menschen, die noch die Mäuler hinter dem letzten Hochrufen noch offen hatten, hörten mit einmal vom Kiosk her eine Trompete ein neues Signal blasen (der Notar hatte das angeordnet) und sahen auf dem hohen Gestell Pierre Nocké, den Zichorienfabrikanten, die Limmburger Flöte darbieten.

Er stand da oben, kurz, dick, ein wenig schwer atmend vom Ersteigen der steilen Treppe, ein tiefer Ernst über dem ganzen Gesicht. Es wurde still. Einige lachten unten, verstummten aber sofort: »Pst! Pst! Ruhe!« hörte man noch hin und her in der Menge. (Pitters Freunde, vom Notar unterrichtet.) Ja, es ward mäuschenstill vor dieser unvermuteten wabbeligen Kugel, die da oben erschienen war.

Da sah die Menge, wie Pierre Nocké feierlich den Hut von seinem dicken Kopf zog. Er nahm Stellung ein, nur verschwiegen und nicht mehr als ein Flötist, der sich nach rechts Platz für Ellbogen und Instrument schaffen muß und fast in demselben Augenblick erklang, deutlich hörbar, wenn auch mit einer gewissen Zartheit, so doch orgelhaft hinstreichend, die Landeshymne durch die Luft.

Jedermann kannte das Instrument, auf dem das geliebte alte Lied gespielt wurde. Bis dahin nur das Ergötzen eines kleinen beneideten Kreises, stand es nun im Dienst der Gefühle der Allgemeinheit, und wenn auch in aller Herzen das Lachen bullerte, so blieb es still, ja fromm in der Menge.

Aber nun geschah mittendrin etwas Unerwartetes. Jang Fousse, der Oberste der Polizei, mit einem mächtigen gekräuselten Schnurrbart ausgestattet, in einer von Gold, Schnüren, Knöpfen, Litzen, Kokarden, Epauletten funkelnden Uniform, gebot mit lauter Stimme von unten herauf: Halt! während er durch die um das Podium massierte Menge der Treppe zuzustreben suchte. Der Charakter des Instrumentes, der Ursprungsort der Hymne schien ihm mit der Feierlichkeit der Stunde nicht in Übereinstimmung zu stehn. Mit ungebärdigen Ellbogen machte seine vaterländische Empörung sich Raum. »Ein Sakrileg!« rief es in seiner polizeilichen Brust.

Aber kaum erkannten die, die er beiseite stieß, seine Absichten, als sie sich fest zusammenpreßten, ihn in ein unauflösbares Netz von Körpern einzwängten. Und da nun da oben der Refrain dran war, sang der ganze Platz mit.

Italienische Karikatur auf den Kult der Engländer mit ihrem Maler William Turner in Rom

Als er zu Ende war, schrien tausend Stimmen: »Die zweite Strophe!«

Jang Fousse zappelte unten wie ein Karpfen im Netz. Vergeblich! Man ließ ihn nicht durch zu dem Podium und dem Musikanten, und von dem sichtbaren Erfolg getragen, erhob Pitter Stimme und Instrument zum zweitenmal und ließ mit einer Kraft und einem Pathos, dessen er selber eine halbe Stunde zuvor seine Flöte nicht für fähig gehalten hätte, die zweite Strophe in die Menge brausen.

So blies er alle fünf Strophen, sich selber überbietend, und stellte die Orgel nur beim Refrain ab. Denn diesen sang der ganze Platz mit und gab Pitter damit Gelegenheit, den Blasebalg neu zu füllen.

Als er geendet hatte, wartete er barhäuptig ab, bis das Volk den letzten Kehrreim zu Ende gesungen hatte. Dann stieg er feierlich und geschwellt vom Bewußtsein, das Seinige zur Feier des Festkindes beigetragen zu haben, vom Podium. Und nun raste die Menge los. Nun ging die Welt unter in dem Gejubel, Johlen, Hochrufen, Lachen, Prusten, Gebrüll. Der Kastanienplatz schüttelte sich. Selbst die Tische vor den Cafés wackelten in den Lauten, in denen die Herzen der Limmburger ihre Begeisterung losließen. Und Pitter hatte die unterste Stufe nicht erreicht, da saß er schon auf den Schultern fester Männer, eine Kugel von Speck und Triumph, die schlabbelnd durch die Menge getragen wurde.

Jang Fousse, der goldbestrotzte Oberwachtmeister der Limmburger Polizei, wurde in des Pitters Umzug nachstrudelnden Menge mitgezogen. Seine verletzten dynastischen Gefühle ergaben sich noch immer nicht vor der Macht der Tatsachen und dem Sieg der Limmburger Flöte.

Die Goldbehänge seiner Epauletten schwabbelten, so zitterte er vor Erregung am ganzen Körper, daß er ohnmächtig bleiben mußte, und um wenigstens den Schein zu wahren, brüllte er heiser: »Ein Sakrileg! Herr Nocké, im Namen des . . . «

»Jang, halt t'Schnüß!« rief einer neben ihm, ihm mitten in den aufgerissenen Mund. Da legte Fousse seine Hand auf dessen Schulter, glücklich, eine Ableitung zu haben: »Beamtenbeleidigung! Wie heißen Sie?«

»Es lebe die Limmburger Flöte! Hoch Pierre! Vive die Limmburger Flöte! Die fünfte Strophe noch einmal! Vive! Hoch! Hoch Pitter!«

Die Stadt bebte in ihren alten Wällen und hohen Bastionen, mit den Kirchen und dem Palais der Fürstin, den Caféhäusern, bis in die erhalten gebliebenen Kasematten hinein.

Noch einer war nicht zufrieden mit dem Erfolg Nockés, da er durch die Naturokarina seine Kunst in den Schatten gestellt sah: der Kapellmeister (Conservatoire de St. Hubert). Mit einem säuerlichen Gesicht sah er vom Kiosk herab dem Triumphzug nach. Aber Fousse und er waren die einzigen, die an diesem Abend sich dagegen sperrten, daß Stadt und Land Limmburg einen neuen Nationalhelden hatten, dessen Ruf nun bald weit über die Grenzen gehen sollte, was nicht häufig einem Sterblichen dieses Landes geschehn war, und sich zum erstenmal ereignete, seitdem der in Limmburg geborene Eginhart, der Biograph und Zeitgenosse Karls des Großen, tot ist.

Zeichnung von Walter Trier, 1914

Literatur (Auswahl)

J.F. Payen, Paul Jannet, Sylvestre et August Veynant: Bibliotheca scatologia. Paris 1849

John Gregory Bourke: Scatologic Rites of all Nations. Washington 1891 (Deutsch unter dem Titel: Der Unrat in Sitte, Brauch, Glaube und Gewohnheit der Völker. Leipzig 1913; Auswahl Frankfurt am Main 1992)

Heinrich Bebel: Schwänke. 2 Bände, herausgegeben von Albert Wesselski. München, Leipzig 1907

Karl Amrain (Hg.): Deutsche Schwankerzähler des XV. bis XVII. Jahrhunderts. Leipzig 1907

Emerich Lebus (Hg.): Altfranzösische Schwänke. Leipzig 1907

Franz Maria Feldhaus: Ka-Pi-Fu und andere verschämte Dinge. Ein fröhlich Buch für stille Orte. Privatdruck Berlin-Friedenau 1921

Paul Englisch: Das skatologische Element in Literatur, Kunst und Volksleben. Stuttgart 1928

Norbert Elias: Über den Prozeß der Zivilisation. Basel 1939

Non olet oder die heiteren Tischgespräche des Collofino Poeta /d.i. Josef Feinhals/ über den orbis cacatus. Privatdruck Köln 1939

François Caradec und J. Nohain: Le Pétomane 1857 – 1945. Sa Vie – Son Oeuvre. Paris 1967 (London 1967. Los Angeles 1967)

Jae Num Lee: Swift and scatological satire. University of New Mexico Press 1971

Roy Palmer: Auch das WC hat eine Geschichte. München 1977

Coturnix: Erbauliche Enzy-Clo-Pädie. Kulturgeschichte eines verschwiegenen Örtchens. Wien, München 1979

Alfred Limbach: Der Furz. Vom Urknall bis heute. Köln 1980

E. Slove Prombles: Fee, Fie, Foe, Fum: A Dictionary of Fartology. Brockport, New York um 1981

The Bean Report. New York 1984

Martin Illi: Von der Schißgruob zur modernen Stadtentwässerung. Zürich 1987

Gottfried Hösel: Unser Abfall aller Zeiten. Eine Kulturgeschichte der Städtereinigung. München 1987

Werner Pieper: Das Scheiß-Buch. Entstehung, Nutzung und Entsorgung menschlicher Fäkalien. Löhrbach 1987

Hans Peter Dürr: Nacktheit und Scham. Der Mythos vom Zivilisationsprozeß. Frankfurt am Main 1988

Erika Kiechle-Klemt und Sabine Sünwoldt: Anrüchig. Bedürfnis-Anstalten in der Großstadt. München 1990

Dominique Laporte: Eine gelehrte Geschichte der Scheiße. Frankfurt am Main 1991